Ursula Pasero · Birger P. Priddat (Hrsg.)

Organisationen und Netzwerke: Der Fall Gender

Ursula Pasero · Birger P. Priddat (Hrsg.)

Organisationen und Netzwerke: Der Fall Gender

VS VERLAG FÜR SOZIALWISSENSCHAFTEN

VS VERLAG FÜR SOZIALWISSENSCHAFTEN

VS Verlag für Sozialwissenschaften
Entstanden mit Beginn des Jahres 2004 aus den beiden Häusern
Leske+Budrich und Westdeutscher Verlag.
Die breite Basis für sozialwissenschaftliches Publizieren

Bibliografische Information Der Deutschen Bibliothek
Die Deutsche Bibliothek verzeichnet diese Publikation in der Deutschen Nationalbibliografie;
detaillierte bibliografische Daten sind im Internet über <http://dnb.ddb.de> abrufbar.

1. Auflage September 2004

Alle Rechte vorbehalten
© VS Verlag für Sozialwissenschaften/GWV Fachverlage GmbH, Wiesbaden 2004

Lektorat: Frank Engelhardt

Der VS Verlag für Sozialwissenschaften ist ein Unternehmen von Springer Science+Business Media.
www.vs-verlag.de

Das Werk einschließlich aller seiner Teile ist urheberrechtlich geschützt. Jede Verwertung außerhalb der engen Grenzen des Urheberrechtsgesetzes ist ohne Zustimmung des Verlags unzulässig und strafbar. Das gilt insbesondere für Vervielfältigungen, Übersetzungen, Mikroverfilmungen und die Einspeicherung und Verarbeitung in elektronischen Systemen.

Die Wiedergabe von Gebrauchsnamen, Handelsnamen, Warenbezeichnungen usw. in diesem Werk berechtigt auch ohne besondere Kennzeichnung nicht zu der Annahme, dass solche Namen im Sinne der Warenzeichen- und Markenschutz-Gesetzgebung als frei zu betrachten wären und daher von jedermann benutzt werden dürften.

Umschlaggestaltung: KünkelLopka Medienentwicklung, Heidelberg
Druck und buchbinderische Verarbeitung: MercedesDruck, Berlin
Gedruckt auf säurefreiem und chlorfrei gebleichtem Papier
Printed in Germany

ISBN 3-531-14255-0

Inhalt

Ursula Pasero & Birger P. Priddat
Vorwort 7

Christiane Funken
Zu Chancen und Risiken von (in)formellen Organisationsstrukturen
für die Karrieren von Frauen und Männern 13

Johanna Hofbauer
Distinktion – Bewegung an betrieblichen Geschlechtergrenzen 45

Gertraude Krell
Gefühl und Geschlecht
in Bürokratie, Gemeinschaft und ICH-AG 65

Michael Meuser
Von Frauengleichstellungspolitik zu Gender Mainstreaming:
Organisationsveränderung durch Geschlechterpolitik? 93

Renate Ortlieb & Simone Rokitte
New Economy – neue Geschlechterverhältnisse? 113

Ursula Pasero
Gender Trouble in Organisationen
und die Erreichbarkeit von Führung 143

Birger P. Priddat
Vom Gender Trouble zur Gender-Kooperation 165

Nicoline Scheidegger & Margit Osterloh
One network fits all?
Effekte von Netzwerkcharakteristika auf Karrieren 199

Sylvia M. Wilz
Relevanz, Kontext und Kontingenz:
Zur neuen Unübersichtlichkeit in der Gendered Organization 227

Vorwort

Ursula Pasero
Gender Research Group der Christian-Albrechts-Universität zu Kiel
Birger P. Priddat
Lehrstuhl für Politische Ökonomie der Zeppelin Universität Friedrichshafen und Gastprofessur für Volkswirtschaft und Philosophie der Universität Witten/Herdecke

"Knapp zehn Prozent aller Führungspositionen in Deutschland sind mit Frauen besetzt, davon etwa acht Prozent im Top-Management", so heißt es in der Juli/August-Ausgabe der Zeitschrift *high potential* (2004:10). Diese Aussage ist nur ein Beispiel für viele: wie die Lage von Frauen in Führungspositionen 2004 in den Medien beschrieben wird. Der vorliegende Band analysiert, warum wir uns in Deutschland in der Gender-Distribution zu zögerlich verhalten.

Natürlich werden ständig positive Vorbilder präsentiert: Im zitierten Heft von *high potential* handelt es sich um Camilla Palmertz aus der Abteilung für Konzeptentwicklung von Volvo; Kirstin Krämer, Vice President bei der Deutschen Bank; Gaby Wiegran, Geschäftsführung des internationalen Marktforschungsinstitutes Vocatus; Tissy Bruns, Leitende Redakteurin des Tagesspiegels; Johanna Hey, Professorin für Steuerrecht an der Universität Düsseldorf; Heike Wilken, Manufacturing Manager bei Texas Instruments.

Doch haben diese Präsentationen – symptomatisch für viele solcher Art – den Charakter normativen Drängens: Lasst uns unentdeckte Ressourcen mobilisieren. Mit der erstaunten Feststellung: es geht ja! werden die Gründe für die ausbleibende generelle Mobilisierung verdeckt.

Unterhalb der üblichen Vermutungen lassen sich in der Forschung neue Linien der Erklärung ausmachen:

Christiane Funken analysiert informelle Organisationsstrukturen als Ermöglichung und Restriktion von Karrieren – bei Männern und Frauen. Funken konzentriert sich auf den Vertrieb: auf die *hard side of firms*. Wer vertriebserprobt ist, ist karrieretauglicher als Angehörige anderer Abteilungen. Zudem: in einer kundenorientierten Wirtschaft wird der Vertrieb aufgewertet. Die Aufmerksamkeit auf Geschlecht wird je nach Kontext ausgeweitet oder eingefaltet. Vertrieb ist durch spezifische Verfügungen über "Ungewissheitsquellen" gekennzeichnet. Karriereoptionen verteilen sich unterschiedlich auf die Geschlechter: Männer optieren für Aufstiegskarrieren mit zukünftiger Gestaltungsmacht, Frauen für Geldkarrieren mit größerer Verhandlungsmacht. Das spiegelt eine allgemeinere Einsicht: dass Männer eher Ressourcen- und Positionsmacht in Führungspositionen besetzen, Frauen hingegen Expertenmacht als Spezialistinnen. Funken fokussiert ihre Analyse auf die Frage: Geld statt Macht? – Geldkarriere als professionelles Motiv insbesondere für Frauen. Durch die Aufwertung des Vertriebs als Geldkarriere sind Zugänge zur Machtkarriere geschaffen. Hier werden im komplexen Organisationsnexus Karrierepotenziale entdeckt, die niemand plant, die aber – überraschende – Konsequenzen eröffnen.

Johanna Hofbauer thematisiert die Informalisierung von Zugangsbarrieren. Die Bevorzugung von Männern bei der Besetzung von Führungspositionen scheint soziale Konflikte im Unternehmen zu minimieren. Geschlechterunterscheidungen werden als soziale Grenzziehungen eingeführt.

Hofbauer schaut dabei auf das Phänomen, wie Männer gegenüber Frauen in Organisationen Distinktionsgewinne generieren. Gemeint sind damit die so genannten 'letzten 10%', die *den* Unterschied machen, wenn es um Führungspositionen geht. Damit kommt der Verweis auf gleiches Humankapital von Männern und Frauen an seine Grenze. Vermutet werden diese letzten 10% in extremer zeitlicher Flexibilität und Mobilität, im Spiel um konkurrierende Anwesenheit, um Kontakte und Netzwerke. Hofbauer verknüpft damit die offene Frage, wie solche Distinktionen gebaut werden, wenn in der modernen Gesellschaft statusrelevante Eigenschaften prinzipiell allen Individuen zugänglich sind.

Gertraude Krell entfaltet eine neue Dimension der Relation von Gefühl und Geschlecht im Kontext moderner Arbeitsorganisationen. Sie differenziert in drei Grund- bzw. Idealtypen der Arbeitsorganisation: Bürokratie, Gemeinschaft und Ich-AG, in denen die Gefühl/Gender-Relationen neu zugeordnet werden. Die hinführenden Passagen des Artikels sind selbst bereits eine kleine intensive Geschichte der Gender/Gefühl-Differenzierungen seit dem 18. Jahrhundert.

In Bürokratien stören die Gefühle, in der Gemeinschaft der Unternehmensorganisation und in der Ich-AG hingegen gehören sie zu den Produktivitätsgeneratoren. Die Gender-Bezüglichkeiten bleiben unspezifisch, denn aus den Präferenzen für Emotion in modernen Organisationen kann nicht auf höhere Karrierepotenziale für Frauen geschlossen werden. Im Gegenteil, Krell macht darauf aufmerksam, dass die Differenzen zwischen Frauen und Männern sogar zunehmen; die alten Unterscheidungen verschieben sich lediglich in neue *clusters*.

Michael Meuser fragt, ob die Geschlechterpolitiken, die wir von der Frauengleichstellungspolitik bis zum Gender Mainstreaming verfolgen können, Organisationen verändert haben. Die Frauengleichstellungspolitik kollidiert mit den Entscheidungslogiken der Verwaltung und verstößt insbesondere gegen das Prinzip der Individualgerechtigkeit. Gender Mainstreaming erscheint als Weiterentwicklung und vermittelt zwischen den inkompatiblen Logiken. Gender Mainstreaming zentriert die Geschlechterfragen, nimmt sie aus der Randlage von 'Frauenprojekten'. Die Selbstbeobachtung der Organisation ändert sich.

Gender Mainstreaming fördert die "Managerialisierung" der Organisation und wird deshalb positiv rezipiert – etwa aufgrund der Übereinstimmung von Gender Mainstreaming und Qualitätsmanagement. Zwar werden die geschlechterkritischen Implikationen heruntergefahren, aber Organisationen sensibilisieren sich über Gender Mainstreaming für die Geschlechterfrage. Die Empirie wird zeigen, ob die Rechnung aufgeht.

Renate Ortlieb und *Simone Rokitte* untersuchen die New Economy, insbesondere die mitlaufenden Versprechungen, dass Frauen hier besondere Karrierechancen hätten. Die neuen Organisationsstile, die flachen Hierarchien, die Nichtgeltung von Old Boys-Networks etc. schienen hervorragende Bedingungen zu bieten für eine Chance, die Geschlechterverhältnisse in Unternehmen neu zu arrangieren. Ortlieb/Rokitte verwenden Ouchis Clan-Konzept, um in der New Economy ähnliche Muster wiederzufinden, insbesondere den Druck, den ein Clan informell ausübt.

Die Ergebnisse sind jedoch negativ: Frauen haben/hatten in der New Economy keine besseren Chancen. Diskriminierungen können, wegen fehlender formaler Geltung, kaum geahndet werden. Die Unternehmenskultur ist – gegen die Erwartung – von männlichen Strukturen geprägt.

Ursula Pasero behauptet einen Wandel von Geschlechter-Arrangements in Organisationen: Neben dem Segregationsmodell, das Frauen und Männer in unterschiedlichen Feldern von Unternehmen getrennt operieren lässt, und dem Komplementär-Modell, das Frauen und Männer asymmetrisch positioniert, zeichnet sich das Modell der gleichrangigen Kooperation zwischen Frauen und Männern ab. Aber diese neue Kooperation erweist sich als ausgesprochen instabil, weil damit Vergleichbarkeit und Konkurrenz zwischen Frauen und Männern überhaupt erst möglich werden. Eine solche Vergleichbarkeit löst den Gender Trouble aus: Frauen wollen aufsteigen und Männer wollen ihre Positionen unangetastet lassen.

In diesem Kontext zeichnet Pasero exemplarisch die in den USA seit 30 Jahren anhaltende Auseinandersetzung um Frauen in Führungspositionen nach.

Das Thema war unter dem Begriff "Glass Ceiling Phänomen" prominent geworden und hat zahllose empirische Studien ausgelöst. Eine Antwort war die Implementierung eines neuen Management-Konzeptes, das als Managing Diversity Programm bekannt wurde und von der überwiegenden Zahl US-amerikanischer Firmen bereits in den Human-Resources-Abteilungen praktiziert wird. Pasero zeigt auf, dass die Reichweite des Konzeptes begrenzt ist: Diversity, der Umgang mit Vielfalt – Gender, Ethnizität, sexuelle Orientierung – sensibilisiert zwar das Personal im Hinblick auf Diskriminierung. Aber die strategische Führung von Organisationen selber wird nicht erreicht.

Birger P. Priddat geht, über eine institutionenökonomische Interpretation der *theory of the firm*, das Glass Ceiling Phänomen neu an. Gemeint ist die Umstellung ökonomischer Organisationstheorie vom Management 'knapper Ressourcen' auf ein Management der 'Kooperation von Personen'. Wenn man Organisationen ressourcenökonomisch untersucht, werden die Kompetenz-Differenziale der Geschlechter neu thematisiert. Glass Ceiling ist wesentlich ein Effekt unsicherer Produktivitätszuschreibungen: Weil Frauen nicht in der Führung beobachtet werden können, werden ihnen Defizite zugeschrieben, unter denen sie von jetzt an beobachtet werden. Verknappungen von *human capital* sind für Unternehmen Anlass genug, sich der Gender-Frage zu widmen, ob über Diversity Management oder über andere Karriereangebote. In dieser Situation wird die Frauen-Kompetenz-Zuschreibung relevant.

Wenn aber Frauen über ihnen zugewiesene Kompetenzen Karrieren beginnen, wird die Frage der Eignung an *beide* Geschlechter gerichtet: Was können Männer nicht, was Frauen können? Erst hier beginnt der Gender-Wettbewerb zweiter Ordnung. Wie können Männer die Differenz einholen – oder gibt es tatsächlich geschlechtsspezifische Ressourcen?

Nicoline Scheidegger und *Margit Osterloh* konzentrieren sich auf die Netzwerke, die Frauen besondere Karrierechancen bieten. Über die Einführung neuerer Ergebnisse der *social network theories* analysieren Scheidegger/Osterloh strukturelle Löcher als Karrieregeneratoren. Für Frauen wie für junge Manager sind Netzwerke mit *strong ties* karrierefördernder – über die Patronage.

Netzwerke haben geschlechtstypische Geltung. Wo – neben Stärke der Beziehungen und strukturellen Löchern – Multiplexität für Beziehungsnetzwerke wichtig wird, weisen Netzwerke von Männern und Frauen unterschiedliche Grade hiervon auf. Die Netzwerkqualitäten wie Netzwerkanforderungen variieren, wie Scheidegger/Osterloh nachzeichnen. Netzwerktheorien können die informellen Beziehungen in Organisationen (auch: 'Schattenstrukturen') besser abbilden.

Sylvia M. Wilz verweist auf eine neue Unübersichtlichkeit in der "Gendered Organization": Handelt es sich bei Gender-Asymmetrien um in die Organisation eingelassene Strukturen oder resultieren sie aus Interaktionseffekten? Die klassische Auffassung der vergeschlechtlichten Organisation wird von Wilz nicht mehr geteilt.

An zwei Bereichen, Polizeivollzugsdienst und Versicherungssachbearbeitung, die durch ausgesprochen konträre Geschlechter-Arrangements gekennzeichnet sind, zeigt sie, dass die Relevanz von Geschlecht situations- und kontextabhängig ist. Während der Polizeidienst eine aufgabenbezogene Arbeitsteilung der Geschlechter vorsieht, ist in Versicherungsunternehmen keine Arbeitsteilung zwischen Frauen und Männern feststellbar. Hier machen alle alles. Doch in einem Punkt findet sich Übereinstimmung: Die Führungspositionen sind für Frauen (noch) nicht zugänglich.

Die Beiträge dieses Bandes bereichern die Diskussion um die Wechselwirkungen zwischen Gender auf der einen Seite und den formalen und informalen Strukturen von Organisationen andererseits, wofür wir den Autorinnen und Autoren herzlich danken. Unsere eigenen Beiträge sind aus dem Forschungsprojekt "Neue Führungsstile und das Glass Ceiling Phänomen"[1] hervorgegangen, für dessen großzügige Förderung dem Bundesministerium für Bildung und Forschung Dank gebührt. Redaktion und Lektorat des Bandes wurden entscheidend von Anja Gottburgsen und Susanne Oelkers geleistet, wofür wir ebenfalls zu Dank verpflichtet sind.

Kiel, im Juli 2004
Ursula Pasero
Birger P. Priddat

---

[1] Ursula Pasero/Birger P. Priddat (2003): *Neue Führungsstile und das Glass Ceiling Phänomen: Ein Vergleich zwischen Organisationssystemen in Wirtschaft und Wissenschaft.* Kiel: unveröffentlichter Forschungsbericht.

Zu Chancen und Risiken von (in)formellen Organisationsstrukturen für die Karrieren von Frauen und Männern

Christiane Funken
Institut für Soziologie der Technischen Universität Berlin

Einleitung

Die Entscheidung, Karriereambitionen und -chancen von Frauen und Männern ausgerechnet innerhalb der organisatorischen Rahmenbedingungen des Vertriebs zu beschreiben, wird durch zwei Beobachtungen veranlasst:

1. Einem *on dit* zufolge gilt der Vertrieb als Karrieresprungbrett für die Chefetagen. Wer im Vertrieb war, so heißt es, ist "marktgestählt", weiß sich durchzusetzen, kann gut verhandeln und zeigt Managerqualitäten. Frauen sind jedoch in nennenswerter Anzahl weder in den Chefetagen zu finden noch im Vertrieb.
2. Durch den Wandel des Arbeitsmarktes erfährt der Vertrieb einen enormen Bedeutungszuwachs. Nicht nur der Globalisierungsprozess, der sich seit den 1970er Jahren deutlich beschleunigt hat, sondern auch die Monetarisierung der Gesellschaft sorgen für einen radikalen Wandel der Arbeitswelt. Heutzutage müssen Unternehmen mit ihren Innovationen, Strategien und Geschäftsprozessen schneller, direkter und flexibler auf die Veränderungen am Markt reagieren als je zuvor. Dies können sie nur, wenn sie die (internationalen) Märkte genau beobachten und einschätzen. Diese existenzsichernde und profitmaximierende Aufgabe fällt vornehmlich dem Vertrieb zu, der – gewissermaßen als Nahtstelle zwischen Unternehmen und Umwelt – direkten Kontakt zur Kundschaft und zum Marktgeschehen hat. Deshalb investieren Wirtschaftsunternehmen verstärkt in die Verbesserung und Ausweitung ihrer Vertriebsstrukturen und -qualitäten.

Doch nicht nur seine zukunftsorientierte Relevanz macht den Vertrieb als karriereträchtiges Berufsfeld interessant, sondern auch die enormen Verdienstmöglichkeiten, die mit den speziellen Vertriebstätigkeiten verbunden sind und die – im Gegensatz zu anderen Firmensegmenten – durch vorzeigbare Provisionen das klassische Gratifikationssystem[1] aushebeln. Damit ist der Vertrieb besonders auch für Frauen interessant, weil ihre Leistungen nun über Vertrags-

---

[1] Siehe hierzu die Ausführungen im Abschnitt "'Verkaufen' – zur Geldkarriere im Vertrieb".

abschlüsse direkt sichtbar werden. Auch spielt der monetäre Charakter der Leistungsbemessung – so Neckel (2000:101) – deshalb eine immer größere Rolle, weil in einer Unternehmenskultur von glamourösen Verkaufspräsentationen und symbolischen Dienstleistungen ein "performativer Leistungsbegriff" entsteht, bei dem die materiellen Erträge "zum Verdienst an sich [werden], an dem sich (...) das moderne Charisma des Erfolgs bewähren soll".[2] Der Vertrieb kann aus dieser Perspektive als Prototyp moderner Geschäftstätigkeit firmieren.

Erstaunlicherweise bricht sich jedoch die strukturelle Modernität des Vertriebs an seiner vergleichsweise stabilen Segregation, da trotz ansteigender Tendenz immer noch viel weniger Frauen als Männer im Vertrieb arbeiten und nur sehr wenigen Frauen der Weg in die Chefetagen gelingt. Um aufzeigen zu können, welche Handlungschancen es im Vertrieb für Frauen (und Männer) zu erkennen gilt und mit welchen Handlungsstrategien sie in diesem Unternehmenssegment ihre berufliche Karriere vorantreiben können, haben wir eine sozialtheoretisch angeleitete empirische Analyse der lokalen Rationalität Vertrieb durchgeführt (vgl. Funken 2004).[3]

Die Ergebnisse dieser Studie zeigen mit Blick auf die vertriebliche "Dualität von Struktur und Handlung" (Giddens 1979) einen Möglichkeitsspielraum, der Frauen und Männern auf unterschiedliche Weise als Einstieg *oder* als Hindernis für Karriere dient, je nachdem, welche Informationspolitik sie bevorzugen. Nach einem theoretischen Einstieg, dem sich die beiden ersten Abschnitte widmen, werden die Ergebnisse dieser empirischen Studie zum Vertrieb aus modernitätstheoretischer Perspektive diskutiert.

Dualität von Struktur und Handlung

Üblicherweise ist Organisationsforschung durch die zwei großen sozialtheoretischen Paradigmen, die entweder die Struktur- oder aber die Handlungsperspektive einnehmen, gekennzeichnet: In ihren Analysen von Organisationen neigen Strukturalismus und Funktionalismus dazu, formale Strukturen zu verdinglichen und zu objektivieren. Nach dieser Auffassung sind Strukturen menschlichen

---

[2] Neckel bezieht diesen Mechanismus insbesondere auf hohe Statuspositionen (vgl. Neckel/Dröge 2002:98f).

[3] Die empirische Untersuchung war sowohl qualitativ (teilstrukturierte Interviews) als auch quantitativ (schriftliche Fragebögen) angelegt und wurde zwischen 2000 und 2002 branchenübergreifend in neun Großkonzernen und kleinen bzw. mittelständischen Unternehmen (KMU) mit 98 Probandinnen und Probanden durchgeführt. Hiervon arbeiteten 62 im Außendienst, 17 im Innendienst und 17 in Personal- und anderen Abteilungen. 34 Interviewte waren weiblich, 62 männlich. Außerdem wurde ein Praxisbericht zum unternehmenskulturellen Image des Vertriebs bzw. der Vertriebsbeschäftigten und ihrer Stellung in den Unternehmen eingeholt (Zäsar 2000).

Handelns äußerlich und existieren unabhängig von den Agierenden. Weil der Zwang objektiver Strukturen betont wird, erscheinen handelnde Subjekte passiv und ausgeliefert. Demgegenüber fokussieren handlungsorientierte und hermeneutische Ansätze (symbolischer Interaktionismus, Ethnomethodologie) in der Organisationsanalyse den gemeinten Sinn und die Subjektivität von Agierenden als vorrangige Erklärung von Handlungen. Die formalen Strukturen, innerhalb derer interagiert und Sinn produziert wird, interessieren jedoch nicht. Somit bleibt in diesem Paradigma – beispielhaft etwa in Ansätzen zur Analyse von Organisationskultur – die Dimension des Zwangs in formalen Organisationsstrukturen unberücksichtigt.

Diesen Sichtweisen stellt Anthony Giddens mit der Theorie der Strukturierung zwei Kernsätze gegenüber (1979): Erstens reproduzieren soziale Akteurinnen und Akteure durch ihre Handlungen die Bedingungen (Struktur), die ihr Handeln ermöglichen. Zweitens sind Strukturen[4] sowohl das Medium als auch das Ergebnis sozialen Handelns. Bei dieser Betrachtung steht das Spannungsverhältnis zwischen Kontingenzspielräumen des Handelns einerseits und restringierenden organisationalen Strukturen andererseits im Mittelpunkt (vgl. Ortmann/Sydow/Windeler 1997).

Handeln in Strukturen
Formale Organisationsstrukturen umfassen Autoritäts-, Rang-, Status-, Kommunikations- und Informations- sowie Identifikationsdimensionen. In formal strukturierten Organisationen ist festgelegt, was jede Person wie zu tun hat, wer wem befiehlt bzw. wer wem gehorchen muss, wer wen worüber zu informieren bzw. Informationen entgegenzunehmen hat und wer in welcher Hinsicht wie zu behandeln ist (Luhmann [1]1964, 1976). All dieses geht der Willensäußerung und den Motiven einzelner Personen in den jeweiligen Positionen voraus.[5]

Handeln in formal strukturierten Organisationen entwickelt sich aber erst allmählich und auf der Basis von fortgesetzter Interaktion und Kommunika-

---

4 Giddens (1979) versteht unter Strukturen in Organisationen Regeln (Verfahrensrichtlinien, Arbeitsorganisation und Arbeitsanweisung) und Ressourcen (allokative im Sinne materieller Mittel und autoritative im Sinne hierarchischer Kontrollmittel). Regeln und Ressourcen verweisen auf die strukturelle Basis von Macht und Herrschaft in Organisationen, während das Handeln in diesen Strukturen durch Möglichkeitsspielräume gekennzeichnet ist, wobei es jedoch durch eben jene Regeln und Ressourcen in einen Handlungskorridor "eingespurt" ist.
5 Der Idealtypus einer formal strukturierten Organisation vernachlässigt die Motive, Interessen und Deutungen involvierter Subjekte, da ausschließlich die bewusst geplanten und koordinierten Handlungseinheiten für die Zielerreichung berücksichtigt werden.

tion.⁶ Auch gehen hierin stets individuelle Bedürfnisse, Interessen und Motive der Organisationsmitglieder ein, was wiederum zu ständigen Abweichungen von modellhaften formalen Organisationsstruktur- und Funktionsschemata führt. So werden etwa Informationen auf allen Hierarchiestufen und in allen Positionen entlang persönlicher Interessen gefiltert, verzerrt, umgewichtet, verschwiegen oder gestreut (Türk 1976). Praktiziert werden informelle Kommunikationsmuster, die quer und zusätzlich zu formell festgelegten Autoritätslinien und Informationskanälen existieren und das Vorhandensein informeller Strukturen verdeutlichen. Wenn diese informellen Strukturen als die "soziale" Seite in Organisationen verstanden werden, so gelangen damit, neben den als durchweg rational aufgefassten formalen Strukturen, die Mitglieder der Organisationen als Subjekte in den Blick. Sie verhalten sich nicht nur rational, sondern handeln nach individuellen Bedürfnissen, nach persönlichen Motiven und eingebunden in Gruppendynamiken. Dieses, vom Prinzip der Rationalität "abweichende", Verhalten der Organisationsmitglieder garantiert das Funktionieren von Organisationen. Aus dieser Sicht müssen dann formale Strukturen als untrennbar verbunden mit informellen gelten, die nicht durch Arbeitsanweisungen und Anordnungen geregelt sind.

Der US-amerikanische Prozesstheoretiker Karl Weick verweist bereits seit den 1980er Jahren auf die wachsende Bedeutung informeller Strukturen als Folge der Neuorganisation von Arbeit und Arbeitsbeziehungen in Unternehmen.⁷ Diese Veränderungen bewirken für die Betroffenen eine größere Dichte an informellen Kontakten, die wiederum eine signifikante Auswirkung auf die Effizienz von Organisationen haben, parallel zur Leistungserbringung im Rahmen formeller Strukturen (vgl. Weick 1985). Folglich resultieren für Weick informelle Strukturen erst aus organisationalen Veränderungen, konkret: aus der Transformation formaler Strukturen.

Demgegenüber diskutieren die in Frankreich lehrenden Organisations-Theoretiker Michel Crozier und Erhard Friedberg (1993) in ihrer mikropolitischen Herangehensweise informelle Strukturen in Organisationen gerade nicht im Sinne eines Nacheinanders, innerhalb dessen zunächst formale Strukturen herrschen und sich informelle Strukturen erst allmählich flankierend herausbilden. Vielmehr sehen sie formale Strukturen als Antworten auf informelle Praktiken der Agierenden in Organisationen und als Lösung der Probleme, die diese

---

6 Hierauf verweisen seit den 1980er Jahren insbesondere interpretativ-qualitative und konstruktivistische Ansätze soziologischer Organisationstheorie (vgl. Walter-Busch 1996).
7 Flacher werdende Hierarchien in Organisationen gehen einher mit dem Abbau des mittleren Managements einerseits und mit einer verringerten Überwachung von Untergeordneten zugunsten geforderter Selbstabstimmung und -kontrolle andererseits.

informellen Strukturen aufwerfen (vgl. Crozier/Friedberg 1993). Aus dieser Sicht sind formale Strukturen das Ergebnis von Formalisierungsprozessen und koexistieren mit informellen Strukturen. Somit lassen sich informelle Strukturen als Überhang der in Hierarchien, Weisungs- und Entscheidungsbefugnissen eingelassenen formalen Strukturen verstehen. Auch für Crozier/Friedberg sind informelle Strukturen nicht oder nur schlecht zu formalisieren, obwohl sie für den Arbeitsprozess und zur Zielerreichung in Organisationen unabdingbar sind.

In jüngerer Zeit knüpfen Management- und Personallehre häufig an diese Überlegung zur Produktivität von informellen Strukturen an. Sie suchen verstärkt nach Wegen, gerade spontane, vernetzt operierende und auf Problemlösung zielende Handlungsstrategien von Mitarbeiterinnen und Mitarbeitern zu nutzen, indem sie für das Management kontrollierbar und somit zur Steigerung der Produktivität und des Profits einsetzbar gemacht werden. So überrascht es auch nicht, dass im Rahmen von Stellenprofilen vermehrt Kompetenzen erwartet werden, die es den betreffenden Personen erlauben, auch in informellen Strukturen souverän zu agieren und zu entscheiden und diese Fähigkeit im Sinne der Unternehmensziele einzusetzen. Beispielsweise können im Horizont "unternehmerischen Denkens" eigeninitiative Wege zur Problemlösung jenseits hierarchischer Interaktionen und vorgeschriebener Kommunikationskanäle entwickelt werden.

Dabei zeigt sich ein signifikanter Zusammenhang zwischen den neuen Anforderungsprofilen und dem Formalisierungsgrad spezifischer Arbeitsbereiche in Organisationen: Zum einen ist die geforderte Interaktions- und Kommunikationsfähigkeit (meist mit den Chiffren der Sozialkompetenz und der *soft skills* bezeichnet) umso höher, je weniger formalisiert der Einsatzbereich ist. Zum anderen wird der Interaktions- und Kommunikationskompetenz von Bewerberinnen und Bewerbern umso mehr Bedeutung beigemessen, je größer die Schnittstelle zu externen Bereichen im Einsatzbereich ist. Dies trifft insbesondere für den Außendienst im Vertrieb zu, aber auch – im Hinblick auf den Vertrieb als mögliches Karrieresprungbrett – für das Management.

Die Strukturprämissen des Unternehmenssegments Vertrieb
Der Vertrieb zeichnet sich als Schnittstelle zwischen Unternehmen und Umwelt durch eine vergleichsweise geringe Formalisierung der Arbeitsprozesse, Leistungstransparenz und machtvolle Informationspolitik aus. Diese "einzigartigen" Strukturmerkmale des Vertriebs modellieren in hohem Maße die Handlungschancen und -risiken ihrer Akteurinnen und Akteure, die durch unter-

schiedliche Karrierestrategien (scheinbar) wahlweise Verhandlungs- oder aber Gestaltungsmacht erlangen können. Verglichen mit Tätigkeiten in stark formalisierten Bereichen, wie der Buchhaltung in der Verwaltung oder der Massenfertigung am Band in der Produktion, ist gerade der Vertrieb ein Unternehmenssegment, in dem sich Interaktions- und Kommunikationsprozesse einer Formalisierung weniger beugen. Denn Außendienstbeschäftigte müssen zur optimalen Realisierung ihrer operativen Funktion, d.h. Verkaufsanbahnung, Verkauf und Kundenbetreuung, nicht nur informelle Strukturen innerhalb des Unternehmens nutzen. Vielmehr macht sie auch ihr Wissen über das jeweilige Marktsegment und die Kundschaft zu einer zentralen Informationsquelle für das Management und damit zu dessen DialogpartnerInnen. Diese Funktion eröffnet ihnen die Möglichkeit, die standardisierten Verhaltensregeln der Autoritäts-, Informations- und Kommunikationslinien, die im Modell der formalen Organisationsstruktur strikt einzuhalten sind, im Sinne "unternehmerischen Denkens" aufzuheben. Anders formuliert: Erst die Nutzung informeller Strukturen durch die Außendienstbeschäftigten ermöglicht es, unternehmerische Zielvorgaben (Effizienz und Effektivität bei der Erwirtschaftung von Profit) im Rahmen der lokalen Rationalität "Vertrieb" umzusetzen. Dies ist jedoch abhängig von den persönlichen Fähigkeiten sowie dem Aufgabenverständnis der jeweiligen Stelleninhaber und -inhaberinnen. Diese können die informellen Strukturen, und damit die Nähe zum Management, strategisch dazu nutzen, ihre Karriereinteressen zu verfolgen, sofern es ihnen gelingt, die Handlungsbedingungen sowohl formaler wie informeller Strukturen für die eigenen Interessen und Motive einzusetzen.

Um jedoch aus einer organisationssoziologischen Perspektive zu erklären, wie Außendienstbeschäftigte ihre Tätigkeit zum Karrieresprungbrett machen können, reicht es nicht aus, das Interagieren in informellen Strukturen zu analysieren, also die Informationsweitergabe an das Management jenseits von bestehenden Autoritätslinien und formalisierten Kommunikationswegen. Erst der Blick auf den Vertrieb als Relais zwischen einer ebenso dynamischen wie komplexen und kontingenten Umwelt und dem Unternehmen, das zur Zielerreichung auf die Umwelt reagieren muss, verdeutlicht die Genese der Handlungsmacht auf Seiten des Außendienstpersonals, die zum strategischen Ausgangspunkt einer klassischen Aufstiegskarriere werden kann.

Zur Sinntransformation und Unsicherheitsabsorption am Relais Vertrieb

Das Aufgabenprofil von Außendienstbeschäftigten umfasst Akquisition und Kundenpflege und damit Tätigkeiten der Absatzanbahnung und -durchführung, der Erhaltung von Absatzbeziehungen, aber auch der Markterkundung, der Auswertung bisheriger Absatzerfahrungen beim aktuellen Kundenstamm sowie von Absatzerfahrungen der Konkurrenz und hiervon abgeleitet der Absatzplanung im unmittelbaren Kunden- bzw. Marktkontakt. Damit sind im Außendienst Tätige an einer Schnittstelle zwischen dem System Unternehmen und dessen Umwelt positioniert. Dieser Tatsache kommt aus organisationstheoretischer Perspektive eine besondere Bedeutung zu. Denn: Die Organisationstheorie[8] geht in der Frage, wie die Umwelt von Organisationen diese beeinflusst und welcher Einfluss sich in den Organisationen auf welche Weise strukturell niederschlägt, in Abgrenzung zu positivistischen Ansätzen davon aus, dass die Umwelt nicht unübersetzt, quasi "eins-zu-eins" auf ein Unternehmen einwirken kann. Erst die Vermittlungsleistungen von Unternehmensmitgliedern, allen voran denjenigen an den größten Schnittstellen zu externen Bereichen, ermöglichen es, das für das Unternehmensziel notwendige Wissen aus der Umwelt in das System hinein zu tragen.

Crozier/Friedberg spitzen diesen Erkenntniszusammenhang im Kontext ihrer "strategischen" Organisationsanalyse noch weiter zu, indem sie betonen, dass dem System Unternehmen Wissen über die Umwelt nicht durch deren Objekte einfach zukommt, sondern dass solches Wissen innerhalb des Unternehmens durch Interaktionen mit der Umwelt und durch Aktualisierung im Vollzug erzeugt werden muss (vgl. 1993). Die Integration von Umweltinformationen vollzieht sich aus dieser Perspektive folglich nur im Rahmen einer interessengeleiteten Interaktion, und die vermittelten Informationen können nur dann Wirkung zeitigen, wenn sie in die Strategien von Führungskräften oder von dominierenden Koalitionen integriert werden. Somit erweist sich die Informationsvermittlung als ein Kommunikationsvorgang zwischen denjenigen, die Informationen aus der Umwelt filtern und sie damit erzeugen,[9] und denjenigen, die im Rahmen formaler Strukturen über Planungs-, Entscheidungs- und Weisungsbefugnisse verfügen und diese Informationen "verwerten".

---

[8] Da Organisationen in der neueren Forschung weder als geschlossene Systeme noch als rein zweckrational agierende Gebilde aufgefasst werden (vgl. u.a. Bardmann 1994; Baecker 1995; Weick 1985; Crozier/Friedberg 1993; Tacke 1997; Kieserling 1994), treten die System-Umwelt-Beziehungen in besonderer Weise ins organisationssoziologische Blickfeld.
[9] Luhmann (^{1}1964, 1976) spricht hier auch von der Interpretation des "Rauschens" der Umwelt.

Doch weder ist Umweltwissen für verschiedene Unternehmen gleichermaßen relevant, noch ist – ausgehend von der Komplexität der Organisationsumwelt – der Grad seiner Bedeutung schlicht "ablesbar". Vielmehr müssen Organisationsmitglieder zum einen eine aktive Filterleistung erbringen, indem sie relevantes Wissen von irrelevantem trennen und Umweltkomplexität reduzieren. Zum anderen übersetzen bzw. transformieren sie auf diese Weise Wissen in "Sinn" für das Unternehmen und führen das Wissen einer rationalen sowie effektiven Verarbeitung zu, stellen es also als Entscheidungsgrundlage bereit.

In seiner Funktion als privilegierte Vermittlungsinstanz dient der Außendienst des Vertriebs als Relais. Die hier Tätigen verkörpern das Umweltelement und übernehmen die Aufgabe, das Unternehmen über die Situation im "Außen" zu informieren und mögliche Folgen dieser Situation für das "Innen" aufzuzeigen. Wie in keinem anderen Unternehmensbereich dient die Transformation von Kunden- und Marktwissen in unternehmensrelevanten Sinn den Vorgesetzten innerhalb des Vertriebs als Entscheidungsgrundlage für die Absatzorganisation. Darüber hinaus ist es ausschlaggebende Wissensbasis des Managements für die Beschaffung und die Produktion, dient also der Planung, Koordinierung und Erfüllung der Grundfunktionen von Unternehmen.

Zusammenfassend betrachtet wird deutlich, dass besonders informelle Kommunikationsstrukturen das Arbeitsfeld Vertrieb als Schnittstelle zwischen Unternehmen und Umwelt charakterisieren. Diese informellen Strukturen eröffnen den Vertriebsbeschäftigten Handlungsspielräume, in denen sie ihre vorrangige Machtressource einsetzen können: das Wissen über die Unternehmensumwelt (Kundschaft und Markt), das in einer Sinntransformation für das Unternehmen Planung ermöglicht und Unsicherheiten absorbiert. Mit der Giddenschen Theorie der Strukturierung, die Strukturen in ihrer Interdependenz mit dem sozialen Handeln betrachtet und unerkannte Handlungsbedingungen sowie unbeabsichtigte Handlungsfolgen als strukturbildend einbezieht, können die vertrieblichen Prozesse sinnvoll beschrieben werden. Doch obwohl mit Giddens die Subjektivität und der gemeinte Sinn von Handelnden in den Blick genommen werden, bleibt die Frage nach dem Geschlecht dieser Handelnden und den möglichen Folgen der gesellschaftlich organisierten Geschlechterdifferenz auch in diesem Ansatz noch ungestellt. Erst die feministisch orientierte Organisationstheorie richtet die Aufmerksamkeit auf diese Frage.

Geschlecht – ein blinder Fleck in der Organisationstheorie

Susan Halford, Mike Savage und Anne Witz (1997) unterscheiden in ihrem Überblick über die feministisch orientierte Organisationsforschung und -theorie drei Perspektiven bezüglich Geschlecht in Organisationen bzw. Geschlecht und Organisationen: Als erstes ist die Perspektive der Kontingenz von Geschlecht in Organisationen zu nennen. Diese geht davon aus, dass asymmetrische Geschlechterverhältnisse nicht ein Organisationen innewohnender Bestandteil sind, sondern Ergebnis spezifischer historischer Prozesse. Die Studie von Kanter (1977) kann als exemplarisch hierfür gelten. In Opposition zum Kontingenz-Ansatz, der an der Geschlechtsneutralität von Organisationen "an sich" festhält, steht zweitens eine Perspektive, die formale Organisationen als – dem Wesen nach – männliche begreift. Selbst wenn mehr Frauen in mittlere und höhere Positionen aufrücken, verlieren "maskulinistische Organisationen" nichts von ihrem patriarchalen Charakter, so die dezidierteste Vertreterin dieses Ansatzes Kathy Ferguson (1984). Es begegnen sich in Organisationen aus dieser Perspektive eben nicht geschlechtsneutrale Beschäftigte und Personen, sondern feminine Frauen und maskuline Männer. Vor dem Hintergrund postkolonialer, poststrukturalistischer und postfeministischer Kritik am einheitlichen Subjekt Frau ist diese Position für Halford/Savage/Witz jedoch nicht mehr haltbar. Sie verweisen auf eine dritte Perspektive hinsichtlich Organisation und Geschlecht, die wegweisend von Joan Acker (1991, 1992)[10] ausgearbeitet wurde. Sie wird von Halford/Savage/Witz als "eingebettete" Perspektive bezeichnet.

---

10 Ackers Zugang hält an Geschlecht als Strukturkategorie fest, geht also in der Analyse empirischer Realität von der Grundannahme aus, dass Geschlechterasymmetrien für ökonomische, gesellschaftliche wie kulturelle Prozesse konstitutiv sind und somit einen integralen Bestandteil auch von Organisationen darstellen. Doch berücksichtigt diese Perspektive zugleich die Differenzen innerhalb der Geschlechtsgruppen. Der von Acker (1991, 1992) vorgelegte Entwurf einer Theorie der Gendered Organisation ist somit weiterführender als der frühe Ansatz von Kathy Ferguson. Letztere analysiert die Organisationen zwar unter Einbeziehung des gesellschaftlichen Geschlechterverhältnisses. Hierbei pauschalisiert sie jedoch die Orientierungen, Eigenschaften und Fähigkeiten der Geschlechtsgruppen, klammert Veränderungen des Geschlechterverhältnisses aus und lässt schließlich die konkreten organisationalen Handlungskontexte und Situationen unberücksichtigt (vgl. Ferguson 1984). Auch für Acker ist Ausgangspunkt der Analyse die konstatierbare Geschlechterasymmetrie in Organisationen: Nach statistischen Erkenntnissen sind Einkommen, Arbeitsaufgaben und Positionen innerhalb der Organisationshierarchie systematisch ungleich auf die Geschlechter verteilt. Gegen den Mainstream der Forschung jedoch richtet Acker ihr Interesse darauf, diese Asymmetrie nicht als organisationsextern verursacht zu interpretieren. Hierfür sucht sie zum einen die organisationstheoretische Prämisse der abstrakten, rationalen, geschlechtsneutralen und asexuellen Arbeitskraft zu widerlegen und zum anderen die vermeintlich geschlechtslose Organisation einer Analyse zuzuführen, die ihre vergeschlechtlichten und vergeschlechtlichenden Prozesse aufdeckt.

In ihren Überlegungen zu einer Theorie der Geschlechterverhältnisse in Organisationen identifiziert Joan Acker (vgl. 1992) vier, nur analytisch zu unterscheidende Ebenen von Prozessen, die in Organisationen Geschlechterdifferenz, Geschlechtertrennung und Geschlechterhierarchie verursachen, reproduzieren und legitimieren. Auf der *ersten* Ebene haben diese Prozesse die Gestalt alltäglicher Praktiken der Zuweisung von Arbeitsplätzen, von Gehältern und Löhnen oder anderen Machtressourcen, wie z.B. der Situierung in Hierarchien entlang von Geschlechtszugehörigkeit. Auf dieser Ebene lässt sich mit Acker unter anderem danach fragen, wie das Management bewusste Entscheidungen darüber trifft, diese Strukturen zu verändern oder zu reproduzieren und wie die Personalentwicklung sowie die Personalvertretung sie hierbei flankieren.

Auf einer *zweiten* Ebene umfassen diese Prozesse nach Acker die Ausbildung von Symbolen, Bildern und Bewusstseinsformen, welche die Geschlechterverhältnisse in Organisationen erklären und legitimieren oder – seltener – gegen diese opponieren. Acker argumentiert dafür, komplexe Organisationen als gesellschaftliche Zentren zur Produktion von Geschlechterimaginationen und Geschlechterbewusstsein aufzufassen. Im Anschluss hieran lässt sich auch fragen, welche Bilder von Führungspersönlichkeiten, von Erfolg und Leistung in Organisationen verbreitet werden und wo platzanweisende Geschlechtsmetaphern, Bilder von Männlichkeit und Weiblichkeit, in die Selbstdarstellung von Organisationen integriert sind.

Auf einer *dritten* Ebene identifiziert Acker Prozesse des Gendering in der Interaktion zwischen den Geschlechtern und zwischen gleichgeschlechtlichen Individuen. Sexualität spielt dabei sowohl eine offene wie verdeckte Rolle. Acker eröffnet auf dieser Ebene Fragen nach den vielfältigen Formen des alltäglichen Doing Gender in Organisationen, d.h. der Darstellung von Geschlechtszugehörigkeit, die mit Dominanz und Unterordnung verbunden ist und Allianz- wie Exklusionsmuster fördert.

Die *vierte* Ebene beinhaltet nach Acker Prozesse der Bewusstseinsarbeit von Individuen bezüglich der Geschlechterverhältnisse in Organisationen. Hier ist z.B. zu fragen, wie Frauen und Männer bewusst eine "korrekte" Darstellung ihrer Geschlechtszugehörigkeit betreiben und inakzeptable Präsentationen vermeiden, indem sie sich von den Darstellungsnormen des anderen Geschlechts abgrenzen.

Für die Analyse der lokalen Rationalität Vertrieb ist vor allem Ackers Überlegung zur vergeschlechtlichten Sub-Struktur von Organisationen interessant. Diese artikuliert sich in räumlich-zeitlichen Arrangements von Erwerbsarbeit, den hier festgelegten Verhaltensregeln sowie der Relation zwischen Erwerbsarbeitsplatz und "Leben". Die Regeln von Organisationen erzeugen getrennte Sphären – hier Erwerbsarbeit und dort Privatleben –, wobei explizit und implizit verlangt wird, dass die Erwerbsarbeit absolute Priorität einnimmt. Dies führt nach Acker zur Unterscheidung von zwei Sorten von Beschäftigten: denjenigen, die diese Regeln befolgen (können) und denjenigen, die aufgrund von Familien- und Reproduktionsarbeiten diese Regeln nicht oder nur eingeschränkt befolgen (können). Dennoch gelten Arbeitsplätze und Hierarchien in Organisationen als geschlechtsneutral, und die hier tätigen Subjekte werden als körper-, gefühl- und geschlechtslose unterstellt. Doch vor dem Hintergrund fortbestehender Arbeitsteilung zwischen den Geschlechtern entpuppt sich der (!) abstrakte Erwerbsarbeitende bei der Dekonstruktion der organisationalen Sub-Struktur in der Regel immer noch als Mann, so dass häufig auch nur ein männliches Erwerbssubjekt die Regeln und Ansprüche der Organisation erfüllen kann; die Sorge um sich selbst, Kinder, alte und kranke Menschen, bleibt so "außen".

In der feministisch orientierten Organisationsforschung wird unterdessen gegen Acker eingewandt, dass sie mit ihrem Zugang die grundsätzliche strukturelle Vergeschlechtlichung von Organisationen – jenseits konkreter empirischer Überprüfung – fixiere und Geschlecht als zentrales Differenzierungsmerkmal auf Dauer festschreibe. Anders formuliert: Acker behaupte die Omnirelevanz und Omnipräsenz von Geschlecht in jeder Organisation, in allen Praktiken, Prozessen und Strukturen zu jeder Zeit. So stimmen Halford/Savage/Witz (1997) mit Acker zwar überein, dass Organisationen nicht als entpersonalisierte Systeme zu verstehen sind und sich nicht von den gesellschaftlichen Verhältnissen und sozialen Beziehungen, die sie umgeben, trennen lassen, also auch nicht von den Geschlechterverhältnissen bzw. -beziehungen. Jedoch bestehen Halford/Savage/Witz (vgl. 1997) im kritischen Rekurs auf Acker darauf, Organisationen als "situierte Praxis" zu verstehen, die kontextabhängig und wandelbar ist und ein Netz sozialer Beziehungen konstituiert.

In ihrer empirischen Untersuchung von Banken, Krankenhäusern und kommunalen Verwaltungen fanden Halford/Savage/Witz (1997) heraus, dass gegenwärtige Strukturen in Organisationen das Ergebnis sedimentierter früherer Auseinandersetzungen darstellen, in die vorangegangene Handlungsmöglichkeiten eingelagert sind. Alltagspraktiken in Organisationen rekurrieren den AutorInnen zufolge auf diese durchaus widersprüchlichen Ergebnisse, die in erneuten Auseinandersetzungen gedeutet und daher auch anders gedeutet werden können. Diese Konzeptualisierung, die an die oben skizzierte Theorie der Strukturierung von Giddens – nun jedoch aus einer geschlechterbewussten Perspektive –

anknüpft, bildet für Halford/Savage/Witz einen notwendigen Erklärungsansatz für Transformationen der Geschlechterverhältnisse in Organisationen. Deutlicher noch als Halford/Savage/Witz kritisieren die Arbeiten von Bettina Heintz und Kolleginnen (1997) sowie diejenige von Sylvia Wilz (2002) Ackers Grundannahme, dass in alle Prozesse und Praktiken von Organisationen eine Geschlechterasymmetrie eingebaut ist. Im Rahmen ihrer – verschiedene Berufsfelder vergleichenden – Untersuchung (Krankenpflege, Sachbearbeitung, Informatik) plausibilisieren Heintz u.a. ihre These, dass die strukturelle Verankerung und kulturelle Inszenierung der Geschlechterdifferenz nach Berufs- und Organisationskontexten variieren. Sie sprechen von einer "kontextuellen Kontingenz der Geschlechterdifferenz" und der Möglichkeit der "Neutralisierung der Differenz" (Heintz u.a. 1997:75, 89). Geschlecht kann ihrer Analyse zufolge auf den verschiedenen Ebenen von Organisation (Struktur, Handlung, symbolische Repräsentation) unterschiedlich relevant sein: Es kann in formalen Strukturen verankert sein, um dann jedoch auf der Ebene der symbolischen Repräsentation keine Rolle zu spielen.

Auch Wilz bestätigt in ihrer Untersuchung einer Krankenversicherung die kontextabhängige Kontingenz von Geschlecht. Als grundlegend erweisen sich in ihrer Studie Personalentscheidungen in Bezug auf Führungspositionen. Hier bietet der Rekurs auf das Kriterium Geschlecht die Möglichkeit, Entscheidungsprozesse zu vereinfachen und zu legitimieren. Nach Wilz sind nicht (allein) Stereotypisierungen für die weiterhin beobachtbare Rekrutierung von vornehmlich Männern für leitende Positionen maßgeblich, "sondern es ist das System geteilter Interpretationen, Deutungen und Normen" (Wilz 2002:268), dass die Bilder von Männlichkeit und Weiblichkeit mit geschlechtlich besetzten Elementen von Organisation zusammenbringt.

Der Beitrag der feministischen Organisationssoziologie zur Untersuchung des Vertriebs

Bislang wurde der Vertrieb als "einzigartiges" Unternehmenssegment nicht in den Blick der geschlechterreflektierenden Organisationssoziologie genommen. Dies erstaunt besonders, wenn das egalisierende Prinzip der Leistungstransparenz berücksichtigt wird, das im Vertrieb strukturell angelegt ist. Gerade hier drängt sich die Frage auf, ob diese Transparenz gegenüber den sonst kaum objektivierbaren Erfolgskriterien und der damit verknüpften, traditionell männerbevorzugenden Meritokratie günstigere Karrieremöglichkeiten für Frauen eröffnet als sie im klassischen Gratifikationssystem der Unternehmen vorhanden sind. Die Tatsache, dass der Vertrieb ein bislang unbearbeitetes Terrain feministischer Organisationsanalyse ist, überrascht auch vor dem Hintergrund der mittlerweile breit geführten Diskussion über *soft skills*, die im Außendienst von herausragender Bedeutung sind und die (fälschlicherweise) immer wieder als weibliches Arbeitsvermögen gehandelt werden (vgl. kritisch Krell 1997).

Darüber hinaus zeigt sich eine organisationstheoretisch interessante Gegenläufigkeit des hier gewählten Ansatzes zu den jüngsten Tendenzen feministischer Organisationsforschung. Der von uns gewählte Fokus liegt auf der lokalen Rationalität des Vertriebs in neun sehr unterschiedlichen Unternehmen und auf den mit dieser Rationalität verknüpften Chancen von Frauen auf eine Geld- bzw. Aufstiegskarriere (Funken 2004). Somit wird nicht die Gesamtorganisation als Kontext der Geschlechterverhältnisse ins Blickfeld gerückt, sondern ein spezifisches Unternehmenssegment, dies jedoch in verschiedenen Organisationen. Demgegenüber bevorzugen jüngere Arbeiten feministischer Organisationssoziologie, wie die Frauen- und Geschlechterforschung insgesamt, Detail-Analysen konkreter Kontexte und Interaktionen, um der Frage von Geschlechterrelevanz und -irrelevanz bei Karrierechancen und -barrieren, Personalentscheidungen oder zum Beispiel Arbeitseinsatz, Entlohnung, Beförderung etc. auf die Spur zu kommen.

Wie der knappe Einblick in die geschlechterbewusste Organisationssoziologie deutlich gemacht hat, können die Mitglieder von Organisationen nicht als geschlechtsneutrale Individuen gelten, und auch die Organisationen sind nicht geschlechtsneutral konstruiert. Allerdings muss eingeräumt werden, dass Geschlechterdifferenzen in Organisationen je nach Kontext in den Vordergrund oder in den Hintergrund treten können. Deshalb soll die geschlechterbewusste Perspektivierung theoretisch an die eingangs gewählte Sicht des vertrieblichen "In-Strukturen-Handelns" anknüpfen, indem die Aufmerksamkeit auf die unerkannten Handlungsbedingungen und unintendierten Handlungsfolgen gerichtet wird. Die empirisch erfassten, konkreten Auswirkungen für die Selbstpositionierungen von Frauen und Männern werden im folgenden Abschnitt beschrieben.

Informationspolitik: Karrierestrategie im Vertrieb
Organisatorische Subsysteme – wie in unserem Fall der Vertrieb – operieren auf der Basis je eigener lokaler Regeln bzw. Rationalitäten und Kommunikationssemantiken (vgl. u.a. Cyert/March 1963; Olsen 1991; Martens 1989; Tacke 1997). Wie unsere empirische Studie zu den vertrieblichen Kommunikationsprozessen gezeigt hat, ist die lokale Rationalität des Vertriebs so beschaffen, dass die Ausgestaltung der Informationspolitik strategische Bedeutung für die weiteren

Berufs- und Karrierewege der Agierenden erhält (vgl. Funken 2004). Außendienstbeschäftigte, die mit der für die Organisation relevanten Umwelt in Verhandlung treten, verfügen "über besonders wichtige und nicht zu umgehende Ungewissheitsquellen" (Crozier/Friedberg 1993:94f). Denn die Grenze zwischen System und Umwelt und die Art und Weise, wie Umweltereignisse und Umweltveränderungen in das System hineinwirken und dort verarbeitet werden, sind von hoher Relevanz für das Überleben und die Wettbewerbsfähigkeit jedes Unternehmens. So müssen die Wirkungen der Organisation auf die Umwelt sowie deren reaktive Einflüsse auf die Organisation beurteilt und in die lokalen Operationen integriert werden. Eine strategische Aufgabe des Unternehmens ist es deshalb, die Betriebsperspektive zu stärken und sie zugleich austauschfähig zu halten mit gesellschaftlichen Perspektiven (vgl. Baecker 2000:25). Entsprechend bilden sich um die "notwendigen Beziehungen zur Umwelt herum Machtverhältnisse" (Baecker 2000:25). Macht[11] in Organisationen lässt sich als "ressourcengestützte Beziehung zwischen Akteuren [verstehen], die sich in der Kontrolle relevanter Unsicherheitszonen, in der Begrenzung und Erweiterung fremder und eigener Handlungsspielräume, in Prozessen von Aushandlungen ausdrückt" (Wilz 2002:33). Diese wiederum können für einen beruflichen Aufstieg instrumentalisiert werden, wenn die Agierenden ihre Informationspolitik strategisch einsetzen.

Beschäftigte im Außendienst – dies ist ein zentraler Befund unserer Studie – haben verschiedene Optionen bei der Gestaltung ihrer Informationspolitik: Sie können die bereits angesprochene "Aufstiegskarriere" und damit eine größere "Gestaltungsmacht" anstreben, oder sie können eine Informationspolitik verfolgen, die eher einer "Geldkarriere" dient und damit der Vermehrung von "Verhandlungsmacht". Eine Geldkarriere bietet die Chance, vertriebsintern auf der Grundlage herausragender (Verkaufs-)Leistungen höhere Forderungen bezüglich Einkommen, prestigereicher Ausstattung oder z.B. Personal zu stellen und erfüllt zu bekommen. Dagegen bietet die Aufstiegskarriere die Möglichkeit, ins Management des Unternehmens aufzusteigen und dort weitreichende Entscheidungskompetenzen zu erlangen, insbesondere in Bezug auf die strategische Ausrichtung des Unternehmens auf dem Markt.

---

11 Macht bedeutet in strategischen Positionen verankerte Handlungsfreiheit, die u.a. dazu verhilft, Anforderungen zu verweigern und anderen Organisationsmitgliedern eigene Interessen aufzuzwingen (Crozier/Friedberg 1993). Dass Macht und Organisation unauflöslich verbunden sind, zeigt sich auch daran, dass ein Stellenwechsel in einem Unternehmen erst dann karriererelevant ist, wenn er zu einer machtvolleren Position führt.

Jedoch – und dies belegt die Empirie eindringlich – verhalten sich Außendienstmitarbeiter und Außendienstmitarbeiterinnen in diesem Punkt signifikant unterschiedlich: Während die männlichen Außendienstbeschäftigten eher eine Informationspolitik verfolgen, die auf eine Aufstiegskarriere und damit zukünftige Gestaltungsmacht zielt, neigen Außendienstmitarbeiterinnen zu einer Informationspolitik, die die Weichen in Richtung auf eine Geldkarriere und damit ein größeres Ausmaß an Verhandlungsmacht stellt. Dieser empirische Befund wird im Folgenden aus einer modernitätstheoretischen Perspektive interpretiert und damit in einen – gesellschaftliche Transformationen – reflektierenden Zusammenhang eingerückt.

"Sich Verkaufen" – zur Aufstiegskarriere im Vertrieb
Es lassen sich zwei Typen der Informationsvermittlung identifizieren, die sich vor allem durch den Grad der Formalisierung unterscheiden: Auf der einen Seite findet eine stark *personalisierte Informationspolitik* über informelle Kommunikationswege statt, auf der anderen Seite wird eine durchgängig *formalisierte, leistungs-* und *sachbezogene Informationspolitik* verfolgt.

Vor dem Hintergrund der organisationssoziologischen Analyse der Schnittstellenfunktion des Vertriebs gehen wir davon aus, dass die lokale Strukturierung und Koordinierung des Vertriebs in selektiver Weise auf das (unsicherheitsbelastete) umweltvermittelnde Handeln einwirkt und die genannten zwei Typen der Informationspolitik favorisiert. Diese gehen nicht nur mit einer unterschiedlichen Bewertung der Schnittstellenfunktion einher, sondern produzieren auch geschlechtstypische Handlungsweisen.

- Die Mehrheit der von uns befragten Frauen betont die administrativen Aufgaben des Vertriebs, wie z.B. Angebotserstellung oder Auftragsbearbeitung und verfolgt eher eine leistungs- und sachbezogene Informationspolitik.
- Dagegen hält die Mehrheit der befragten Männer die strategischen Aufgaben des Vertriebs, wie z.B. Bereitstellung von Marktinformation für das Management oder Beratung des Managements für wichtiger und informiert dieses im Gespräch unter vier Augen.

Da Kommunikations- und Informationsflüsse als eine zentrale Machtquelle im Organisationsgefüge fungieren können (vgl. Crozier/Friedberg 1993:52), dienen personalisierte Wissensvermittlung und subjektive Sinntransformation dazu, dem Vorgesetzten nicht nur die eigene Leistung, sondern auch die eigene Person zu "verkaufen" und sich so für Beförderungen zu empfehlen. Anders formuliert: Wer den Vertrieb als Sprungbrett für die klassische Karriere nutzen will, muss sich nicht als überdurchschnittliches Verkaufstalent auszeichnen, sondern kann die informelle Informationsvermittlung zur Positionierung nutzen. Ziel einer solchen Karrierestrategie ist es, längerfristig den Vertrieb zu verlassen und aufgrund der management-analogen Kompetenzen in der Unternehmenshierarchie aufzusteigen.

Diese Personalisierungsstrategie kann – organisationssoziologisch gelesen – nur als Element der informellen Netzwerke funktionieren, die als Unterstützungs-, Solidaritäts-, und Protektionsverbünde eine Brücke zwischen individuellen und strukturellen Karrieredeterminanten schlagen (vgl. Runia 2003).[12] Das Wissen, wie informelle Strukturen dem eigenen Fortkommen dienen können, wird jedoch nicht in selbstreflektiven Operationen abgerufen, sondern durch *tacit knowledge* (Polanyi 1985). Hierbei handelt es sich um implizites oder unterschwelliges Wissen, das bei den Akteurinnen und Akteuren zwar vorhanden ist, dessen Bestände aber nicht explizit gemacht werden (können). Dennoch wird dieses Wissen aufgrund gemeinsamer Erfahrungen diffundiert (March 1990) und in den Prozessen des Organisierens kollektiviert. Implizites Wissen ist der "geprüfte und gemeinsame Besitz der Mitglieder einer erfolgreichen Gruppe" (Kuhn 1976:203) und ihr Solidarisierungseffekt. Dies setzt geteilte Erfahrungen, Codizes und Interpretationen voraus, da die Erwartung an die Mitglieder nicht – wie in der Organisation – durch Formalisierung, sondern vor allem durch Vertrauen hergestellt wird. Während also Organisationen ihre Mitglieder – zumindest dem Prinzip nach – in der entpersonalisierten Form der funktionalen Rolle beobachten, "nehmen Netzwerke ihre Angehörigen in der Form der sozialen Adresse wahr" (vgl. Ohlendieck 2003:176).

Weil informelle Netzwerke ohne formale Regularien operieren, bedürfen sie besonders sensibler Auswahlverfahren, die gemeinhin durch die konsequente Berücksichtigung von Homosozialität[13] abgesichert werden. Bei diesem Kollektivierungsprozess fallen Frauen unter das so genannte Differenztabu,[14] denn gemeinsame Erfahrungen durch Sport, Militär, Universität oder z.B. auch Mitgliedschaften in studentischen Verbindungen erlangen einen hohen Stellenwert

---

12 Für Berufskarrieren wird der Nutzen solch informeller Netze besonders da sichtbar, wo Beschäftigte aus einem gleichwertigen "ökonomischen" und "kulturellen Kapital" (Bourdieu 1987) ungleiche Erträge erzielen, wie dies bei Männern und Frauen häufig zu beobachten ist.
13 Die Rekrutierung von neuen Netzwerkmitgliedern wird aufgrund stereotyper Selbstähnlichkeit vorgenommen. Die Ähnlichkeit mit der eigenen Person erhöht die Einschätzbarkeit des Neulings. Auf diese Weise kann Unsicherheit abgebaut und Kontrolle verstärkt werden.
14 Bereits in den fünfziger Jahren hatte Festinger (1954) empirisch den Nachweis erbracht, dass in sozialen Prozessen das Prinzip der Ähnlichkeit bedeutsam ist, demzufolge sich Männer tendenziell an Männern und Frauen an Frauen orientieren. In – zumeist männlich dominierten – Organisationen führt dies zum Schließungsprozess gegenüber Frauen (vgl. auch Rubin 1975).

und sorgen dafür, dass Frauen in einer hermetischen Welt der "brüderlichen" Erfahrungen, eingespielten Verhaltensweisen und unausgesprochenen Codizes als "Fremde" gelten. Auch werden sie aufgrund ihrer Minderheitenposition über den Genderstatus[15] – also stereotyp als Vertreterinnen ihres Geschlechts – wahrgenommen und nicht durch ihre persönlichen Stärken und Schwächen.

Dass die von uns befragten Frauen im Außendienst vor allem darauf setzen, innerhalb formalisierter Handlungsstrukturen entpersonalisierte Leistungen zu erbringen, ist also nicht verwunderlich, da sie andernfalls über die eigentliche Aufgabe der Informationsvermittlung hinaus erhebliche Zusatzleistungen zur Netzwerkintegration vollbringen müssten. Doch auch ihrer scheinbar *nicht* aufstiegs-, sondern sach- und leistungsorientierten Perspektive kommt eine strategische Bedeutung zu, denn sie ermöglicht über das Medium Geld eine Karriere, die in dieser Form nur im Vertrieb existiert.

"Verkaufen" – zur Geldkarriere im Vertrieb
Der Vertrieb gehört zu den Arbeitsbereichen mit den höchsten Verdienstmöglichkeiten. Das Gehalt eines Außendienstmitarbeiters bzw. einer Außendienstmitarbeiterin kann, so wurde uns in Interviews berichtet, bis zu 125.000 € p.a. betragen. Betriebswirtschaftlich zeichnet sich der Vertrieb neben seiner operativen Funktion (dem Verkauf) vor allem durch seine leistungsabhängige Entlohnung aus. Mit dem leistungsabhängigen Verdienst ist prinzipiell eine für Männer und Frauen chancengleiche Bezahlung gewährleistet. Weil Leistung sich hier unmittelbar messen lässt – und nicht von eingespielten Gratifikationssystemen abhängt –, wurden Frauen schon verschiedentlich aufgefordert, in den Außendienst des Vertriebs zu gehen (Kneifel 1999).

Auch wenn je nach Branche unterschiedliche Provisionsanteile gezahlt werden, stellt der Vertrieb gleiche Verdienstchancen her, da grundsätzlich alle Beschäftigten über mehr Leistung, sprich: mehr Vertragsabschlüsse, ein höheres Gehalt erzielen können. Weil sich also der Erfolg unmittelbar in Geld niederschlägt und für alle sichtbar wird, bezeichnen viele Vertriebsbeschäftigte diese Lohnpolitik als ausschlaggebendes Motiv für ihre Berufswahl.

Eine Geldkarriere, wie wir sie innerhalb der untersuchten Vertriebe ausmachen konnten, ist durch den innervertrieblichen Wechsel des Kundenstammes gekennzeichnet, also organisatorisch nicht formalisiert und auch nicht notwen-

---

15 Die Wahrnehmung über den Genderstatus bewirkt, dass Frauen als das "andere" Geschlecht etikettiert werden und mit fürsorglichen Aufgaben bzw. stereotypisierten Eigenschaften assoziiert werden. Hierbei schlägt individuelle Konkurrenz, z.B. um solch knappe Ressourcen wie Stellen, in Geschlechterkonkurrenz um (vgl. u.a. Lorber 1999).

dig an eine Veränderung der Position gebunden. Der Vertrieb ist nach Kundenbereichen strukturiert, die – nach der Umsatzstärke der jeweiligen Kundschaft – in einem hierarchischen Verhältnis zueinander stehen.[16] Der informelle Weg der Geldkarriere verläuft dann etwa von der "Kundenbetreuerin" im Privatkundenbereich über die "Vertriebsbeauftragte" im Bereich Mittelstand zur "Großkundenmanagerin" (oder *key account manager*) im Großkundenbereich. Alle diese Positionen sind laut Organigramm gleichgestellt. Obwohl es also keine formale Hierarchie gibt, steigt der Provisionsanteil mit dem Wechsel der Kundengruppe. Auf diese Weise erfolgt, selbstbestimmt und direkt überprüfbar, eine (Weiter-) Entwicklung in der Berufslaufbahn. Faktisch zeichnet sich eine solch informelle Karriere nur durch die höhere Verdienstspanne und den profitablen Nutzen für das Unternehmen aus. Doch auch wenn im Organigramm z.B. ein "Kundenbetreuer" und eine "Vertriebsbeauftragte" auf der gleichen Hierarchieebene angesiedelt sind,[17] unterscheiden sich ihr Image und ihr Einkommen erheblich! Genau hierin liegt die Bedeutung der Geldkarriere, wie sich mit einem Blick auf alternative Karrieremuster zeigen lässt, die in neueren Untersuchungen im Zentrum stehen.

In der einschlägigen wissenschaftlichen Literatur werden alternative Karrieremuster[18] als Erweiterung des klassischen Karrierebegriffs[19] gehandelt und mit beruflichem Wertewandel (Bardmann 1994:349ff) in Verbindung gebracht. Dieser erweiterten Auffassung zufolge gilt "jede beliebige Stellen- oder Positionsfolge einer Person im betrieblichen Positionsgefüge" als Karriere (vgl. Berthel

---

16 Bei einer hierarchischen Dreiteilung der Kundenbereiche formiert sich die Organisation des Vertriebs in Pyramidenform: Die breite Basis besteht aus der zahlenstarken Privatkundschaft, der Mittelbau definiert sich über die mittelständischen Unternehmen und an der Spitze gibt es wenige umsatzstarke Großunternehmen. Um einen Einblick in die Größenordnungen zu geben: Im regionalen Finanzdienstleistungsbereich soll ein Firmenkundenbetreuer bzw. eine -betreuerin 120 Firmen betreuen, im Vermögensmanagement sind es dagegen ca. 300 Kundinnen und Kunden. In einem der von uns untersuchten IT-Unternehmen arbeiten zehn *account manager* im Großkundenbereich, sie haben jeweils 30 Kunden. Von diesen zehn sind zwei *key account manager*, die jeweils ein bis zwei Großunternehmen betreuen (vgl. Funken 2004).
17 Formal sind die jeweiligen Kundenbereiche – ähnlich wie andere Arbeitsbereiche – zumeist in drei Hierarchieebenen eingeteilt: Doing-Ebene, Teamleitung und Abteilungsleitung, wobei die Kundennähe mit dem hierarchischen Aufstieg abnimmt.
18 Durch gegenwärtig sich vollziehende Restrukturierungsmaßnahmen in Unternehmen wie Hierarchieabbau, Dezentralisierung und steigende Flexibilisierung wird dieser traditionellen Karriere z.T. ihre Grundlage entzogen, da in flacheren Hierarchien weniger Führungspositionen zu besetzen sind. Um den Mitarbeitern dennoch Entwicklungsmöglichkeiten anzubieten, werden in reorganisierten Unternehmen zunehmend so genannte Fachlaufbahnen institutionalisiert.
19 Der Geltungsbereich des Begriffs "Karriere" beschränkte sich lange Zeit auf hochqualifizierte Erwerbstätigkeit, da berufliche Entwicklungsmöglichkeiten maßgeblich von dem Ausbildungsniveau der Karrieristen abzuhängen schienen (vgl. auch Hillmert 2003).

1995:1185). Nicht mehr die Position innerhalb einer Hierarchie ist karrierebestimmend, sondern der Beitrag, den eine Person oder ein Team zur Wertschöpfung beiträgt (vgl. Füchtner 1998:603). Die im Vertrieb mögliche Form der Geldkarriere lehnt sich organisatorisch an das Prinzip der Fachlaufbahn[20] an. Auch im Außendienst überwiegen die Fachaufgaben – das Verkaufen – und die Vertriebsbeschäftigten werden als Fachkräfte anerkannt. Die Geldkarriere ist ein innervertrieblicher Karriereweg, der den überwiegend informellen Charakter der Vertriebsstrukturen nutzt. Außendienstbeschäftigte sind primär auf sich allein gestellt, haben keine formal verankerte Weisungs- und Entscheidungsbefugnis und keine Führungsverantwortung.

Die Strukturen des Vertriebs ermöglichen sowohl die klassische aufstiegsorientierte Karriere als auch die vertriebsspezifische Geldkarriere. Die klassische Form der Karriere entspricht dem, was aus anderen Unternehmensbereichen bekannt ist: Beruflicher Erfolg manifestiert sich in hierarchischen Positionsverbesserungen und zeichnet sich durch einen Zuwachs an Macht, Führungsverantwortung, Prestige und Einkommen aus.

Auf diese Weise werden vor allem Leistungen unternehmerisch integrierter Mitarbeiter und Mitarbeiterinnen honoriert (vgl. u.a. Hitzler/Pfadenhauer 2003). Die Integration aber erfolgt zum Großteil – wie oben ausgeführt – über informelle Kommunikationswege bzw. so genanntes Networking und unterliegt einer eigenen Logik, die sich in unternehmensinternen Spielregeln niederschlägt. Diese kognitiv und normativ stabilisierten "Regeln der Angemessenheit" (Tacke 1997:231) regulieren neben sachbezogenen Problemlösungen auch soziale Zugehörigkeiten und Identitäten der Handelnden. Daran geknüpfte Erwartungen sind an Mitgliedschaftsrollen gebunden und formal (also normativ) oder subformal (also kognitiv orientiert) ausgerichtet. Es besteht erkennbarer Konsens, dass die Abweichung von diesen Erwartungen mit einer Aufnahme oder gegebenenfalls auch Fortsetzung der Mitgliedschaft nicht vereinbar ist (vgl. ebenda).

Für unsere Argumentation ist entscheidend, dass die Leistungskraft einer oder eines Beschäftigten in den Unternehmensstrukturen nicht per se (für alle) sichtbar ist, sondern vor allem über das Gratifikationsmittel der Beförderung

---

20 Michel Domsch (1994) unterscheidet drei Formen der Fachlaufbahn: Projektlaufbahn, Spezialistenlaufbahn und Gremienlaufbahn. Am häufigsten wird der Weg der Projektlaufbahn eingeschlagen, der Aufstieg erfolgt über zunehmend fachliches Engagement in kleineren hin zu umfangreichen und strategisch wichtigen Projekten. Die Spezialistenlaufbahn wird besonders von Mitarbeiterinnen und Mitarbeitern mit hoher Expertenverantwortung, aber geringem Umfang an Personalverantwortung bevorzugt. Organisatorisches Ziel der Spezialistenlaufbahn ist die Ausbildung, der Erhalt und die Belohnung von hochqualifizierten Spezialistinnen und Spezialisten (Füchtner 1998:604). Eher selten kommt die Gremienlaufbahn vor, sie beinhaltet die Mitgliedschaft in verschiedenen Ausschüssen und Gremien.

transparent gemacht wird. Das Gratifikationssystem aber unterliegt als Teil der hierarchisch (aber auch flach) strukturierten Organisationen in hohem Maße den informellen und nicht objektivierbaren Wertmaßstäben[21] der zumeist männlichen Führungskräfte und Kollegen. Hartmann (2003:163) belegt eindrücklich, dass "bei solchen Besetzungsprozessen (...) sehr viel weniger nach rationalen Kriterien entschieden [wird], als man angesichts der umfangreichen Kriterienkataloge, die es in den meisten Großkonzernen gibt, annehmen sollte. In erster Linie zählt der gleiche Stallgeruch oder die Chemie, die stimmen muss". Belohnt (d.h. befördert) wird also nur, wer als anerkannter Teil der informellen Unternehmenskultur gilt.

Besonders Frauen bleiben aus diesem Gratifikationssystem ausgeschlossen: Erstens setzen sie als exponierte Minderheit (fälschlicherweise) überwiegend auf sachliche Leistung. Während z.B. Männer in Führungspositionen eher Ressourcen- und Positionsmacht ausüben, nehmen weibliche Führungskräfte eher Expertenmacht als Spezialistinnen ein.[22] Sie besetzen im Unterschied zu männlichen Führungskräften eher Stabsstellen (vgl. Autenrieth/Chemnitzer/Domsch 1993; Hammond 1988).

Außerdem beruht die Rede von der geschlechtsneutralen Erwerbsarbeit (Acker 1991, 1992) auf der unausgesprochenen Prämisse der Trennung von Öffentlichkeit und Privatheit, von Produktion und Reproduktion und den in dieser Trennung enthaltenen Zuweisungen und Zumutungen an Frauen qua Geschlecht. So passen Frauen nicht in das Modell des (!) abstrakten Erwerbsarbeitenden und sind keine idealen Mitarbeiterinnen in Organisationen. Für sie werden daher spezifische Arbeitsplätze reserviert, die sich von den "richtigen" unterscheiden. Entsprechend kommt es zu einer anhaltenden Kanalisierung von Frauen in "Jobs" und von Männern in "Karriereverläufe". Zu einer ähnlichen Argumentation gelangen auch David Collinson, David Knights und Margaret Collinson, die in einer empirischen Studie beobachten, dass trotz bestehender "Anti-Diskriminierungsgesetze" diskriminierende Rekrutierungs- und Einsatz-

---

21 Die zentrale Voraussetzung für die Besetzung z.B. von Spitzenpositionen ist nach Hartmann vor allem die "richtige Chemie" und das "Bauchgefühl", was nur dann eintritt, wenn Verhalten und Einstellungen der Kandidaten mit denen der Entscheider übereinstimmen. "Man sucht im Grunde seinesgleichen, (...)" (2003:164).
22 In unserer Kontrollstudie (Steckling 2001) gaben Frauen an, dass sie sich bei einer neuen Stelle schnellstens einarbeiten, um ihre Kompetenz unter Beweis zu stellen. Männer hingegen betonten, dass sie vor allem auch erkunden, wer im Unternehmen welche Fäden in der Hand hat, also wie die Netzwerke verlaufen.

strategien von Managerinnen und Managern in britischen Unternehmen existieren (Collinson/Knights/Collinson 1990:163ff).[23]
Zweitens sind sie höchst selten aktive und anerkannte Mitglieder des informellen Netzwerks. Als "Andere" müssten sie nämlich – wie bereits ausgeführt – zusätzliche Integrationsleistungen erbringen, um das Differenztabu zu brechen. Der Ausschluss aus dem informell strukturierten Gratifikationssystem führt dazu, dass die Arbeitserfolge von Frauen in traditionell hierarchischen (und leider auch in flachen) Organisationen weitestgehend unsichtbar bleiben. Diesen Unsichtbarkeitseffekt hebelt die Geldkarriere im Vertrieb aus. Denn die Vertriebsstruktur bietet die Möglichkeit, Leistung unabhängig vom klassischen Gratifikationssystem transparent zu machen. Der Erfolg im Vertrieb dokumentiert sich in Vertragsabschlüssen und ist damit direkt messbar und monetär übersetzbar. Damit fällt eine zentrale strukturelle Diskriminierung – von zumeist Frauen – weg, die darauf beruht, dass beruflicher Erfolg sich ausschließlich in hierarchischen Positionsverbesserungen oder -wechseln manifestiert und nur durch zusätzliche Integrationsleistungen möglich ist.

Die Vertriebsstrukturen sorgen also dafür, dass Leistungen von Frauen und Männern in gleicher Weise transparent werden. Wenn Erfolg nicht über nepotistische Gratifikationsmaßnahmen honoriert wird und wenn Vertragsabschlüsse und Verdienste die Anerkennung und den Prestigegewinn[24] im Kollegenkreis garantieren, avanciert Geld zu demjenigen Medium, über das Leistung gemessen und bewertet wird. Wer auf Dauer erfolgreich mit der Kundschaft verhandelt und viele gute Abschlüsse erzielt, kann durch einen Wechsel der zu betreuenden Kundengruppe und einen höheren Provisionsanteil eine innervertriebliche Geldkarriere machen und die eigene *Verhandlungsmacht* maximieren. Der damit gewonnene Zuwachs an Prestige und Einfluss ist allerdings nicht zu verglei-

---

23 Ackers "eingebettete" Perspektive bezüglich Geschlecht in Organisationen bzw. Organisationen und Geschlecht versucht, die Interdependenzen zwischen den dissoziierten Sphären von Marktökonomie und Versorgungsökonomie zu erhellen (vgl. Acker 1992). Sie verdeutlicht, dass eine uneingeschränkte, nicht benachteiligende Teilhabe von Frauen an der Marktökonomie nur zu realisieren ist, wenn die vergeschlechtlichten Sub-Strukturen von Erwerbsarbeit in Organisationen aufgedeckt und verändert werden. Doch hat dies Konsequenzen für die gesamtgesellschaftliche Reproduktion: Frauengleichstellung im Bereich der Erwerbsarbeit ist nicht ohne Veränderung des gesellschaftlichen Gesamtzusammenhanges und der Reproduktionsarbeit zu haben. Dies wiederum weist weit über den traditionellen Rahmen von Organisationsforschung und -theorie hinaus. Hier wird der analytische Horizont zu einem gesellschaftstheoretisch orientierten Forschungsprogramm eröffnet, welches das asymmetrische und herrschaftsförmige Geschlechterverhältnis als Teil gesellschaftlicher Gesamtheit analysieren kann und das Feld der Geschlechterpolitik in deren Zentrum verortet.
24 Crozier/Friedberg zufolge liegt hier der Machtgewinn im "spezifischen Sachwissen" bzw. in der "funktionalen Spezialisierung" (1993:50).

chen mit dem Einfluss der in Aufstiegskarrieren erreichten Positionen und mit der daran geknüpften *Gestaltungsmacht*. Um mehr Einfluss im Unternehmen zu erlangen, scheint weiterhin der klassische Aufstieg in den Linienhierarchien erforderlich zu sein. Inwiefern die Bedeutung der Geldkarriere über einzelne Wirtschaftsunternehmen hinausgeht, wird allerdings erst dann deutlich, wenn macht- und modernitätstheoretisch argumentiert wird.

Die Geldkarriere als professionelles Motiv der Moderne und ihre besondere Bedeutung für Frauen

Geld begründet – so der Systemtheoretiker Dirk Baecker – als Austausch- oder Kommunikationsmedium soziale Ordnung und stiftet gesellschaftlichen Zusammenhang. Nach Simon Smelt – zitiert nach Christoph Deutschmann (2003:78) – hat Geld zwar tatsächlich die Eigenschaften eines Kommunikationsmediums, "indem es in der Form der Preise einen universellen Verweisungszusammenhang der Waren herstellt, aber es ist (...) Wertsymbol und Wertgegenstand *zugleich*; es *ist* das, was es symbolisiert" (ebenda, Hervorh. im Orig.).[25]

Auf jeden Fall vermag Geld eigene gesellschaftliche Ordnungsprobleme zu schaffen und zu lösen. Indem die Erfindung des Geldes den basalen Gütertausch in eine Geldwirtschaft verwandelt, werden fast alle Aspekte unserer Lebensführung vom Akt des Kaufens, Verkaufens, Zahlens abhängig gemacht. Die Monetarisierung der Gesellschaft zeichnet sich allerdings nicht nur dadurch aus, dass Arbeitskraft, Ideen und Produkte feilgeboten werden (müssen). Die Gesetze der so genannten Inszenierungsgesellschaft verlangen darüber hinaus eine praktizierte Selbstvermarktung, die sich in stets angepassten Lebensstilen, permanent aktualisiertem Produktmanagement und situationsadäquaten Problemlösungen, d.h. effektvollen Selbstinszenierungen, niederschlägt. Wer am beschleunigten Gesellschaftsspiel teilhaben möchte, muss bereits auf den ersten Blick etwas darstellen; denn: je differenzierter, komplexer, schneller und monetärer die moderne Welt wird, desto wichtiger werden Oberflächen (vgl. Bolz 1997).

Der Zerfall des spätmodernen Lebens in eine Serie unverbundener, in sich abgeschlossener Episoden (vgl. Baumann 1996) erfordert schnelles Formenspiel, aktualisierbare Konventionen und situationsspezifische Selbstdarstellungen. In solch fragmentierten Lebensläufen sind die Anderen nicht mehr als Partner oder Partnerinnen in einem Netz moralischer Verbindlichkeiten präsent, sondern als Objekte ästhetischer Interessen, die formale Aufmerksamkeit durch kaufbare Prestigeobjekte erlangen. Dabei beruht die vermeintliche Demokrati-

---

25 Damit wird das Symbol selbst zur Botschaft.

sierung des guten Geschmacks auf einer Vermarktungsstrategie, bei der nur der Preis zählt und die sich entsprechend in demonstrativem Müßiggang, teuren Hobbys, spektakulären Reisen oder Luxusgütern wie Uhren, Autos und Designermode niederschlägt. Weil Status zunehmend über kulturellen Konsum und Popularität ausgereizt wird und weil dies unabdingbar mit ökonomischen Kosten verbunden ist (vgl. Bourdieu 1987:200), werden Geld und Popularität zum gesellschaftsfähigen Gesprächsthema.

Im kulturellen Kapital sind also die gesellschaftlichen Voraussetzungen des Mediums Geld stets präsent und stellen den Horizont für seine Inszenierungskraft dar. "Die Güter symbolisieren die Aura des Geldvermögens und werden damit zu einer abhängigen Variablen des Geldes, nicht umgekehrt, wie ökonomische Modelle zu unterstellen pflegen" (Deutschmann 2003:83).

Im Prinzip abstrahiert Geld von Geschlechtlichkeit (vgl. Deutschmann 2003: 91). Gleichwohl halten sich geschlechtertypische Geldmythen,[26] die überwiegend in den Dimensionen von Differenz und Hierarchie angesiedelt sind, bis in die Gegenwart (vgl. u.a. Hans 1990; Heisterhagen u.a. 2000; Königswieser 1992; Kuhlmann 1995; Kück 1988; Schmölders 1966; Schultz 1994; Wonneberger/Marten 2000). So existieren bis heute für das Geldverhalten von Frauen keine positiv besetzten Handlungs- und Wahrnehmungsmuster,[27] die monetären Erfolg versprechen (Kuhlmann 1995; Pasero 1997). Dennoch – Deutschmann in Anlehnung an Georg Simmels "Superadditum" des Geldes: die Wahlfreiheit – bleibt der Nutzen der Multioptionalität des Geldes nicht länger nur Männern vorbehalten. Die Verheißungen des Geldes, die nicht nur allgemeinen Reichtum, individuelle Freiheit und Sicherheit versprechen, sondern prestigeträchtig ebenso für Erfolg und Leistung stehen, werden zunehmend auch von (berufstätigen) Frauen eingefordert. Um dem professionellen Habitus, der heutzutage für Erfolg steht, zu genügen, transformieren sie – genauso wie Männer – die pekuniäre Macht in die Ästhetisierung von Lebensstilen. Weil Geld in diesem Sinne mehr als nur Reichtum oder Unabhängigkeit bedeutet, muss auch eine berufliche Kar-

---

26 Vgl. auch Pasero (1997), die den weiterhin vorhandenen geschlechtsstereotypen Umgangsweisen mit Geld aus systemtheoretischer Perspektive nachgeht. Pasero diagnostiziert bei den beiden Geschlechtern eine unterschiedliche Verwendungslogik von Geld, die durch das Auseinanderdriften von Erwerbs- und Familienökonomie entstehe. Geschlechterstereotype Verwendungsweisen von Geld sind dann Residuen der evolutionären Umstellung von Moralökonomie auf geldvermittelte Kommunikation.
27 Geld hat in Verbindung mit weiblicher Berufstätigkeit häufig den Charakter eines sozialen Stigmas. "Eine Frau arbeitet entweder, weil sie 'es nötig hat', oder sie arbeitet, obwohl sie eigentlich gar nicht müsste" (Benard/Schlaffer 1988:14). Beide Einstellungen sind für die Karriere gleichermaßen verhängnisvoll, verfestigen sie doch den privaten und stets vorläufigen Charakter der beruflichen Existenz.

riere, die über das Medium Geld – und nicht über machtstrategischen Positionswechsel – definiert wird, als ein Karrieremuster gesehen werden, das die Bedingungen der Moderne strukturell widerspiegelt. Kultursoziologische Analysen der spätmodernen Gesellschaft weisen auf die enorme Bedeutung der Inszenierung von distinkten Lebensstilen als "Behauptungsstrategie im Konkurrenzkampf um soziale Positionen" hin (Neckel 2000: 15). Aufmerksamkeit wird zum zentralen Selbststabilisierungsfaktor in einer Zeit, die von einer Krise der herkömmlichen Orientierungsmuster (Normen, Werte etc.) geprägt ist. Das Maß an gewonnener Aufmerksamkeit tritt an die Stelle der früheren Rangskalen für sozialen Status und Prestige. Zu den allgemeinen Indikatoren der Achtung und Selbstachtung zählen nun: ostentativ ausgestellter Wohlstand, persönliche Autonomie und Leistungsbewusstsein (Neckel 2000:25). Berufliche Kompetenz wird aus dieser Perspektive nicht länger durch das lebenslang angeeignete Expertenwissen dokumentiert. In der modernen Arbeitswelt werden Leistungskriterien durch Indikatoren des Erfolgs ersetzt (Neckel 2000:43), die durch die Ästhetisierung der Lebensstile dokumentiert werden. Diese Entwicklung lässt sich mit Neckel als Ablösung der Leistungs- durch eine Erfolgselite beschreiben (2000:125). Sichtbar gemacht wird der Erfolg durch ein ausgeklügeltes Zeichensystem, zu dem auch Geld gehört. "Die materiellen Erträge [hoher Statuspositionen] werden zum Verdienst an sich, an dem sich die eigene Auserwähltheit dokumentieren und das moderne Charisma des Erfolges bewähren soll" (Neckel 2000:89f).

Da eine natürliche Übereinstimmung von Person und Produkt nicht mehr erwartet werden darf und spezielle berufliche Qualifikationen zunehmend von Sekundärtugenden abgelöst werden, so Richard Sennett ([1]1998, 2000), wächst der Zwang zur strategischen Selbstinszenierung.[28] Die glaubwürdige Darstellung des eigenen Erfolgs gilt als "persönliche Bürgschaft für die offerierten Dienstleistungen" (Neckel 2000:63) und muss an der Person selbst erkennbar sein. "Auch askriptive Merkmale der Person wie Aussehen, Geschlecht und Alter erhalten eine gesteigerte Bedeutung, weil sie aufgrund ihrer Sichtbarkeit und Evidenz wie nichts anderes für die Zeichenproduktion geeignet sind" (Neckel 2000:43). Damit werden Erfolgskriterien relevant, die die ganze Person als Bedeutungsträger umfassen.

"In der postmodernen Arbeitswelt werden deshalb die Attribute von Lebensstilen, werden Biografie und Persönlichkeit zu Qualifikationen umgedeutet und als Signale verwandt (...)" (Neckel 2000:43), die gegenüber der Kundschaft und

---

28 Vgl. neben Neckel (2000:42) auch Drucker (1983) und Schmidt (1999), die von der wiedergeborenen Figur des "charismatischen Unternehmers" sprechen.

in der kollegialen und sozialen Umwelt als Erfolgsbilanz firmieren. Somit spiegelt die Geldkarriere und die mit ihr verbundene Präsentation eines gehobenen Lebensstils exemplarisch den aktuellen Transformationsprozess der spätmodernen Gesellschaft wider. Dieser Karrieretypus ist als lokales Strukturmerkmal aber nur im Vertrieb erkennbar. Besonders Frauen bevorzugen ihn, denn diese Karriere ist weniger deutungs- und diskriminierungsanfällig als die personalisierten Bewertungen des klassischen unternehmerischen Gratifikationssystems. Genau dies macht die Geldkarriere für Organisationssoziologie und Gender-Theorie so bedeutsam.

Geld statt Macht?

Aus einer Gender-Perspektive gibt es jedoch verschiedene Möglichkeiten der politischen Deutung und Bewertung: Die Geldkarriere erlaubt es Frauen, ihren beruflichen Leistungen die gebührende und bislang zumeist verweigerte Anerkennung zu verschaffen, auch wenn sie im klassischen Gratifikationssystem unbeachtet bleiben. Hohe Provisionsraten und ein aufwändiger Lebensstil, der durch Statussymbole (Luxusgüter) und spektakuläre Events dokumentiert wird und durch vertragsrelevante Verhandlungsmacht erreicht wurde, sichern die gewünschte Aufmerksamkeit, die die Einzigartigkeit und Unverwechselbarkeit der Person belegen soll. Diese Art der Positionierung und Identitätsgewinnung kann als angemessene Reaktion auf den gesellschaftlichen Strukturwandel gesehen werden. So steht der Verzicht auf direkte Machtausübung für die nüchterne Einschätzung, dass die spätmoderne Gesellschaft überkomplex und unübersichtlich geworden ist und von anonymen Prozessen bestimmt wird, die nicht mehr auf personale Entscheidungen zurückzuführen sind. Die Geld- und Lebensstil-Karriere kann als nüchtern-ironische, gegebenenfalls sogar zynische Reaktion auf das Bestehende gesehen werden, als sinnvolle Distanzierung der Frauen vom immer noch kursierenden "Gestaltungswahn" der Männer.

Wird jedoch davon ausgegangen, dass substanzielle Entscheidungen hinter den Kulissen gefällt und von Personen getroffen werden, die es gerade vermeiden, Aufmerksamkeit auf sich zu ziehen, dann ist der Verzicht auf Entscheidungsbefugnis oder der Abbau von Machtambitionen unter anderem in Bezug auf Personalentscheidungen und die Ausrichtung eines Unternehmens verhängnisvoll für Frauen. Wenn institutionelle Entscheidungen (gleichgültig ob sie rational oder bloß subjektiv interessenorientiert sind) nach wie vor das Geschehen maßgeblich beeinflussen, dann muss die Geldkarriere als neue Art der Illusionserzeugung gelten, als mehr oder minder naiv akzeptierter oder hingenommener Verzicht auf Gestaltungsmacht.

Von der Verhandlungsmacht zur Gestaltungsmacht
Während Informations- und Kommunikationskorridore als strukturbedingte Handlungsoptionen geschlechtstypisch divergieren, erweist sich – wie oben ausgeführt – vor allem die Leistungstransparenz als Strukturprämisse mit objektivierender Wirkung für die Karrierechancen der Geschlechter. Karriereverläufe werden traditionell durch personalisierte Gratifikationssysteme konstruiert, in denen – getragen von einer mehr oder minder subjektiven Bedeutungsskala – über die Beförderung von Karriereaspirantinnen und -aspiranten entschieden wird. Frauen fallen in der Regel durch die Maschen des Netzwerks männlicher Entscheidungsträger, so dass ihre Leistungen im Beförderungskarussell oft unberücksichtigt bleiben – so weit unsere Analyse (vgl. auch Funken 2004).

Die geschlechtsegalisierenden und statusfördernden Arbeitsbedingungen des Vertriebs können allerdings nur dann allgemeinere Relevanz für die beruflichen Geschlechterverhältnisse erlangen, wenn die vertrieblichen Strukturprämissen ihrer segmentären Marginalisierung entkommen und zukünftig auch in anderen Unternehmensbereichen umgesetzt werden bzw. wenn sie für wirtschaftliche Arbeitsprozesse richtungsweisend werden.

Tatsächlich zeigt ein Blick auf die sich schnell und global entwickelnde Marktlage einen Wandel der Arbeitsverhältnisse, wobei der Vertrieb mit der so genannten Geldkarriere als Prototyp zukünftiger Berufsarbeit gelten kann: Nicht nur der Globalisierungsprozess, der sich seit den 1970er Jahren deutlich beschleunigt hat, sondern auch die Monetarisierung der Gesellschaft sorgt für einen radikalen Wandel der Arbeitswelt. Märkte rücken zusammen, Produkte werden vergleichbarer, der Wettbewerb verschärft sich und die Unternehmen müssen schnell und innovativ reagieren. Dies können sie nur, wenn sie den Markt bzw. die Märkte genau beobachten und einschätzen. Die hierfür notwendige Reorganisation der Unternehmen bedingt selbstredend auch neue betriebliche Strategien in der Gestaltung von Beschäftigungsverhältnissen.

Der Wandel der Arbeitsprozesse erzwingt neben den organisatorischen auch personelle Umstrukturierungen. Arbeitsgebiete verändern sich, indem Aufgaben neu hinzukommen oder wegfallen, und hohe Flexibilität und Fluktuation sind gefordert, um alle Potenziale der verfügbaren Arbeitskraft nutzen zu können. Die Beziehungen zwischen Arbeitgeberschaft und ArbeitnehmerInnen lösen sich zunehmend aus dem klaren Rahmen vorab fixierter Tätigkeitsmerkmale, Lohnskalen und Positionszuschreibungen, die traditionell die hierarchischen Karriereleitern bestimmten. Sie folgen stattdessen einer immer kurzfristigeren, konjunkturell verankerten Logik. Diese liegt nicht nur quer zur Leitungslinie des Unternehmens, sondern unterläuft auch das klassische Gratifikationssystem und bietet einem Berufsbild Platz, in dem Status auch durch monetären Erfolg definiert ist, denn:

1. Es sind alternative Karrieremodelle zu beobachten, die entweder als Spezialistenlaufbahnen Erfolg versprechen oder aber als "Seitwärts- oder gar Abwärtsbewegungen" beschreibbar sind (Füchtner 1998:603), die sich in den losen Netzwerken verlieren, welche die pyramidenförmigen Hierarchien ablösen;
2. Im gesamten Unternehmen entstehen kleine, kundennah operierende Einheiten in Verbindung mit leistungsorientierten Entgeltsystemen, die als "Profitcenter" oder z.b. auch "Entrepreneurs" Schule machen;
3. Der rasante Anstieg der Managergehälter zeigt, dass Statuserwerb nicht länger ausschließlich über die berufliche Positionierung (z.b. als Führungskraft, Vorstandsmitglied oder Chef/in) erfolgt, sondern wesentlich auch über das Gehalt, sprich: Geld. Nach Vorlage amerikanischer Supergehälter scheint "die Neigung zur Übertragung materieller Umstände in persönlichen Status" (Sennett [1] 1998, 2000:91) auch in Europa unaufhaltsam.

Ausblick

Der Vertrieb kann als Prototyp zukünftiger profitgenerierender, unternehmensinterner Märkte gesehen werden, dessen Basisoperation die Sinntransformation zwischen Umwelt und System ist. Außendienst und Management sind somit als die Positionen im Unternehmen anzusehen, die in dem kybernetischen Modell des Entscheidungs- und Rückkopplungsprozesses (vorrangig) die Zielerreichung des Unternehmens garantieren.

Dies beruht zum einen auf der Ähnlichkeit der Zielorientierung zwischen Vertrieb und Management und zum anderen auf einem vergleichbaren Anforderungsprofil an das Personal. Vertrieb und Management haben sich gleichermaßen in bzw. gegenüber einer komplexen Umwelt zu behaupten und müssen deshalb – je nach Lage – konsistentes und inkonsistentes organisatorisches Handeln zulassen (Kieserling 1994). Denn die Anforderungen an die so genannte Sozialkompetenz (*soft skills*) werden umso höher, je weniger formalisiert der Arbeitsbereich ist und je größer die Schnittstelle zur externen Umwelt ausfällt.

Die Ähnlichkeit der Zielorientierung manifestiert sich darin, dass sich das Subziel der Abteilung Vertrieb (der Absatz der Waren) und das Unternehmensziel (Profitmaximierung) decken – zumindest ist der Deckungsbereich hier größer als bei den Subzielen anderer Abteilungen. Zudem unterliegen beide Bereiche einer wesentlich auf Profitmaximierung ausgerichteten Leistungsorientierung und der unmittelbaren Nähe zur externen Kundschaft. Schließlich nehmen beide Unternehmenssegmente die Funktion wahr, das Unternehmen und seine *corporate identity* nach außen zu repräsentieren. Diese Zielorientierung wird zunehmend auch für andere Unternehmensbereiche im Sinne so genannter kundennaher Profitcenter generiert. Damit aber ändern sich die Machtbefugnisse ihrer Mitarbeiterinnen und Mitarbeiter, so dass die – an Statuszuwachs gebundene – Verhandlungsmacht in Gestaltungsmacht übergehen kann.

Nicht nur der Zuwachs an kundenorientierter Vertriebsarbeit, sondern auch die steigende Bedeutung der Schnittstellenfunktion des Vertriebs zwingt Unternehmen, ihre Verkaufsstrategien zu überdenken und neue Vertriebswege zu forcieren. In Verbindung hiermit entwickeln sich neue Karrierestrategien, die sich wesentlich von den klassischen und alternativen Karrierekonzepten unterscheiden, wie sie in der betriebswirtschaftlichen und organisationssoziologischen Literatur diskutiert werden; denn über die Monetarisierung der Funktionsbereiche bietet der Vertrieb neben dem Entgeltmanagement (Provision) als unternehmerischem Innovationsfaktor zusätzlich einen Machtzuwachs.

Damit hat der Vertrieb zum einen eine strategisch bedeutsame Funktion für das Gesamtunternehmen, die über den Verkauf hinausgeht. Zum anderen verfügt damit der Vertrieb über eine wettbewerbs- und kundenorientierte lokale Rationalität, die zukunftsweisend für alle unternehmerischen Segmente ist.

Dieses Zukunftspotenzial macht den Vertrieb für Frauen und die Frauen für das Unternehmen interessant: Weil die erfassten Strukturen und Handlungsbedingungen wirtschaftlich relevant und zukunftsweisend sind, können sich Unternehmen auf Dauer nicht leisten, das Potenzial der Frauen im Vertrieb zu verschleißen; diese aber müssen ihrerseits die Karrierechancen im Vertrieb machtstrategisch für sich nutzen.

Deshalb ist das Wissen um die Prozesse, die wir als "Handeln in Strukturen" bezeichnen, notwendige Voraussetzung, um umsetzbare Empfehlungen für die unternehmens- und personalpolitische Praxis abzuleiten, die sich an der Leitidee der Chancengleichheit und Chancengerechtigkeit der Geschlechter orientieren.

Literatur

Acker, J. (1992): Gendering organization theory. In: *Gendering organization analysis*. Hg. A.J. Mills/P. Tancred. London: Sage. S. 248-260.

Acker, J. (1991): Hierarchies, jobs, bodies. In: *The social construction of gender*. Hg. J. Lorber/S. Farrell. Newbury Park, CA: Sage. S. 162-179.

Autenrieth, C./K. Chemnitzer/M. Domsch. (Hg.) (1993): *Personalauswahl und -entwicklung von weiblichen Führungskräften*. Frankfurt a.M./NewYork: Campus.

Baecker, D. (2000): *Ausgangspunkt einer soziologischen Managementlehre*. (Wittener Diskussionspapiere 62). Online Dokument URL: http://www.uni-wh.de/wg/wiwi/wgwiwi.nsf/name/fak_diskussionspapiere_DE (gesehen am 03.06.2004).

Baecker, D. (1995): Die Unruhe des Geldes, der Einbruch der Frist. In: *Rätsel Geld. Annäherungen aus ökonomischer, soziologischer und historischer Sicht*. Hg. W. Schelkle/M. Nitsch. Marburg: Metropolis. S. 107-123.

Bardmann, T. (1994): *Wenn aus Arbeit Abfall wird*. Frankfurt a.M./New York: Campus.

Baumann, Z. (1996): Gewalt – modern und postmodern. In: *Modernität und Barbarei*. Hg. M. Miller/H.-G. Soeffner. Frankfurt a.M.: Suhrkamp. S. 36-68.

Benard, C./E. Schlaffer (1988): Frauen und Geld, eine ambivalente Beziehung, In: *Der unwiderstehliche Charme des Geldes*. Hg. M. Kück: Reinbek bei Hamburg: Rowohlt. S. 11-21.

Berthel, J. (1995): Karriere und Karrieremuster von Führungskräften. In: *Handwörterbuch der Führung*. Hg. A. Kieser. Stuttgart: Schäffer-Poeschel. Sp. 1183-1195.

Bolz, N. (1997): *Kunst als Placebo*. Online Dokument URL: http://www.festspielfreunde.at/deutsch/dialoge 2001/01_Bolz.pdf (gesehen am 03.06.2004).

Bourdieu, P. (1987): *Die feinen Unterschiede. Kritik der gesellschaftlichen Urteilskraft*. Frankfurt a.M.: Suhrkamp.

Collinson, D./D. Knights/M. Collinson (1990): *Managing to discriminate*. London: Routledge.

Crozier, M./E. Friedberg (1993): *Die Zwänge kollektiven Handelns. Über Macht und Organisation*. Frankfurt a.M.: Hain.

Cyert, R.M./J.G. March (1963): *A behavioral theory of the firm*. Englewood Cliffs, N.J.: Prentice.

Deutschmann, C. (2003): Ökonomie, Kapitalismus und Geschlechterdifferenz. Zur Unverwüstlichkeit geschlechtertypischer Geldmythen. In: *frauen-macht-geld*. Hg. R.-M. Dackweiler/U. Hornung. Münster: Westfälisches Dampfboot. S. 74-101.

Domsch, M.E. (1994): Fachlaufbahn – ein Beitrag zur Flexibilisierung und Mitarbeiterorientierung der Personalentwicklung. In: *Fachlaufbahnen*. Hg. M.E. Domsch/S.H.A. Siemers. Heidelberg: Physica. S. 5-21.

Drucker, P.F. (1983): *Schumpeter und Keynes – Propheten für unser Zeitalter?* Online Dokument URL: http://www.peterdrucker.at/de/texts/p_drucker_proph.pdf (gesehen am 03.06.2004).

Ferguson, K.E. (1984): *The feminist case against bureaucracy*. Philadelphia: Temple University Press.

Festinger, L. (1954): A theory of social comparison processes. In: *Human Relations* 7. S. 117-140.

Füchtner, S. (1998): Karriereplanung im Wandel. In: *Personal. Zeitschrift für Human Resource Management* 12. S. 602-607.

Funken, C. (2004): *Geld statt Macht? Weibliche und männliche Karrieren im Vertrieb – eine organisationssoziologische Studie.* Frankfurt a.M./New York: Campus.

Giddens, A. (1979): *Central problems in social theory.* London: Macmillan.

Halford, S./M. Savage/A. Witz (1997): *Gender, careers and organizations. Current developments in banking, nursing and local government.* London: Macmillan.

Hammond, V. (1988): Women in management in Great Britain. In: *Women in management worldwide.* Hg. N. Adler/D.H. Izraeli. New York: ME Sharpe. S. 168-187.

Hans, M.-F. (1990): *Frauen und Geld. Die Geschichte einer Eroberung.* Hamburg: Kabel.

Hartmann, M. (2003): Individuelle Karrierepolitik oder herkunftsabhängiger Aufstieg? Spitzenkarrieren in Deutschland. In: *Karrierepolitik.* Hg. R. Hitzler/M. Pfadenhauer. Opladen: Leske & Budrich. S. 159-172.

Heintz, B./E. Nadai/R. Fischer/H. Ummel (1997): *Ungleich unter gleichen. Studien zur geschlechtsspezifischen Segregation des Arbeitsmarktes.* Frankfurt a.M./New York: Campus.

Heisterhagen, T./R.-W. Hoffmann/F. Mußmann/M. Pleimann/S.-A. Strecker (2000): Geld – Krise – Generation. Soziomonetäre Streifzüge im 20. Jahrhundert. In: *Soziale Welt* 4. S. 463-486.

Hillmert, S. (2003): Karrieren und institutioneller Kontext. Fallstudien aus dem Bereich der Ausbildungsberufe. In: *Karrierepolitik. Beiträge zur Rekonstruktion erfolgsorientierten Handelns.* Hg. R. Hitzler/M. Pfadenhauer. Opladen: Leske & Budrich. S. 81-96.

Hitzler, R./M. Pfadenhauer (Hg.) (2003): *Karrierepolitik. Beiträge zur Rekonstruktion erfolgsorientierten Handelns.* Opladen: Leske & Budrich.

Kanter, R.M. (1977): *Men and women of the corporation.* New York: Basic Books.

Kieserling, A. (1994): Interaktion in Organisationen. In: *Die Verwaltung des politischen Systems.* Hg. K. Dammann/D. Grunow/K.P. Japp. Opladen: Westdeutscher Verlag. S. 168-182.

Kneifel, G. (1999): Boom am Telefon. In: *Die Zeit* 38. S. 71.

Königswieser, R. (1992): *Aschenputtels Portemonnaie. Frauen und Geld.* Frankfurt a.M./New York: Campus.

Krell, G. (1997): "Vorteile eines neuen, weiblichen Führungsstils" – zur Fragwürdigkeit einer derzeit vielstrapazierten Behauptung. In: *Chancengleichheit durch Personalpolitik.* Hg. G. Krell. Wiesbaden: Gabler. S. 299-307.

Kück, M. (1988): Die Geldgeschäfte der Privat- und Geschäftsfrau. In: *Der unwiderstehliche Charme des Geldes. Vom Umgang mit Geld aus der Sicht von Frauen.* Hg. M. Kück. Reinbek bei Hamburg: Rowohlt. S. 25-33.

Kuhlmann, E. (1995): Geld und Geschlecht. Der gender-bias in den monetären Verhältnissen. In: *Soziale Welt* 4. S. 385-402.

Kuhn, T. (1976): *Die Struktur wissenschaftlicher Revolutionen.* Frankfurt a.M.: Suhrkamp.

Lorber, J. (1999): *Gender-Paradoxien*. Opladen: Leske & Budrich.

Luhmann, N. (¹1964, 1976): *Funktionen und Folgen formaler Organisation*. 3. Aufl. Berlin: Duncker & Humblot.

March, J.G. (Hg.) (1990): *Entscheidung und Organisation. Kritische und konstruktive Beiträge, Entwicklungen und Perspektiven*. Wiesbaden: Gabler.

Martens, W. (1989): *Entwurf einer Kommunikationstheorie der Unternehmung. Akzeptanz, Geld und Macht in Wirtschaftsorganisationen*. Frankfurt a.M./New York: Campus.

Neckel, S. (2000): *Die Macht der Unterscheidung. Essays zur Kultursoziologie der modernen Gesellschaft*. Frankfurt a.M./New York: Campus.

Neckel, S./K. Dröge (2002): Die Verdienste und ihr Preis: Leistung in der Marktgesellschaft. In: *Befreiung aus der Mündigkeit. Paradoxien des gegenwärtigen Kapitalismus*. Hg. A. Honneth. Frankfurt a.M./New York: Campus. S. 93-116.

Ohlendieck, L. (2003): Gender Trouble in Organisationen und Netzwerken. In: *Frauen, Männer, Gender Trouble. Systemtheoretische Essays*. Hg. U. Pasero/C. Weinbach. Frankfurt a.M.: Suhrkamp. S. 171-185.

Olsen, J.P. (1991): Political science and organization theory. Parallel agendas but mutual disregard. In: *Political choice. Institutions, rules and limits of rationality*. Hg. R.M. Czada/A. Windhoff-Heritier. Frankfurt a.M./New York: Campus. S. 87-119.

Ortmann, G./J. Sydow/A. Windeler (1997): Organisation als reflexive Strukturation. In: *Theorien der Organisation*. Hg. G. Ortmann/J. Sydow/K. Türk. Wiesbaden: Westdeutscher Verlag. S. 315-354.

Pasero, U. (1997): Kommunikation von Geschlecht – stereotype Wirkungen. Zur sozialen Semantik von Geschlecht und Geld. In: *Kommunikation von Geschlecht*. Hg. F. Braun/U. Pasero. Pfaffenweiler: Centaurus. S. 242-260.

Polanyi, M. (1985): *Implizites Wissen*. Frankfurt a.M.: Suhrkamp.

Rubin, G. (1975): The traffic in women. Notes on the "political economy" of sex. In: *Toward an anthropology of women*. Hg. R.R. Reiter. New York: Monthly Review Press. S. 157-210.

Runia, P. (2003): Soziales Kapital als Ressource der Karrierepolitik. In: *Karrierepolitik. Beiträge zur Rekonstruktion erfolgsorientierten Handelns*. Hg. Hitzler, R./M. Pfadenhauer. Opladen: Leske & Budrich. S. 149-158.

Schmidt, D. (1999): Nicht immer Persönlichkeiten, aber stets wichtige Personen. Zur wirtschaftlichen und sozialen Bedeutung des Eigentümer-Unternehmers, In: *Unternehmensgründung und Dezentralität. Renaissance der beruflichen Selbständigkeit in Europa?* Hg. D. Bärgenhold. Wiesbaden: Gabler. S. 93-108.

Schmölders, G. (1966): *Psychologie des Geldes*. Reinbek bei Hamburg: Rowohlt.

Schultz, I. (1994): *Der erregende Mythos vom Geld. Die neue Verbindung von Zeit, Geld und Geschlecht im Ökologiezeitalter*. Frankfurt a.M./New York: Campus.

Sennett, R. (¹1998, 2000): *Der flexible Mensch. Die Kultur des neuen Kapitalismus*. Berlin: Berlin Verlag.

Steckling, I. (2001): *Reorganisation, Geschlecht und Karriere. Aufstiegschancen von Frauen in reorganisierten Unternehmen.* Kontrollstudie zum Projekt: "Der Vertrieb als Einstieg für den unternehmerischen Aufstieg von Frauen und Männern (VAF)". Freiburg: Unveröffentlichtes Manuskript.

Tacke, V. (1997): *Rationalitätsverlust im Organisationswandel. Von den Waschküchen der Farbenfabriken zur informatisierten Chemieindustrie.* Frankfurt a.M./New York: Campus.

Türk, K. (1976): *Grundlagen einer Pathologie der Organisation.* Stuttgart: Enke.

Walter-Busch, E. (1996): *Organisationstheorien von Weber bis Weick.* Amsterdam: GIB Verlag Fakultas.

Weick, K.E. (1985): *Der Prozeß des Organisierens.* Frankfurt a.M.: Suhrkamp.

Wilz, S.M. (2002): *Organisation und Geschlecht. Strukturelle Bindungen und kontingente Kopplungen.* Opladen: Leske & Budrich.

Wonneberger, E./S. Marten (2000): *"Eigenes Geld – Eigenes Glück?" Risiken und Chancen der beruflichen Selbständigkeit von Frauen.* Herbolzheim: Centaurus.

Zäsar, R. (2000): *Praxisbezogene Expertise über die Bedeutung des Vertriebs für die Entwicklung von Frauenkarrieren.* Isernhagen: Unveröffentliche Expertise.

Distinktion – Bewegung an betrieblichen Geschlechtergrenzen[1]

Johanna Hofbauer
Institut für Allgemeine Soziologie und Wirtschaftssoziologie
der Wirtschaftsuniversität Wien

Einleitung

Wie können wir erklären, dass in modernen Organisationen Zugangsbarrieren entstehen, die Frauen von betrieblichen Macht- und Führungspositionen fernhalten? Diese Frage stellt sich vor dem Hintergrund der rechtlichen Gleichstellung der Geschlechter in den Grundgesetzen moderner rechtsstaatlicher Gesellschaften und der kontinuierlichen Bildungs- und Qualifikationsangleichung von Frauen seit den 1970er Jahren. Der Legitimationsverlust zugeschriebener Merkmale bei der Personalselektion ließ einen zügigen Abbau der Geschlechtersegregation in modernen Arbeitsorganisationen erwarten. Tatsächlich aber kommt es weiterhin zum Ausschluss hochqualifizierter Frauen bzw. zu deren Verdrängung aus der Konkurrenz um betriebliche Führungspositionen.

Herkömmliche Erklärungen von Diskriminierung greifen hier zu kurz, weil Frauen nicht mehr kategorisch ausgeschlossen werden. Sie können heute immerhin untere und mittlere Managementebenen erreichen, stoßen dann jedoch an unsichtbare Grenzen, deren Überschreitung nur noch einigen Wenigen gelingt. Fortschrittsoptimistische Deutungen, wonach diese Geschlechtspionierinnen im Management einen Strom nachfolgender Generationen von Frauen mit sich ziehen werden, erwiesen sich als ebenso wenig haltbar. Zugangsbarrieren zu betrieblichen Machtpositionen sind in Wirklichkeit elastischer als das Bild der "gläsernen Decke" suggeriert: einzelne Öffnungen können wieder geschlossen werden, gesamte Barrieren nach oben in Richtung Hierarchiespitze oder neuer statusträchtiger Managementsegmente verschoben werden. Das geschieht typischerweise unauffällig, auf Grund einer Vielzahl an Entscheidungen und Praktiken, die mit dem Kriterium Geschlecht operieren ohne es je zur Sprache zu bringen. Augenscheinlich lassen sich auch beim Bau sozialer Zugangsbarrieren in Organisationen die Konstrukteure des Geschlechts nicht ohne weiteres "auf frischer Tat ertappen" (Hagemann-White 1993).

---

1 Im Folgenden greife ich Themen auf, die ich ausführlicher in meinem Buch *Geschlecht – Arbeit – Organisation. Zur sozialen Konstruktion von Zugangsbarrieren* darstelle (Hofbauer im Druck). Für Anregungen und die kritische Auseinandersetzung mit meinen Thesen danke ich herzlich Christine Goldberg.

Diese Situation der Informalisierung von Zugangsbarrieren unter der Bedingung der Kontingenz von Gendering-Praktiken stellt besondere konzeptuelle Anforderungen. Da Individuen bei der Konstruktion informeller Barrieren sehr häufig auf den Baustoff "Geschlecht" zurückgreifen, aber eben nicht notgedrungen darauf (allein), bedürfen wir einer theoretischen Konzeption interaktiver Aktualisierung/Nicht-Aktualisierung von Geschlecht. Das Phänomen der Häufung von Praktiken des Gendering an neuralgischen Punkten organisatorischer Strukturbildung – an Übergängen zu den höchsten Statusebenen – weist über eine enge handlungs- und interaktionstheoretische Perspektive hinaus. Die Deutung von geschlechtlichen Unterscheidungspraktiken als soziale Abgrenzungsakte mit impliziter Statussicherungsabsicht erfordert es daher, die handlungstheoretische an eine strukturtheoretische Konzeption anzubinden.

Im Rahmen der folgenden Ausführungen soll der Begriff "soziale Distinktion" im Sinne der Konzeption Pierre Bourdieus für das Verständnis informeller Gender-Barrieren fruchtbar gemacht werden. Ich wende mich zunächst dem Phänomen der Informalisierung von Ausschließung zu, gehe im Weiteren auf die Konzeption interaktiver Konstruktion von Geschlechtergrenzen ein und wende im Anschluss das Konzept der Distinktion und des Habitus auf die Konstruktion informeller Zugangsbarrieren in Organisationen an.

Meine Darstellung beinhaltet ein mehrdimensionales Konzept des Habitus, das Dispositionen des geschlechtlich strukturierten Habitus mit jenen etwa des klassenspezifisch bzw. milieuspezifisch oder alters- und generationsspezifisch strukturierten Habitus relationiert. Sie berücksichtigt, dass moderne Subjekte in verschiedene soziale Felder eingebunden sind, sich an unterschiedlichen Anerkennungskontexten orientieren und daher widerstreitende Handlungsorientierungen ausbilden (etwa zwischen "berufs-" und "familienzentrierter Lebensplanung" schwankend; vgl. Geissler/Oechsle 1996).

Am Beispiel des Konzepts "reflexiver Karrierebeschränkung" (Völker 1999) setze ich mich abschließend mit der Vorstellung auseinander, dass sich solche strukturellen Konfliktlagen quer durch die Geschlechtsgruppen ziehen. Verhalten sich Frauen und Männer in dieser Situation analog und entziehen sie sich gleichermaßen beruflichen Statuskämpfen, entsteht Bewegung an betrieblichen Geschlechtergrenzen, die nicht mehr auf deren Erneuerung allein hinausläuft, sondern diese Grenzen ein Stück weit aufhebt.

Informalisierung von Zugangsbarrieren

Eine Besonderheit moderner Zugangsbarrieren ist ihr informeller Charakter. Im Gegensatz zu den historischen Barrieren entstehen sie nicht mehr auf dem Boden formaler Ausschließungsprinzipien, sondern im Prozess des Arbeitshandelns. Ein anschauliches Beispiel hierfür liefert die Untersuchung eines großen deutschen Versicherungsunternehmens von Sylvia Wilz (1999). Es handelt sich dabei um eine Arbeitsorganisation, in der hochqualifizierte männliche und weibliche Angestellte gleiche Tätigkeiten auf derselben Hierarchiestufe ausüben. Die Unternehmensleitung setzte eine Arbeitsgruppe zur Förderung von Chancengleichheit ein, die ein fortschrittliches Arbeitszeitmodell und andere Maßnahmen zur besseren Vereinbarkeit von Beruf und Familie entwickelte. Für seine beispielhafte Initiative bei der Implementierung gleichstellungspolitischer Maßnahmen wurde das Unternehmen von einer großen deutschen Frauenzeitschrift ausgezeichnet. Umso erstaunlicher ist, dass dieses Unternehmen ausschließlich von männlichen Führungskräften geleitet wird.

Durch die Gleichstellung auf der Ebene hochqualifizierter Angestellter wäre der Entscheidungskorridor für die Laufbahngestaltung im Unternehmen durchaus breit angelegt. Warum wird er bei der Besetzung der Führungsebene unvermutet eng geführt? Der nach seinen Motiven befragte Personalverantwortliche verleiht seiner Überzeugung Ausdruck, eine Führungskraft müsse die Eigenschaft eines Löwen aufweisen, das lehre uns das Beispiel der Natur; wie der Löwe im Reich der Tiere so seien löwenähnliche Menschen am ehesten zur Führung von/in Organisationen geschaffen (vgl. Wilz 1999:172). Durch diese vermeintlich harmlose Metapher wird das Kriterium "Männlichkeit" unter der Hand eingeführt. Indem wir uns "den Löwen" als "männlich" klassifiziertes Lebewesen vorzustellen haben, akzeptieren wir implizit die Überlegenheit "männlicher" Führungseigenschaften. Die Präferenz für männliche Führungsnachwuchskräfte erscheint nur (noch) folgerichtig. Der Legitimationsbedarf ist umso geringer als der Widerspruch zur programmatischen Neutralisierung der Geschlechterkultur im Unternehmen latent bleibt: schließlich war und ist vom Kriterium Geschlecht ja nie die Rede.

Trotz des de-segregierten Kontextes und der expliziten Gleichstellungspolitik im Unternehmen setzen sich bei der Personalauswahl geschlechtstypisierende Deutungsstrukturen durch. Der von Wilz geschilderte Fall verdeutlicht dabei sehr anschaulich die Kontingenz von Gendering: Wann und ob das Kriterium Geschlecht ins Spiel gebracht wird, lässt sich aus dem offiziellen Gender-Diskurs im Unternehmen nicht ableiten. Möglicherweise trifft für diese Organisation aber zu, was Susan Halford, Mike Savage und Anne Witz (1997) in ihrer

Untersuchung über Widersprüche zwischen arbeitsorganisatorischen Modernisierungskonzepten und der Reproduktion von Geschlechterhierarchien feststellten: Prozesse des De-Gendering finden vor dem Hintergrund einer Geschichte des Gendering statt, die zu traditionellen Strukturen der Geschlechterteilung geronnen ist. Diese Strukturen bilden eine Art kulturellen Unterboden, auf dem Maßnahmen der Entdifferenzierung aufliegen. Da diese neueren Schichten die älteren nicht nachhaltig abdecken, können jene traditionellen Strukturen immer wieder aktualisiert werden und so lange wirksam bleiben, wie sich Handelnde auf die darin archivierten Deutungsmuster der Separierung und Hierarchisierung der Geschlechter beziehen.

Ein Bedarf an der Aktualisierung dieser Deutungsmuster kann durch eine Situation der strukturellen Überforderung von Entscheidungsverantwortlichen angezeigt sein. Allgemein operieren Entscheidungsverantwortliche unter Bedingungen zunehmender Unsicherheit. Moderne Organisationen werden im Prozess von Restrukturierungen mit neuen Ordnungsrisiken konfrontiert. Die Dezentralisierung von Verantwortung und funktionale Flexibilisierung verlangen den Arbeitskräften ein höheres Maß an Eigeninitiative und unternehmerischem Handeln ab. Gleichzeitig kommt es zur Einebnung von betrieblichen Hierarchien und zur Personalkürzung, wodurch Beschäftigungs- und Karriereperspektiven eingeschränkt werden. Gerade die Aussichten der höheren Angestellten auf einen fairen Tausch zwischen Leistungsbereitschaft und Erwerb von Sozialstatus verschlechtern sich damit zum Teil real, zum Teil können erwartete Verschlechterungen die Statuskonkurrenz im Management verstärken.

Das Zusammenspiel von betrieblichen Interessen an der Sicherung der Leistungsbereitschaft männlicher Kernbelegschaften und den Interessen männlicher Beschäftigter an der Sicherung von Statusvorteilen können Entscheidungsverantwortliche dazu veranlassen, auf eine archaische Praxis der Mobilisierung von Geschlecht als einer Ressource der Ordnungsbildung zurückzugreifen und durch Bevorzugung männlicher Angestellter soziale Konflikte im Unternehmen zu minimieren.[2]

Geschlechterunterscheidung als soziale Grenzziehung
Geschlechtertypisierende Denkmuster bilden implizite Strukturen, die dem Druck sowohl von Maßnahmen arbeitsorganisatorischer Entdifferenzierung als auch der Symmetrisierung von Geschlechterkulturen standhalten können. Diese

---

[2] Vgl. Regenhard (1997) zur These, dass sich Unternehmen in Restrukturierungsprozessen an den Interessen männlicher Beschäftigter orientieren, um den "sozialen Frieden" zu wahren.

Beharrlichkeit gilt es zu erklären, ohne die Omnirelevanz von Geschlecht zu postulieren. Würden wir der Annahme von Geschlecht als durchgängigem Faktor sozialer Differenzierung folgen, nähmen wir konkrete Ergebnisse von Organisationsanalysen vorweg (vgl. Goldmann 1999). Wir wären nicht nur blind für unterschiedliche Grade des Gendering von Organisationen und heterogene, widersprüchliche Vermittlungszusammenhänge von Benachteiligung (Knapp 1988). Es entgingen unserer Beobachtung auch die interessanten Fälle kontextabhängigen Genderings: Prozesse des kontinuierlichen Umbaus von Strukturen, mit Elementen der Öffnung und Schließung.

Bevor ich auf das Szenario der Öffnung eingehe, stellt sich die Frage der Erklärung informeller Ausschließungsprozesse. Wie die Befunde von Sylvia Wilz zeigen, sind hierbei häufig *gatekeeper* am Werk, die die politisch korrekten Diskurse beherrschen, im Übrigen aber den Dispositionen ihres Geschlechtshabitus folgen und auf der Basis traditioneller geschlechtstypisierender Deutungsmuster Frauen und Männern ungleiche Chancen zuweisen. In die Aktualisierung solcher impliziter Wissensvorräte, die bei der Konstruktion von Zugangsbarrieren funktionalisiert werden, gewährt eine ethnomethodologisch und interaktionistisch ausgerichtete Perspektive wesentliche Einblicke. Geschlechtstypisierungen entstehen danach in Prozessen sozialen Handelns, durch Akte der Relevanzsetzung der Sinnstruktur "Geschlecht" in der Interaktion. Da jedes Subjekt, auch und wesentlich, über das Geschlecht vergesellschaftet ist, bildet geschlechtliche Unterscheidung ein unverzichtbares Element von Prozessen sozialer Identitätsbildung. Gendering erfolgt dabei in Form von Unterscheidungshandeln, im Sinne von Doing Gender als Doing Difference (West/Zimmerman 1998). Im Rahmen einer geschlechterasymmetrischen Sozialordnung wird höherer Status jenen sozialen Positionen zugewiesen, die im Durchschnitt eher Männern als Frauen zugänglich sind.

Als ein zentraler Bestandteil alltäglicher Kommunikation ist Gendering ein wesentliches Element auch des Arbeitshandelns. Die Semantik der Arbeitsteilung strukturiert die Darstellungsspielräume der Geschlechter, sorgt für die Einordnung der Individuen in die Geschlechtergruppen und setzt diese umgekehrt voraus. Während berufliche Anforderungen in Frauenberufen (Pflege- und Erziehungsberufe, Bedienungs- und Betreuungstätigkeiten etc.) inhaltlich so definiert sind, dass sie die Darstellung konventioneller Weiblichkeit begünstigen, wird die Darstellung hegemonialer Männlichkeit analog in typischen "Männerberufen" unterstützt (in kraftaufwändigen oder technischen Berufen, in Vorgesetztenfunktionen etc.). Die Geschlechtersymbolik ist dabei vielfach so eng an Arbeitshandeln gekoppelt, dass die geschlechtliche Selbstdarstellung in der Darstellung beruflicher Kompetenz aufgeht: So entspricht das berufliche Handeln einer Krankenschwester unseren Erwartungen, sofern es gleichzeitig Merkmale familiärer Sorgearbeit realisiert. An die Professionalität chirurgischen Handelns knüpft sich hingegen das Bild von hoher technischer Kompetenz und einer distanzierten, emotional kontrollierten Haltung gegenüber dem menschlichen Körper, die dem entspricht, was Erving Goffman (1994) "doing being masculine" nennt.

Frauen- und Männerberufe stellen Ressourcen für Doing Gender bereit und werden durch solche Praktiken wieder mit Ressourcen zur Geschlechtstypisierung (im Sinne der Selbst- und Fremdattribution) aufgeladen. "Doing gender while doing work" reproduziert das System der geschlechtlichen Arbeitsteilung, indem es die weibliche oder männliche Geschlechtersymbolik eines Berufes bestätigt und hervorbringt. Geschlechtsuntypische Berufswahlen rufen dagegen tendenziell Irritationen hervor. PatientInnen können sich fragen, welchen Unterschied es macht, von einer Frau operiert zu werden, Klinikleitungen unter Druck stehen, die "weibliche" Besetzung einer "männlichen" Position zu rechtfertigen (Cassell 1996).

Gendering-Praktiken sind daher als Akte der symbolischen Grenzziehung zu verstehen (vgl. Epstein 1992). Sie kultivieren Geschlechterunterscheidungen, die als kognitive Barrieren fungieren. Es werden symbolische Entsprechungs- und Ausschließungsverhältnisse zwischen der Geschlechtstypisierung von Individuen und sozialen Positionen erzeugt. Auf Basis dieser Klassifikationen und Kategorisierungen entstehen soziale Teilungen, die institutionalisierte Barrieren ersetzen können. Eva Nadai bezeichnet Grenzziehungspraktiken in diesem Sinn als "funktional äquivalente Differenzierungsmechanismen zu vergeschlechtlichten Strukturen" (1999:145). Schon in den 1970er Jahren argumentierte Rosabeth Moss Kanter ([1]1977, 1993), dass solche Grenzziehungspraktiken zunehmen, wenn institutionelle Geschlechtergrenzen abgebaut werden, "(...) wenn die Differenz nicht mehr von vornherein gewährleistet ist – an den Berührungspunkten der homosozialen Welten und dort, wo die formalen Grenzen brüchig geworden sind" (Heintz/Nadai 1998:12).

Die Initiative zur Abgrenzung geht in der Regel von der dominierenden Gruppe aus. So sind Männer durchschnittlich stärker auf Grenzziehung bedacht als Frauen (Knapp 1995; Nadai 1999; Wetterer [1]1995, 2001). Diese Neigung ist durch objektive Interessenlagen motiviert: Indem sie die "Männlichkeit" ihres sozialen Territoriums verteidigen, verteidigen männliche Subjekte den Anspruch auf ein höheres Maß an gesellschaftlicher Anerkennung (vgl. Reskin 1998 zur "Dominanzthese"). Typische Manöver der Grenzziehung finden sich bereits in Kanters ([1]1977, 1993) klassischer Managementstudie: Die Mehrheit schließt ihre Reihen gegenüber der Minderheit, indem sie Mehrheitsmerkmale hervorstreicht. Durch forcierte Praktiken symbolischer Unterscheidung und geschlechtsexklusive Rituale (wie *after work beer*, spezifische Umgangsformen, Insidergespräche) kommt es zu Prozessen der Polarisierung der Geschlechtergruppen. Die männliche Mehrheit bringt der weiblichen Minderheit erhöhte soziale Aufmerksamkeit entgegen, kontrolliert und beobachtet Kolleginnen überdurchschnittlich, nötigt sie etwa dazu, sich beim Arbeitshandeln an Weiblichkeits-Zuschreibungen abzuarbeiten, während diese eigentlich nur "ihren Job" machen wollten. Indem sie ihre Kolleginnen als Repräsentantinnen der sozialen Gruppe "Frauen" klassifizieren, bringen sie diese in die prekäre Lage, einerseits unauffällig agieren zu müssen, um sich der sozialen Kontrolle zu entziehen, andererseits offensiv die eigenen Leistungen im Management "verkaufen" zu sollen, um sich in der Konkurrenz durchzusetzen. Unwillkürlich versuchen Frauen, solche Double-Bind-Situationen durch Anpassung an männliche Verhaltensstandards zu bewältigen. Sie betreiben etwa strategische "Stimmabsenkung", um näher an die Frequenz des mit Autorität konnotierten männlichen Sprechhabitus heranzukommen, wie Helga Kotthoff (2000) ausführt.

Können wir nun annehmen, dass Frauen und Männer gleichermaßen durch solche, auf körperlicher Darstellungsebene manifestierte, Barrieren zum gegengeschlechtlichen Beruf ausgeschlossen sind? Empirische Untersuchungen zu geschlechtsuntypischen Berufswahlen widerlegen diese Sicht. Die Situation "weibliche Minderheit im Männerberuf" unterscheidet sich demnach deutlich von der Situation "männliche Minderheit im Frauenberuf". Zweiter Fall birgt geringeren gesellschaftlichen Konfliktstoff, da Männer im Durchschnitt die geringer geachteten Frauenberufe meiden. Überschreiten sie berufliche Geschlechtergrenzen aber doch, so machen sie mitunter gegenteilige Erfahrungen. Nicht nur geraten sie seltener in das geschilderte Dilemma, zwischen persönlicher Unauffälligkeit und professionellem *self-marketing* vermitteln zu müssen, weil sie beim Einstieg in "Frauendomänen" eine Redefinition beruflicher Anforderungen in Kategorien männlicher Stereotype anstrengen – mit dem Ziel, die Anforderungen des "doing work" und "doing being masculine" zu versöhnen. So heben etwa männliche Sekretariatskräfte die manageriellen Qualitäten ihrer Tätigkeit hervor, um sich vom "weiblichen" Berufsbild "Sekretärin" zu unterscheiden; Krankenpfleger betonen die körperlichen Härten ihres Berufs, um sich vom "weiblichen" Fürsorgeimage zu distanzieren (vgl. Lupton 2000; Heintz u.a. 1997). Weil durch den Einzug der Pfleger Aspekte in das Berufsbild integriert werden, die höhere soziale Anerkennung erhalten (Körperkraft, physische Ausdauer, Nervenstärke), unterstützen die Schwestern diese Maskulinisierungsstrategien auch noch. Die Pfleger werden also nicht nur nicht ausgegrenzt, sondern sogar bereitwillig integriert.

Anhand der Befunde von Christine Williams (1992) lassen sich die Unterschiede männlichen und weiblichen Token-Schicksals im Management in analoger Form zuspitzen: Während Frauen durch die Konstruktion gläserner Decken von Führungspositionen ferngehalten werden, werden Männer in solche Positionen geleitet, indem man ihnen gläserne Leitern, Fahrstühle und andere Aufstiegshilfen baut. Dem sanften Druck weiblicher und männlicher Vorgesetzter ausgesetzt, werden etwa junge Pfleger wie auf unsichtbaren Rolltreppen in die "männlichen" Administrations- und Managementebenen befördert, allenfalls auch gegen ihren eigenen Wunsch zur Karriere "genötigt".

Wenn es zutrifft, dass Männer bisweilen dafür kämpfen müssen, in Nicht-Karriere-Positionen zu verharren, während Frauen sich typischerweise dafür anstrengen müssen, diese zu verlassen, haben wir ebensoviel Anlass zur Empörung wie zur verstärkten Beobachtung geschlechtsgruppeninterner Differenzen. Hinsichtlich ihrer Karriereorientierungen bilden sich zwischen Frauen und Männern keine geschlossenen Fronten. Männer können auf Karriere verzichten und die damit verbundenen Kosten meiden wollen, Frauen gleichermaßen aufstiegsorientiert und bereit zu hohen Investitionen an Bildung, Zeit und sonstigen sozialen Energien sein.

Die Befunde von Williams verdeutlichen allerdings, dass solche individualisierten Dispositionen im Kontext geschlechtlich konnotierter Organisationsstrukturen und -kulturen übergangen bzw. "überfahren" werden. Nach wie vor gilt Aufstiegsorientierung als typisch "männliche" Disposition und "muss" sich hierin als "männlich" erweisen, wer der hegemonialen Vorstellung entsprechen will – ob er diese Vorstellung nun teilt oder nicht. Frauen stehen umgekehrt unter Druck, ihre Disposition zur Verantwortung und Macht glaubhaft zu machen und dafür mehr Energien aufzuwenden als ihnen angesichts der hohen Arbeitsbelastung in Führungspositionen lieb sein kann. Unter solchen Bedingungen ist die Bewerberin möglicherweise erschöpft noch bevor sie in wirklich entscheidende Karrierephasen eintritt.

Wenn Individuen ihre individuellen Laufbahnkonzepte nicht erfolgreich kommunizieren, bleiben Strukturen der Geschlechterseparierungen gegen ihren Willen aufrecht. Umgekehrt ist ein von Vorgesetzten intendierter Gender Mix keine Garantie für gelungene Geschlechterintegration (vgl. zu den unterschiedlichen Erfahrungen mit Diversity Management Allmendinger/Hackman 1994; Podsiadlowski 2002). Die Rekrutierung von Frauen in männliche Domänen kann Grenzziehungsprozesse auslösen, die informelle Hierarchien neu ordnen – sie etwa auch dort wiederherstellen, wo sie sich unter funktionalen, leistungsbezogenen Gesichtspunkten betrachtet bereits erübrigt hatten. Hierbei müssen keine bewussten, sexistisch motivierten Ausschließungsabsichten am Werk sein. So deutet das Beispiel der Geschlechtstypisierung im eingangs zitierten Versicherungsunternehmen darauf hin, dass sich Entscheidungsverantwortliche unter der Last widersprüchlicher Entscheidungskriterien auf nicht-reflektierte, habitualisierte Deutungs- und Orientierungsmuster berufen. Diese können den aktuellen Handlungsbedingungen unangepasst sein, ohne dass die Handelnden sich der Diskordanz notwendigerweise bewusst werden. Pierre Bourdieu spricht hier – mit Marx – bezeichnenderweise vom "Don-Quichotte-Effekt".[3]

Um die Regelmäßigkeit geschlechtlicher Grenzziehungsprozesse im Arbeitshandeln zu erklären, eignet sich jedoch mehr noch das Konzept der Distinktion, auf das ich im Folgenden näher eingehen möchte.

Distinktion: Wert aus der Differenz schöpfen

Der Begriff "Distinktion" bedeutet wörtlich 'Unterscheidung'. Bourdieu benennt damit einen sozial anerkannten Unterschied, mit anderen Worten ein Merkmal oder eine Eigenschaft, die einem Individuum Statusvorteile verschaffen. Das soziale Ansehen dieser Eigenschaft ist nicht im Wesen der Eigenschaft begründet. Die als symbolisches System verstandene soziale Welt ist durch eine Logik der Differenzen strukturiert, die an asymmetrische soziale Strukturen angeschlossen sind. Der Wert einer Eigenschaft bemisst sich demnach an der Differenz zu anderen Eigenschaften, genauer am Kriterium der relativen Ähnlichkeit bzw. Verschiedenheit zu den sozial angesehenen Eigenschaften.

Entwickeln wir diese Vorstellung weiter unter Berücksichtigung der Tatsache, dass in modernen Gesellschaften statusrelevante Eigenschaften prinzipiell allen Mitgliedern zugänglich sind und es folglich zu deren inflationärer Verbreitung kommen kann, stoßen wir auf das Phänomen sinkender Grenzwerte. Diese geben Anlass zu neuerlichen Unterscheidungsprozessen: "Der Wert der Eigenschaften, die als symbolisches Kapital fungieren können, liegt (...) in ihrem Grenzwert, der sich nach ihrer Anzahl richtet und zwangsläufig sinkt, je häufi-

---

3 "Obwohl in den konstitutiven Einstellungen des Habitus immer mitgeschleppt, bringen sich die Bedingungen, unter denen die synchron erfassten Merkmale angeeignet wurden, nur dann in Erinnerung, wenn zwischen den Bedingungen der Aneignung und denen der Verwendung *Diskordanz* auftritt, d.h. dann, wenn die durch den Habitus erzeugten Formen von Praxis als dem neueren Zustand der objektiven Umstände nicht mehr angemessen erscheinen (man könnte das den Don-Quichotte-Effekt nennen)" (Bourdieu 1979:188).

ger sie werden und je verbreiteter sie werden" (Bourdieu 1987:369). Es ist demnach zu präzisieren: Nicht die Differenz als solche, sondern die Exklusivität einer anerkannten Eigenschaft macht deren Distinktionswirkung aus. Exklusivität, oder relative Seltenheit, entsteht durch strategische Abgrenzung: Indem etwa Arbeitskollegen ihren Mitkonkurrentinnen grundsätzlich gleiche Fähigkeiten zugestehen, markieren sie jedoch den sozialen Abstand durch die Einschränkung, es fehle ihnen ein bzw. *das* entscheidende Quäntchen einer relevanten Eigenschaft oder Ressource – seien es Durchsetzungsfähigkeit oder Kontakte, Flexibilität oder Mobilität, Talent oder Charisma.

Bettina Heintz u.a. (1997) erwähnen in ihrer Fallstudie zur Situation von Frauen in der Informatik ein Beispiel für die Konstruktion solcher "letzten 10 Prozent" eines Unterschieds. Informatiker gestehen ihren Kolleginnen grundsätzlich die volle berufliche Eignung zu, können sich jedoch deren vollständige Integration ins Fach nicht vorstellen, da es den Frauen letztlich an "mathematischer Intuition" für das Programmieren fehle. Die besondere Qualifikation, die sie ihnen hingegen im Bereich der EDV-Schulung zugestehen, ist für einen sozialen Aufstieg in der Organisation nicht relevant. Obwohl Informatikerinnen nachweislich im hohen Ausmaß beruflich qualifiziert sind, erhält schließlich nur jener Teil ihrer Qualifikation soziale Anerkennung, der karrieretechnisch nicht verwertbar ist.

Was die "mathematische Intuition" unter Informatikern, das sind in Managementkreisen Eigenschaften wie zeitliche Flexibilität und geographische Mobilität. Diese Kriterien zur Beurteilung von Managementtauglichkeit scheinen an Bedeutung zu gewinnen, da sich die "verzweifelte Suche" (Wajcman 1996) nach anderen Differenzen, insbesondere die Suche nach Unterschieden beim Führungsstil, heute erübrigt hat. Zeitliche Flexibilität räumt Möglichkeiten zur Gestaltung von Distinktionspotenzialen im Sinne dessen ein, was Bourdieu als die Konstruktion "letzter Differenz" bezeichnet: die Generierung "feiner Unterschiede", die einer Gruppe erlaubt, sich damit gerade noch von ihren ansonsten gleichwertigen Konkurrentinnen und Konkurrenten abzuheben.

Hierzu liefert eine Studie von Ruth Simpson (1998) ein anschauliches Beispiel. Zum Kontext des Distinktionsgeschehens ist zu sagen, dass sich das untersuchte Unternehmen in Restrukturierungsprozessen befindet. Die Einführung von Maßnahmen des *lean management* wirkt sich potenziell auf alle hierarchischen Ebenen aus, auch obere Managementebenen sind von den anstehenden Umstrukturierungen und Personaleinsparungen bedroht. Vor diesem Hintergrund beobachtet Simpson eine Praxis freiwilliger Überstundenleistungen seitens der männlichen Führungskräfte. Es handelt sich dabei nicht um gewöhnliche Überstunden, die eingebracht werden, um Mehrarbeit zu bewältigen. Die Arbeit ist vielmehr bereits getan, trotzdem bleiben die Manager anwesend, betreiben eine Art "Anwesenheitskult" (*presenteeism*). Sie empfehlen sich damit dem Unternehmen als überdurchschnittlich leistungswillig und drücken im freiwilligen Zeitopfer eine Disposition zu hohem beruflichen Engagement aus. Gleichzeitig grenzen sich die Betreiber des Anwesenheitskults wirkungsvoll gegenüber all jenen ab, die beim Wettbewerb um Anwesenheit nicht mithalten können, da ihnen das erforderliche Maß an zeitlicher Flexibilität fehlt: In erster Linie gegenüber ihren Konkurrentinnen im Management, die sich auf das Spiel des *competitive presenteeism* weder einlassen wollen noch können – auf sie wartet, was Arlie Hochschild und Anne Machung (1997) als *second shift* bezeichnen, die zweite Arbeitsschicht in Haushalt und Familie.

Betrachten wir zunächst die Perspektive der Betreiber des Anwesenheitskults: Sie realisieren eine Form von "doing gender while doing work", ohne notgedrungen bewusst auf die Abwehr von Frauen zu zielen. Ihrem Verhalten ist ein strategisches Moment dennoch inhärent, als sie eine mutmaßliche Distinktionschance im betrieblichen Feld nutzen und mit einiger Wahrscheinlichkeit damit Erfolg haben.

Zeitliche Verfügbarkeit als Kriterium der Anerkennung entspricht dem Ziel maximaler Nutzung der Arbeitskraft und ist als solche ein Produkt der industriellen Rationalisierung. Zwar lässt sich belegen, dass gerade die hohe zeitliche Belastung im Management nicht durchwegs sachlich begründet ist und Vorgesetzte einen Gutteil ihrer Arbeitszeit auf persönliche Kontroll- und Geltungsbedürfnisse verwenden (Kohn/Breisig 1999). Dennoch gilt ein hohes Ausmaß an Anwesenheit als Zeichen von Leistungsbereitschaft und Loyalität, wird die Konkurrenz um knappe Aufstiegspositionen u.a. durch ein Kriterium wie "extreme zeitliche Flexibilität" entschieden (gemeinsam mit "hoher Mobilitätsbereitschaft" und "starker Karriereorientierung"; vgl. Vedder/Vedder 2004).

Die Betreiber des "Anwesenheitskults" in Simpsons Studie haben dieses Aufstiegskriterium verinnerlicht. Wenn sich ihr Einsatz an Überstunden als Trumpf im Spiel um Machtpositionen erweist, dann verdanken sie das dem (für sie) günstigen Ausgang einer Geschichte von Auseinandersetzungen um die Definition "betriebswichtiger Ressourcen" und die Geschlechtergrenzen von Betriebsgemeinschaften, um die Inhalte ökonomischer Rationalisierung und das in betrieblichen Austauschbeziehungen bevorzugte Geschlecht. Aufgrund ihrer objektiv größeren Zeitsouveränität (im Male-Breadwinner-System) sind die Akteure im Gegensatz zu ihren Konkurrentinnen eher in der Lage, den Eingebungen ihres beruflichen Habitus Folge zu leisten und intuitiv das – aller Wahrscheinlichkeit nach – strategisch Richtige zu tun. Sie verfügen über die Fähigkeit, eine Gelegenheit zur Unterscheidung wahrzunehmen und wissen, wie sie zu nutzen ist. Ihr *Erkennen* des Distinktionspotenzials "Anwesenheit" hat, im Sinne des Bourdieuschen Habituskonzepts gedacht, mehr noch den Charakter eines *Wieder*erkennens. Es basiert auf impliziten Kenntnissen von Karrierefeldern, auf einem körperlichen Wissen oder Gespür dafür, was in der Situation eines Beschäftigungs- oder Aufstiegsrisikos am ehesten zu tun ist. Im Falle des Anwesenheitskults kommt dieser spezifische soziale Sinn zum Tragen, indem die Überlebensstrategie in Zeiten drohender Personalkürzungen darin besteht, der Unternehmensleitung ein Angebot auf einen Tausch zu machen, das attraktiv genug ist, um einen Vorsprung gegenüber den KonkurrentInnen im Feld zu gewinnen.

Habitus und kontingente bzw. 'untypische' geschlechtliche Distinktion
Zur Verhandlung des Gegenstands "gläserne Decke" scheint die Konzeption der Distinktionsprozesse besonders aufschlussreich: Je näher die nachfolgende Gruppe in der Statushierarchie, desto vehementer erfolgen die Abgrenzungsreaktionen seitens der in ihren Statusansprüchen bedrohten Gruppe.

> Nicht zufällig trachtet jede Gruppe ihre ureigensten Werte in dem wieder zu erkennen, was – im Saussureschen Sinn – ihren 'Wert' ausmacht, d.h. in der letzten *Differenz*, die häufig genug auch die letzte Eroberung ist, in der sie spezifisch definierenden strukturellen und genetischen Abweichung" (Bourdieu 1988:383, Hervorh. im Orig.).

Das Konzept der Distinktion ermöglicht, solche kreativen, strategischen Akte der Abgrenzung, der Erhöhung der Eintrittsgebühren zum eigenen sozialen Terrain, nicht auf das Handeln rationaler AkteurInnen zurückzuführen, sondern auf ein komplexes Zusammenspiel von internalisierter Geschichte, impliziten Wissensvorräten und der charakteristischen Fähigkeit, auf Gelegenheiten zu reagieren.

Die Studie zum *competitive presenteeism* zeigt, dass Überstundenleistungen ein wirksames Distinktionspotenzial bilden. Neben Ruth Simpson belegt auch Toni J. Watson (1994, zitiert nach Quack 1997:20, Anm. 11), dass die "Zeitkarte" typischerweise im Gender Game sticht. Er schildert, wie Manager ihre Anwesenheit bis in die späten Abendstunden hinausdehnen, indem sie Arbeitstreffen während des Tages künstlich in die Länge ziehen und die Einhaltung der offiziellen Arbeitszeiten durch andere verurteilen, insbesondere durch ihre Kolleginnen.

Solche typischen Fälle männlicher Distinktion gegenüber weiblicher Konkurrenz dürfen jedoch nicht dazu verleiten, Distinktion in einem essentialistischen Sinne als eine 'männliche' Praxis zu verstehen. Wer sich von wem abgrenzt, ob Männer von Frauen, Frauen von Männern oder aber Männer von anderen Männern und Frauen von anderen Frauen (solchen anderer Klassen- bzw. Milieu-, Alters- oder Generationenzugehörigkeit etc.) ist eine offene Frage, die erst durch empirische Untersuchungen geklärt werden kann. Zwar haben Männer eine im Durchschnitt größere Chance, Distinktionsgewinne zu erzielen. Sie nutzen diese Chance jedoch nicht immer bzw. nutzen nicht alle Männer sie auch stets. Umgekehrt gilt, dass Frauen heute ihr berufliches Distinktionspotenzial erweitern, indem sie etwa Bildungskapital erwerben und freier über die Realisierung dieses Kapitals disponieren (wenn sich dieser Gewinn an relativer Freiheit häufig auch nur auf spezifische biographische Phasen beschränkt).

Inwiefern kann das Habituskonzept aber zur Erklärung solcher kontingenter Praktiken geschlechtlicher Distinktion beitragen? Hierzu ist ein genauerer Blick auf die theoretische Anlage dieses Konzepts zu werfen.

Bourdieus Aufmerksamkeit gilt im Allgemeinen der Stabilität des Habitus (Dauerhaftigkeit) und der Angepasstheit, die sich der "Dialektik zwischen Dispositionen und Positionen, Angestrebtem und Erreichtem" (Bourdieu 1988:189) verdankt. Die Reproduktion der sozialen Ordnung schließt jedoch das Moment des Wandels nicht nur als fallweises Ereignis ein, sondern impliziert laufende Veränderungen, deren Dynamik den Anpassungsleistungen der Individuen vorgreifen kann. Diese Vorstellung wird am Beispiel der Folgen der enormen Bildungsexpansion und der darauf folgenden Titelinflation in den 1960er Jahren in Frankreich veranschaulicht. Eine ganze Generation hatte damals in Erwartung sozialen Aufstiegs durch Bildungsinvestitionen ihr kulturelles Kapital gemehrt, vermochte davon aber nicht gebührend zu profitieren. Das Bildungssystem hatte bei den Heranwachsenden Hoffnungen auf verbesserte berufliche Chancen und sozialen Statuszuwachs geweckt und an der Bildung von Habitusformen mitgewirkt, denen schließlich aber keine geeigneten Realisierungsbedingungen mehr geboten werden konnten. Aufgrund massenweiser Titelvergabe fielen die beruflichen Aussichten deutlich bescheidener aus, waren die Investitionen in die Zukunft entwertet. In der Folge reagierte die um ihren Einsatz und den dafür erwarteten Gewinn "geprellte Generation" mit Frustration und mit der "praktischen Aufkündigung der doxischen Zustimmung" (ebenda:243).

Potenzielle Diskordanzen zwischen objektiven Bedingungen und Habitusformen sind aber auch in der Mehrdimensionalität der einzelnen Formen von Habitus angelegt und können als Motor von Veränderung und Wandel – je nach ihrem Ausmaß an individueller, milieuspezifischer oder gesellschaftlicher Entwicklung – wirken. Diese Möglichkeit birgt spezifisch der Habitus moderner Subjekte, da er strukturell widersprüchliche, inkohärente Systeme von Dispositionen umfasst. Beate Krais (1993:220) bringt dieses Verständnis des Habitus folgendermaßen auf den Punkt:

> Wenn es richtig ist, dass der Habitus eines Menschen geformt und geprägt wird durch die sozialen Verhältnisse, unter denen sie oder er in die Gesellschaft als handelndes Subjekt hineinwächst, dann ist anzunehmen, jedenfalls für die moderne Gesellschaft, dass die Habitus prägenden Erfahrungen der Heranwachsenden durchaus heterogen und widersprüchlich sind und sich nicht bruchlos ineinander fügen. Mit der Komplexität ihrer Strukturen und Kriterien sozialer Differenzierung legt die moderne Gesellschaft (...) zugleich Sprengsätze im Habitus der Subjekte an, Konflikte zwischen unterschiedlichen Ordnungsvorstellungen und Verhaltensweisen, die die Selbstverständlichkeit der Praxen immer wieder ein Stück weit in Frage zu stellen vermögen. Die Doxa, die Selbstverständlichkeit der sozialen Ordnung, wird in konflikthaften Erfahrungen leicht brüchig, muss, um die Handlungsfähigkeit des Subjekts zu erhalten, in Orthodoxie überführt werden, oder weicht der Auflehnung und der bewussten Auseinandersetzung.

Eine solche Haltung der Auflehnung und bewussten Auseinandersetzung kennen wir von Frauen, die notorisch zwischen beruflichen und privaten, familiären Anerkennungskontexten hin- und hergerissen sind. Ruth Simpsons Schilderung der Situation weiblicher Führungskräfte, die sich mit einem Anwesenheitskult ihrer Kollegen konfrontiert sehen, veranschaulicht diesen Konflikt im Arbeitskontext des Management. Die weiblichen Führungskräfte des von ihr untersuchten Betriebes durchschauen die Praxis der exzessiven Überstundenleistungen ihrer Kollegen. Sie erkennen den sozialen Druck, der ihnen hiermit gemacht wird, und spüren, dass damit eine neue Barriere innerhalb der Führungsetage eingezogen werden könnte. Anstatt sich aber an die neuen informellen Verhaltensvorgaben anzupassen und ihre eigenen Zeitbudgets ähnlich exzessiv auszubeuten, distanzieren sie sich von dieser Praxis. Sie weigern sich mit anderen Worten, die Distinktionsleistungen ihrer Konkurrenten anzuerkennen und betreiben, was Susanne Völker (1999) in einem anderen Zusammenhang als "reflexive Karrierebeschränkung" bezeichnet hat.

Völker stellte in ihrer Studie zur Erwerbsorientierung ostdeutscher Frauen fest, dass diese die betrieblichen Forderungen nach "freier" Verfügbarkeit der Arbeitskraft "u.U. ein Stück weit ignorieren und sich insofern als 'eigensinnig' erweisen" (1999:206). Mit ihrer Haltung rebellieren sie nicht nur gegen die überzogenen Verfügbarkeitsansprüche ihrer neuen Arbeitgeber, sondern auch gegen die Zumutungen, die aus zunehmenden geschlechtsspezifischen Konkurrenzen und Durchsetzungskämpfen rühren (1999:218, Anm. 15). Analog weigern sich die weiblichen Führungskräfte in Simpsons Studie, in dem Rad mitzulaufen, das sich mit dem Anwesenheitskult zu drehen beginnt, und den steigenden Preis für soziale Einschließung zu zahlen.

Der Begriff "reflexive Karrierebeschränkung" erscheint mir sehr treffend, um den Aspekt der aktiven Akteurinnenleistung hervorzustreichen, die der Verweigerung des 'Spiels' um Statussicherung zugrundeliegt. Er bildet eine willkommene Alternative zur Dichotomie von aktivem Mittun und passiver Enthaltung, die durch eine Semantik wie die des "Selbstausschlusses" heraufbeschworen wird (dies nicht zuletzt in Bourdieus Texten). Dass Frauen hiermit als treibende Kräfte sozialer Anerkennungskämpfe zur Geltung kommen, entspricht durchaus den 'Tatsachen'. Denn wie auch immer die Unternehmensleitung auf die Überstundenangebote reagiert – sie könnte etwa dagegen vorgehen, weil sich die gesundheitlichen Probleme bei den Managern häufen (vgl. Simpson 1997:40) – auf einer Ebene sind diese Distinktionsversuche jedenfalls gescheitert: Es fehlt ihnen die Anerkennung durch potenzielle Nachahmerinnen.

Blicken wir nun über Ruth Simpsons Studie hinaus und richten unser Augenmerk auf die Forschungsliteratur zur Krise moderner Männlichkeit, dann mehren sich auch hier die Anzeichen für eine reflexive Distanzierung von einseitiger Berufsorientierung. Eine wachsende Zahl von Männern sieht sich angesichts drohender Arbeitslosigkeit gezwungen, andere Anerkennungsquellen als "Arbeit und Karriere" für sich zu erschließen. Insbesondere auch die jüngere Männer-Generation sucht nach Möglichkeiten, die in sich widersprüchlichen Anforderungen von Lebens- und Arbeitswelt auszubalancieren. Bereits Mitte der 1980er Jahre erkennen Michael von Klipstein und Bernhard Strümpel (1985) Anzeichen einer neuen "Gleichgewichtsethik", die junge Nachwuchsführungskräfte dazu bewegt, ihr berufliches Engagement und ihre lebensweltlichen Bedürfnisse (stärker) auszubalancieren. Während eine solche Work-Life-Balance-Orientierung eine positive Motivation zur zurückhaltenden Investition von beruflichem Engagement bedeutet, können frustrierte Erwartungen hinsichtlich beruflicher Entwicklungschancen Akteure umgekehrt davon abhalten, ihr Potenzial an beruflichem Engagement zu realisieren (vgl. zum Typus des "gebremsten beitragsorientierten" und des "abgehängten und frustrierten Hochqualifizierten" Kotthoff 1998:43ff, 53ff).

In dem Maße aber, in dem sich eine Haltung reflexiver Karrierebeschränkung über die Geschlechtergrenzen hinaus verbreitet, verliert eine Distinktionspraktik wie *competititve presenteeism* an geschlechtersegregierender Wirkung. Mit exzessiven Überstundenleistungen grenzen sich Männer dann von ihren "Geschlechtsgenossen" ebenso ab wie von den Angehörigen des sogenannten "anderen Geschlechts". Denkbar ist aber auch, dass sie unvermutet gemeinsame

Sache mit einer neuen Kohorte weiblicher Konkurrentinnen machen, die sich von einer Praxis wie dem Anwesenheitskult nicht (mehr) abschrecken lässt. Wie breit oder schmal auch immer die empirische Basis für dieses Szenario ist, es fordert zunächst schlicht dazu auf, die theoretischen Möglichkeiten dafür zu schaffen, dass durchbrochene Geschlechtergrenzen und gescheiterte Distinktionsleistungen der Beobachtung zugänglich werden. In diesem Sinne gilt es, die Möglichkeiten des Habituskonzepts zu nutzen. Es vermag eben nicht nur kohärente Dispositionslagen zu erfassen, sondern auch 'untypische' Muster männlicher und weiblicher Dispositionen.

Conclusio

Sozialstatistische Nachweise zur anhaltenden Geschlechterungleichheit im Bereich der Einkommens- und Aufstiegschancen lassen darauf schließen, dass betriebliche Geschlechterhierarchien äußerst hartnäckig gesellschaftlichen und arbeitsorganisatorischen Modernisierungen widerstehen. Wenn Exklusion qua Geschlechtszugehörigkeit in der Moderne auch keine Legitimationsgrundlage mehr hat – wird ein Individuum "als Frau" oder "Mann" beruflich ausgeschlossen, kann es dagegen institutionell vorgehen, im äußersten Fall ein juristisches Verfahren anstrengen –, sind informelle, implizite Praktiken der Ausschließung dennoch weiterhin gang und gäbe. Gendering fließt in das Arbeitshandeln ein ("doing gender while doing work") bzw. kommt indirekt, durch Aktualisierung vergeschlechtlichter Arbeitsstrukturen, zum Tragen. Die Konstruktion geschlechtlich konnotierter Zugangsbarrieren erfolgt damit zwar unauffälliger, zeigt aber immer wieder nachhaltige Wirkung. Da Verstöße gegen die Norm der Chancengleichheit im Moment des Geschehens vielfach unbemerkt bleiben, bedarf es sozialwissenschaftlicher Analysen, um verdeckte Prozesse der Konstruktion von Zugangsbarrieren aufzuzeigen.

Im Rahmen der vorliegenden Ausführungen wurde hierzu das ethnomethodologisch-interaktionistische Gendering-Konzept angeführt und ansatzweise mit dem Bourdieuschen Distinktions- und Habituskonzept verbunden. Letzteres eignet sich nicht nur zur Erklärung der regelmäßigen Aktualisierung von Geschlecht als eine Ressource der Grenzziehung und Ausschließung. Da der Habitus mehrdimensional konzipiert ist und mithin heterogene Dispositionen umfasst, können auch Aktualisierungen von anderen als geschlechtsstrukturierten bzw. geschlechts-'untypischen' Praktiken erfasst werden. Wenn etwa Männer reflexive Karrierebeschränkung betreiben, aktualisieren sie Dispositionen ihres Habitus, die an die Anerkennungskriterien lebensweltlicher Kontexte stärker angepasst sind als an jene des Berufs- bzw. Karrierefeldes. Frauen, die sich auf das 'Karrierespiel' einlassen, aktualisieren mit entsprechend mehr Nachdruck hegemoniale aufstiegsbezogene Dispositionen.

Die Integration des modernen Subjekts in disparate Arbeits- und Lebenswelten geht mit neuen Anforderungen an die Vermittlung multipler, potenziell in ihren Erwartungsstrukturen konfligierender, Handlungsbezüge einher. Soziale Dispositionen können an die Anforderungen eines Bereichs des Sozialraums angepasst sein, gleichwohl in anderen Feldern sperrig und unangepasst wirken. Vor diesem Hintergrund geht es darum, geschlechtersoziologische Forschung nicht nur auf Fragen der Wiederherstellung von Differenz- und Hierarchiebildung zu konzentrieren, sondern den Blick für Diskontinuitäten, Ungleichzeitigkeiten und Brüche zu öffnen. Geschlechtliche Dispositionen können *vor dem* Hintergrund oder aber *im* Hintergrund charakteristischer Prägungen sozialer Herkunft, Bildung, Alter, Ethnie u.a. aktualisiert werden. Möglicherweise steigt damit die Bereitschaft zur Neuverhandlung von Weiblichkeits- und Männlichkeitskonzepten; möglicherweise entsteht ein neuartiger Sinn für gemeinsame Interessen und Gemeinsamkeiten der Lebensführung. Dadurch würden informelle Zugangsbarrieren nicht aus der Welt geschafft, möglicherweise wäre Geschlecht aber eine weniger naheliegende Lösung von informellen Statuskonflikten.

Literatur

Allmendinger, J./J.R. Hackman (1994): Akzeptanz oder Abwehr? Die Integration von Frauen in professionelle Organisationen. In: *Kölner Zeitschrift für Soziologie und Sozialpsychologie* 2. S. 238-258.

Bourdieu, P. (1988): *Die feinen Unterschiede. Kritik der gesellschaftlichen Urteilskraft.* Frankfurt a. M.: Suhrkamp.

Bourdieu, P. (1987): Die Objektivität des Subjektiven. Zur Logik symbolischer Formen. In: *Merkur* 1. S. 367-375.

Bourdieu, P. (1979): *Entwurf einer Theorie der Praxis.* Frankfurt a.M.: Suhrkamp.

Cassell, J. (1996): The woman in the surgeon's body: Understanding difference. In: *American Anthropologist* 1. S. 41-53.

Epstein, C.F. (1992): Tinkerbells and pinups: The construction and reconstruction of gender boundaries at work. In: *Cultivating differences. Symbolic boundaries and the making of inequality.* Hg. M. Lamont/M. Fournier. Chicago: University of Chicago Press. S. 232-256.

Geissler, B./M. Oechsle (1996): *Lebensplanung junger Frauen. Zur widersprüchlichen Modernisierung weiblicher Lebensläufe.* Weinheim: Deutscher Studienverlag.

Goffman, E. (1994): Das Arrangement der Geschlechter. In: Ders.: *Interaktion und Geschlecht.* Frankfurt a.M./New York: Campus. S. 105-158.

Goldmann, M. (1999): Rationalisation – organisation – gender. Opening speech. In: *Rationalisation – organisation – gender.* Hg. M. Goldmann. Dortmund: Sozialforschungsstelle Dortmund (sfs). S. 5-10.

Hagemann-White, C. (1993): Die Konstrukteure des Geschlechts auf frischer Tat ertappen? Methodische Konsequenzen einer theoretischen Einsicht. In: *Feministische Studien* 2. S. 68-78.

Halford, S. /M. Savage/A. Witz (1997): *Gender, careers and organisations. Current developments in banking, nursing and local government.* London: Macmillan.

Heintz, B. /E. Nadai (1998): Geschlecht und Kontext. De-Institutionalisierungsprozesse und geschlechtliche Differenzierung. In: *Zeitschrift für Soziologie* 2. S. 75-93.

Heintz, B. /E. Nadai/R. Fischer/H. Ummel (1997): *Ungleich unter Gleichen. Studien zur geschlechtsspezifischen Segregation des Arbeitsmarktes.* Frankfurt a.M./New York: Campus.

Hochschild, A.R. /A. Machung (1997): *The second shift: Working parents and the revolution at home.* New York: Avon.

Hofbauer, J. (im Druck): *Geschlecht – Arbeit – Organisation. Zur sozialen Konstruktion von Zugangsbarrieren.* Wiesbaden: VS – Verlag für Sozialwissenschaften.

Kanter, R.M. ([1]1977, 1993): *Men and women of the corporation.* New York: Basic Books.

Klipstein, M.v./B. Strümpel (1985): *Gewandelte Werte – erstarrte Strukturen. Wie die Bürger Wirtschaft und Arbeit erleben.* Bonn: Verlag Neue Gesellschaft.

Knapp, G.-A. (1995): Unterschiede machen: Zur Sozialpsychologie der Hierarchisierung im Geschlechterverhältnis. In: *Das Geschlechterverhältnis als Gegenstand der Sozialwissen-*

schaften. Hg. R. Becker-Schmidt/G.-A. Knapp. Frankfurt a.M./New York: Campus. S. 163-194.

Knapp, G.-A. (1988): Die vergessene Differenz. In: *Feministische Studien* 1. S. 12-31.

Kohn, S. /T. Breisig (1999): Teilzeitarbeit für Führungskräfte? Erkenntnisse aus einer Fallstudie. In: *ARBEIT. Zeitschrift für Arbeitsforschung, Arbeitsgestaltung und Arbeitspolitik* 2. S. 162-178.

Kotthoff, H. (2000): Was heißt eigentlich "doing gender"? Zu Interaktion und Geschlecht. In: *Wiener Slawistischer Almanach.* (Sonderband 55). Hg. J. van Leeuwen-Turnovcová. S. 1-28.

Kotthoff, H. (1998): *Führungskräfte im Wandel der Firmenkultur. Quasi-Unternehmer oder Arbeitnehmer?* Berlin: Sigma.

Krais, B. (1993): Geschlechterverhältnis und symbolische Gewalt. In: *Praxis und Ästhetik: Neue Perspektiven im Denken Pierre Bourdieus.* Hg. G. Gebauer/C. Wulf. Frankfurt a.M.: Suhrkamp. S. 208-250.

Lupton, B. (2000): Maintaining masculinity: Men who do 'women's work'. In: *British Journal of Management* special issue. S. 33-48.

Nadai, E. (1999): Kontextualisierung der Geschlechterdifferenz. Geschlechtliche Grenzziehungen im Beruf. In: *Verhandlungen des 29. Kongresses der Deutschen Gesellschaft für Soziologie in Freiburg i. Breisgau 1998. (Teil 2).* Hg. C. Honegger/S. Hradil/F. Traxler. Frankfurt a.M./New York: Campus. S. 138-150.

Podsiadlowski, A. (2002): Diversität in Organisationen und Arbeitsgruppen. In: *Organisationssoziologie. (Sonderheft 42 der Kölner Zeitschrift für Soziologie und Sozialpsychologie).* Hg. J. Allmendinger/T. Hinz. Wiesbaden: Westdeutscher Verlag. S. 260-283.

Quack, S. (1997): *Karrieren im Glaspalast. Weibliche Führungskräfte in europäischen Banken.* (WZB-Discussion Paper). Berlin: Wissenschaftszentrum Berlin für Sozialforschung.

Regenhard, U. (1997): Dezentralisierung als Schritt zum Abbau von Geschlechterhierarchie? Anmerkungen zur Enthierarchisierung der Geschlechterdifferenz bei betrieblicher Restrukturierung. In: *WSI Mitteilungen* 1. S. 38-50.

Reskin, B.F. (1998): Bringing the men back: Sex differentiation and the devaluation of women's work. In: *Feminist foundation. Toward transforming sociology.* Hg. K.A. Myers/C.D. Anderson/B.J. Risman. Thousand Oaks, CA: Sage. S. 278-298.

Simpson, R. (1998): Presenteeism, power and organizational change: Long hours as a career barrier and the impact on the working lives of women managers. In: *British Journal of Management* June (special issue). S. 37-50.

Vedder, G./M. Vedder (2004): Wenn Managerinnen und Manager ihre Arbeitszeit reduzieren (wollen) ... In: *Chancengleichheit durch Personalpolitik.* Hg. G. Krell. Wiesbaden: Gabler. S. 277-292.

Völker, S. (1999): Erwerbsorientierungen und betriebliche Transformation. Selbstverortungen und Handlungsstrategien ostdeutscher Frauen bei der Deutschen Bahn AG. In: *Transformation – Unternehmensreorganisation – Geschlechterforschung.* Hg. H.M. Nickel/S. Völker/ H. Hüning. Opladen: Leske & Budrich. S. 205-226.

Wajcman, J. (1996): Desperately seeking differences: Is management style gendered? In: *British Journal of Industrial Relations* 3. S. 333-349.

Watson, T.J. (1994): *In search of management. Culture, chaos and control in managerial work.* London: Routledge.

West, C. /D.H. Zimmerman (1998): Doing gender. In: *Feminist foundations. Toward transforming sociology.* Hg. K.A. Myers/C.D. Anderson/B.J. Risman. Thousand Oaks, CA: Sage. S. 167-190.

Wetterer, A. ([1]1995, 2001): Das Geschlecht (bei) der Arbeit. Zur Logik der Vergeschlechtlichung von Berufsarbeit. In: *Konstruktion von Geschlecht.* Hg. U. Pasero/F. Braun. Herbolzheim: Centaurus. S. 299-224.

Williams, C.L. (1992): The glass escalator: Hidden advantages for men in the "female" professions. In: *Social Problems* 3. S. 253-267.

Wilz, S. (1999): Reorganization in an insurance company: Elements of gendering and de-gendering. In: *Rationalisation – organisation – gender.* Hg. M. Goldmann. Dortmund: Sozialforschungsstelle Dortmund (sfs). S. 168-174.

Gefühl und Geschlecht in Bürokratie, Gemeinschaft und ICH-AG

Gertraude Krell
Institut für Management der Freien Universität Berlin

Einleitung

Als vor einigen Jahren Claudia Roth und Fritz Kuhn zu den Vorsitzenden der Grünen gewählt wurden, gab es in den Medien metaphorische Kommentare: In den Nachrichten – wenn ich mich richtig erinnere, waren es die Tagesthemen – wurde *sie* als "das Herz" und *er* als "der Kopf" der Partei bezeichnet. In einer Berliner Tageszeitung hieß es, die neue Doppelspitze funktioniere "nach dem Prinzip der Kraft-Wärme-Kopplung" (Ulrich 2001:3). Und, was wir schon ahnten: *Ihr* wird dort "Wärme, Nostalgie, Moral, viel Moral" attestiert, *ihm* "Genauigkeit, Schärfe, Kraft" – verbunden mit einem "Klirren" (sollte da etwa Kälte im Spiel sein?).

Das für mich Faszinierende an dieser Berichterstattung war und ist die Ungebrochenheit der Zuschreibungen von Kopf/Kraft/Schärfe des Verstandes zu *ihm* und von Herz/Wärme/Moral zu *ihr*. Es handelt sich dabei um eine der vielen möglichen Illustrationen für die Verwobenheit des Gefühls-Verstands-Diskurses und des Geschlechtsdiskurses sowie der dadurch hervorgebrachten Ordnungen. Diese sind Gegenstand des folgenden Abschnitts.

Daran anknüpfend werden dann Bürokratie, Gemeinschaft und ICH-AG vorgestellt und untersucht. Diese drei Grundmuster von (Arbeits-)Organisationen korrespondieren mit der Unterscheidung in Bürokratie, Clan und Markt, die William Ouchi (1980) vorgenommen hat. Bürokratie, Gemeinschaft und ICH-AG werden hier vor allem als (Ideal-)Typen von Organisationen betrachtet. So können wir uns eine Universität als Beispiel für Bürokratie, ein Unternehmen der New Economy (vgl. auch Ortlieb/Rokitte in diesem Band) als Beispiel für Gemeinschaft und eine Ein-Personen-Beratungsfirma als Beispiel für ICH-AG vorstellen. Für alle drei Idealtypen von Organisationen wird untersucht, welche Plätze und Ränge dort Gefühlen und Geschlechtern zugeordnet werden. Um Komplexität zu reduzieren, orientiere ich meine Gender-Analyse an der traditionellen Mann-Frau-Unterscheidung und gehe auf die Vielfalt der Geschlechter erst in den Schlussbemerkungen ein.

Inspiriert ist dieser Beitrag durch die Diskursanalyse Michel Foucaults und Judith Butlers. Michel Foucault geht davon aus, dass Diskurse "als Praktiken zu behandeln [sind], die systematisch die Gegenstände bilden, von denen sie sprechen" (Foucault 1981:74). Sowohl bei Gefühlen und Geschlechtern als auch bei Bürokratie, Gemeinschaft und ICH-AG handelt es sich aus dieser Perspektive um diskursiv hervorgebrachte Gegenstände. Judith Butler benutzt in Zusammenhang mit den Akten oder Prozessen der diskursiven Hervorbringung den Begriff der "Performativität", verstanden als "die ständig wiederholende und zitierende Praxis, durch die der Diskurs die Wirkungen erzeugt, die er benennt" (1997:22). Zwar erzeugt der Diskurs überhaupt erst die Gegenstände und Wirkungen, die er benennt, aber zugleich erzeugt er auch den "Effekt des Natürlichen, des Ursprünglichen und Unvermeidlichen" (Butler 1991:9). Gerade im Hinblick auf Gefühl und Geschlecht spielen diese Naturalisierungseffekte eine große Rolle, weshalb es diskursanalytischer Anstrengungen bedarf, um diesen Fabrikationen den Anschein des Natürlichen zu nehmen.

Mit der Naturalisierung als Effekt ist bereits eine der Machtwirkungen von Diskursen angesprochen. Diese Machtwirkungen von Diskursen stehen im Zentrum der genealogischen Analysen Foucaults. Mit Blick auf Diskurse "als Teil eines weiteren Macht- und Praxisfeldes" (Dreyfus/Rabinow 1994:232) unterscheidet Foucault zwischen Objektivierung und Subjektivierung. Im Mittelpunkt seines Werks *Überwachen und Strafen* stehen die objektivierenden Praktiken der Disziplinarmacht, z.B. die "Kunst der Verteilungen" (Foucault 1976:181ff), die Impuls gebend für meine Analyse der Plätze und Ränge von Gefühl und Geschlecht in Bürokratie, Gemeinschaft und ICH-AG ist. Die subjektivierenden Praktiken der Disziplinarmacht thematisiert er in *Der Wille zum Wissen* (Foucault 1983). Dort, und in einem später erschienenen Aufsatz, arbeitet Michel Foucault heraus, dass und wie Diskurse aus Individuen Subjekte machen, und zwar im doppelten Sinn von "vermittels Kontrolle und Abhängigkeit jemandem unterworfen sein und durch Bewußtsein und Selbsterkenntnis seiner eigenen Identität verhaftet sein" (Foucault 1994:246). Auch davon wird im Folgenden immer wieder die Rede sein.

Gefühl und Geschlecht: Die Diskursstränge im Überblick

Der Gefühlsdiskurs
Ein zentrales Merkmal des Gefühlsdiskurses ist die Ambivalenz der Bewertung von Gefühlen. Cheryl Benard und Edit Schlaffer (1987:9) machen darauf aufmerksam, dass dem Begriff "Gefühl" zwei Gegenpole zugeordnet werden, zum einen "Verstand", zum andern "Gefühllosigkeit". Und je nachdem, auf welches

Gegensatzpaar fokussiert wird, verändern sich die Vorzeichen, mit denen "das Gefühl" oder "die Gefühle" versehen werden. Im Vergleich zu Verstand enthält Gefühl in der Regel ein Negativvorzeichen, im Vergleich zu Gefühllosigkeit dagegen ein Positivvorzeichen. Ähnlich argumentiert Catherine Lutz: Einerseits bestehe ein "disadvantaged contrast to more valued personal processes, particularly to cognition or rational thought" (1990:69). Andererseits würden im Vergleich zu "cold alienation" die Gefühle glorifiziert. Und damit "wird aus der ordentlichen Dialektik der Gegensätze eine verworrene Dreiecksgeschichte" (Benard/Schlaffer 1987:9).

Wenden wir uns zunächst jener Seite des Dreiecks zu, die bestimmt ist durch die Verherrlichung von Rationalität/Verstand/Vernunft und die Abwertung von Gefühl(en). Hier soll als erster Immanuel Kant zu Wort kommen, der in seiner *Anthropologie in pragmatischer Hinsicht* schreibt: "Affekten und Leidenschaften unterworfen zu sein, ist wohl immer Krankheit des Gemüts, weil beides die Herrschaft der Vernunft ausschließt" (Kant [1]1798, 1983:192).

Max Weber nimmt in *Die Protestantische Ethik* (Weber [1]1904/05, 1975) an zahlreichen Stellen ähnliche Gegenüberstellungen vor. Hier nur einige Beispiele: "rationale" Askese versus "Affekte" und "triebhaften Lebensgenuss" (ebenda:135), Askese versus "Fleischeslust" (ebenda:179), Askese versus "rein triebhafte Habgier" (ebenda:180), Askese versus "Überschwang des Gefühls" und Askese als "Ablehnung alles ethisch Irrationalen, sei es Künstlerischen, sei es persönlich Gefühlsmäßigen, innerhalb der Welt ihrer Ordnungen" (ebenda:324). Ziel einer aktiv-asketischen, d.h. kontrollierten und rationalisierten, Lebensführung sei immer die "Überwindung bestimmter Begehrungen oder Affekte der religiös nicht bearbeiteten rohen Menschennatur" (ebenda:322). Am Ende seiner Untersuchung bezeichnet er die "Protestantische Ethik" als eine "machtvolle, unbewusst raffinierte Veranstaltung zur Züchtung kapitalistischer Individuen", die "die Seele des Menschen (...) umgestaltet" habe (ebenda:372f). Insofern kann Webers Studie *Die Protestantische Ethik* auch als Analyse eines Diskurses und dessen subjektivierender Wirkungen interpretiert werden. Dass es dabei auch um jene objektivierenden Wirkungen geht, die Foucault als "Die Kunst der Verteilungen" bezeichnet und untersucht, deutet Webers Bemerkung an, eine weitere Voraussetzung für die Entstehung des modernen, rationalen kapitalistischen Betriebs sei die Trennung von Betrieb und Haushalt (ebenda:16). Darauf werde ich noch mehrfach zurückkommen.

Während Weber in *Die Protestantische Ethik* weitgehend deskriptiv-analytisch argumentiert, formuliert er in *Politik als Beruf* (wie auch in *Wissenschaft als Beruf* s.u.) ausgesprochen normativ: "Politik wird mit dem Kopfe gemacht und nicht mit anderen Teilen des Körpers oder der Seele" (^{1}1919, 1992:62f). Mit dieser viel zitierten und viel diskutierten Bemerkung (vgl. z.B. Sauer 1999, 2003) scheint er in den Chor derer einzustimmen, die das Hohelied des Verstandes verbunden mit der Abwertung der Gefühle singen.

Aber: Schon wenige Seiten später relativiert Weber: "aber ganz gewiß nicht nur mit dem Kopf" (^{1}1919, 1992:80). Und auf die Frage, "was für ein Mensch man sein muß, um seine Hand in die Speichen des Rades der Geschichte legen zu dürfen" (ebenda:61f), antwortet er, "daß drei Qualitäten vornehmlich entscheidend sind für den Politiker: Leidenschaft – Verantwortungsgefühl – Augenmaß" und ergänzt: "Leidenschaft im Sinne von Sachlichkeit: leidenschaftliche Hingabe an eine 'Sache', an den Gott oder Dämon, der ihr Gebieter ist". Das mit dieser Mischung verbundene Problem sieht er darin, "wie heiße Leidenschaft und kühles Augenmaß miteinander in derselben Seele zusammengezwungen werden können" (ebenda:62). Und genau an dieser Stelle folgt der Satz, Politik werde mit dem Kopf gemacht.

Im Unterschied zur Analyse in *Die Protestantische Ethik* betrachtet Weber hier Gefühle nicht als negative und zu bekämpfende Triebkräfte menschlichen Handelns, sondern ganz im Gegenteil als notwendige produktive Kräfte. Die positive Bewertung, speziell von Leidenschaft, findet sich bekanntlich nicht nur in *Politik als Beruf*. Wer *Wissenschaft als Beruf* betreiben wolle, so Weber in dem gleichnamigen Werk, brauche ebenfalls dreierlei: erstens "Eingebung", zweitens "harte Arbeit" und drittens: "Leidenschaft". Und auch hier postuliert er (^{1}1919, 1967:12):

> Und wer also nicht die Fähigkeit besitzt, sich einmal sozusagen Scheuklappen anzuziehen und sich hineinzusteigern in die Vorstellung, daß das Schicksal seiner Seele davon abhängt: ob er diese, gerade diese Korrektur an dieser Stelle dieser Handschrift richtig macht, der bleibe der Wissenschaft nur ja fern. Niemals wird er in sich das Durchmachen, was man das 'Erlebnis' der Wissenschaft nennen kann. Ohne diesen seltsamen (...) Rausch, diese Leidenschaft (...) hat einer den Beruf zur Wissenschaft nicht und tue etwas anderes. Denn nichts ist für den Menschen als Menschen etwas wert, was er nicht aus Leidenschaft tun kann.

Mit diesen Ausführungen Webers ist zugleich der Übergang zur anderen Seite des Dreiecks markiert, wo Gefühle mit einem Positivvorzeichen versehen werden: der Gegenüberstellung der warmen, lebendigen und lebensspendenden Emotionen und der kalten, leblosen Welt der Vernunft.

Diese Gegenüberstellung ist das zentrale Thema der Romantik. Die Romantik stellte "den kalt berechneten Projekten einer vernünftig geplanten Gesellschaft die spontanen Aufwallungen von Leidenschaft und 'Sympathie' gegenüber" (Solomon 2000:83) und verherrlichte eben das von der Aufklärung verworfene Gefühlsleben: das Spirituelle, die Sympathie, das Gemüt bzw. Empfinden, die Kreativität, die Phantasie, die Leidenschaft. Weil die Romantik all das, was die Aufklärung verteufelte, verherrlichte, lautete ihr Credo, sich den von außen aufgezwungenen, rationalen und vernünftigen Regeln und Normen zu widersetzen, und einzig und allein auf die eigene innere Stimme zu hören (Solomon 2000:63). Getragen und getrieben sei dies von einer skeptischen Einstellung gegenüber dem (Allein-)Herrschaftsanspruch der Vernunft. Allerdings sei das zentrale Ziel der Romantik nicht die Bekämpfung der Vernunft, sondern vielmehr "die Vervollständigung eines rationalistisch verkrüppelten Menschenwesens". Es gehe ihr um "Korrektur und Heilung" (Wuthenow 2000:18).

In diesen Darstellungen erscheint die Romantik als Supplement im Sinne Jaques Derridas (vgl. zusammenfassend Ortmann 1999:173ff), d.h. nicht nur als Gegenbewegung bzw. Unterminierung, sondern auch als Ergänzung der Aufklärung. Dementsprechend können auch die Gefühle im Allgemeinen und die Leidenschaften im Besonderen nicht nur als Gegensätze, sondern auch als Ergänzungen zu Rationalität und Vernunft verstanden werden. Davon war bereits im Zusammenhang mit der grünen "Doppelspitze" und mit Max Webers Charakteristiken des Politikers und Wissenschaftlers die Rede.

Hier soll nur noch kurz auf ein weiteres Glied in der Kette der Gegenbewegungen zum Rationalismus eingegangen werden: den Surrealismus. Der Ethnologe Michel Leiris (1992:153) nennt diesen "eine Rebellion gegen den sogenannten westlichen Rationalismus". Getrieben vom "Haß auf die bei uns herrschenden Denk- und Verhaltensweisen" sei der Surrealismus "im Wesentlichen eine Aufwertung des Irrationalen" (1992:158).

Wie wir sehen werden, findet sich die Aufwertung des Emotionalen und des Irrationalen auch im Organisations- und Führungsdiskurs wieder.

Der Geschlechterdiskurs und dessen Verwobenheit mit dem Gefühlsdiskurs
Karin Hausen (1976) rekonstruiert in ihrem Artikel *Die Polarisierung der Geschlechtscharaktere*, dass noch zu Beginn des 18. Jahrhunderts angenommen wurde, Frauen (und Männer) seien je nach Stand und Land ganz unterschiedlich. Erst im letzten Drittel jenes Jahrhunderts wurde das Bild vom emotionalen "weiblichen Geschlechtscharakter" entworfen und dem des rationalen "männlichen Geschlechtscharakters" gegenübergestellt. Hausens Analyse ist ein instruktives Beispiel dafür, wie Geschlecht "fabriziert" (Butler 1991:200), d.h. sowohl erfunden als auch hervorgebracht, wird – und wie die frisch fabrizierten "Geschlechtsunterscheidungen" zugleich zu "Geschlechtsunterschieden" naturalisiert werden. Schließlich arbeitet Hausen heraus, dass und wie der Diskurs über

die Geschlechtscharaktere sowohl Bedingung als auch Auswirkung der Trennung von Betrieb/Beruf und Haushalt/Familie ist, verbunden mit der Zuordnung der Frau zum häuslich-familiären Bereich und der Zuordnung des Mannes zum beruflich-öffentlichen Bereich (vgl. dazu auch Krell 2003a).

Zur Illustration soll hier noch einmal Immanuel Kant dienen, in dessen Arbeiten die "Polarisierung der Geschlechtscharaktere" bereits eingeschrieben ist: So schreibt er z.b. über die Frau(en): "Ihre Weltweisheit ist nicht venünfteln, sondern empfinden" (Kant [1]1764, 1960; zit. nach Postl 1995:111). Aufschlussreich in diesem Zusammenhang ist auch seine fein säuberlich vorgenommene Trennung zwischen dem "männlichen" Lachen und dem "weiblichen" Weinen (Kant [1]1798, 1983:198):

> Lachen ist männlich, Weinen dagegen weiblich (beim Manne: weibisch), und nur die Anwandlung zu Tränen, und zwar aus großmütiger, aber ohnmächtiger Teilnehmung am Leiden anderer kann dem Manne verziehen werden, dem die Träne im Auge glänzt, ohne sie in Tropfen fallen zu lassen, noch weniger sie mit Schluchzen zu begleiten und so eine widerwärtige Musik zu machen.

Auch das ist eine jener Produktionen, die den Anschein des Natürlichen und Unvermeidlichen erzeugt. Was dabei auf der Strecke bleibt, das sind nicht nur Begründungen, sondern auch Erinnerungen. Noch im 17. Jahrhundert galt es nämlich keineswegs als "unmännlich" oder "weibisch", wenn Männer, auch in der Öffentlichkeit, weinten (vgl. André/Lelord 2002:170).

Kants *Anthropologie in pragmatischer Hinsicht* ([1]1798, 1983:255ff) enthält sogar einen Abschnitt, der "Charakter des Geschlechts" überschrieben ist. Dabei handelt es sich einmal mehr um ein Paradebeispiel in Sachen Naturalisierung. Dort schreibt er nämlich, um zu einer Charakteristik des weiblichen Geschlechts zu gelangen, müsse man herausfinden, "was der Zweck der Natur bei Einrichtung der Weiblichkeit war" ([1]1798, 1983:258). Im Mittelpunkt seiner diesbezüglichen Überlegungen steht "die Vorsorge der Natur" für den Fortbestand der "Geschlechtsgemeinschaft in einer häuslichen Verbindung" ([1]1798, 1983:255). Hier kommt er zu dem – beruhigenden – Ergebnis, dass die "Vorsorge der Natur" alles klar und gut geregelt hat: "Des Mannes Wirtschaft ist das Erwerben, die des Weibes Sparen" ([1]1798, 1983:261).

Aber es gibt auch noch Regelungs- und Klärungsbedarf, und zwar betreffend die Frage, wer im Hause herrschen soll. Dazu bemerkt Kant diplomatisch: "Ich würde in der Sprache der Galanterie (doch nicht ohne Wahrheit) sagen: die Frau soll herrschen, denn die Neigung herrscht und der Verstand regiert" ([1]1798, 1983:264f). Soweit es der männliche Verstand für vernünftig hält, "unterwirft" sich der Mann sogar dem häuslichen "Regiment" der Frau, "um sich nur in seinen Geschäften nicht behindert zu sehen". Sie aber, die keine anderen Geschäfte hat, die ihre Energie beanspruchen und absorbieren, "scheut den Hauskrieg nicht" ([1]1798, 1983:256).

Diese Passagen verdeutlichen, dass die Verfertigung des empfindsamen und fügsamen weiblichen "Geschlechtscharakters" nicht gradlinig und reibungslos vonstatten gegangen ist (und geht). Die Frage, wer im Hause herrschen soll, und die Bemerkung, dass die Frau den Hauskrieg nicht scheue, verweisen auf ein Phänomen, das im zeitgenössischen Diskurs als "Kampf um die Hosen" bezeichnet wurde. Unter dieser Überschrift arbeiten Gisela Bock und Barbara Duden (1977:141ff) auf Basis zahlreicher Quellen heraus, dass die Unterordnung der Frau als "natürliche Ordnung" der Geschlechter gegen erheblichen Widerstand seitens der (Ehe-)Frauen durchgesetzt werden musste.

Bemerkenswert in dem hier betrachteten Zusammenhang ist auch und vor allem die Begründung für die Notwendigkeit dieser Unterordnung: "Die Frau sei ihren Trieben mehr ausgeliefert als der Mann (...), sie sei lustfähiger und begehrlicher als er, Denken und Rationalität wären durch die Einflüsse eines unsteten Temperaments, unvorhersehbarer Gefühle dauernd gefährdet" (Bock/Duden 1977:144). Diese Passage kann auch als Beleg für Judith Butlers These gelesen werden, das (männliche) Subjekt bilde sich durch Differenzierungsakte, die es von einem "konstitutiven Außen scheiden, einem Gebiet verworfener Andersheit, das gewöhnlich (...) mit dem Weiblichen verbunden wird" (Butler 1993:44) oder es werde "durch die Kraft des Ausgrenzens und Verwerflichmachens" konstituiert (Butler 1997:23).

Auch hier spielt die Figur des Supplements eine wesentliche Rolle: In zahlreichen Quellen wird auf die Bedeutung der Konstruktion des Weiblichen gleichsam als Supplement für die Konstruktion der Identität bürgerlicher Männlichkeit verwiesen. So zeigt beispielsweise Susanne Asche (2000) anhand von Aufzeichnungen des Karlsruher Kaufmanns Wilhelm Christian Griesbach, der von 1772 bis 1832 gelebt hat, dass es diesem schwer fällt,

> (...) ohne Blick auf die Frau über den Mann zu schreiben. (...) Erst mit dem Blick auf das Weibliche gelingt das Bild des Mannes; der Entwurf bürgerlicher Männlichkeit verdankt sich der Abgrenzung und Segregation. Das Weib fungiert als Projektionsfläche männlicher Identität, die dadurch in erster Linie nicht weiblich ist (Asche 2000:148).

Und auch hier handelt es sich um jene "verworrene Dreiecksgeschichte": Denn "das Weibliche" wird – wie das damit verbundene "Emotionale" – nicht nur mit einem Negativvorzeichen, sondern auch mit einem Positivvorzeichen versehen.

Die 'Negativvariante' der triebhaften, unberechenbaren, weil von ihren Gefühlen beherrschten Frau wurde bereits angesprochen. Die als triebhaft und verführerisch imaginierte Frau erscheint für den Mann als bürgerlich-rationalasketisches Individuum als eine große Gefahr. Davon zeugen z.B. auch die zahl- und variantenreichen Undinen- und Sirenengeschichten, in denen diese weiblichen Wesen für die männlichen Helden lustvolle Verführung verbunden mit Todesgefahr verkörpern (vgl. z.B. Stephan 1988; Schlesier 2002).

Zur Vervollständigung des (Vexier-)Bildes fehlt noch die 'Positivvariante'. Diese findet sich z.B. in Johann Wolfgang Goethes *Faust*. Dort zieht "das ewig Weibliche" den Mann bekanntlich hinauf, und nicht – wie die Sirenen – hinab in den Strudel der Lust und damit zugleich ins tödliche Wasser. Es ist wiederum die Romantik, die für die Verherrlichung des Gemenges von "Emotionalität", "Natur" und "Weiblichkeit" steht. Und auch dort fungiert "das Weibliche" bzw. "die Frau" als (projektives) Supplement "des Männlichen" bzw. "des Mannes". Christina von Braun (1987) attestiert den Romantikern eine "Verwandlung von lebendiger Frau in eine Metapher männlichen Frau-Seins" (zitiert nach Böhm 1995:232).

Differenztheoretisch orientierte Geschlechterforscherinnen greifen dagegen jene Zuschreibungen, die Gefühl und Weiblichkeit verkoppeln, affirmativ auf und beteiligen sich an der 'Aufwertungskampagne'. In ihrem Überblicksbeitrag, in dem sie diese Richtungen aus einer poststrukturalistischen Perspektive kritisiert, spricht Gertrude Postl (1995) unter anderem die Debatten um weibliche Moral und um Androgynie an. Auch dieser Diskursstrang findet sich im Führungsdiskurs wieder (vgl. zusammenfassend Krell 2004c). Darauf werde ich im Zusammenhang mit der Gemeinschaft noch einmal zurückkommen.

Auch wenn im Rahmen dieses Beitrags nur ein ganz grober Überblick über den Gefühls-Geschlechts-Diskurs möglich ist, so sollten doch die relativ fixen Verkoppelungen verbunden mit ambivalenten und variierenden Bewertungen deutlich geworden sein. Um es vorweg zu nehmen: Beides, sowohl die fixen Verkoppelungen als auch die ambivalenten Bewertungen, finden sich auch in den Diskursen über Bürokratie, Gemeinschaft und ICH-AG. Deren Analyse ist Gegenstand der folgenden Abschnitte.

Bürokratie
Für Max Weber ist die Bürokratie der Prototyp der modernen rationalen Organisation. Sie ist charakterisiert durch Arbeitsteilung bzw. Spezialisierung, Amtshierarchie, Aktenmäßigkeit und Amtsführung nach Regeln durch die Beamtenschaft, die ihr Amt ohne "Ansehen der Person" sowohl erhalten haben als auch ausüben. Aufgrund dieser Regelhaftigkeit und Berechenbarkeit funktioniere ein

"voll entwickelter bürokratischer Mechanismus (...) wie eine Maschine" (Weber 1922:660). In einem solchen bürokratischen Mechanismus gibt es für Gefühle keinen Platz bzw. nur den des Störfaktors. Weber (z.B. [1]1919, 1992:32 und 1922:129, 661) betont immer wieder, der ideale Beamte müsse seine Arbeit bzw. seinen Dienst ohne Zorn, Eifer, Hass, Liebe, Enthusiasmus oder Leidenschaft verrichten, damit der Apparat funktioniere. Mit anderen Worten: Der Beamte muss sich an die Regeln halten, egal was seine 'innere Stimme' oder 'sein Gefühl' sagen. In *Politik als Beruf* spitzt Weber diesen Gedanken zu ([1]1919, 1992:32):

> Ehre des Beamten ist die Fähigkeit, wenn – trotz seiner Vorstellungen – die ihm vorgesetzte Behörde auf einem ihm falsch erscheinenden Befehl beharrt, ihn auf Verantwortung des Befehlenden gewissenhaft und genau so auszuführen, als ob er seiner Überzeugung entspräche; ohne diese im höchsten Sinn sittliche Disziplin und Selbstverleugnung zerfiele der ganze Apparat.

Betrachten wir – dem Zeitgeist folgend – zunächst die Schattenseiten der Bürokratie. Diese werden bereits von Max Weber selbst angesprochen. Eine ist der bereits erwähnte Zwang zur Regelbefolgung bis hin zur Selbstverleugnung, dem die Beamten ausgesetzt sind. In *Wirtschaft und Gesellschaft* greift er diesen Aspekt noch einmal auf (1922:664):

> Das 'Ethos' aber (...) stößt mit seinen am konkreten Fall und der konkreten Person orientierten Postulaten nach materieller 'Gerechtigkeit' mit dem Formalismus und der kühlen 'Sachlichkeit' der bürokratischen Verwaltung unvermeidlich zusammen und muß dann aus diesem Grund emotional verwerfen, was rational gefordert worden war.

Diese Formulierung kann sowohl mit Blick auf die Beamten als Handelnde als auch mit Blick auf deren Behandlung (durch die Bürokratie) und die Behandlung der Kunden (durch die Bürokratie bzw. durch die Beamten als deren Vollzugsorgane) gelesen werden. In allen drei Fällen gilt, dass die "kühle Sachlichkeit" der Bürokratie dem Einzelfall in seiner Einzigartigkeit nicht gerecht werden kann, denn dies würde eben gerade das Ansehen der Person und deren Situation erfordern.

Die im Rahmen der Managementlehre geübte Bürokratiekritik moniert dagegen, dass die Ausgrenzung von Emotionen eine Begrenzung der Motivation, Schaffenskraft und Kreativität bewirkt. Beispielhaft für diese Position sollen hier die Rationalitäts- und BürokratiekritikerInnen Tom Peters und KoautorInnen zu Wort kommen: Schon in *Auf der Suche nach Spitzenleistungen*, einem Klassiker zum Thema "Unternehmenskultur" (mehr dazu im Abschnitt "Gemeinschaft"), beklagen die Autoren den "unglückseligen, falschen Gebrauch des Wortes 'rational'" im Sinne von "bereinigt um all die störenden menschlichen Faktoren" (Peters/Waterman 1984:55). Und sie monieren, der "rationalistische

Ansatz" ersticke das lebendige Element (ebenda:71). In *Leistung aus Leidenschaft* (Peters/Austin 1986) wird dieser Vorwurf explizit an die Bürokratie gerichtet und als "wichtigste Regel" formuliert: "Den bürokratischen Saustall ausmisten!" (Peters/Austin 1986:362). Die bürokratischen Dämme gegen die Gefühle werden hier demnach umgewertet, d.h. nicht (mehr) als notwendige und hilfreiche Schutzvorrichtungen angesehen, sondern als Hindernisse für das ungehemmte Fließen der Motivations- und Kreativitätsströme (ausführlicher dazu Krell/Weiskopf 2001 und Krell/Weiskopf in Vorbereitung).

Eine weitere Schattenseite der Bürokratie wird von der Geschlechterforschung ans Licht gebracht. Vergegenwärtigen wir uns: Als eine der Voraussetzungen für das Entstehen und Funktionieren der Bürokratie als moderne und rationale Organisation nennt Max Weber die Trennung von Beruf und Haushalt. Diese ist wiederum verbunden mit der Zuweisung von Haus und Familie zum weiblichen Geschlecht und der Zuweisung von Betrieb und Beruf zum männlichen (vgl. Abschnitt "Geschlechterdiskurs und seine Verwobenheit mit dem Gefühlsdiskurs"). Und diese ist wiederum verbunden mit der Fabrizierung der "Geschlechtscharaktere". Damit das Arbeitsleben bzw. die bürokratische Organisation zum Hort der Rationalität werden kann, wird also "das Emotionale" ausgegrenzt und in den Bereich von Familie und Haushalt verwiesen. Verbunden mit der Verkoppelung von Emotionalität und Weiblichkeit sowie Rationalität und Männlichkeit hat dies den Effekt des Ausschlusses von Frauen aus der bürokratischen Organisation bzw. ihrer Platzierung auf den niederen Rängen derer, die die 'interne Haus- und Beziehungsarbeit' verrichten, z.B. als Sekretärinnen (ausführlicher dazu Savage/Witz 1992; Rastetter 1994:88ff; Krell 2003a).

Aber auch hier gilt, dass damit nur die eine Seite, eben die Schattenseite, der Bürokratie angesprochen ist. Denn das Beharren auf Regelbefolgung auch gegen die 'innere Stimme' gilt ja nicht nur als Schwäche, sondern auch und insbesondere als Stärke der Bürokratie. Der Vorteil, sowohl für die Beschäftigten als auch für die Klientel, besteht in einer klaren Orientierung durch die für alle transparenten und verbindlichen Regeln. Für die in einer Bürokratie Beschäftigten bedeutet das Sicherheit, und zwar sowohl hinsichtlich der Frage, wie sie handeln müssen als auch hinsichtlich der Frage, wie sie behandelt werden müssen.

Beides ist auch von großer Bedeutung für eine Veränderung der Geschlechterordnung in (Arbeits-)Organisationen durch gleichstellungspolitische Konzepte, Programme und Maßnahmen (für einen Überblick Krell 2004a). Bei Diskriminierungsverboten und Gleichstellungsgeboten, sei es im Rahmen von Gesetzen, Betriebsvereinbarungen oder Unternehmensgrundsätzen, handelt es sich um genuin bürokratische Regelungen. Das Gleiche gilt für die Schaffung der Funktion einer Frauen- oder Gleichstellungsbeauftragten und die Regelung von deren Kompetenzen. Wenn beispielsweise bei der Besetzung von Stellen bestimmte Regeln (wie "Frauen werden bei gleicher Qualifikation bevorzugt" oder "An den Verfahren ist die Frauenbeauftragte zu beteiligen") eingehalten werden müssen, dann wird es zumindest schwieriger, eine Entscheidung für den männlichen Bewerber damit zu begründen, man(n) habe bei ihm einfach "ein besseres Gefühl". In dieser Hinsicht kann die Bürokratie durchaus einen gewissen Schutz vor Diskriminierung aufgrund des Geschlechts (und anderer Faktoren) bieten. Auf weitere positive Effekte, die der Bürokratie zugeschrieben werden, werde ich erst im folgenden Abschnitt eingehen, weil diese Auf-Wertungen vor dem Hintergrund der Gegenüberstellung von Bürokratie und Gemeinschaft besser verständlich werden.

Gemeinschaft
Mit "Gemeinschaft" soll hier ein ganz bestimmter (Ideal-)Typus von Organisationen bezeichnet werden, der in vielerlei Hinsicht einen Gegensatz zur Bürokratie als "Vergesellschaftung" darstellt.

Ferdinand Tönnies (1912) charakterisiert in seinem gleichnamigen Werk *Gemeinschaft und Gesellschaft* als "zwei Typen sozialer Verhältnisse": Gesellschaft sei ein "mechanisches Aggregat", das vor allem durch Kontrakte und Satzungen konstituiert werde, also Medien bürokratischer Koordination. Gemeinschaft sei dagegen "ein lebendiger Organismus" (1912:5), konstituiert durch Glaube, Gewohnheiten, Bräuche usw. Während Tönnies Arbeitsorganisationen grundsätzlich der Gesellschaft zurechnet (1912:3), betont Alfred Vierkandt (1923:201), jede Arbeitsgemeinschaft sei auch eine "Gefühlsgemeinschaft". Auf die Bedeutung des Gefühls für die Hervorbringung von (Arbeits-)Organisationen als Gemeinschaften verweist schließlich auch Max Weber, wenn er schreibt, Vergemeinschaftung beruhe auf "subjektiv gefühlter (affektueller oder traditionaler) Zusammengehörigkeit der Beteiligten" (Weber 1922:21).

Anknüpfend an Webers Vergemeinschaftungsdefinition habe ich in meinem Buch *Vergemeinschaftende Personalpolitik* (Krell 1994a) verschiedene Konzepte analysiert, deren gemeinsamer Nenner darin besteht, dass Organisation als Gemeinschaft hervorgebracht werden soll, indem bei ihren Mitgliedern jenes Zusammengehörigkeits- oder Wir-Gefühl hergestellt wird. "Organisation als Gemeinschaft!", das ist das Leitbild bzw. der bei aller Unterschiedlichkeit gemeinsame Nenner der normativen Betriebswirtschafts- bzw. Personallehren, der

Werksgemeinschaftsbewegung im Deutschland der 1920er Jahre, der NS-"Betriebsgemeinschaft", des 'Nachkriegsmodells' "Betriebliche Partnerschaft", der japanischen Betriebsgemeinschaft bzw. Betriebsfamilie und des aus den USA stammenden Unternehmenskulturansatzes (genauer gesagt: dessen pragmatischer Variante). Diese Konzepte werde ich im Abschnitt "Vergemeinschaftende Personalpolitik" vorstellen und untersuchen.

Im Kontext des Diskurses über die japanische Betriebsfamilie und Unternehmenskultur verwendet William Ouchi (1982) den Begriff "Clan". Unter Clans versteht er Organisationen als kulturell homogene Gemeinschaften, geprägt durch gemeinsame Traditionen und Werte sowie durch das Gefühl, aufeinander angewiesen und füreinander da zu sein (1982:70ff).

Gemeinschaft als Leitbild für (Arbeits-)Organisationen impliziert demnach, dass innerhalb der Organisation das Vereinende betont – und gefühlt! – wird. Dies gilt auch und insbesondere für das Verhältnis zwischen der Organisationsleitung und den Beschäftigten sowie deren Interessenvertretung (falls eine solche überhaupt vorgesehen ist). Mit Vergemeinschaftung wird nämlich "der radikalste Gegensatz gegen 'Kampf'" (Weber 1922:22) verbunden, und im Kontext "Vergemeinschaftender Personalpolitik" lauten deshalb die Parolen "Arbeitsfrieden" oder "Gemeinschaft statt Klassenkampf" (Krell 1994a:30 und die dort angegebenen Quellen). Und auch: "Arbeitsfreude" (dazu später mehr).

Bei meiner Analyse habe ich vier Prinzipen vergemeinschaftender Personalpolitik unterschieden (Krell 1994a:32ff): Das erste ist die *Dauerbeschäftigung* der Stammbeschäftigten, um diese an die Organisation zu binden. Hinzu kommt: In zumindest einigen der genannten Konzepte werden diese auch beteiligt, und zwar materiell (d.h. am Gewinn und/oder Kapital) und immateriell (d.h. an Entscheidungen). So sollen die Stammbeschäftigten zu "Mitunternehmern" gemacht werden. Das zweite und dritte Prinzip sind *Grenzziehungen* nach 'draußen' (z.B. gegenüber der Konkurrenz oder auch den "Kampf"-Gewerkschaften) und *Homogenisierung* 'drinnen', vor allem innerhalb der Gruppe der Stammbeschäftigten. Grenzziehungen nach außen und Homogenisierung im Inneren der Organisation sind wiederum konstitutiv für die Schaffung und Stärkung des Gemeinschaftsgefühls; darauf komme ich in Zusammenhang mit der Analyse der Geschlechterordnung zurück. Das vierte Prinzip vergemeinschaftender Personalpolitik habe ich als *emotionenorientierte Führung* bezeichnet (1994a:38ff).

Darauf soll hier etwas genauer eingegangen werden, um zu verdeutlichen, dass und wie im Gemeinschaftsdiskurs, im Gegensatz zum Bürokratiediskurs, Emotionen nicht stigmatisiert und ausgeschlossen, sondern positiv gewertet, hervorgebracht und genutzt werden. Emotionenorientierte Führung schließt Konstrukte bzw. Konzepte wie charismatische Führung, transformationale Führung und symbolische Führung ein, deren gemeinsamer Nenner darin besteht, dass Führung auf emotionales Ergreifen und Ergriffenwerden zielt.

"Charismatische Führung" führt uns einmal mehr zu Max Weber: Schon in *Politik als Beruf* spricht dieser von den "charismatischen Qualitäten, die eben zum Führer machen" (Weber [1]1919, 1992:59). Diese "charismatischen Qualitäten" sind auch und insbesondere Gegenstand von *Wirtschaft und Gesellschaft* (1922:140ff, 758ff). Dort definiert er Charisma als eine außeralltäglich geltende Qualität, die nur geweckt und nicht erlernt werden kann, und die bewirkt, dass jemand als Führer anerkannt wird. Die Anerkennung des charismatischen Führers durch die "Beherrschten" erfolge "aus Begeisterung, Not oder Hoffnung geborene[r] gläubige[r], ganz persönliche[r] Hingabe" (ebenda:140). Aufgrund ihrer "Regelfreiheit" sei charismatische Herrschaft "spezifisch irrational" (1922:141). Weber betont, das auf "emotionaler Überzeugung" beruhende Charisma revolutioniere die Menschen "von innen heraus" (1922:758). Es könne "eine Wandlung der zentralen Gesinnungs- und Tatenrichtung unter völliger Neuorientierung aller Einstellungen [bewirken]" (1922:142).

"Charisma" ist auch eine der (faktoranalytisch begründeten) Subdimensionen von "transformationaler Führung" (vgl. beispielsweise Steyrer 1999:145). Dieses Konstrukt bzw. Konzept, das den Führer als Vermittler von Einstellungen, Werten und Sinn betrachtet bzw. fabriziert, geht auf den Politologen James MacGregor Burns (1978) zurück und wird von Tom Peters und KoautorInnen im Kontext der pragmatischen Variante des Unternehmenskulturansatzes propagiert. So heißt es beispielsweise in *Auf der Suche nach Spitzenleistungen*: "Wir sind ziemlich sicher, daß praktisch jedes exzellente Unternehmen, das mit seiner Kultur den hier beschriebenen Bedürfnissen des 'irrationalen Menschen' gerecht wird, irgendwo in seiner Geschichte durch transformierende Führung geprägt wurde" (Peters/Waterman 1984:109). Und: Transformationale Führer "wecken Emotionen" (1984:111).

Sinnstiftung ist schließlich auch ein wesentliches Merkmal symbolischer Führung. Symbolisch geführt werden kann zum einen (inter-)personal durch "den Führer". Rosabeth Moss Kanter zufolge symbolisiert der charismatische Führer als "Mitte" der Gemeinschaft deren Werte und das Ideal der Vollkommenheit (Kanter 1972:116f, 195f). Symbolisch geführt werden kann aber auch durch Sprache, durch Rituale, Zeremonien und andere organisationale Praktiken. Auf die Bedeutung symbolischer Führung durch Sprache verweisen z.B. die VertreterInnen des Unternehmenskulturansatzes: "Wir alle haben bestimmte

Bezeichnungen für unsere Mitarbeiter oder für unsere Kunden. Nutzen wir aber auch alle die Gelegenheit, mit diesen Bezeichnungen ein neues und positives Verständnis zu signalisieren?", fragen Tom Peters und Nancy Austin (1986: 330). Und sie versorgen uns auch gleich mit Vorbildern bzw. Vorschlägen, wie durch Sprache Gemeinschaft hervorgebracht werden kann: "Ohne Scheu spricht man dort [in den exzellenten Unternehmen; G.K.] von der Unternehmensfamilie" (Peters/Austin 1986:55).

In den Werken der unternehmenskulturellen PragmatikerInnen finden sich auch zahlreiche Beispiele für symbolische Führung mittels Zeremonien. Diese werden dort bezeichnenderweise "Technologien der Begeisterung" genannt (ausführlicher dazu Krell 1994a:257f, 2003b). Der Abwechslung halber möchte ich hierzu aber ein Beispiel aus dem Kontext der Werksgemeinschaft anführen, eine "werksgemeinschaftliche Kundgebung" bzw. deren Schilderung durch einen Protagonisten der Werksgemeinschaftsbewegung:

> Am Sonntag, den 26. September 1926, veranstaltete die Guteborner-Vereinigung der Kursteilnehmer der Niederlausitzer Werksgemeinschaftskurse eine werksgemeinschaftliche Kundgebung. An der Spitze marschierte ein ehemaliger Führer roter Truppen aus den Revolutionsjahren 1918/19 [als Symbol des 'Bekehrten'; G.K.], hinter ihm in der wunderschönen Uniform der Bergknappen die Musikkapelle der Grube 'Marga'. Dann eskortiert von Knappen in Uniform die Werksgemeinschaftsfahne des Werksvereins der Pfännerschaft. Dann folgten in Gruppenkolonne die Direktoren der Niederlausitz mit ihren Angehörigen. Ihnen schloß sich Verein um Verein an, in einem Zug von über 1500 Bergarbeitern der einzelnen Gruben und Fabriken des Niederlausitzer Bergbaus. In allen lebte der Geist der Werksgemeinschaft und die Idee des bergmännischen Berufsstandes. In der darauf folgenden großartigen Versammlung versinnbildlicht ein lebendiges Bild die von allen gemeinsam erlebte Idee: Ein Bergwerksdirektor, ein Bergbeamter und ein Bergarbeiter, alle drei in der Bergmanns-Uniform, reichen sich die Hand zum Treue-Bekenntnis gegenüber Berufsstand, Heimat und Vaterland. Rechts und links deutsche Jugend, freudig zujubelnd. Im Hintergrund die Germania als Verkörperung des nationalen Gedankens und der höheren staatlichen Gemeinschaftsidee (Stadler 1926:42).

Eduard Stadler, dem wir diese aufschlussreiche Schilderung verdanken, kommentiert enthusiastisch: "Solche Erlebnisse gründen sich auf blutgewordene Ideen" (Stadler 1926:42).

Stadlers Beschwörung der "blutgewordenen Idee" verdeutlicht einmal mehr, wie "das Irrationale" instrumentalisiert und in den Dienst der Gemeinschaftsbildung gestellt wird. Dazu noch ein weiteres Beispiel, diesmal aus dem Kontext der NS-Betriebsgemeinschaft. Es stammt von Karl Arnhold, dem Leiter des Amts für Berufserziehung und Betriebsführung der Deutschen Arbeitsfront. Für ihn ist die Betriebsgemeinschaft "die Krönung der nationalsozialistischen Arbeitsidee" (Arnhold 1942a:62) – und mit "Geheimnissen" verbunden, weil

"sich in der wahren Gemeinschaft die Kräfte nicht addieren, sondern multiplizieren, ja potenzieren" (1942c:58).
Und auch hier wird wieder "der (Betriebs-)Führer" als lebendige Mitte der Gemeinschaft bzw. als konstitutiv für die Gemeinschaftsbildung beschworen: Den "Kristallationspunkt der Betriebsgemeinschaft" bilde der Betriebsführer, "um den dann die gesamte Gefolgschaft zu einheitlichem Fühlen, Denken und Handeln in einer Einheit verschmilzt" (1942c:58). Für Arnhold steht fest, dass niemals die Arbeit allein, sondern der Führer die "Masse Menschen im Betriebe zur Gefolgschaft zusammenschweißt" und "Gefolgschaft (...) stets an den Mann gebunden [ist], niemals an die Sache" (1942b:21f).

Emotionen gelten demnach nicht nur als ein wichtiger Produktionsfaktor *der* Gemeinschaft, sondern auch als wichtiger Produktionsfaktor *in der* Gemeinschaft: Was der Werksgemeinschaftsbewegung *Der Kampf um die Arbeitsfreude* (so der Titel des Werkes von Henrik de Man 1927), das ist dem Unternehmenskulturansatz der Kampf um *Leistung aus Leidenschaft* (so der Titel des Buches von Tom Peters und Nancy Austin 1986). Auch das kann als Illustration dafür gelesen werden, wie Diskurse aus Individuen Subjekte machen (siehe erster Abschnitt). Seine Arbeit mit Freude, Leidenschaft und Begeisterung zu verrichten, das ist hier verlockendes Identitätsangebot und unterwerfendes Diktat zugleich (vgl. auch Krell/Weiskopf 2001).

Halten wir fest: Für die Stammbeschäftigten bietet Gemeinschaft nicht nur Beschäftigungssicherheit und materielle Anreize, sondern auch soziale Anerkennung, Sinnstiftung und emotionale Geborgenheit. Aber das hat seinen Preis. Darauf verweist beispielsweise Hartmut Wächter (1985) in seinem Beitrag *Zur Kritik an Peters und Waterman*. Dort verteidigt er die von diesen Autoren verteufelte Bürokratie gegen die von ihnen verherrlichte Gemeinschaft mit dem Argument, die unternehmenskulturelle Gemeinschaft fordere eine "beinahe wollüstige Unterwerfung" der Beschäftigten. "Die ja auch wohltuende Trennung von Amt und Person (Max Weber) wird zugunsten einer nebulösen Gemeinschaftsideologie aufs Spiel gesetzt" (Wächter 1985:609). Wächters Kritik lenkt den Blick auf die mit Vergemeinschaftung verbundenen Entgrenzungen: Die (nicht nur emotionalen) Ansprüche der Organisation als Gemeinschaft an die Beschäftigten werden tendenziell grenzenlos. Während die Bürokratie mit Partial-Inklusion einhergeht, zielt die Gemeinschaft auf Total-Inklusion (ausführlicher dazu Krell 1994a).

Bei Fach- und Führungskräften scheint die mit Vergemeinschaftung verbundene (Re-)Emotionalisierung und Entgrenzung des Arbeitslebens auch tatsächlich Effekte zu erzielen. Aufgrund einer Befragung von Eltern, die bei den umsatzstärksten amerikanischen Unternehmen beschäftigt sind und von der Firma 'rundumversorgt' werden, kommt Arlie Hochschild (1998) zu dem Ergebnis, dass für viele von ihnen der Arbeitsplatz zum emotional positiv besetzten und erlebten "Zuhause" und Familie/Haushalt zum durchrationalisierten "Arbeitsplatz" werden. Auch eine in Österreich durchgeführte Befragung von Führungskräften kommt zu dem Befund einer zunehmenden Emotionalisierung oder gar Erotisierung des Arbeitslebens, einhergehend mit einer Versachlichung des Familienlebens (Kasper/Scheer/Schmidt 2002). Diese Schilderungen von emotional oder gar erotisch erlebter beruflicher (Zusammen-)Arbeit in der Gemeinschaft unterscheiden sich deutlich von der Vorstellung des emotional distanziert verrichteten "Dienstes" im Rahmen der Bürokratie.

Kommen wir nun zur Geschlechterordnung in der Gemeinschaft. Hier können einmal mehr widersprüchliche Tendenzen und Effekte herausgearbeitet werden: Die Skizzierungen der Werksgemeinschaft und der NS-Betriebsgemeinschaft sowie ihrer "Führer" dürften bereits deutlich gemacht haben, dass diese Konzepte ganz offensichtlich Merkmale von Männerbünden (vgl. zusammenfassend Rastetter 1994:236ff) aufweisen. Dazu gleich mehr.

Dagegen findet sich im Zusammenhang mit der japanischen Betriebsfamilie und dem Unternehmenskulturansatz die, bereits angesprochene, Aufwertung "weiblicher" bzw. "mütterlicher" Führung (für eine ausführlichere Darstellung und Kritik vgl. Krell 1994b, 2004c). Bei genauerer Hinsicht wird jedoch alsbald deutlich, dass es dabei weniger um die Neu-Verteilung von Führungspositionen zwischen den Geschlechtern als um Identitäts- und Entwicklungsangebote für männliche Führungskräfte geht (vgl. z.B. Manthey 1992; C. Weber 1993a, b). Insofern findet sich auch im Führungsdiskurs jene "Verwandlung von lebendiger Frau in eine Metapher männlichen Frau-Seins", die Christina von Braun (1987) ja den Romantikern attestiert hat.

Dass die Verherrlichung "weiblicher" Führung (in) der Gemeinschaft nicht mit der Umverteilung von Führungspositionen zugunsten von Frauen korrespondiert, liegt auch an den Konstitutions- und Funktionsbedingungen von Gemeinschaften: In *Vergemeinschaftende Personalpolitik* habe ich mich auf die Frauen ausschließenden und degradierenden Effekte konzentriert und Vergemeinschaftung als männerbündische Praktik untersucht (vgl. Krell 1994a:36ff sowie die Analysen in den Kapiteln zu den einzelnen Konzepten).

Claudia Weber kommt in ihrer Studie über den "japanischen Organisationstyp und Managementstil" zu dem Schluss, dass der Clan Frauen noch stärker diskriminiert als die Bürokratie (1993a:151). Was den Clan betrifft, so konstatiert Ouchi (1982:77ff) selbst, dass dieser eine Tendenz zum Sexismus (und

Rassismus) hat. Beides hängt eng mit den Prinzipen der Grenzziehung und der Homogenisierung zusammen. Denn die für den Clan konstitutive Intimität und Vertrautheit entsteht und gedeiht am besten unter Gleichen. Deshalb erfolgt die Rekrutierung neuer Organisationsmitglieder nach dem Motto "We want someone, who will fit in" (Schein 1985:71), womit die Weichen in Richtung homosoziale bzw. homosexuelle Reproduktion gestellt sind (vgl. dazu auch Martin 1992:58). Dies erleichtert schließlich auch die Entstehung eines Wir-Gefühls, wobei hier als eine weitere Konstitutionsbedingung noch die Abgrenzung gegenüber "den Anderen" hinzukommt.

Aus der Perspektive der VertreterInnen des Managing Diversity erscheint der Clan als "monokulturelle Organisation" (ausführlicher dazu Krell 1996; 2004d), die dominiert ist durch die Gruppe der (weißen, heterosexuellen) Männer. Roosevelt Thomas (1992), ein schwarzer Autor und ein Pionier in Sachen Managing Diversity, z.B. erläutert sein Unbehagen am Leitbild der Unternehmensfamilie folgendermaßen: Problematisch sei nicht nur, dass dem Management die Rolle der Eltern und den Beschäftigten die der Kinder zugedacht sei, sondern auch und vor allem, dass in einer solch paternalistischen Organisation der individuelle Erfolg davon abhänge, wie gut es einem gelinge, sich an die Normen der dominanten Gruppe anzupassen. Auch er spricht das Problem der 'homosozialen Reproduktion' an, die im Extremfall bewirke, dass alle Beschäftigten "a clone of the boss" seien (1992:52). Bei einem weißen männlichen Boss fällt das wiederum weißen Männern leichter als weißen Frauen, aber auch: weißen Männern leichter als schwarzen Männern – und am schwersten ist es für schwarze Frauen.

Als Gegenmodell zur "monokulturellen Organisation" propagieren die VertreterInnen des Konzepts Managing Diversity die "multikulturelle Organisation". Charakteristisch für diese sind nach Taylor Cox (1993:229):

1. Eine Kultur, die Vielfalt fördert und wertschätzt;
2. Pluralismus;
3. vollständige strukturelle Integration aller MitarbeiterInnen;
4. vollständige Integration aller MitarbeiterInnen in informelle Netzwerke;
5. vorurteils- und diskriminierungsfreie personalpolitische Kriterien, Verfahren und Praktiken;
6. minimale Intergruppenkonflikte.

Die Betrachtung dieses Solls bzw. Leitbildes verdeutlicht, dass auch hier Organisation als Gemeinschaft hervorgebracht werden soll, nur eben jetzt als multikulturelle Gemeinschaft, in der niemand aufgrund des Geschlechts (oder des Alters oder der Nationalität oder Ethnizität oder der sexuellen Orientierung, etc.) ausgegrenzt oder benachteiligt wird.

Last, but not least, ist hier noch eine andere Variante von Organisationen als monokulturellen Gemeinschaften zu nennen: Das reine "Frauenunternehmen", das wiederum Männer als Beschäftigte und z.T. auch als Kunden ausgrenzt.

ICH-AG

Kommen wir nun zu jenem Idealtyp bzw. Leitbild, dem der zweifelhafte Ruhm zuteil geworden ist, in Deutschland zum Unwort des Jahres 2002 gekürt worden zu sein. Tom Peters (2001) dagegen fühlt sich

> (...) nicht im geringsten herabgesetzt oder entmenschlicht durch die Vorstellung von ICH-AG, einem Lieblingsausdruck von mir. Ich finde im Gegenteil, dass ICH-AG mich in die Nähe der Pilgerväter (...) rückt – ein Bezug, der mir weitaus lieber ist als der zum Firmenmenschen (...) oder gar zum Schreibtischsklaven (Peters 2001:41).

Diese unterschiedlichen Bewertungen korrespondieren allerdings auch mit unterschiedlichen Definitionen: Die Hartz-Kommission definiert eine ICH-AG als "Vorstufe zu einer vollwertigen Selbständigkeit" (Moderne Dienstleistungen am Arbeitsmarkt 2002:165). Tom Peters dagegen hat als erfolgreicher Berater den Sprung in die "vollwertige Selbständigkeit" längst hinter sich gebracht.

Tom Peters zufolge gibt es jedoch nicht nur selbstständige ICH-AGs, sondern auch solche, die noch bei "Müllermaier & Co" beschäftigt sind – und auch vorhaben, dort noch eine Weile auf der Gehaltsliste zu bleiben (Peters 2001:63, 19). Diese abhängig beschäftigten ICH-AGs unterscheiden sich – laut Peters – von den "Schreibtischsklaven" und den "Firmenmenschen" dadurch, dass das Objekt der "Liebe zur Firma" nicht (mehr) "Müllermaier & Co" ist, sondern eben die "ICH-AG", denn "ICH BIN EINE FIRMA!" (Peters 2001:63). Aus dem vergemeinschaftenden "Wir, die Firma" (Neuberger/Kompa 1987) wird ein individualisierendes "Ich, die Firma".

Dieser Typus der abhängig beschäftigten ICH-AG hat auffällige Ähnlichkeiten mit dem des Intrapreneurs, wie ihn Gifford Pinchot (1988) beschreibt bzw. kreiert: "Intrapreneure" sind sein Kürzel für "Intracorporate Entrepreneure" (1988:10) bzw. für *Mitarbeiter als Unternehmer* (so der Titel von Pinchots Buch). Von Thomas Kuhn (2000:22) stammt der Hinweis, dass der Intrapreneur bzw. das Intrapreneuring zwar durch Pinchot bekannt geworden, aber in den Ratgebern zum Thema Unternehmenskultur von Tom Peters und KoautorInnen bereits "angedacht" worden ist.

Gifford Pinchot charakterisiert Intrapreneure als "Träumer, die handeln" (1988:13) und stellt für sie "zehn Gebote" auf (1988:43). Diese Gebote lauten beispielsweise: "Umgehe alle Anordnungen, die deinen Traum stoppen könnten", "Folge bei der Auswahl von Mitarbeitern Deiner Intuition (...)" und "Denke daran – es ist leichter um Verzeihung zu bitten als um Erlaubnis". Das erinnert wiederum an die Schilderung der Romantiker und lässt die Intrapreneure als 'neo-romantische Rebellen' erscheinen. Dazu bzw. zur Romantik als Supplement (siehe Abschnitt "Der Gefühlsdiskurs") passt auch, dass die Intrapreneure nicht als Gefahr für das Funktionieren und den Erfolg von Unternehmen bzw. Organisationen betrachtet werden, sondern ganz im Gegenteil als unverzichtbare und erfolgsentscheidende Quelle von Kreativität und Innovationskraft. Insofern wird hier zwischen den Zielen und Interessen der ICH-AG und denen der arbeitgebenden Unternehmung kein grundsätzlicher Konflikt gesehen, sondern eine Win-Win-Situation.

Pinchots Charakterisierung der Intrapreneure und die Regeln, die er für sie als abhängig beschäftigte ICH-AGs aufstellt sowie die von mir hergestellte Verbindung zur Romantik verweisen bereits darauf, dass auch im Diskurs über die ICH-AG die Gefühle als – unverzichtbare – Produktivkraft angesehen werden. Davon zeugt auch der Untertitel der 1999 erschienenen amerikanischen Originalausgabe von Peters Buch: *Fifty ways to transform yourself from an "employee" into a brand that shouts distinction, commitment and passion*. Und auch in den einzelnen Kapiteln taucht immer wieder "E-Motion", insbesondere Leidenschaft, als strategische Ressource der ICH-AG auf. Die Firmengründung erfordere kein dickes Konto, sondern "Leidenschaft, Entschlossenheit und ein paar Freunde (...) und ein unbezähmbares Verlangen, den nächsten, in der Regel winzig kleinen Schritt zu tun" (Peters 2001:96). An anderen Stellen spricht er von den Erfolgsfaktoren "Leidenschaftliches Streben nach M-e-i-s-t-e-r-s-c-h-a-f-t" (2001:58), "planmäßige, leidenschaftliche Neugier" als Voraussetzung für "wirkliche Erneuerung" (2001:171) und einer "'Obsession' – richtiges Wort! – fürs 'Verkaufen'" (2001:209).

Und ebenso wie mit der Gemeinschaft sind mit der ICH-AG Verflüssigungen von Grenzen verbunden, und zwar in mehrfacher Hinsicht. Dies verdeutlicht auch der wissenschaftliche Diskurs über "Arbeitskraftunternehmer", die dadurch charakterisiert werden, dass sie den Markt internalisiert haben (vgl. z.B. Voß 1998:477ff; Pongratz/Voß 2000; Moldaschl/Sauer 2000). Erstens verschwimmen die Grenzen zwischen Kapitalbesitzenden und jenen, deren einziges 'Kapital' ihre Arbeitskraft ist. Zweitens ist für die Beamtenschaft der Bürokratie und die Stammbeschäftigten der Gemeinschaft die Arbeitssuche eine begrenzte

Angelegenheit; sie müssen im Idealfall ihre Arbeitskraft nur einmal zu Markte tragen, nämlich zu Beginn ihres Arbeitslebens. ArbeitskraftunternehmerInnen bzw. ICH-AGs sind dagegen permanent dazu gezwungen. Drittens wird – wie auch in der Gemeinschaft und im Unterschied zur Bürokratie – der "ganze Mensch" instrumentalisiert. Wer erfolgreich sein will, muss sich seiner ICH-AG mit 'Haut und Haaren' verschreiben und sich selbst zur Marke machen (vgl. dazu auch Herbst 2003). Und viertens verflüssigen sich – ebenfalls wie bei der Gemeinschaft – die Grenzen von Arbeit und Freizeit bzw. Privatleben. Werden die Ratschläge von Tom Peters (2001) befolgt, dann werden alle Beziehungen, wird jedes Essen für den Erfolg der ICH-AG nutzbar gemacht. Dass das ganze Leben an den Erfordernissen des Verkaufs und der ökonomischen Nutzung der Arbeitskraft orientiert wird, belegt auch die Forschung zum Arbeitskraftunternehmertum (bei z.B. Voß 1998).

Bleibt die Frage nach den Effekten der ICH-AG auf die Geschlechterordnung. Dass diese – einmal mehr – nicht eindeutig erkennbar sind, liegt zunächst daran, dass es nicht "die ICH-AG" gibt. Vielmehr reicht das Spektrum der ICH-AGs von spitzenverdienenden BeraterInnen wie Tom Peters bis hin zu prekär beschäftigten Reinigungskräften. Aus der Perspektive der nach Geschlecht differenzierenden Arbeitsmarktforschung (vgl. z.B. Kleber 1993; Geissler/Maier/ Pfau-Effinger 1998) liegt auf der Hand, dass wir es auch hier mit einem nach Geschlecht segregierenden und segregierten Arbeitsmarkt, pardon: Aktienmarkt, zu tun haben.

Was die Hartzsche ICH-AG als "Vorstufe zu einer vollwertigen Selbständigkeit" betrifft, so hat die Hartz-Kommission zwar im Vorspann zu ihrem Bericht den Grundsatz "Die Chancengleichheit von Frauen und Männern auf dem Arbeitsmarkt beachten und fördern" herausgestellt (Moderne Dienstleistungen am Arbeitsmarkt 2002:1), sich aber in der öffentlichen Diskussion den Vorwurf eingehandelt, durch ihre Vorschläge zur Marginalisierung von Frauen auf dem Arbeitsmarkt beizutragen. Hier nur einige Beispiele: Nicole Mayer-Ahuja (2003) untersucht die Geschichte prekärer Arbeit (nicht nur) von Frauen im Reinigungsgewerbe als "Vorgeschichte der Ich-AG". Ingrid Kurz-Scherf und Alexandra Scheele (2002:621) monieren, die Männerlastigkeit der Kommission und die Nichtberücksichtigung des Gender Mainstreaming in deren Arbeit spiegele sich auch in deren Empfehlungen wider. Alexandra Wagner (2002:625) kritisiert, dass der gesamte Bericht von einem konservativen Frauen- und Familienbild zeugt, auch wenn die Endfassung die verräterische Bezeichnung "Familienväter" nicht mehr enthält.

Ausgehend von der Zuordnung von Frauen zu den häuslichen und familiären Arbeiten lässt sich festhalten: Den von Frauen gegründeten ICH-AGs steht ihr engeres soziales Umfeld (Partner und Kinder) nicht nur (oder vielleicht auch gar nicht) als eine für "Ich, die Firma" instrumentalisierbare Ressource zur Verfügung, sondern beansprucht im Gegenteil Kraft und Zeit.

Die Diskussion über die Folgen, die das hat bzw. haben kann, erinnert einmal mehr an ein Vexierbild: Zunächst erscheint die für unbezahlte Reproduktionsarbeit aufgewendete Kraft und Zeit aus der Perspektive der ICH-AG als eine Fehlinvestition. Dies kann wiederum ganz unterschiedliche Effekte haben: Haben Frauen deshalb 'schlechtere Aktien'? Bewirkt das die Verstärkung bzw. Wiederbelebung der Forderung nach mehr Beteiligung von Männern an der Reproduktionsarbeit oder der Forderung nach "Lohn für die Hausarbeit" (o.V. 1974) – sozusagen für die ICH-AG im eigenen Haushalt? Mit anderen Worten: Kann eine Orientierung am Leitbild der ICH-AG bewirken, dass Frauen sich verstärkt des Wertes ihrer Arbeitskraft, ihrer Arbeit und Leistung bewusst werden und sich nicht unter Wert verkaufen? Spätestens hier 'kippt' das Bild. Und in etwas anderer Hinsicht erscheinen die "gesellschaftlichen Zuweisungen und Zumutungen" sogar als Wettbewerbsvorteil, weil sie – zumindest qualifizierten – Frauen eher ermöglichen, die an ArbeitskraftunternehmerInnen gestellten Anforderungen zu erfüllen bzw. die entsprechende Erwerbsorientierung auszubilden (so Frey 2004:74 in Anlehnung an entsprechende Befunde von Pongratz/ Voß 2003). Diese Studien evozieren die Frage nach Differenzierungen innerhalb der Gruppen der Frauen und der Männer bzw. nach "neue[n] Polarisierungen jenseits der Geschlechterlinie" (Frey 2004:71).

Schlussbemerkungen

Als relativ eindeutiges Ergebnis der hier vorgenommenen Analyse kann festgehalten werden, dass in der Bürokratie Gefühle als Störfaktor gelten und deshalb ausgegrenzt werden, während sie sowohl in der Gemeinschaft als auch in der ICH-AG als Produktionsfaktoren gesehen und instrumentalisiert werden. Aber schon hier können und müssen Relativierungen und Differenzierungen vorgenommen werden. Denn auch in der Gemeinschaft und der ICH-AG bzw. in Organisationen generell sind *nicht alle* Emotionen erwünscht, sondern nur diejenigen, die für den ökonomischen Erfolg nutzbar gemacht werden können (vgl. dazu auch Krell 2002:73ff).

Hinzu kommt: Bürokratie, Gemeinschaft und ICH-AG wurden im Rahmen meiner Analyse als drei klar unterscheidbare Idealtypen von Organisationen betrachtet. Es ist aber auch eine andere Lesart möglich, bei der die drei als Komponenten von Organisationen verstanden werden. In diesem Sinne konzipieren Klaus Türk, Thomas Lemke und Michael Bruch (2002:30ff) die "Vergemeinschaftungsdimension" als einen konstitutiven Bestandteil des Organisationskonstrukts bzw. der Hervorbringung von Organisation(en). Wird diese Sichtweise auch auf die Bürokratie und die ICH-AG angewendet, finden wir beispielsweise in einer Universität sowohl bürokratische Elemente (z.b. die Regelungen der Studien- und Prüfungsordnung) als auch vergemeinschaftende (z.b. Zeremonien, wie Antrittsvorlesungen oder feierliche Verabschiedungen der Studierenden, und kollektive Forschungsschwerpunkte), und schließlich können die dort tätigen WissenschaftlerInnen auch als Prototypen von ICH-AGs betrachtet werden (z.b., wenn sie individuelle Profilierungen bzw. Schwerpunktsetzungen vornehmen). So gesehen, erscheinen Bürokratie, Gemeinschaft und ICH-AG nicht als fein säuberlich getrennt oder trennbar, sondern als miteinander verwoben oder verflochten. Und dann wird die Analyse der Gefühlen und Geschlechtern zugewiesenen Plätze und Ränge – noch – schwieriger.

Last, but not least, wurden auch hinsichtlich der Kategorie Geschlecht Vereinfachungen vorgenommen, weil die Analyse der Geschlechterordnungen relativ schematisch entlang der Mann-Frau-Differenzierung erfolgt ist. Dabei wurde weitgehend ausgeblendet, dass Geschlechtsunterscheidungen nicht nur zwischen Frauen und Männern gemacht werden, sondern auch innerhalb dieser Gruppen, womit eine "Vielfalt der Geschlechter" hervorgebracht wird: Aus einer dekonstruktivistischen Perspektive kritisiert Judith Butler die Annahme, Frauen hätten einheitliche und kohärente Identitäten und Interessen (1991:20, 210), weil diese kulturelle und gesellschaftliche Vielfalt hinsichtlich Identitäten und Privilegien (beispielsweise bedingt durch Rasse oder Klasse) ausblendet (1991:34). Aus einer konstruktivistischen Perspektive spricht Robert Connell von einer "Vielfalt an Männlichkeiten" (2000:97), einem "Geschlechterverhältnis unter Männern" (2000:97) bzw. "Geschlechterbeziehungen von Dominanz und Unterordnung zwischen Gruppen von Männern" – z.B. zwischen heterosexuellen und homosexuellen Männern (2000:99).

Mit Blick auf die Geschlechterordnungen in der Bürokratie, der Gemeinschaft und der ICH-AG folgt daraus, dass auch hier differenziertere Analysen vorgenommen werden können und müssen. Im Zusammenhang mit ICH-AG und ArbeitskraftunternehmerInnen wurde dies bereits angedeutet. Insbesondere mit Blick auf die nationalsozialistische Betriebs- und Volksgemeinschaft ist die Zugehörigkeit zum männlichen oder zum weiblichen Geschlecht zwar ein wichtiges Ordnungskriterium (ausführlich Krell 1994a:132ff, 2003a), aber entscheidender – nämlich über Leben und Tod – ist dort für Frauen *und* Männer die "Rasse" sowie bei Männern die sexuelle Orientierung. Und die "deutsche Frau" wird zwar dem "deutschen Mann" untergeordnet – soll der Reichsfrauenführerin Gertrud Scholz-Klink zufolge neben diesem stehen und ihre Grenze einhalten (vgl. Sachse 1982:240) – steht aber in der betrieblichen Rangordnung über den "fremdvölkischen Beschäftigten". Diese sind schon per Definitionem aus der Betriebsgemeinschaft ausgeschlossen (vgl. Krell 1994a:123, 153ff).

Mit diesen Relativierungen und Differenzierungen will ich einzig und allein auf die zuvor vorgenommenen Vereinfachungen aufmerksam machen. Auf keinen Fall sollten sie dahingehend (miss-)verstanden werden, dass damit die Relevanz der Mann-Frau-Differenzierung für die Analyse der "Kunst der Verteilungen" (siehe ersten Abschnitt) von Arbeitsplätzen, Positionen, Status und Einkommen in Organisationen grundsätzlich in Frage gestellt werden soll. Ganz im Gegenteil ist die Mann-Frau-Differenzierung für solche Analysen unabdingbar (ausführlich Krell 2004b:28ff). Aber auch hier können weitere Analysekriterien (wie z.B. Alter, Ausbildung, Herkunft, familiäre Situation oder sexuelle Orientierung) erforderlich sein, um ein differenzierteres Bild zu gewinnen.

Auf Abwege führt die schlichte Mann-Frau-Differenzierung jedoch dort, wo es um Merkmale von Personen, insbesondere Eigenschaften, geht. Denn in diesem Zusammenhang führt sie zu stereotypisierenden bzw. schematischen Geschlechtsunterscheidungen, die zudem als – im Extremfall "naturgegebene" – Geschlechtsunterschiede erscheinen.

Literatur

André, Ch./F. Lelord (2002): *Die Macht der Emotionen und wie sie unseren Alltag bestimmen*. Leipzig: Kiepenheuer.

Arnhold, K. (1942a): Umrisse einer deutschen Betriebslehre. In: K. Arnhold: *Der Deutsche Betrieb*. Leipzig: Bibliographisches Institut. S. 1-64.

Arnhold, K. (1942b): Wehrhafte Arbeit. In: K. Arnhold: *Der Deutsche Betrieb*. Leipzig: Bibliographisches Institut. S. 1-60.

Arnhold, K. (1942c): Der Betriebsführer und sein Betrieb. K. Arnhold: *Der Deutsche Betrieb*. Leipzig: Bibliographisches Institut. S. 1-63.

Asche, S. (2000): Tagträumende Phantasie und kalkulierter Eigennutz – die Genese einer Kaufmannsidentität. In: *Tugend, Vernunft und Gefühl: Geschlechterdiskurse in der Aufklärung und weibliche Lebenswelten*. Hg. C. Opitz/U. Weckel/E. Kleinau. Münster: Waxmann. S. 145-170.

Benard, C./E. Schlaffer (1987): *Im Dschungel der Gefühle: Expeditionen in die Niederungen der Leidenschaft*. Reinbek b. Hamburg: Rowohlt.

Bock, G./B. Duden (1977): Arbeit aus Liebe – Liebe als Arbeit. Zur Entstehung der Hausarbeit im Kapitalismus. In: *Frauen und Wissenschaft. Beiträge zur Berliner Sommeruniversität für Frauen, Juli 1976*. Hg. Gruppe Berliner Dozentinnen. Berlin: Courage. S. 118-199.

Böhm, S. (1995): Der platonische Eros zwischen Logos und Sinnlichkeit. Zum Problem geschlechtsspezifischer Diskurse. In: *Rationalität, Gefühl und Liebe im Geschlechterverhältnis*. Hg. U.M. Ernst/C. Annerl/W.W. Ernst. Pfaffenweiler: Centaurus. S. 228-234.

Braun, C. von (1987): Männliche Hysterie – weibliche Askese. In: *Das Sexuelle, die Frauen und die Kunst*. (Konkursbuch Bd. 20). Hg. K. Rick. Tübingen: Verlag Claudia Gehrke. S. 10-38.

Burns, J.M. (1978): *Leadership*. New York: Harper & Row.

Butler, J. (1997): *Körper von Gewicht*. Frankfurt a.M.: Suhrkamp.

Butler, J. (1993): Kontingente Grundlagen: Der Feminismus und die Frage der "Postmoderne". In: *Der Streit um Differenz. Feminismus und Postmoderne in der Gegenwart*. Hg. S. Benhabib/J. Butler/D. Cornell/N. Fraser. Frankfurt a.M.: Fischer. S. 31-58.

Butler, J. (1991): *Das Unbehagen der Geschlechter*. Frankfurt a.M.: Suhrkamp.

Connell, R.W. (2000): *Der gemachte Mann: Konstruktion und Krise von Männlichkeiten*. 2. Aufl. Opladen: Leske & Budrich.

Cox, T.H. Jr. (1993): *Cultural diversity in organizations: Theory, research and practice*. San Francisco: Berrett-Koehler.

Dreyfus, H./P. Rabinow (1994): *Michel Foucault: Jenseits von Strukturalismus und Hermeneutik*. 2. Aufl. Weinheim: Beltz Athenäum.

Foucault, M. (1994): Das Subjekt und die Macht. In: *Michel Foucault: Jenseits von Strukturalismus und Hermeneutik*. Hg. H. Dreyfus/P. Rabinow. 2. Aufl. Weinheim: Beltz Athenäum. S. 243-261.

Foucault, M. (1983): *Der Wille zum Wissen.* (Bd. 1 *Sexualität und Wahrheit*). Frankfurt a.M.: Suhrkamp.

Foucault, M. (1981): *Archäologie des Wissens.* Frankfurt a.M.: Suhrkamp.

Foucault, M. (1976): *Überwachen und Strafen.* Frankfurt a.M.: Suhrkamp.

Frey, M. (2004): Ist der "Arbeitskraftunternehmer" weiblich? "Subjektivierte" Erwerbsorientierungen von Frauen in Prozessen betrieblicher Diskontinuität. In: *Arbeit* 13. S. 61-77.

Geissler, B./F. Maier/B. Pfau-Effinger (Hg.) (1998): *FrauenArbeitsMarkt: Der Beitrag der Frauenforschung zur sozio-ökonomischen Theorieentwicklung.* (Bd. 6 Sozialwissenschaftliche Arbeitsmarktforschung). Berlin: Edition Sigma.

Hausen, K. (1976): Die Polarisierung der "Geschlechtscharaktere". In: *Sozialgeschichte der Familie in der Neuzeit Europas.* Hg. W. Conze. Stuttgart: Klett. S. 363-393.

Herbst, D. (Hg.) (2003): *Der Mensch als Marke. Beispiele – Konzepte – Experteninterviews.* Göttingen: Business Village.

Hochschild, A.R. (1998): Der Arbeitsplatz wird zum Zuhause, das Zuhause zum Arbeitsplatz. In: *Harvard Business Manager* 20. S. 29-41.

Kant, I. ([1]1798, 1983): *Anthropologie in pragmatischer Hinsicht.* Stuttgart: Reclam.

Kant, I. ([1]1764, 1960): Beobachtungen über das Gefühl des Schönen und Erhabenen. In: *Kant Werkausgabe in XII Bänden.* (Bd. II). Hg. W. Weischedel. Frankfurt a.M.: Suhrkamp.

Kanter, R.M. (1972): *Commitment and community: Communes and utopias in sociological perspective.* Cambridge, Mass.: Harvard University Press.

Kasper, H./P.J. Scheer/A. Schmidt (2002): *Managen und Lieben: Führungskräfte im Spannungsfeld zwischen Beruf und Privatleben.* Frankfurt/Wien: Redline Wirtschaft bei Ueberreuter.

Kleber, M. (1993): Arbeitsmarktsegmentation nach dem Geschlecht. In: *Personalpolitik aus der Sicht von Frauen – Frauen aus der Sicht der Personalpolitik. Was kann die Personalforschung von der Frauenforschung lernen?* Hg. G. Krell/M. Osterloh. 2. Aufl. München/Mering: Hampp. S. 85-106.

Krell, G. (Hg.) (2004a): *Chancengleichheit durch Personalpolitik.* 4. Aufl. Wiesbaden: Gabler.

Krell, G. (2004b): Chancengleichheit durch Personalpolitik – Ecksteine, Gleichstellungscontrolling und Geschlechterverständnis als Rahmen. In: *Chancengleichheit durch Personalpolitik.* Hg. G. Krell. 4. Aufl. Wiesbaden: Gabler. S. 15-32.

Krell, G. (2004c): Vorteile eines neuen, weiblichen Führungsstils: Ideologiekritik und Diskursanalyse. In: *Chancengleichheit durch Personalpolitik.* Hg. G. Krell. 4. Aufl. Wiesbaden: Gabler. S. 377-392.

Krell, G. (2004d): Managing Diversity: Chancengleichheit als Wettbewerbsfaktor. In: *Chancengleichheit durch Personalpolitik.* Hg. G. Krell. 4. Aufl. Wiesbaden: Gabler. S. 41-56.

Krell, G. (2003a): Die Ordnung der "Humanressourcen" als Ordnung der Geschlechter. In: *Menschenregierungskünste: Anwendungen poststrukturalistischer Analyse auf Management und Organisation.* Hg. R. Weiskopf. Wiesbaden: Westdeutscher Verlag. S. 65-90.

Krell, G. (2003b): Symbole, Rituale und Zeremonien als Praktiken vergemeinschaftender Personalpolitik. In: *Paragrana. Internationale Zeitschrift für Historische Anthropologie* 12 (1, 2). S. 524-538.

Krell, G. (2002): Welche Bedeutung haben emotionale Kompetenzen im Arbeitsleben? In: *Emotionale Kompetenz entwickeln*. Hg. M. von Salisch. Stuttgart: Kohlhammer. S. 73-89.

Krell, G. (1996): Mono- oder multikulturelle Organisationen? "Managing Diversity" auf dem Prüfstand. In: *Industrielle Beziehungen* 3. S. 334-350.

Krell, G. (1994a): *Vergemeinschaftende Personalpolitik: Normative Personallehren, Werksgemeinschaft, NS-Betriebsgemeinschaft, Betriebliche Partnerschaft, Japan, Unternehmenskultur.* München/Mering: Hampp.

Krell, G. (1994b): "Weiblicher Führungsstil" und "moderne Organisationsstruktur" – eine frauenförderliche Verbindung? In: *Zeitschrift Führung + Organisation* 63. S. 377-380.

Krell, G./W. Weiskopf (2001): Leidenschaften als Organisationsproblem. In: *Managementforschung 11: Emotionen und Management*. Hg. G. Schreyögg/J. Sydow. Wiesbaden: Gabler. S. 1-45.

Krell, G./W. Weiskopf (in Vorbereitung): *Die Anordnung der Leidenschaften*. Erscheint im 3. Quartal 2004 oder im 1. Quartal 2005. Wien: Passagen.

Kuhn, T. (2000): *Internes Unternehmertum*. München: Vahlen.

Kurz-Scherf, I./A. Scheele (2002): Hartz-Stück der Arbeitsmarktpolitik? Einwände gegen die Übergabe der Politik an die Wirtschaft. In: *Gewerkschaftliche Monatshefte* 53. S. 616-623.

Leiris, M. (1992): *Leidenschaften: Prosa, Gedichte, Skizzen und Essays*. Hg. H-J. Heinrichs. Frankfurt a.M.: Fischer.

Lutz, C.A. (1990): Engendered emotion: Gender, power, and the rhetoric of emotional control in American discourse. In: *Language and the politics of emotion*. Hg. C.A. Lutz/L. Abu-Lughod. New York: Cambridge University Press. S. 69-91.

Man, H. de (1927): *Der Kampf um die Arbeitsfreude*. Jena: Diederichs.

Manthey, H. (1992): *Der Neue Man(n)ager. Effizienz und Menschlichkeit*. Berlin: Bezirksamt Neukölln.

Martin, J. (1992): *Cultures in organizations: Three perspectives*. New York/Oxford: Oxford University Press.

Mayer-Ahuja, N. (2003): Die Vorgeschichte der "Ich-AG": Prekäre Arbeit im Reinigungsgewerbe. In: *WSI Mitteilungen* 56. S. 604-609.

Moderne Dienstleistungen am Arbeitsmarkt (2002): *Bericht der Kommission*. (Broschüre Nr. A 306 des Bundesministeriums für Arbeit und Sozialordnung. Bonn: Bundesministerium für Arbeit und Sozialordnung.

Moldaschl, M./D. Sauer (2000): Internalisierung des Marktes – Zur neuen Dialektik von Kooperation und Herrschaft. In: *Begrenzte Entgrenzungen: Wandlungen von Organisation und Arbeit*. Hg. H. Minssen. Berlin: Edition Sigma. S. 205-224.

Neuberger, O./A. Kompa (1987): *Wir, die Firma: Der Kult um die Unternehmenskultur*. Weinheim: Beltz.

Ortmann, G. (1999): Organisation und Dekonstruktion. In: *Organisation und Postmoderne*. Hg. G. Schreyögg. Wiesbaden: Gabler. S. 157-196.

Ouchi, W.G. (1982): *Theory Z: How American business can meet the Japanese challenge*. New York: AVON.

Ouchi, W.G. (1980): Markets, bureaucracies and clans. In: *Administrative Science Quarterly* 25. S. 129-133.

o.V. (1974): *Frauen in der Offensive. Lohn für die Hausarbeit oder: Auch Berufstätigkeit macht nicht frei*. Texte: Power of Woman Collectiv, London. Lotta Femminista, Italien. Brigitte Galtier, Paris. München: Trikont.

Peters, T. (2001): *Top50 Selbstmanagement: Machen Sie aus sich die ICH-AG*. München: Econ Ullstein List.

Peters, T. (1999): *Reinventing work: The brand you. Fifty ways to transform yourself from an "employee" into a brand that shouts distinction, commitment and passion*. New York: Alfred A. Knopf.

Peters, T./N. Austin (1986): *Leistung aus Leidenschaft*. Hamburg: Hoffmann & Campe.

Peters, T./R.H. Waterman (1984): *Auf der Suche nach Spitzenleistungen*. 5. Aufl. Landsberg a.L.: Moderne Industrie.

Pinchot, G. (1988): *Intrapreneuring: Mitarbeiter als Unternehmer*. Wiesbaden: Gabler.

Pongratz, H.J./G. Voß (2003): *Arbeitskraftunternehmer: Erwerbsorientierungen in entgrenzten Arbeitsformen*. Berlin: Edition Sigma.

Pongratz, H.J./G. Voß (2000): Vom Arbeitnehmer zum Arbeitskraftunternehmer – Zur Entgrenzung der Ware Arbeitskraft. In: *Begrenzte Entgrenzungen: Wandlungen von Organisation und Arbeit*. Hg. H. Minssen. Berlin: Edition Sigma. S. 225-247.

Postl, G. (1995): "Rationalität" und "Gefühl" im feministischen Diskurs. Zur Bewahrung und Überwindung eines Erklärungsmodells. In: *Rationalität, Gefühl und Liebe im Geschlechterverhältnis*. Hg. U.M. Ernst/C. Annerl/W.W. Ernst. Pfaffenweiler: Centaurus. S. 111-124.

Rastetter, D. (1994): *Sexualität und Herrschaft in Organisationen: Eine geschlechtervergleichende Analyse*. Wiesbaden: Westdeutscher Verlag.

Sachse, C. (1982): Hausarbeit im Betrieb. Betriebliche Sozialarbeit unter dem Nationalsozialismus. In: *Angst, Belohnung, Zucht und Ordnung: Herrschaftsmechanismen im Nationalsozialismus*. Hg. C. Sachse/T. Siegel/H. Spode/W. Spohn. Wiesbaden: Westdeutscher Verlag. S. 209-274.

Sauer, B. (2003): *"Politik wird mit dem Kopfe gemacht": Aspekte der Tabuisierung von Gefühlen in der Politikwissenschaft*. Vortrag am Zentrum für Interdisziplinäre Frauen- und Geschlechterforschung der TU Berlin am 9.7.2003. (Unveröffentlichtes Manuskript).

Sauer, B. (1999). "Politik wird mit dem Kopfe gemacht": Überlegungen zu einer geschlechtersensiblen Politologie der Gefühle. In: *Masse – Macht – Emotionen: Zu einer politischen Soziologie der Emotionen*. Hg. A. Klein/F. Nullmeier. Wiesbaden: Westdeutscher Verlag. S. 200-218.

Savage, M./A. Witz (Hg.) (1992): *Gender and bureaucracy*. Oxford: Blackwell.

Schein, E.H. (1985): *Organizational culture and leadership*. San Francisco/London: Jossey-Bass.

Schlesier, R. (2002): Das Schweigen der Sirenen. In: *Logik und Leidenschaft: Erträge Historischer Anthropologie*. Hg. C. Wulf/D. Kamper. Berlin: Reimer. S. 1089-1097.

Solomon, R.C. (2000): *Gefühle und der Sinn des Lebens*. Frankfurt a.M.: Zweitausendeins.

Stadler, E. (1926): *Werksgemeinschaft als soziologisches Problem*. Berlin: Verlag des Bundes der Großdeutschen.

Stephan, I. (1988): Weiblichkeit, Wasser und Tod. In: *Kulturgeschichte des Wassers*. Hg. H. Böhme. Frankfurt a.M: Suhrkamp. S. 234-262.

Steyrer, J. (1999): Charisma in Organisationen – zum Stand der Theoriebildung und empirischen Forschung. In: *Führung – neu gesehen*. (Bd. 9 Managementforschung). Hg. G. Schreyögg/ J. Sydow. Berlin/New York: Walter de Gruyter. S. 142-197.

Thomas, R. Jr. (1992): *Beyond race and gender: Unleashing the power of your total work force by managing diversity*. New York: AMACOM Paperback Edition.

Tönnies, F. (1912): *Gemeinschaft und Gesellschaft: Grundbegriffe der reinen Soziologie*. 2. Aufl. Berlin: Curtius.

Türk, K./T. Lemke/M. Bruch (2002): *Organisation in der modernen Gesellschaft: Eine historische Einführung*. Wiesbaden: Westdeutscher Verlag.

Ulrich, B. (2001): Fünf Farben grün. In: *Der Tagesspiegel* vom 12.03.2001. S. 3.

Vierkandt, A. (1923): *Gesellschaftslehre*. Stuttgart: Enke.

Voß, G. (1998): Die Entgrenzung von Arbeit und Arbeitskraft. In: *Mitteilungen aus der Arbeitsmarkt- und Berufsforschung* 31. S. 473-487.

Wächter, H. (1985): Zur Kritik an Peters und Waterman. In: *Die Betriebswirtschaft* 45. S. 608-609.

Wagner, A. (2002): Kritik bleibt nötig! Zu den Ergebnissen der Hartz-Kommission. In: *Gewerkschaftliche Monatshefte* 53. S. 624-627.

Weber, C. (1993a): Die Zukunft des Clans. Überlegungen zum japanischen Organisationstyp und Managementstil. In: *Personalpolitik aus der Sicht von Frauen – Frauen aus der Sicht der Personalforschung. Was kann die Personalforschung von der Frauenforschung lernen?* Hg. G. Krell/M. Osterloh. 2. Aufl. München/Mering: Hampp. S. 148-172.

Weber, C. (1993b): Welche Maske zu welcher Gelegenheit? Anmerkungen zur Debatte um Frauen und Management. In: *Profitable Ethik – effiziente Kultur: Neue Sinnstiftungen durch das Management?* Hg. W. Müller-Jentsch. München/Mering: Hampp. S. 209-228.

Weber, M. (1922): *Wirtschaft und Gesellschaft*. Tübingen: J.C.B. Mohr (Paul Siebeck).

Weber, M. ([1]1904/05, 1975): *Die protestantische Ethik I. Eine Aufsatzsammlung*. Hg. J. Winckelmann. Hamburg: Siebenstern Taschenbuch.

Weber, M. ([1]1919, 1967): *Wissenschaft als Beruf*. 6. Aufl. Berlin: Duncker & Humblot.

Weber, M. ([1]1919, 1992): *Politik als Beruf*. Stuttgart: Reclam.

Wuthenow, R.-R. (2000): *Die gebändigte Flamme: Zur Wiederentdeckung der Leidenschaften im Zeitalter der Vernunft*. Heidelberg: Winter.

Von Frauengleichstellungspolitik zu Gender Mainstreaming: Organisationsveränderung durch Geschlechterpolitik?

Michael Meuser
Essener Kolleg für Geschlechterforschung der Universität Duisburg-Essen

Einleitung

Ein zentraler Adressat von Geschlechterpolitik sind Organisationen – Behörden, Unternehmen, Bildungseinrichtungen u.a. Dieser Fokus ist naheliegend, denn es sind in hohem Maße ebensolche Organisationen, in denen über die Verteilung sozial relevanter Positionen entschieden wird, nicht zuletzt über die Verteilung der Positionen von Frauen und Männern in der Gesellschaft (Gildemeister/Robert 2003:228). Abgesehen von bestimmten Ressorts in der öffentlichen Verwaltung ist jedoch die Regulierung der Geschlechterverhältnisse kein originärer Gegenstand von Organisationen. Organisationen verfolgen je spezifische Organisationsziele, zu denen die Regulierung der Geschlechterverhältnisse in der Regel nicht gehört. Das ist in der öffentlichen Verwaltung nicht anders als in Wirtschaftsunternehmen. Das Organisationsziel von Finanzämtern ist es, Steuern zu erheben und dies nach Maßgabe des geltenden Steuerrechts zu tun. Bauämter haben die Aufgabe, darauf zu achten, dass bei der Errichtung und beim Umbau von Gebäuden die geltenden baurechtlichen Vorgaben eingehalten werden. Geschlechterpolitik will nun erreichen, dass neben den ressortspezifischen Zielen die Gleichheit zwischen den Geschlechtern zu einem weiteren und *zentralen* Organisationsziel wird. Sie intendiert mithin einen nicht unerheblichen Wandel der Organisation.

Dieser politische Ansatz ist notwendig, sollen Organisationen überhaupt als Motoren von Gleichstellung fungieren. Zumindest für die öffentliche Verwaltung als dem Bereich, welcher im Unterschied zur Privatwirtschaft einer direkten politischen Steuerung zugänglich ist, wird dieser Anspruch seitens staatlicher Gleichstellungspolitik erhoben. Michel Crozier und Erhard Friedberg stellen in ihrer grundlegenden Studie über "Macht und Organisation" fest, "(...) dass es Wandel nur geben kann, wenn ein ganzes Handlungssystem sich verändert" (1993:240f). Verändert werden müsse das Gerüst der Institutionen, "(...) die Beschaffenheit des Spiels selbst muss eine andere werden". Was die beiden Autoren allgemein zur Mikropolitik in Organisationen ausführen, gilt auch für Geschlechterpolitik. Wenn Geschlechterpolitik erreichte, dass die Gleichheit der Geschlechter zu einem zentralen Ziel des Verwaltungshandelns in jeglichem

Ressort wird, änderte sich das Handlungssystem insgesamt und würde dort ein anderes Spiel gespielt als zuvor. Ein anderes Spiel insofern, als regelmäßig und routinemäßig Entscheidungsprozesse nach anderen, neuen Kriterien abliefen. Die Organisation wäre dann nicht mehr die alte.

Genau darin liegen die zentralen Barrieren begründet, die einer erfolgreichen Implementation von Gleichstellungspolitik immer wieder im Wege stehen. In mikropolitischer Perspektive ist das alles andere als verwunderlich. Für den mikropolitischen Akteur ist "jegliche Veränderung gefährlich, denn diese stellt unfehlbar die Bedingungen seines Spiels, seine Machtquellen und seine Handlungsfreiheit schon deshalb in Frage, weil sie die relevanten, von ihm kontrollierten Ungewissheitszonen ändert oder verschwinden lässt" (Crozier/Friedberg 1993:242). Geschlechterpolitik trifft mithin auf eine mikropolitische Konstellation, die zunächst einmal *unabhängig* vom Inhalt des neu zu implementierenden (politischen) Programms strukturell widerständig ist.

Insoweit unterscheidet sich Geschlechterpolitik nicht von anderer innovativer Politik. Mit strukturell bedingten Widerständigkeiten muss jede auf Veränderungen gerichtete Initiative rechnen. Geschlechterpolitik ist aber mit einem weiteren Strukturmerkmal konfrontiert, nämlich damit, dass Organisationen eine geschlechtliche Substruktur haben. Organisationen sind keine geschlechtsneutralen Gebilde, sie sind gewissermaßen "gendered" (Acker 1990, 1992).[1] Darin liegt eine zweite, Geschlechterpolitik zusätzlich erschwerende Implementationsbarriere begründet.

Dies hat die forschungsstrategische Konsequenz, dass die empirische Rekonstruktion der Implementation von Gleichstellungspolitik zwei Perspektiven miteinander verbinden muss. Erstens eine auf die Geschlechterordnung zentrierte, die danach fragt, wie in mikropolitischen Auseinandersetzungen Aspekte dieser Ordnung Barrieren schaffen, an denen auf Veränderungen der Geschlechterverhältnisse gerichtete Intentionen scheitern, und zweitens eine von der Geschlechterordnung dezentrierte Perspektive, die mikropolitische Eigengesetzlichkeiten zu erfassen erlaubt, welche ihre Wirkung unabhängig vom Inhalt des jeweiligen politischen Programms entfalten.

Gegenstand der folgenden Ausführungen ist die vergleichende Betrachtung der bisherigen, in den Institutionen der öffentlichen Verwaltung inzwischen weitgehend institutionalisierten Frauengleichstellungspolitik einerseits und des

---

1 Neuere Forschungen zum Verhältnis von Organisation und Geschlecht legen eine Differenzierung der allgemeinen These der Gendered Organization nahe (Wilz 2002). "Gendered" sind Organisationen vor allem hinsichtlich der Personalpolitik, während die Arbeit selbst "frei sein kann von geschlechtsspezifischen Zuschreibungen und Konnotationen" (ebenda:264).

neuen Ansatzes des Gender Mainstreaming andererseits. Dies geschieht unter der Fragestellung, welche Potenziale die verschiedenen Ausrichtungen von Geschlechterpolitik im Hinblick auf die Veränderungen von Organisationen haben. Die Ausführungen zur traditionellen Gleichstellungspolitik basieren auf empirischen Forschungen zu deren Implementation. Da es solche Forschungen zu Gender Mainstreaming bislang kaum gibt, sind die Ausführungen zu Gender Mainstreaming primär auf dessen Programmatik bezogen.

Frauengleichstellungspolitik und öffentliche Verwaltung: Inkompatible Entscheidungslogiken

Kernstück bisheriger Frauengleichstellungspolitik sind Quotierungsregelungen. Quotenregelungen, harte wie weiche, starre wie qualifizierte, haben eine Gleichheit der Geschlechter zum Ziel und versuchen, dies auf dem Weg einer gezielten und temporären Ungleichbehandlung zu erreichen. Solange Frauen in einem Beschäftigungsbereich unterrepräsentiert sind, sind sie bei gleicher Qualifikation zu bevorzugen. Da die Anzahl der zu besetzenden Stellen nicht beliebig zu vergrößern ist, schon gar nicht in Zeiten knapper öffentlicher Finanzen, geht eine solche Regelung zwangsläufig auf Kosten der Männer. Der in den Vereinigten Staaten übliche Begriff der positiven Diskriminierung verweist auf diesen Sachverhalt.

Maßnahmen positiver Diskriminierung führen das Merkmal Geschlecht als ein Entscheidungskriterium ein und (geschlechter-)politisieren damit ein Handlungsfeld, dessen AkteurInnen darauf verpflichtet sind, Personalentscheidungen ohne Ansehen der Abstammung, der religiösen und politischen Weltanschauung der Person und eben auch ohne Ansehen des Geschlechts zu treffen. Das bedarf einer Begründung, und hierüber sind juristische und moralphilosophische Debatten geführt worden. Die will ich nicht nachzeichnen, ich möchte die Aufmerksamkeit auf drei Punkte richten, die von Bedeutung sind für die Probleme, die bei der Übersetzung von Gleichstellungsgesetzen in die Mikropolitik von Organisationen entstehen.

1. Der Konzeption der Gleichstellungsmaßnahmen wie deren Begründung liegt eine systemische Logik zugrunde, welche die soziale Lage von Personengruppen miteinander vergleicht und auf Basis dieses Vergleichs Maßnahmen konzipiert, die einzelnen Mitgliedern der gesellschaftlich benachteiligten Personengruppe zugute kommen und die auf Kosten einzelner Mitglieder der gesellschaftlich bevorzugten Personengruppe gehen. Personalentscheidungen in der öffentlichen Verwaltung basieren hingegen auf einer Logik, welche die Bewer-

berinnen und Bewerber um eine Stelle in ihren individuellen Kompetenzen bewertet, nicht aber als Mitglieder einer Personenkategorie sieht; zumindest kennzeichnet das die *verfahrensprogrammatische Ebene*.

2. Jede wohlgeordnete menschliche Gesellschaft beruht der von John Rawls (1975) entworfenen Theorie der Gerechtigkeit zufolge auf gemeinsamen Gerechtigkeitsvorstellungen. Jede Entscheidung, die eine Weichenstellung für die Lebenschancen der von ihr betroffenen Menschen bedeutet, unterliegt virtuell einer Prüfung anhand des Kriteriums der Gerechtigkeit. Dies gilt insbesondere, wenn es um die Verteilung knapper Ressourcen geht (Montada 1980). Stellen in der öffentlichen Verwaltung sind solche knappen Ressourcen. Personalauswahlentscheidungen müssen sich mithin als gerecht legitimieren lassen, und erst recht gesetzliche Maßnahmen, die in solche Auswahlentscheidungen steuernd eingreifen. Der Gleichstellungsgesetzgebung liegt ein Modell von Gerechtigkeit zugrunde, dessen Logik als kompensatorisch-redistributive Kollektivgerechtigkeit zu bezeichnen ist. Durch den Qualifikationsvorbehalt der Quotenregelung wird das meritokratische Prinzip, demzufolge diejenige Person die Stelle erhalten soll, die sie verdient, zwar nicht außer Kraft gesetzt; indem aber ein "leistungsunabhängiges, 'unverdientes' Kriterium" (Rössler 1993b:21) zusätzlich eingeführt wird, nämlich Geschlecht, wird die meritokratische Logik vor die Aufgabe gestellt, beides miteinander zu vermitteln. Das geschieht mit Hilfe des Prinzips der korrektiven Gerechtigkeit, dem die Idee einer Kompensation erlittenen Unrechts oder zugefügten Schadens zugrunde liegt.

Unproblematisch und anerkannt ist dieses Prinzip im Gerechtigkeitsdiskurs unserer Kultur jedoch nur dann, wenn es auf Individuen bezogen ist. Handelt es sich um Gruppen, wird die Zustimmung zu diesem Prinzip im Allgemeinen an die Bedingung geknüpft, dass alle Gruppenmitglieder den Schaden erlitten haben, um dessen Kompensation es geht (Edwards 1987:118). Davon, dass jede einzelne Frau, die von Maßnahmen der positiven Diskriminierung profitiert, im Laufe ihrer Karriere benachteiligt worden ist, kann jedoch nicht die Rede sein. Ebenso wenig davon, dass der Mann, der im konkreten Fall zurückstehen muss, persönlich als Verursacher von Unrecht haftbar gemacht werden kann.[2] Insofern, als diese Bedingungen nicht eingefordert werden, geht das Modell der kompensatorisch-redistributiven Kollektivgerechtigkeit über das gängige Prin-

---

2 Kritikerinnen und Kritiker einer kompensatorisch-redistributiven Kollektivgerechtigkeit machen geltend, dass eine Person davon profitieren könnte, die dies zum Beispiel deswegen am wenigsten benötigte, weil sie über exzellente Kontakte verfügt (soziales Kapital im Sinne Pierre Bourdieus), während andererseits ein persönlich in höchstem Maße bedürftiges Mitglied der bevorzugten Gruppe leer ausginge (Simon 1993:52f). Zur moralphilosophischen Diskussion dieser Fragen vgl. Rössler (1993a), Gräfrath (1992), auch Walzer (1994:221ff).

zip korrektiver Gerechtigkeit hinaus (Rössler 1993b:17f). Auch wird hier kein *status quo ante* wiederhergestellt, was bei einem Akt korrektiver Gerechtigkeit üblicherweise geschieht (Edwards 1987:40). Hinreichender Anlass für die Bevorzugung einer Frau ist ein statistisch feststellbares Ungleichgewicht zwischen dem Anteil an der Bevölkerung und dem Anteil an den Beschäftigten in einer Branche, einem bestimmten Ressort, einer bestimmten Laufbahnstufe. Rechtfertigungsgrund ist die Überzeugung, dass nur auf diese Weise dem Postulat der Gleichheit faktisch Geltung verschafft werden kann. – Gegenüber diesem einer systemischen Logik verpflichteten Gerechtigkeitsmodell ist das Verwaltungshandeln von einer Logik meritokratischer Individualgerechtigkeit geprägt (s.u.).

3. Gleichstellungsgesetze verstehen Gleichheit als Zielvariable. Personalauswahlentscheidungen basieren gemäß dem Prinzip der Bewertung individueller Kompetenzen (s.o.) auf einer Logik der Ungleichheit, auf der Unterscheidung von (höheren oder niedrigeren) Qualifikationen. Gleichheit gibt es in dieser Logik allerdings auf prozeduraler Ebene: als Gleichbehandlung. Jede Bewerberin, jeder Bewerber wird nach den gleichen Kriterien beurteilt, wiederum zumindest auf *verfahrensprogrammatischer* Ebene. Dass die Praxis oft ganz anders aussieht, verringert nicht die Bedeutung des verfahrensprogrammatischen Gleichbehandlungsgrundsatzes als Maxime, an der Entscheidungen gemessen werden. Auf jeden Fall generiert dieser Grundsatz Darstellungszwänge. Was Luhmann (1991) allgemein zum Unterschied von Gleichheit als Ziel und Gleichheit als Form ausführt, lässt sich, auch wenn man seiner verallgemeinernden These nicht zustimmen mag, als eine präzise Beschreibung der Logik von Verwaltungshandeln lesen:

> Gleichheit kann nicht als Ziel, sondern nur als Form in ein System eingebaut werden, und das heißt: nur als ein Schema der Selbstbeobachtung, das alle Systemoperationen einem Prüfzwang aussetzt und sie dazu zwingt, für gleich oder ungleich zu optieren (Luhmann 1991:443).

Auf diese Weise kann eine Orientierung am Prinzip der Gleichbehandlung, das unter anderem vorschreibt, von der Geschlechtszugehörigkeit der BewerberInnen zu abstrahieren, zur Reproduktion von Ungleichheit beitragen.

Wie die Implementationsforschung hinreichend gezeigt hat, lässt sich die Implementation eines politischen Programms nicht als ein Top-Down-Prozess beschreiben, in dessen Vollzug ein Programm einfach exekutiert würde. Angemessen ist ein Bargaining-Modell, das neben der Programm-formulierenden Instanz und der ausführenden oder verhindernden Stelle weitere Einflussgrößen berücksichtigt (Barrett/Fudge 1981; Mayntz 1980, 1983). Durch das Gleichstellungsgesetz werden über die Bewerberinnen und Bewerber hinaus sämtliche

Beschäftigte einer Dienststelle indirekt zu geschlechterpolitischen AkteurInnen: als Publikum, dessen zu erwartende Reaktion bei der Entscheidungsfindung berücksichtigt wird. Auswahlentscheidungen müssen vor dem Urteil der Belegschaft bestehen können, ansonsten ist deren Loyalität gefährdet. Dieses Szenario ist der Hintergrund, vor dem allgemeine kulturelle Diskurse für die Implementation von Gleichstellungsgesetzen bedeutsam werden. Für die Bewertung von Personalauswahlentscheidungen ist der Diskurs der Gerechtigkeit von entscheidender Bedeutung. Das Kriterium, nach dem die Belegschaft diese Entscheidungen beurteilt, ist das der Gerechtigkeit.

Ich werde im Folgenden darstellen, in welcher Weise dieses Kriterium Auswahlentscheidungen steuert, in welchem Sinne Gerechtigkeit verstanden wird und wie das in der öffentlichen Verwaltung dominierende Prinzip der Individualgerechtigkeit die Implementation der Gleichstellungsgesetzgebung erschwert.

Sowohl von der Gesetzeslage her als auch im Selbstverständnis von Personalchefs und sonstigen leitenden Beamten in der öffentlichen Verwaltung ist die fachliche Qualifikation das primäre Kriterium bei Personalauswahlentscheidungen. In Begriffen von Gerechtigkeit ausgedrückt, geht es hier um Leistungsgerechtigkeit. Dass darüber, *was* eine fachliche Qualifikation ausmacht, häufig unterschiedliche Ansichten bestehen, ist bekannt. Dies ändert jedoch nichts daran, dass zumindest in der Begründung der Auswahlentscheidung fachliche Gründe an erster Stelle stehen. Entscheidungen, die so begründet sind, sind in hohem Maße konsensfähig. Studien zur Personalverwaltung im öffentlichen Dienst und zur Implementation von Gleichstellungsgesetzen zeigen nun, dass *nach* dem primären Kriterium der Qualifikation das Kriterium der sozialen Verhältnisse, in denen die BewerberInnen leben, sowie das Anciennitätsprinzip (Dienstalter) von entscheidender Bedeutung und ebenfalls in hohem Maße konsensfähig sind (Bednarz-Braun/Bruhns 1997; Meuser 1989, 1992). Personalentscheidungen, die im Falle einer gleichen Qualifikation von mehreren Bewerberinnen und Bewerbern das Familieneinkommen, den Familienstand, die Zahl der Kinder und das Dienstalter als Hilfskriterien bemühen, gelten als gerechte Entscheidungen. Diese Qualität wird ihnen zugesprochen, weil sie sich im Einklang mit dem dominanten kulturellen Gerechtigkeitsdiskurs befinden. Sie genügen dem Prinzip der einzelfallbezogenen Bedürfnisgerechtigkeit, das als 'Hilfskriterium' dann herangezogen und akzeptiert wird, wenn auf der Basis des ebenfalls einzelfallbezogenen primären Kriteriums der Leistungsgerechtigkeit keine Entscheidung getroffen werden kann. Bei beiden Kriterien geht es darum, Individuallagen miteinander zu vergleichen.

Mit der Gleichstellungsgesetzgebung ist nun potenziell ein konkurrierendes Hilfskriterium eingeführt. Diese Konkurrenz von Kriterien ist der Kontext, in dem die Gerechtigkeit der Entscheidung zu einem vordringlichen Problem der Handlungspraxis wird: wenn es darum geht, den relativen Stellenwert zu bestimmen, der den sozialen Kriterien einerseits und dem Kriterium Geschlecht andererseits zuerkannt wird. Mit anderen Worten: Die Frage der Gewichtung der Kriterien stellt sich als Aufgabe zu entscheiden, welches Kriterium den Anforderungen nach Gerechtigkeit eher entspricht. Die Entscheidung fällt mit großer Häufigkeit und Regelmäßigkeit zugunsten der Bedürfnisgerechtigkeit aus. Die Gründe hierfür sind vor dem Hintergrund der oben benannten Differenzen der Logiken von Gleichstellungsgesetzgebung und Verwaltungshandeln leicht benennbar. In einer dem Prinzip der Individualgerechtigkeit verpflichteten Perspektive kann die Bevorzugung einer Frau, 'nur' weil sie einer sozial benachteiligten Gruppe angehört, nicht anders als ungerecht sein. Das erklärt die oft erhebliche moralische Empörung, die (allerdings eher seltene) Entscheidungen auslösen, die – abweichend von der üblichen Praxis – einer Frau mit Bezug auf das Gleichstellungsgesetz den Vorzug geben. Wenn ein Personalreferent in einem Interview einen solchen Fall mit den Worten kommentiert "aber das kann wohl doch nicht wahr sein, bloß weil die 'nen Rock trägt, soll die's werden", dann ist das nicht so sehr eine Äußerung, in der sich eine misogyne Einstellung dokumentiert, sondern Ausdruck der Verletzung eines tief verankerten und auf einem breiten kulturellen – d.h. auch geschlechterübergreifenden – Konsens beruhenden Gerechtigkeitsempfindens.

Die Auswirkungen des hegemonialen Gerechtigkeitsdiskurses auf die Implementationschancen von Gleichstellungspolitik sind umso gravierender, je weniger den Akteuren bewusst ist, dass sie auf dessen Basis handeln. Weil er von einem breiten kulturellen Konsens getragen wird, hat er den Charakter des fraglos Gegebenen. In der Verwaltungspraxis hat dies unter anderem die Konsequenz, dass, wenn eine Personalentscheidung dem Kriterium der Bedürfnisgerechtigkeit entspricht, die Suche nach Qualifikationsunterschieden zwischen den Bewerberinnen und Bewerbern auf einer früheren Stufe abgebrochen werden kann (und gleichwohl als gerechte Entscheidung akzeptiert wird), als wenn als Hilfskriterium das Gleichstellungsgesetz bemüht wird. Weil eine sich auf dieses Gesetz beziehende Entscheidung prinzipiell unter dem Verdacht der Ungerechtigkeit steht, verwenden Personalverantwortliche in diesem Fall in der Regel viel mehr Mühe und Zeit darauf, Qualifikationsunterschiede zu finden, als sie dies tun, wenn sie auf die Bedürftigkeit einer Bewerberin oder eines Bewerbers verweisen können. Eventuell vorhandene Vorteile in der Qualifikation eines

Bewerbers oder einer Bewerberin nicht herausgearbeitet zu haben, macht die Entscheidung nicht zu einer ungerechten, sofern dem Prinzip der Bedürfnisgerechtigkeit Genüge getan wird. Zu einem Versäumnis und damit zu einer ungerechten Entscheidung wird dies aber dann, wenn das Geschlecht als Hilfskriterium heranzuziehen ist.

Die auf dem kulturell hegemonialen Gerechtigkeitsdiskurs basierenden Personalauswahlentscheidungen, die dem Verständnis und der Intention der Akteure zufolge keinen geschlechtlich diskriminierenden Effekt haben, führen faktisch zu einer Bevorzugung von Männern, weil diese es sind, die – den in der öffentlichen Verwaltung tradierten und konsentierten Kriterien von Bedürftigkeit zufolge – bedürftiger sind als die Frauen. Als 'bedürftig' erscheinen die Männer vor allem vor dem Hintergrund des Verständnisses des Mannes als Ernährer der Familie. Der hegemoniale Gerechtigkeitsdiskurs stützt so männliche Hegemonie, ohne dass dies das Resultat hyperluzider Machtstrategien ist. Gleichwohl handelt es sich um ein 'Machtspiel', freilich um eins, in das auch die weibliche Belegschaft aktiv verstrickt ist (Bednarz-Braun/Bruhns 1997:204f).

Die feministische Organisationsforschung hat darauf hingewiesen, dass die allgemein geteilten Werte und Normen in Organisationen zwar geschlechtsspezifisch geprägt sind, nicht aber als solche wahrgenommen werden – was sie freilich umso wirksamer macht (Riegraf 1996). Am Beispiel des Gerechtigkeitsdiskurses zeigt sich, in welcher Weise organisationsrelevante Normen eingebunden sind in übergreifende kulturelle Wertsysteme. Auch diese Wertsysteme sind, wie Georg Simmel bereits an der Wende vom 19. zum 20. Jahrhundert erkannt hat, nicht geschlechtsneutral.[3]

Die geschlechtliche Substruktur von Organisationen basiert nicht allein auf einem bewussten Machtstreben von Männern. Machtstrukturen werden auch dadurch gefestigt, dass Konfliktfälle nicht im – dem Verständnis der lokalen männlichen wie weiblichen Akteure zufolge interessengeleiteten – geschlechterpolitischen Diskurs, sondern im – wiederum dem Verständnis der AkteurInnen zufolge neutralen – Gerechtigkeitsdiskurs verhandelt werden. Die bisherige Frauengleichstellungspolitik hat es kaum geschafft, hier die Gewichte zu verschieben. Es ist ihr nicht gelungen, die systemische Logik, die der Gleichstellungsgesetzgebung zugrunde liegt, bzw. einen kollektivitätsorientierten Gerechtigkeitsdiskurs neben der Logik der Individualgerechtigkeit in den Organisatio-

---

3 "Wir messen die Leistung und die Gesinnung, die Intensität und die Ausgestaltungsformen des männlichen und des weiblichen Wesens an bestimmten Normen solcher Werte; aber diese Normen sind nicht neutral, dem Gegensatz der Geschlechter enthoben, sondern sie sind selbst männlichen Wesens" (Simmel [1]1911, 1985:200).

nen zu verankern. Insofern lässt sich sagen, dass sie nur wenig Organisationsveränderung bewirkt hat. Wie sich am Beispiel des Gerechtigkeitsdiskurses zeigt – und deshalb habe ich diesen Punkt ausführlich erläutert –, geht es nicht nur darum, organisationsspezifische Werte zu verändern, sondern immer auch darum, allgemeine kulturelle Werte zu beeinflussen, die untrennbar mit den organisationsspezifischen verknüpft sind. Und Geschlechterpolitik steht da vermutlich vor einer größeren Aufgabe als andere Politiken. Geschlechterpolitik will eine Grundordnung moderner Gesellschaften, die Geschlechterordnung, verändern und stößt deswegen auf grundlegendere Widerstände als andere Formen innovativer Politik. Wie die Policy-Forschung zeigt, muss jede innovative Politik, unabhängig von ihrem Inhalt, mit Widerständen rechnen (Holland-Cunz 1996). Einfach weil Routinen in Frage gestellt werden und eingespielte Arrangements und Einflusszonen gefährdet sind. Geschlechterpolitik will aber mehr. Die Veränderung von Organisationen ist nur ein Ziel; es geht um einen grundlegenden gesellschaftlichen Wandel, weshalb eben auch nicht nur organisationsspezifische Werte und Normen zur Disposition gestellt werden, sondern darüber hinausgehende kulturelle Werte und Selbstverständlichkeiten.

Gender Mainstreaming: Potenziale zur Organisationsveränderung?
Kann Gender Mainstreaming die Organisationsveränderungen bewirken, die der bisherigen Gleichstellungspolitik nicht gelungen sind? Eine Antwort zu geben ist aus mehreren Gründen nicht einfach. Zunächst ist die Geschichte von Gender Mainstreaming noch nicht alt genug, als dass empirisch gesicherte Aussagen bereits möglich wären. Es handelt sich um eine neue Politik, deren Gestalt sich jenseits aller definitorischen Bemühungen und politischen Absichten in den Prozessen der Implementation erst noch herausbilden muss bzw. sich gegenwärtig herauszubilden beginnt. Das geschieht in vielen Feldern und Formen: auf Konferenzen, mit der Etablierung von einschlägigen Studiengängen und Institutionen (Gender-Akademien, Gender-Kompetenzzentren u.ä.), in einer wachsenden Zahl von Publikationen, in Arbeitskreisen, auf Fortbildungsveranstaltungen.

Da eine praktische Festschreibung dessen, was Gender Mainstreaming ist, bislang noch nicht stattgefunden hat, sind wir mit zum Teil recht unterschiedlichen Definitionen konfrontiert (Woodward 2001:5ff). Mit Gender Mainstreaming ist ein Ansatz sowohl der Gleichheit als auch der Differenz der Geschlechter kompatibel (Behning 2004).[4] Ich orientiere mich an der Definition des Europäischen Rates, weil diese zum einen die zentrale Referenz für Gender Mainstreaming-Initiativen auch in Deutschland ist und zum anderen deshalb, weil diejenigen, die annehmen, Gender Mainstreaming habe das Potenzial zur Organisationsveränderung, sich insbesondere auf die EU-Definition beziehen. Die Definition des Europäischen Rates lautet:

> Gender Mainstreaming ist die (Re-)Organisation, Verbesserung, Entwicklung und Evaluation von Politikprozessen mit dem Ziel, dass eine Perspektive der Geschlechtergleichheit in *alle* Politikfelder auf *allen* Ebenen und *allen* Stufen integriert wird, durch die Akteurinnen und Akteure, die *üblicherweise* in Politikprozesse einbezogen sind (Council of Europe 1998:15, Übers. und Hervorh. M.M.).

Auf diesen Passus stützt sich die Auffassung von Gender Mainstreaming als Querschnittsaufgabe. Diese Aufgabe hat eine personelle Dimension – alle Mitglieder einer Organisation sind einbezogen –, eine thematische Dimension – alle Inhalte sind auf ihre Geschlechtsspezifik hin zu befragen – und eine formale Dimension – alle Hierarchieebenen sind involviert.

Die Erwartungen an Gender Mainstreaming sind hoch gesteckt. In dem Leitartikel zu einem Themenheft der Zeitschrift "Aus Politik und Zeitgeschichte" zu Gender Mainstreaming schreibt Claudia Pinl: "Konsequent zu Ende gedacht, bedeutet *Gender Mainstreaming* weit mehr als den Versuch, durch antidiskriminatorische Politik Gleichheit für Frauen durchzusetzen: Die Strukturen selbst, welche die Ungleichheit immer wieder produzieren, sollen umgestaltet werden" (2002:4, Hervorh. im Orig.). Trifft diese Einschätzung zu, dann steht die geschlechtliche Grundordnung moderner Gesellschaften zur Diskussion.

Dass diese Einschätzung nicht unwidersprochen bleibt, ist bekannt. So vertritt Angelika Wetterer (2002) die Position, Gender Mainstreaming würde die Geschlechterdifferenz eher festschreiben als sie aufzulösen. Dies ist eine Kritik, die auch schon an der traditionellen Frauengleichstellungspolitik geübt worden ist. Auch wenn diese Kritik plausibel ist, ist es allerdings möglich, dass Gender Mainstreaming zwar die bestehende Ordnung der Zweigeschlechtlichkeit bekräftigt, gleichwohl eine Organisationsveränderung insofern bewirkt, als neben die ressortspezifischen Ziele Geschlechtergleichheit als ein weiteres Organisationsziel tritt. Es handelt sich hier um zwei verschiedene Ansprüche, die es auseinander zu halten gilt. Und es handelt sich auch um ein typisches Beispiel für

---

4 Wie Ute Behning (2004) darlegt, macht gerade dieser Umstand Gender Mainstreaming als gleichstellungspolitische Strategie für die Europäische Union geeignet, weil in ihr Staaten mit unterschiedlichen kulturellen Traditionen hinsichtlich gleichstellungspolitischer Ziele versammelt sind.

die Differenz zwischen einer wissenschaftlichen und einer politischen Gegenstandsbestimmung und Relevanzsetzung.[5]

Welche Argumente sprechen dafür, dass Gender Mainstreaming mehr bewirken kann als die bisherige Frauengleichstellungspolitik? Worauf gründen sich die Erwartungen der ProtagonistInnen von Gender Mainstreaming? Mit Gender Mainstreaming soll Geschlechtergleichheit "in das Gesamtverfahren der Entwicklung einer jeden Maßnahme genauso hineingenommen werden wie (...) Sachgerechtigkeit, Machbarkeit und Kosten" (Höyng 2002:217). Geschlechtergleichheit steht der Programmatik nach auf einer Stufe mit völlig unstrittigen Kriterien von Verwaltungshandeln, vor allem mit dem zentralen Kriterium der Sachgerechtigkeit.

Eine Gender-Analyse müsste demnach genauso routinemäßig erfolgen wie die Erstellung eines Haushaltsplans (Woodward 2001:16). Gender Mainstreaming wird, so ist zumindest die Erwartung, "zur Organisationsentwicklung, zu einem ganzheitlichen, integrativen Lern- und Veränderungsprozess von Frauen und Männern sowie von Strukturen von Organisationen" (Döge 2002:11): Das unterscheidet Gender Mainstreaming deutlich von bisheriger Frauengleichstellungspolitik. Vor diesem Hintergrund lässt sich sagen, dass Geschlechterpolitik sich vom Rand der Organisation in deren Zentrum verlagert – oder, wie Mieke Verloo (2001:6) feststellt: Geschlechtergleichheit wird aus dem "Ghetto der Frauenprojekte" herausgelöst.

Indem Geschlecht als ein Kriterium bestimmt wird, das bei allen Entscheidungen zu berücksichtigen ist, wird die vorherrschende Sichtweise, Organisationen seien geschlechtsneutrale Gebilde gleichsam *handlungspraktisch* in Frage gestellt, also nicht nur in der wissenschaftlichen Analyse, sondern – wohlgemerkt der Potenzialität nach – im Alltag des Verwaltungshandelns. Dadurch, dass potenziell alle Organisationsmitglieder in den Prozess des Gender Mainstreaming einbezogen werden, ergibt sich die Chance einer Sensibilisierung für geschlechtliche Disparitäten. Die Selbstbeobachtung der Organisation verändert sich. Eine vergeschlechtlichte Organisation führt Gender als Kategorie der Selbstbeobachtung ein. Das ist das Potenzial von Gender Mainstreaming. So haben sich im Zuge der Professionalisierung von Gender Mainstreaming ver-

---

5 Die Kritik Angelika Wetterers und auch die von Regine Gildemeister und Günther Robert (2003) getroffene Feststellung, dass das im Kontext von Gender Mainstreaming vorherrschende Begriffsverständnis von Gender hinter das Differenzierungsniveau des von der konstruktivistischen Geschlechtertheorie geprägten Konzepts des Doing Gender zurückfällt, beschreiben ein Phänomen, das die soziologische Verwendungsforschung als ein generelles Schicksal sozialwissenschaftlicher Begriffe im Zuge ihrer Diffundierung in die gesellschaftliche und politische Praxis herausgearbeitet hat: das Schicksal der Trivialisierung (Beck/Bonß 1984).

schiedene Methoden der Selbstbeobachtung herausgebildet: Gender-Analysen, Gender-Controlling, Gender Impact Assessment, die in Schweden entwickelte 3-R-Methode (Repräsentation, Ressourcen, Realia), um nur einige zu nennen (vgl. Döge 2001, 2003).

Eine entscheidende Frage ist allerdings: Was wird da beobachtet? Beziehungsweise: Welches Verständnis von Gender wird mit Gender Mainstreaming implementiert? Wenn wir uns dessen Entwicklung anschauen, dann fallen drei, miteinander verbundene, Aspekte ins Auge. Erstens: Verglichen mit Frauengleichstellungspolitik präsentiert sich Gender Mainstreaming als Erfolgsgeschichte. Es stößt zwar nicht überall auf Enthusiasmus, doch ist die Akzeptanz ungleich höher.[6] Gender Mainstreaming passt – und das dürfte ein Grund der höheren Akzeptanz sein – in die von Rainer Hegenbarth (1980) bereits vor einem Vierteljahrhundert diagnostizierte Entwicklung der Verwaltung von einer "legislatorischen Programmierung" zu einer "Selbststeuerung". Die Quotenregelungen der Frauengleichstellungspolitik entsprechen dem Typus der "Konditionalprogrammierung". Im Gegensatz dazu stellt Gender Mainstreaming eine Form der "Zweckprogrammierung" dar,[7] welche mit größeren Möglichkeiten der Selbststeuerung verbunden ist. Die Interpretationsherrschaft über das Programm bleibt weitgehend in den Händen der Verwaltung. Zweitens: Es hat sich so etwas wie ein Gender-Markt etabliert. Mit Gender lässt sich Geld verdienen. Zwar nicht unbedingt üppig, doch ist dieser Markt attraktiv genug, dass nicht nur die Anbieter von Bildungsmaßnahmen, sondern auch Consulting- und Unternehmensberatungsfirmen eingestiegen sind. Drittens: Gender Mainstreaming spricht die Sprache des modernen Managements. "Managing Gender" (Döge 2002) lautet die Devise. An die Stelle der Frauenbeauftragten tritt die Gender-Change-Managerin oder auch der Gender-Change-Manager,[8] die oder der in der Lage ist, ein Gender-Budget zu erstellen. Die neue Semantik verweist auf veränderte Relevanzsetzungen. Es ist zu prognostizieren, dass so etwas wie Gender Credibility zu einem Markenzeichen erfolgreicher Organisationen werden wird.

---

6 Sigrid Metz-Göckel, Christine Roloff und Sanaz Sattari (2003:7) stellen – mit Blick auf die Hochschulen – fest, "dass sehr viel offener und bereitwilliger über die Möglichkeiten der Implementation von GM geredet wird, als dies im Rückblick für die Frauenfördergrundsätze galt."
7 Zur Unterscheidung der beiden Typen der Verwaltungsprogrammierung vgl. Luhmann (1971).
8 Es fällt auf, dass im Zuge der 'Managerisierung' Männer vermehrt als gleichstellungspolitische Akteure das Feld betreten. Die professionssoziologischen Implikationen dieser Entwicklung können hier nicht weiter expliziert werden. Zum Verhältnis von Profession und Geschlecht vgl. Wetterer (1992).

Der letzte Punkt bzw. die Konsequenzen, die sich daraus für das Verständnis von Gender ergeben, verdient eine genauere Betrachtung: In ihrer Rede zur Eröffnung des "GenderKompetenzZentrums" der Humboldt-Universität am 27.10.2003 hat die Bundesministerin für Familie, Senioren, Frauen und Jugend, Renate Schmidt (2003), den unternehmerischen Ansatz von Gender Mainstreaming betont:

> Der unternehmerische Ansatz, die individuellen Fähigkeiten so intensiv wie nur möglich nutzbar zu machen, verbietet per se die Schlechterstellung eines Geschlechts, denn damit würde das Ziel der höchstmöglichen Personalausschöpfung der Belegschaft nicht erreicht, der Betrieb bliebe dann unter seinen Möglichkeiten und das ginge zu Lasten des Unternehmens.

Geschlecht wird hier als eine Ressource begriffen, welche die Organisation zu ihrem eigenen Vorteil zu nutzen aufgerufen wird. Geschlecht wird gewissermaßen unter dem Aspekt des Wertschöpfungspotenzials betrachtet.

Karin Tondorf (2001) weist auf die Übereinstimmung zwischen Gender Mainstreaming und Qualitätsmanagement hin. Diese Sprache wird auch in der Wirtschaft verstanden. Auf einer OECD-Konferenz im Jahre 2000 zum Thema Mainstreaming betonte der Vertreter der Deutschen Bank, Heinz Fischer, dass Unternehmen, die sich um Geschlechtergleichheit bemühen, eine höhere Produktivität und Profitabilität erzielen. Und er fügte hinzu: "Wir betrachten das als eine Frage des Überlebens, nicht des Altruismus" (zitiert nach Woodward (2001:9). Eine ähnliche Argumentationslogik habe ich in Experteninterviews gefunden, die ich im Rahmen eines Forschungsprojektes zu Doppelkarrierepaaren mit Vertretern des Personalmanagements großer Unternehmen geführt habe. Gleichstellungsförderliche Maßnahmen können dann erfolgreich implementiert werden, wenn das Unternehmen davon überzeugt ist, dass sich diese Maßnahmen "rechnen". Und das tun sie offensichtlich immer häufiger. Sie rechnen sich unter anderem als Alleinstellungsmerkmal, das dem Unternehmen in der Konkurrenz um qualifizierte Arbeitskräfte einen Vorteil gegenüber anderen Unternehmen verschafft (Behnke/Meuser 2003; vgl. auch Döge 2002:15).

Diese Betonung von Gender als Ressource und Potenzial findet sich nicht nur im Diskurs der Privatwirtschaft. Vielmehr wird auch die öffentliche Verwaltung in wachsendem Maße nach ökonomischen Effizienzkriterien beurteilt und organisiert. In dieser Betonung liegt meines Erachtens ein entscheidender Grund, weshalb Gender Mainstreaming in den Organisationen auf größere Akzeptanz stößt als Frauengleichstellungspolitik. Frauengleichstellungspolitik macht Geschlecht zu einem Problem, mit dem sich die Organisation nur widerwillig befasst. Ein Personalreferent einer Behörde hat das in einem Interview auf die folgende Formel gebracht: "Das ist nicht Verwaltung". Er betont die seiner Ansicht nach bestehende Inkompatibilität der Logiken (Meuser 1989). Gender Mainstreaming kann hingegen als eine Ressource der Organisationsentwicklung verstanden werden. Ein weiterer Aspekt ist die Individuallogik, also die von Renate Schmidt betonte Strategie, "die individuellen Fähigkeiten so intensiv wie nur möglich nutzbar zu machen". Die systemische Logik, welche die Frauengleichstellungspolitik kennzeichnet, scheint in dem unternehmerischen Verständnis von Gender Mainstreaming nicht mehr enthalten zu sein. Es geht nicht so sehr um einen Ausgleich zwischen sozialen Gruppen als um die Nutzung von Diversity. Auch das erhöht die Akzeptanz.

Mit Verloo (2001) kann diese Ausrichtung der Geschlechterpolitik als ein *strategical framing* begriffen werden, als eine strategische Rahmung eines politischen Programms durch dessen ProtagonistInnen mit Blick auf die Bedingungen und relevanten Strukturen im Anwendungsfeld. Diese Rahmung ist vor dem Hintergrund sinnfällig, dass Gender Mainstreaming gemäß dem Verständnis als Querschnittsaufgabe die regulären Akteurinnen und Akteure in den Organisationen als ImplementationsträgerInnen vorsieht. Nur wenn Gender Mainstreaming mit deren Handlungs- und Entscheidungsrahmen kompatibel ist, kann es als Querschnittsaufgabe realisiert werden.

Wie Katharina Inhetveen (1999) darlegt, werden nur solche Handlungs- und Entscheidungsmuster akzeptiert, die mit den kulturellen Werten und Zielen einer Institution vereinbar sind. Sie zeigt des Weiteren, wie wichtig es ist, dass eine neue politische Maßnahme zu einer selbstverständlichen Routine wird, und sieht genau darin den Akt einer institutionellen Innovation. Gelingen kann dies nur, wenn die Maßnahme oder das Programm an bestehende Routinen der Organisation anknüpfen kann (Inhetveen 2002:234ff). Alison Woodward (2001) sieht in Gender Mainstreaming eine Strategie des trojanischen Pferdes und eine Chance für institutionelle Innovation. Sie begreift Gender Mainstreaming als Möglichkeit, die formale Rationalität der Organisation zu nutzen, um gleichstellungspolitische Ziele durchzusetzen. Das ist sozusagen die optimistische Perspektive, die außerhalb Deutschlands verbreiteter zu sein scheint als hierzulande. Es ist wohl auch eine pragmatische Perspektive.

Diese Ausrichtung lässt sich aber auch als eine Verbetriebswirtschaftlichung der Geschlechterpolitik verstehen. Daran schließt die Frage an, welcher Preis dafür gezahlt wird bzw. welche Modifikationen Geschlechterpolitik dabei erfährt. Mechtild Bereswill (2004) sieht die Gefahr, dass soziale Disparitäten und Konflikte aus der Thematisierung von Geschlechterfragen verschwinden. Geschlechterpolitik verliert mit dem Fokus auf soziale Ungleichheit gewissermaßen ihren bisherigen Kern und mutiert zu einem harmonischen Modernisierungs- und Rationalisierungsprojekt von Organisationen. Der gesellschaftskritische Impetus von Geschlechterpolitik droht dabei abhanden zu kommen, ja überhaupt Geschlecht als eine Kategorie der Sozialstruktur. Dies ist die pessimistische Perspektive.[9]

Regine Gildemeister und Günther Robert (2003:231) halten dem Konzept des Gender Mainstreaming vor, dass, obwohl in ihm durchgängig die Rede von "Geschlecht als sozialer Konstruktion" ist, die damit eröffneten "kritischen und systematischen Potenziale" überwiegend nicht umgesetzt werden. Insbesondere befördere das Verständnis der Geschlechterdifferenz als Ressource eine Aufwertung derjenigen so genannten "weiblichen Fähigkeiten", deren Entstehung sich dem 'Gründungsakt' der modernen Ungleichheitsordnung der Geschlechter verdankt: der historischen Ausdifferenzierung und geschlechtsexklusiven Zuweisung der Bereiche von Haushalt und Privatheit auf der einen und Beruf und Öffentlichkeit auf der anderen Seite.

Eine Aufwertung "weiblicher Fähigkeiten" bzw. des "weiblichen Arbeitsvermögens" geschieht vor allem im Kontext des Diversity-Ansatzes, welcher stärker als in der öffentlichen Verwaltung in der Privatwirtschaft den aktuellen gleichstellungspolitischen Diskurs bestimmt. Auch hier lässt sich die Trivialisierung beobachten, die das unvermeidbare Schicksal sozialwissenschaftlicher Konzepte im Prozess ihrer Diffundierung in die soziale Praxis zu sein scheint. Managing Diversity knüpft an die in der rezenten geschlechtertheoretischen Diskussion favorisierte Gender-Race-Class-These an, derzufolge die geschlechtliche Ungleichheit in ihrer konfigurativen Verknüpfung mit anderen sozialstrukturell bedingten Ungleichheitslagen gesehen werden muss, und wendet dies so, dass statt "multipler Diskriminierungsstrukturen" (Döge 2001:44) multiple Fähigkeiten georet werden, deren Brachliegen "Opportunitätskosten" (Stuber 2004:136) verursache und der Organisation Schaden zufüge.

Bei manchen ProtagonistInnen des Diversity-Ansatzes geht auf diese Weise der geschlechterkritische Impetus vollends verloren. Michael Stuber (2004:20) sieht einen möglichen Gegensatz zwischen "der klaren wirtschaftlichen Orientierung von Diversity" und Gleichstellungskonzepten.

---

9 Es ist allerdings zu vermerken, dass bereits die Institutionalisierung der Frauengleichstellungspolitik in Gestalt von Frauenbeauftragten als ein Prozess der "Entdynamisierung" und der "Umthematisierungen der sozialen Bewegung" (Gildemeister/Robert 2003:229) beschrieben worden ist, m.a.W. ebenfalls als ein Prozess, in dem es zu einer Entradikalisierung der Kritik kam.

Die Frage, ob die Rechnung des *strategical framing* aufgeht und sich die Listen der politischen Strategie durchsetzen, oder ob zu erwarten ist, dass die betriebswirtschaftliche Logik die politische Logik überlagert, lässt sich meines Erachtens derzeit nicht beantworten. Das ist eine empirisch offene Frage, zu deren Beantwortung es noch zu wenig einschlägige Forschung gibt.

Schluss

Die Chance und die Problematik von Gender Mainstreaming besteht darin, dass die Definition dessen, was Geschlechtergleichheit bedeutet, in den Organisationen selbst entwickelt wird. Gender Mainstreaming stößt Zieldiskussionen über das Selbstverständnis der Organisation an. Es ermöglicht und erfordert, dass *in der Organisation* eine Verständigung darüber stattfindet, was das zu lösende Problem ist. Dies ist eine ambivalente Angelegenheit. Es kann zu einer 'Verwässerung' des geschlechterpolitischen Anliegens führen, zu einer Entpolitisierung der Geschlechterpolitik. Es bietet aber auch die Chance, dass in der Organisation ein *commitment* entsteht, dass also Geschlechtergleichheit als ein *eigenes Anliegen* verstanden wird und nicht als ein Oktroi von außen. Als solcher wird Frauengleichstellungspolitik in den Organisationen überwiegend gesehen.

Zu Beginn des Beitrags hatte ich die These von Michel Crozier und Erhard Friedberg (1993) erwähnt, dass jede Veränderung gefährlich ist, weil sie die von den mikropolitischen AkteurInnen kontrollierten Einflusszonen affiziert. In diese in Form eines Konditionalprogrammes einzugreifen, ist einerseits das erklärte Ziel von Frauengleichstellungspolitik, andererseits eines ihrer zentralen Probleme im Prozess der Implementation. Gender Mainstreaming scheint auch deshalb auf größere Akzeptanz zu stoßen, weil die Akteure in den Organisationen den Eindruck haben, sie würden die Kontrolle über die Einflusszonen nicht aus der Hand geben.

Wenn Gender Mainstreaming in diesem Prozess eine Gestalt gewinnt, die von derjenigen abweicht, welche die ProtagonistInnen damit verbinden, dann ist zu bedenken, dass dies das übliche Ergebnis der Umsetzung politischer Programme in die soziale Praxis ist. Warum sollte dies bei Gender Mainstreaming anders sein? Auch wenn Gender Mainstreaming, weil es zunächst bei der Organisationsspitze ansetzt, als Top-Down-Strategie konzipiert ist, entgeht es nicht dem von der Implementationsforschung hinreichend aufgezeigten üblichen Schicksal, in vielfältigen mikropolitischen Bargaining-Prozessen gemäß den Gegebenheiten 'vor Ort klein gearbeitet' zu werden. Dies ist jedoch kein naturwüchsiger Prozess, sondern ein politischer. Die entscheidende Frage scheint gegenwärtig zu sein, wer *erfolgreich* für sich Gender-Kompetenz reklamieren und damit Einfluss nehmen kann auf den Prozess der Implementation. Unter dieser Frage lässt sich der gegenwärtig in diesem Feld zu beobachtende Professionalisierungsprozess betrachten.

Frauengleichstellungspolitik hat die geschlechtliche Substruktur der Organisationen nicht aufgebrochen. Ein entscheidender Grund ist die Inkompatibilität der geschlechterpolitischen Logik und der bürokratischen Logik. Zudem unterschätzt die Frauengleichstellungspolitik die Komplexität von Organisationen (Jung 1999:12) und hinkt mit dem Ansatz der Konditionalprogrammierung der Entwicklung der Verwaltung in Richtung Selbststeuerung gleichsam hinterher. Mit der Verbetriebswirtschaftlichung der Geschlechterpolitik im Zuge von Gender Mainstreaming mag zwar eine Entpolitisierung verbunden sein. Gleichwohl ändert sich die Organisation, wenn sie Gender als Kategorie der Selbstbeobachtung einführt. Eine empirisch offene Frage ist, welche Geschlechterpolitik mehr bewirkt in Richtung einer Gleichheit der Geschlechter. Kommt beim unternehmerischen Ansatz, auch wenn der Fokus auf Geschlecht hierbei nicht immer geschlechterpolitisch motiviert sein mag, am Ende möglicherweise mehr Gleichheit heraus als bei der bisherigen Frauengleichstellungspolitik? Das scheint mir die entscheidende Frage für die empirische Forschung zu sein, und diese Frage ist nicht anders als empirisch zu beantworten.

Literatur

Acker, J. (1992): Gendering organizational theory. In: *Gendering organizational analysis.* Hg. A.J. Mills/P. Tancred. London: Sage. S. 248-260.

Acker, J. (1990): Hierarchies, jobs, bodies. A theory of gendered organizations. In: *Gender & Society* 4. S. 139-158.

Barrett, S./C. Fudge (Hg.) (1981): *Policy and action. Essays on the implementation of public policy.* London/New York: Methuen.

Beck, U./W. Bonß (1984): Soziologie und Modernisierung. Zur Ortsbestimmung der Verwendungsforschung. In: *Soziale Welt* 35. S. 381-406.

Bednarz-Braun, I./K. Bruhns (1997): *Personalpolitik und Frauenförderung im öffentlichen Dienst. Gleichberechtigungsgesetze zwischen Anspruch und Alltag.* Weinheim/München: Deutsches Jugend Institut.

Behning, U. (2004): Implementation von Gender Mainstreaming auf europäischer Ebene: Geschlechtergleichstellung ohne Zielvorstellung? In: *Gender Mainstreaming: Konzept, Handlungsfelder, Instrumente.* Hg. M. Meuser/C. Neusüß. Opladen: Leske & Budrich. (im Druck).

Behnke, C./M. Meuser (2003): Doppelkarrieren in Wirtschaft und Wissenschaft. In: *Zeitschrift für Frauenforschung und Geschlechterstudien* 21 (4). S. 62-74.

Bereswill, M. (2004): "Gender" als neue Humanressource? Gender Mainstreaming und Geschlechterdemokratie zwischen Ökonomisierung und Gesellschaftskritik. In: *Gender Mainstreaming: Konzept, Handlungsfelder, Instrumente.* Hg. M. Meuser/C. Neusüß. Opladen: Leske & Budrich. (im Druck).

Council of Europe (1998): *Gender mainstreaming: Conceptual framework, methodology and presentation of good practices.* [EG-S-MS (98) 2]. Strasbourg: Council of Europe.

Crozier, M./E. Friedberg (1993): *Die Zwänge kollektiven Handelns. Über Macht und Organisation.* Frankfurt a.M.: Hain.

Döge, P. (2003): *Gender-Mainstreaming als gemeinsamer Lernprozess von Frauen und Männern. Blockaden und Ansatzpunkte.* Essen: Schriften des Essener Kollegs für Geschlechterforschung Heft 1.

Döge, P. (2002): Managing Gender. Gender Mainstreaming als Gestaltung von Geschlechterverhältnissen. In: *Aus Politik und Zeitgeschichte* 33-34/2002. S. 9-16.

Döge, P. (2001): *Gender-Mainstreaming als Modernisierung von Organisationen. Ein Leitfaden für Frauen und Männer.* (IAIZ-Schriften, Bd. 2) Berlin: IAIZ.

Edwards, J. (1987): *Positive discrimination, social justice, and social policy: moral scrutiny of a policy practice.* London/New York: Tavistock.

Gildemeister, R./G. Robert (2003): Politik und Geschlecht. Programmatische Gleichheit und die Praxis der Differenzierung. In: *Der Begriff des Politischen.* (Soziale Welt Sonderband 14). Hg. A. Nassehi/M. Schroer. Baden-Baden: Nomos. S. 217-239.

Gräfrath, B. (1992): *Wie gerecht ist die Frauenquote? Eine praktisch-philosophische Untersuchung.* Würzburg: Königshausen & Neumann.

Hegenbarth, R. (1980): Von der legislatorischen Programmierung zur Selbststeuerung der Verwaltung. In: *Organisation und Recht. Organisatorische Bedingungen des Gesetzesvollzugs.* Hg. E. Blankenburg/K. Lenk. Opladen: Westdeutscher Verlag. S. 130-152.

Holland-Cunz, B. (1996): Komplexe Netze, konfliktreiche Prozesse. Gleichstellungspolitik aus policy-analytischer Sicht. In: *Der halbierte Staat. Grundlagen feministischer Politikwissenschaft.* Hg. T. Kulawik/B. Sauer. Frankfurt a.M./New York: Campus. S. 158-174.

Höyng, S. (2002): Gleichstellungspolitik als Klientelpolitik greift zu kurz. Die Möglichkeiten von Gender Mainstreaming aus dem Blickwinkel von Männern. In: *Gender Mainstreaming – eine Innovation in der Gleichstellungspolitik. Zwischenberichte aus der politischen Praxis.* Hg. S. Bothfeld/S. Gronbach/B. Riedmüller. Frankfurt a.M./New York: Campus. S. 199-228.

Inhetveen, K. (2002): *Institutionelle Innovation in politischen Parteien. Geschlechterquoten in Deutschland und Norwegen.* Wiesbaden: Westdeutscher Verlag.

Inhetveen, K. (1999): Can gender equality be institutionalized? The role of launching values in institutional innovation. In: *International Sociology* 14. S. 403-422.

Jung, D. (1999): Arbeitsorganisatorischer Wandel und Geschlechtergerechtigkeit. In: *Geschlechterdemokratie in Organisationen.* Hg. M. Krannich. Frankfurt a.M.: Fuldaer Verlagsagentur. S. 11-14.

Luhmann, N. (1991): Der Gleichheitssatz als Form und als Norm. In: *Archiv für Rechts- und Sozialphilosophie* 77. S. 435-445.

Luhmann, N. (1971): Politische Planung. In: Ders.: *Politische Planung.* Opladen: Westdeutscher Verlag. S. 66-89.

Mayntz, R. (Hg.) (1983): *Implementation politischer Programme.* (Bd. 2). Opladen: Westdeutscher Verlag.

Mayntz, R. (Hg.) (1980): *Implementation politischer Programme.* (Bd. 1). Königstein/Ts: Athenäum.

Metz-Göckel, S./C. Roloff/S. Sattari (2003): Gendertrainings zur Entwicklung von Genderkompetenz: Eine Herausforderung für die Leitungspersonen. In: *Journal Hochschuldidaktik* 14 (1). S. 6-11.

Meuser, M. (1992): "Das kann doch nicht wahr sein". Positive Diskriminierung und Gerechtigkeit. In: *Analyse sozialer Deutungsmuster. Beiträge zur empirischen Wissenssoziologie.* Hg. Ders./R. Sackmann. Pfaffenweiler: Centaurus. S. 89-102.

Meuser, M. (1989): *Gleichstellung auf dem Prüfstand. Frauenförderung in der Verwaltungspraxis.* Pfaffenweiler: Centaurus.

Montada, L. (1980): Gerechtigkeit im Wandel der Entwicklung. In: *Gerechtigkeit und soziale Interaktion.* Hg. G. Mikula. Bern: Hans Huber. S. 301-329.

Pinl, C. (2002): Gender Mainstreaming – ein unterschätztes Konzept. In: *Aus Politik und Zeitgeschichte* B33-34 2002. S. 3-5.

Rawls, J. (1975): *Eine Theorie der Gerechtigkeit.* Frankfurt a.M.: Suhrkamp.

Riegraf, B. (1996): *Geschlecht und Mikropolitik. Das Beispiel betrieblicher Gleichstellung.* Opladen: Leske & Budrich.

Rössler, B. (Hg.) (1993a): *Quotierung und Gerechtigkeit. Eine moralphilosophische Kontroverse.* Frankfurt a.M./New York: Campus.

Rössler, B. (1993b): Quotierung und Gerechtigkeit: Ein Überblick über die Debatte. In: *Quotierung und Gerechtigkeit: Eine moralphilosophische Kontroverse.* Hg. B. Rössler. Frankfurt a.M./ New York: Campus. S. 7-28.

Schmidt, R. (2003): Rede der Bundesministerin Renate Schmidt, anlässlich der Eröffnung des GenderKompetenzZentrums an der Humboldt-Universität am 27.10.2003 in Berlin. Online Dokument URL: http//www.bmfsfj.de/Kategorien/reden,did=12064.html (gesehen am 27.04.2004).

Simmel, G. (^{1}1911, 1985): Das Relative und das Absolute im Geschlechter-Problem. In: Ders.: *Schriften zur Philosophie und Soziologie der Geschlechter.* Frankfurt a.M.: Suhrkamp. S. 200-223.

Simon, R. (1993): Bevorzugung auf dem Arbeitsmarkt: Eine Antwort auf Judith Jarvis Thomson. In: *Quotierung und Gerechtigkeit: Eine moralphilosophische Kontroverse.* Hg. B. Rössler. Frankfurt a.M./New York: Campus. S. 49-57.

Stuber, M. (2004): *Diversity. Das Potential von Vielfalt nutzen – Den Erfolg durch Offenheit steigern.* Neuwied: Luchterhand.

Tondorf, K. (2001): Gender Mainstreaming – verbindliches Leitprinzip für Politik und Verwaltung. In: *WSI Mitteilungen* 54. S. 271-277.

Verloo, M. (2001): *Another velvet revolution? Gender mainstreaming and the politics of implementtation.* (IWM Working Paper 5). Wien: Institut für die Wissenschaft vom Menschen.

Walzer, M. (1994): *Sphären der Gerechtigkeit. Ein Plädoyer für Pluralität und Gleichheit.* Frankfurt a.M./New York: Campus.

Wetterer, A. (2002): Strategien rhetorischer Modernisierung. Gender Mainstreaming, Managing Diversity und die Professionalisierung der Gender-Expertinnen. In: *Zeitschrift für Frauenforschung und Geschlechterstudien* 20. S. 129-148.

Wetterer, A. (Hg.) (1992): *Profession und Geschlecht: Über die Marginalität von Frauen in hochqualifizierten Berufen.* Frankfurt a.M./New York: Campus.

Wilz, S.M. (2002): *Organisation und Geschlecht. Strukturelle Bindungen und kontingente Kopplungen.* Wiesbaden: Westdeutscher Verlag.

Woodward, A.E. (2001): *Gender mainstreaming in European policy: Innovation or deception?* (Discussion Paper FS I 01-103). Berlin: Wissenschaftszentrum für Sozialforschung.

New Economy – neue Geschlechterverhältnisse?

Renate Ortlieb[1]
Institut für Management der Freien Universität Berlin

Simone Rokitte[2]
Berlin

Einleitung

Der Aufstieg junger, im Wesentlichen hochtechnologieorientierter Unternehmen in den 1990er Jahren in Deutschland wurde begleitet von einer Vielzahl journalistischer Berichte über die kulturellen und im weiteren Sinne arbeitsorganisatorischen Besonderheiten in diesen Unternehmen. Ausgehend von diesen Besonderheiten wie etwa einem lockeren Umgangston und Kleidungsstil, dem Bewusstsein, eine "Familie" zu sein, oder einem Verschmelzen von Arbeit und Privatleben vermuteten verschiedene Autorinnen und Autoren, Frauen hätten in so genannten New Economy-Unternehmen hervorragende Chancen. Mit ihren "weiblichen Fähigkeiten" wie Kommunikationsfähigkeit und Flexibilität entsprächen sie den Erfordernissen der Arbeit in der New Economy besser als Männer. So konstatieren beispielsweise Dagmar Deckstein und Peter Felixberger (2000:178):

> Immer mehr Anzeichen sprechen dafür, dass Frauen ganz groß herauskommen in der neuen Form des Wirtschaftens, in der immer mehr Menschen Daten in Wissen verwandeln müssen, also beraten, informieren, forschen (...). Kurz: in der sie im Wesentlichen kommunizieren müssen.

> Emotionales Engagement und Sachbezogenheit statt Machtbesessenheit sind künftig gefragt – und damit sind Frauen wesentlich besser gerüstet für den Erfolg in der Netzwerkwirtschaft der Zukunft (Deckstein/Felixberger 2000:184).

Auch Gertrud Höhler (2001:24f) prophezeit Frauen beträchtliche Erfolgschancen in Zukunftsbranchen: Frauen seien besonders improvisationsstark, weil sie den Umgang mit ungeordneten Szenarien gewohnt seien, und genau dies sei gefordert, um in den mobilen Arbeitsverhältnissen der Zukunft erfolgreich zu sein. "Ihr biologisches Programm macht sie hier stark: disponibel, anpassungsbereit, kaum zu überraschen" (2002:73).

---

[1] Vorarbeiten zu diesem Beitrag erfolgten im Rahmen eines Stipendiums des Berliner Programms zur Förderung der Chancengleichheit für Frauen in Forschung und Lehre.
[2] Vorarbeiten zu diesem Beitrag erfolgten im Rahmen einer Diplomarbeit am Institut für Management der Freien Universität Berlin.

Dass solche stereotypen Zuschreibungen an sich äußerst problematisch sind, ist bereits an anderen Stellen herausgearbeitet worden (vgl. z.B. Krell 2004a; Weingarten/Wellershoff 1999; Knapp 2004). Uns geht es hier jedoch weniger um eine Dekonstruktion von "Geschlecht" in Zusammenhang mit New Economy, sondern vielmehr arbeiten wir mit der Kategorie "Geschlecht" im Wesentlichen als (bipolare, Frau-Mann-)Strukturvariable: Wir analysieren, welche Bedeutung typische Charakteristika von (Arbeit in) New Economy-Unternehmen für die Geschlechterverhältnisse haben können. Uns interessieren insbesondere die Verteilung von Ressourcen auf Frauen und Männer sowie mögliche Mechanismen der Geschlechtersegregation und speziell der Ausgrenzung von Frauen.

Zwar ist es nach dem Zusammenbrechen des Neuen Marktes und dem Untergang zahlreicher Unternehmen zwischenzeitlich wieder stiller um die New Economy geworden. Viele Unternehmen haben die Krise aber (zumindest bisher) faktisch überlebt. Nachdem Ende 2003 die Aktienkurse vieler Unternehmen wieder anstiegen, wird aktuell sogar von einigen Autorinnen und Autoren eine Rückkehr der New Economy-Unternehmen ausgerufen (z.B. von Fischermann 2004; Bauer 2004). Außerdem erscheint es trotz des teilweisen Niedergangs der New Economy auch deshalb lohnenswert, sich mit diesen Entwicklungen zu beschäftigen, da sie zweifelsohne Spuren hinterlassen haben: sowohl in anderen Unternehmen als auch bei den ehemals Beschäftigten selbst. Hinzu kommt, dass in den verhältnismäßig jungen, stark expandierenden New Economy-Unternehmen häufig scheinbar "aus dem Nichts heraus" Organisationsstrukturen und personalpolitische Praktiken etabliert worden sind. Daher bieten diese Unternehmen ein einzigartiges Untersuchungsfeld, in dem quasi im Zeitraffer Institutionalisierungsprozesse betrachtet werden können.

In diesem Beitrag fokussieren wir auf die eng miteinander zusammenhängenden Bereiche Organisation und Personalpolitik. Zunächst erläutern wir unsere Analyse-Perspektiven und zentrale Begriffe – "New Economy", "Personalpolitik" und "Geschlechterverhältnisse". Für die anschließenden Analysen ziehen wir die Ergebnisse von empirischen Studien heran. Diese Studien erfüllen methodisch-wissenschaftliche Standards nicht immer in befriedigender Weise. Vor dem Hintergrund der aktuell sehr bescheidenen Datenlage erschienen uns allerdings auch methodisch weniger befriedigende Hinweise nützlich.

Perspektiven und zentrale Begriffe

New Economy und New Economy-Unternehmen
Unter dem Schlagwort "New Economy" werden seit Beginn der 1990er Jahre verschiedene Entwicklungen und Phänomene diskutiert. Dabei wird der Begriff mit unterschiedlichen Bedeutungen verwendet, die sich grob zu drei Richtungen zusammenfassen lassen. Mit "New Economy" wird beschrieben:

1. das insbesondere in den USA in den 1980er und 1990er Jahren beobachtete anhaltend starke Wirtschaftswachstum, das – bei steigender Faktorproduktivität, sinkender Arbeitslosigkeit und längerfristiger Preisstabilität – nicht den üblichen Konjunkturzyklen zu folgen schien (vgl. z.B. DeLong/Summers 2001),
2. spezielle ökonomische Prinzipien der Wertschöpfung, wie beispielsweise Dematerialisierung und Digitalisierung, netzwerkförmige Organisationsstrukturen, geringe Transaktionskosten, hohe *economies of scale* und *scope* sowie Kundenmacht (vgl. z.B. Picot 2003; Welfens 2002) und
3. Unternehmen aus speziellen Wirtschaftszweigen, nämlich in Anlehnung an die Zielgruppe des Neuen Marktes (bzw. die technologieorientierten Segmente anderer Börsen) insbesondere IT-, Hardware-, Software- und Biotechnologieunternehmen sowie Multimedia-Agenturen (vgl. z.B. Kipker/ Potthoff 2001:20; Meschnig/Stuhr 2001:13; Welsch 2003; zusammenfassend Lotter/Sommer 2000).

Allen drei Bedeutungsfacetten gemeinsam ist, dass informations- und kommunikationstechnologische Innovationen – insbesondere in Zusammenhang mit dem Internet – eine zentrale Rolle spielen: Diese seien der Auslöser für das "Neue".[3] Somit wird mit New Economy stets zugleich ein bestimmter Zeitraum bzw. eine bestimmte Epoche der Wirtschaftsgeschichte angesprochen, die durch die technologischen Innovationen angestoßen wurde.[4]

Der Diskurs über die New Economy ist außerdem eng verflochten mit weiteren Diskursen bzw. Diskurssträngen, in denen davon ausgegangen wird, dass

---

[3] Daher sind neben dem Begriff "New Economy" auch weitere Etiketten wie z.B. "Digital Economy", "Internet Economy", "Virtual Economy", "E-Lance Economy" oder "Knowledge Economy" geläufig.
[4] Diese informations- und kommunikationstechnologischen Innovationen werden häufig auch zusammenfassend in das Kontinuum "Webstuhl – Dampfmaschine – Internet" gereiht. Und nicht nur in chronologisch-historischer, sondern auch in räumlicher Hinsicht wird die New Economy verortet: Als Geburtsstätte und Zentrum gilt gemeinhin das kalifornische Silicon Valley (vgl. z.B. Heuer 2000).

mit den ökonomischen Veränderungsprozessen auch vielfältige arbeitspolitische und – größtenteils problematische – gesellschaftliche Entwicklungen verbunden sind. Hierzu zählen zum Beispiel der Diskurs über *Das Ende der Arbeit und ihre Zukunft* (Rifkin 1995), das Ende der Erwerbsgesellschaft (z.B. Beck 1999), *Der Arbeitskraftunternehmer* (Voß/Pongratz 1998; Pongratz/Voß 2003), *Begrenzte Entgrenzungen* von Arbeit (z.B. Minssen 2000) und andere.[5]

Im Folgenden beziehen wir uns stets auf konkrete Erscheinungsformen, Subjekte und Objekte von New Economy, nämlich auf Organisationen und Personen. Im Vordergrund unserer Betrachtungen stehen Unternehmen der New Economy. Unter dem Begriff "New Economy-Unternehmen" subsumieren wir dabei im Sinne der dritten der oben dargestellten Bedeutungsfacetten solche Unternehmen, die entweder am Neuen Markt gelistet waren oder die zu der Zielgruppe des Neuen Marktes zählten.

Personalpolitik

Personalpolitik verstehen wir Gertraude Krell (1996) folgend als eine bestimmte Perspektive auf das Geschehen in Organisationen, auf Personal sowie auf Instrumente aus dem Personalbereich:[6] Aus dieser Perspektive werden Organisationen zum einen als interessenpluralistische Gebilde und zum anderen als Herrschaftsgebilde betrachtet. Personalpolitik – z.B. in Zusammenhang mit der Personalauswahl, dem Entgelt oder der Personalentwicklung – wird danach nicht (nur) als etwas betrachtet, das von "rational" handelnden Organisationsleitungen konzipiert und durchgesetzt wird, sondern als das Ergebnis von interessengeleiteten Aushandlungsprozessen verschiedener Akteurinnen und Akteure.

Diese Aushandlungsprozesse finden in einem organisationalen Herrschaftsrahmen statt, durch den sie einerseits begrenzt werden, den sie andererseits aber auch gleichzeitig verändern können.[7] Wir gehen außerdem davon aus, dass Geschlechterverhältnisse in Organisationen stark durch personalpolitische Prakti-

---

5 Z.B. Diskurse ausgehend von Monographien wie Richard Sennett (2000) *Der flexible Mensch* oder Manuel Castells (1996) *The rise of the network society*. Vgl. im Überblick: Zilian/Flecker (1997); Moldaschl/Voß (2002); Lutz (2001). Vgl. speziell aus der Perspektive der Geschlechterforschung: Gottschall/Pfau-Effinger (2002) sowie die (ideologie-)kritischen Beiträge, die sich direkt auf New Economy beziehen, von Frank (2001); Meschnig/Stuhr (2001); Borsook (2001); Bischoff (2001).
6 Krell bezieht sich dabei insbesondere auf Sandners (1989) Konzeption von Politik in Organisationen. Vgl. zu einer konkreten Analyse aus dieser Perspektive auch Ortlieb (2003: insbes. 62ff).
7 Aus dieser Perspektive werden also die drei gängigen Bedeutungsfacetten des Politikbegriffs – *policy* (im Sinne von strategischen Entscheidungen; hier: bezogen auf das Personal), *politics* (das Zustandekommen dieser strategischen Entscheidungen) und *polity* (im Sinne eines Ordnungsrahmens) – "zusammengedacht" (Schubert 1991:26): *Politics* können als ein ständiger Prozess verstanden werden, in dem die *policy* und die *polity* hervorgebracht und verändert werden.

ken geprägt bzw. durch diese hervorgebracht werden (vgl. dazu im Überblick Krell 2004b; Krell/Osterloh 1993). Es ist außerdem davon auszugehen, dass umgekehrt auch die Geschlechterverhältnisse die Personalpolitik prägen.

Geschlechterverhältnisse
Geschlechterverhältnisse fassen wir mit Regina Becker-Schmidt (1998:9) als Regelwerke auf, die institutionelle Selbstständigkeit gewinnen und aus denen Personen nicht entkommen können. In solchen Regelwerken nehmen Beziehungsstrukturen bestimmte Konfigurationen von Rechten und Pflichten, von sozialer Positionierung und von Verhaltensrepertoires an. Sie schreiben außerdem ein Set von Handlungsbedingungen fest und kristallisieren sich in Herrschaftsverhältnissen heraus.[8] Miteinander verwobene, allgegenwärtige Prozesse der Unterscheidung und Hierarchisierung bringen Geschlechterverhältnisse hervor. Diese stellen eine wesentliche Ordnungskategorie in Organisationen und Gesellschaften dar, und mit ihnen sind soziale wie auch materielle Arbeits- und Lebenskontexte verbunden (vgl. z.B. Becker-Schmidt 1998; Krell 2003; im Überblick Mills/Tancred 1992).[9]

Prozesse der (Re-)Konstruktion von Geschlechterverhältnissen lassen sich am Beispiel von New Economy-Unternehmen besonders gut analysieren: Das schnelle Wachstum der Unternehmen eröffnete vielfältige Aushandlungsspielräume, beispielsweise bei der Besetzung neu geschaffener Positionen oder von neuen Tätigkeitsfeldern. Es ist daher zu fragen, ob Frauen in solchen Aushandlungsprozessen ihre Interessen durchsetzen können: Zum einen gelingt ihnen dies nur dann, wenn sie über entsprechende Ressourcen und Macht verfügen.[10] Zum anderen resultieren die Aushandlungsprozesse erneut in bestimmten Ressourcenverteilungen und damit verbunden in spezifischen Ausprägungen der Geschlechterverhältnisse.

---

8 Vgl. zur Diskussion verschiedener Konzeptionen der Verbindung zwischen Geschlechterverhältnissen und Herrschaft auch Knapp (1992).
9 Vgl. außerdem zum Gendering bzw. Doing Gender, den fortwährenden sozialen Prozessen der Konstitution von Geschlechtszugehörigkeit von Personen, auch Knapp (1993); Gildemeister/Wetterer (1992); Heintz u.a. (1997:54ff).
10 Hierbei ist zu beachten, dass neben materiellen Ressourcen auch symbolische Aspekte von sozialen (hier speziell: von personalpolitischen) Praktiken eine wichtige Rolle für die Konstitution von Geschlechterverhältnissen spielen (vgl. Bilden 1991).

Organisationale Charakteristika von New Economy-Unternehmen
Innovationskraft, Geschwindigkeit und Risikofreude sind typische Anforderungen, die die neuen, technologieorientierten Märkte an Unternehmen stellen. Um in einem (Absatz-)Marktsegment Fuß fassen oder expandieren zu können, haben sich in New Economy-Unternehmen Organisationsstrukturen herausgebildet, die typischerweise gekennzeichnet sind durch flache bzw. flexible Hierarchien, eigenverantwortliche Arbeit in Projektgruppen und informelle, spontane Regeln (vgl. z.B. Boes/Baukrowitz 2002:80; Meschnig/Stuhr 2001:117ff). Informelle Kontakte spielen eine wichtige Rolle, ebenso die scheinbar einzigartige Organisationskultur (vgl. z.B. Kuntz 2001:91).

In den folgenden Abschnitten untersuchen wir, welche Bedeutung diese organisationalen Charakteristika für die Geschlechterverhältnisse haben können. Wir betrachten dabei die drei Bereiche "formale Organisationsstruktur", "informelle Organisationsstruktur und Beziehungen" und "Organisationskultur". Zu beachten ist, dass diese Bereiche nicht scharf voneinander getrennt werden können. Vielmehr sind sie eng miteinander verschränkt. Insbesondere werden im Diskurs über New Economy-Unternehmen häufig Organisationsstrukturen und Beziehungen als spezifischer Aspekt der Organisationskultur dargestellt. Wir versuchen hier, die Bereiche so weit wie möglich analytisch auseinander zu halten.

Formale Strukturen: Flache Hierarchien = Abbau der Geschlechterhierarchie?
Mehrere empirische Studien zeigen, dass die Aufbauorganisation in New Economy-Unternehmen insbesondere durch flache Hierarchien gekennzeichnet ist (vgl. z.B. Boes/Baukrowitz 2002:83f; Integra 2000:8; Michel 1999:26f).[11] Dies hängt eng mit der Expansionsstrategie der Unternehmen zusammen. Dasselbe gilt auch für die projektförmige, gruppenorientierte Arbeitsorganisation und die Flexibilität der Organisationsstrukturen und -regeln.

Dennoch gibt es auch in New Economy-Unternehmen selbstverständlich Positionen mit Leitungsfunktion. Mit Blick auf die Geschlechterverhältnisse ist hier unter anderem zu fragen, zu welchen Anteilen die vergleichsweise raren Führungspositionen mit Frauen und Männern besetzt sind. Ziehen Frauen im Konkurrenzkampf um diese Positionen den Kürzeren oder "erweisen sich High Tech und Internet als wahres Karrieretrampolin für Frauen", wie Deckstein und Felixberger (2000:179) behaupten?

---

11 Vgl. allerdings auch Meschnig/Stuhr (2001:117ff), die den in den öffentlichen Medien vermittelten Mythos der flachen Hierarchien als Verkörperung demokratischer Systeme kritisch hinterfragen.

Empirische Befunde sprechen eher für Ersteres. So schätzen zum Beispiel Alexander Meschnig und Mathias Stuhr (2001:60) den Frauenanteil auf der Ebene der GründerInnen, Vorstände und Aufsichtsräte auf unter 1%. Im Jahr 1999 befanden sich nach einer Erhebung des Bundesministeriums für Wirtschaft und Technologie und des Bundesministeriums für Bildung und Forschung (1999) unter den Vorständen der etwa 300 am Neuen Markt gelisteten Unternehmen nur vier Frauen. In einer Befragung von 1.500 Multimedia-Unternehmen ermittelte der High Text-Verlag (o.V. 2000) einen durchschnittlichen Frauenanteil an den Führungspositionen in Höhe von 14,5%. Dieser Anteil liegt zwar immerhin über dem gesamtdeutschen Durchschnitt. Der Großteil der weiblichen Führungskräfte war allerdings in sehr kleinen Unternehmen mit bis zu fünf Beschäftigten tätig. In einer Befragung von 28 Unternehmensleitungen aus dem Multimedia-Bereich (Möller 2002:132) gaben 67,9% der Befragten an, dass es Frauen in ihrer beruflichen Laufbahn in IT/NewMedia-Unternehmen schwerer haben als Männer. Die empirischen Befunde weisen also deutlich auf die Existenz von vertikaler geschlechtsbezogener Segregation hin.

Und nicht nur vertikale Segregationslinien können identifiziert werden, sondern auch horizontale. Das heißt: Es lässt sich ein bestimmtes Muster erkennen bei der Verteilung von hierarchisch gleichgestellten, aber in Bezug auf die ausgeübten Tätigkeiten unterschiedlichen Positionen auf Frauen und Männer: Ina Hönicke (2001), Paulina Borsook (2001), Birgit Weiss (2002), Alexander Meschnig und Mathias Stuhr (2001:60) und Claudia Brasse (2003:29) stellen fest, dass Tätigkeitsfelder der Frauen im Wesentlichen in den Bereichen Organisation, Webdesign, Grafik, Content und Redaktion liegen. Diese Felder teilen sie sich mit Männern, wohingegen die Bereiche Finanzierung, Programmierung und Datenbanken, Forschung und Entwicklung (die Bereiche, die häufig das höhere Ansehen genießen) stark von den Männern dominiert werden. Das für technologie-geprägte Arbeitszusammenhänge typische Muster von Frauen als Zuarbeiterinnen (vgl. z.B. Holtgrewe 1997; Gottschall 1990; Cockburn 1988) zeigt sich also offensichtlich auch hier.

Auf der Ebene von Projektgruppenarbeit deuten einige empirische Befunde allerdings auf eine ausgewogene Verteilung von Positionen hin: Mehr als die Hälfte der 163 von Ingrid Möller (2002:131) befragten Frauen gaben an, dass sie in verantwortungsvoller Position in Projektarbeit einbezogen sind. Auch die Teilnehmerinnen der von Rüdiger Klatt und Gudrun Richter-Witzgall (2000: 47f) initiierten intensiven Gruppendiskussionen bemerkten keine bewusste Benachteiligung in der Zusammenarbeit mit ihren männlichen Kollegen. Exklusionsmechanismen aufgrund von (mangelnder) sozialer Homogenität schienen dort nicht zu wirken. Dennoch ist hier zusammenfassend Birgit Weiss zuzustimmen, die konstatiert: "Auch wenn die Gläserne Decke [ebenso wie die "gläserne Wand"; R.O./S.R.] in der New Economy vermutlich andere Merkmale aufweist und an manchen Stellen durchlässiger ist als in anderen Branchen: sie existiert" (2002:219).

Informelle Strukturen und Beziehungen: Abschied vom Old Boys-Network?
Formale Strukturen und Beziehungen wie die im vorangegangenen Abschnitt dargestellten sind in New Economy-Unternehmen – speziell in Start-Ups und rasch expandierenden Unternehmen – häufig nicht sehr stark ausgeprägt. Ein Großteil der Entscheidungs- und Planungsprozesse ist nicht formal festgelegt und abgesichert, und wichtige Nachrichten werden üblicherweise informell bei gemeinsamen Mahlzeiten oder in Kaffeepausen kommuniziert (vgl. z.B. Boes/ Baukrowitz 2002:83f; Meschnig/Stuhr 2001:119). Es heißt, für formale Regelungen sei kein Platz in einer Kultur, die durch schnelle Entscheidungen und Improvisation gekennzeichnet ist (vgl. Lender 2001:624).[12]

Folgende Darstellung der Gründungsgeschichte von prototypischen Start-Ups illustriert die große Bedeutung von informellen Beziehungen – und zwar speziell von solchen zwischen Männern:

> Schon bevor die Start-Ups gegründet werden, finden sich Freunde, Studienkollegen und Förderer als Verbündete eines Netzwerks zusammen (...). Nachdem sich (...) vier bis sechs Kommilitonen und/oder Freunde zusammengefunden haben, (...) geht es los: Kontakte zu potenziellen Venture-Capital-Firmen und Inkubatoren bestehen früh, die Business Angels sind Freunde der Väter oder gleich diese selbst (Meschnig/Stuhr 2001:64f).

Im vorangegangenen Abschnitt wurde bereits auf den geringen Frauenanteil bei den UnternehmensgründerInnen hingewiesen. Auch nach der Gründung scheint eine Mitgliedschaft in unternehmensinternen wie unternehmensübergreifenden informellen Netzwerken für Frauen eher unüblich zu sein, wie zum Beispiel die Ergebnisse der schriftlichen Befragung von 265 Frauen aus New Economy-Unternehmen von Mindy Gerwitz und Ann Lindsey (2000:10) zeigen. Die Gefahr, dass die bekannten Mechanismen der Ausgrenzung von Frauen auch in New

---

12 Die große Bedeutung von informellen Strukturen gegenüber formalen mag auch darauf zurückzuführen sein, dass zum einen insbesondere jungen Gründern schlichtweg die Erfahrung wie auch das Vorstellungsvermögen darüber fehlt, was an Unternehmen zu regeln ist. Zum anderen kann in vielen Fällen nicht im Voraus erkannt werden, welche Regelungen der Aufbau- und Ablauforganisation bei ungewissen Finanzierungsmodellen, in neuen Geschäftsfeldern und mit neuen Leistungserstellungsprozessen konkret erforderlich sind – man denke nur an ein Unternehmen, das z.B. Klingeltöne für Mobiltelefone produziert und vertreibt, momentan mit mehreren *venture capitalists* in Verhandlungen steht und den Gang an die Börse plant.

Economy-Unternehmen wirken, scheint durchaus zu bestehen. Da nun informelle Kanäle und Beziehungen auf eine ähnliche Weise zur Stabilisierung von Herrschaftsverhältnissen beitragen wie formale Strukturen (vgl. z.B. Trautwein-Kalms 1999:48), ist davon auszugehen, dass damit auch die Geschlechterverhältnisse zum Zeitpunkt der Unternehmensgründungen für längere Zeit fortgeschrieben werden.

Hinzu kommt, dass Frauen mit dem Verlust der Bedeutung von formalen Organisationsstrukturen die Möglichkeit genommen wird, sich im Falle einer Benachteiligung auf entsprechende Institutionen stützen zu können, um ihre Rechte einzufordern.[13] Diskriminierungen, die in formalisierte Instrumente und Regeln eingelassen sind, können zudem besser aufgedeckt und geahndet (und damit letzten Endes vermieden) werden als solche, die aus informellen Regeln hervorgehen. Auch sind gleichstellungspolitische Maßnahmen und Programme auf eindeutige Steuerungsmechanismen angewiesen (vgl. Regenhard 1995:9).

Im Übrigen existieren informelle Beziehungen und Netzwerke, die stark von Männern dominiert werden, nicht nur innerhalb von Unternehmen, sondern auch über deren Grenzen hinweg. Prominentes Beispiel dafür sind die so genannten First-Tuesday-Treffen, die regelmäßigen Zusammenkünfte von GründerInnen, GeldvermittlerInnen und -geberInnen und ähnlichen InteressentInnen.[14]

Sowohl die Bedeutung von informellen Strukturen als auch deren Ausprägung weisen also darauf hin, dass für New Economy-Unternehmen die bekannte Figur des Old Boys-Network lediglich in "Young Boys-Network – supported by Old Boys-Network" umzutaufen ist.

Unternehmenskultur: Fröhliches Arbeiten unter Geschwistern?
Die Kultur von Unternehmen ist grundsätzlich zum einen mit deren Organisationsstruktur untrennbar verwoben. Unternehmenskultur kann als Ergebnis, aber auch als Voraussetzung des Zusammenspiels von expliziten und impliziten Regeln der formellen wie auch der informellen Strukturen und Beziehungen verstanden werden. Zum anderen ist die Unternehmenskultur ebenso untrennbar mit Geschlechterverhältnissen verbunden: Bestimmte Aspekte der Unternehmenskultur – zum Beispiel symbolische Praktiken, Riten und Normen – sind durch die Geschlechterverhältnisse geprägt, und Geschlechterverhältnisse wer-

---

13 Dies betrifft unter anderem auch die Durchsetzung gleichstellungspolitischer Interessen auf Grundlage des Betriebsverfassungsgesetzes, da nur in wenigen New Economy-Unternehmen Betriebsräte existieren (vgl. hierzu den Abschnitt "Personalpolitische Charakteristika von New Economy-Unternehmen").
14 Hinzuweisen ist allerdings auch auf spezielle Frauen-Netzwerke wie beispielsweise die weltweit aktiven *webgrrls*.

den gleichzeitig durch solche Aspekte der Unternehmenskultur geprägt (vgl. z.B. Gherardi 1995). Die Beziehung zwischen der Unternehmenskultur einerseits und Strukturen und Geschlechterverhältnissen andererseits ist also in besonderem Maße gekennzeichnet durch Dualität und Rekursivität.

Zu beachten ist, dass bei Darstellungen der Kultur von New Economy-Unternehmen in den öffentlichen Medien wie auch in populärwissenschaftlichen Publikationen sehr häufig nicht nur mythische Verklärungen anzutreffen sind. Vielmehr wird darüber hinaus der Begriff "Kultur" extrem weit gefasst. Wir orientieren uns im Folgenden an der in der Organisationsforschung gängigen Konzeption von Organisationskultur nach Edgar H. Schein (1984). Danach lässt sich Kultur als gemeinsam geteilte Basisannahmen über das Wesen des Menschen, über Handlungen, soziale Beziehungen und Umwelten verstehen, welche in bestimmten Werten und Normen resultieren. Diese sind den Mitgliedern einer kulturellen Gemeinschaft nicht immer bewusst, und von außen sind sie nur selten sichtbar (teilweise sind sie jedoch in Unternehmensleitbildern bzw. in so genannten *mission statements* erkennbar, die gerade von New Economy-Unternehmen sehr intensiv kommuniziert werden). Von außen sichtbar (wenngleich interpretationsbedürftig) ist das so genannte Symbolsystem von Organisationen. Hierzu zählen insbesondere Rituale, Sprache, Umgangsformen, Kleidung sowie die (Büro-)Architektur.

Die Kultur von New Economy-Unternehmen wird zum einen häufig als sehr stark beschrieben (vgl. z.B. Meschnig/Stuhr 2001:insbes. 193ff; Gesterkamp 2002). Zum anderen werden insbesondere in den öffentlichen Medien immer wieder Kulturelemente herausgestellt, die sich zusammenfassen lassen zu "unkonventionell, jugendlich, hoch engagiert". Das folgende Zitat von Silke Gronwald (2000a:191) soll dies illustrieren:

> Bewusst pflegen die Unternehmen in der neuen Wirtschaft das Image vom unkonventionellen Arbeitgeber – wo während der Dienstzeit Free Jazz gehört wird, um 18 Uhr alle gemeinsam die Simpsons im Fernsehen gucken und ab 20 Uhr der Pizzadienst den Hunger stillt. Bei Razorfish geht's zum Rafting nach Tirol, der schwäbische Finanzsoftware-Spezialist Brokat feierte kurz vor dem Börsengang eine Fete auf der Zugspitze. Teamgeist und Gemeinschaftsgefühl wollen die Chefs mit den Aktionen wecken.

Die Bedeutung solcher und ähnlicher kultureller, stark symbolträchtiger Praktiken für die Geschlechterverhältnisse ist immens (vgl. Ortlieb/Sieben 2004): Geschlechterverhältnisse gehen zum einen in solche Praktiken ein, die Praktiken werden vor dem Hintergrund bestehender Geschlechterverhältnisse interpretiert, und letztlich werden Geschlechterverhältnisse auch auf diesem Wege (re-)produziert. So werden zum Beispiel bestimmte Bilder von "Weiblichkeit" und "Männlichkeit" (bzw. von "Mädchen"- und "Jungenhaftigkeit") aufgerufen, bestimmte Normen werden gesetzt, und häufig spielen auch Körperlichkeit und Intimität eine wichtige Rolle. Solche Praktiken können ein Gemeinschaftsgefühl erzeugen und Identität stiften (vgl. zu Funktionen von Männerbünden auch Rastetter 1998), gerade indem sie unterscheidend, hierarchisierend und ausgrenzend wirken. Da sie nun in New Economy-Unternehmen insbesondere durch deren GründerInnen geprägt sind und diese wiederum zumeist junge Männer sind (siehe oben), ist von Praktiken auszugehen, die als "männlich" bzw. als "jungenhaft" gelten.

Des Weiteren stehen auch in den öffentlichen Medien immer wieder die (männlichen) Helden im Rampenlicht: Bis auf wenige Ausnahmen[15] handelt es sich hier um das klassische Bild des wagemutigen und pfiffigen Jünglings. Auch dies prägt die Kultur in New Economy-Unternehmen. Das weibliche Pendant zu den männlichen Gründungs-Helden scheint im Übrigen das (vermutlich aus der Filmproduktion übernommene) *best girl* zu sein, das "Mädchen für alles" (z.B. für die Versorgung mit Speisen und Getränken, kleinere Besorgungen und aufmunternde Worte).

Schließlich wollen wir noch auf den Aspekt von Organisationskultur als Koordinationsmechanismus eingehen: Häufig werden im Zusammenhang mit New Economy-Unternehmen solche Elemente beschrieben, die sich zusammenfassend auch als Clan im Sinne William Ouchis (1980) auffassen lassen (vgl. hierzu auch den Beitrag von Krell in diesem Band). Kurz gefasst lassen sich danach solche Organisationen bzw. Koordinationsformen als Clans beschreiben, die sich durch eine starke, homogene Gemeinschaft, durch langfristige, enge und vertrauensvolle Bindungen auszeichnen. So konstatieren zum Beispiel Meschnig und Stuhr eine "Mutation" von New Economy-Unternehmen "(...) zu einer Art Ersatzfamilie, innerhalb derer auch regressive Bedürfnisse bis zu einem bestimmten Maß ausgelebt werden dürfen" (2001:97). Die "New Family" werde "zum Synonym für eine zwar leistungsbewusste Kultur, die aber dennoch dem menschlichen Bedürfnis nach Wärme entgegenkommt" (Meschnig/Stuhr 2001:97). Patriarchalische Strukturen seien allerdings in der "New Family" abgeschafft, so dass sie "eine Art Geschwisterwelt", eine "netzwerk-ähnliche 'Geschwisterbande'" sei (ebenda). Die Frage, die sich hier stellt, lautet: Sind die Schwestern ebenbürtig in die Geschwisterwelt integriert?

Es gibt einige Gründe, dies zu bezweifeln: Während auf den ersten Blick Vorteile für Frauen vermutet werden könnten, da sich die Funktionsweisen von Clans und Familien bzw. Primärgruppen stark ähneln und Frauen das "Familien-

---

15 Z.B. Loretta Würtenberger, Mit-Gründerin von Webmiles, und Carly Fiorina, CEO von Hewlett-Packard.

Expertentum" zugeschrieben wird, bergen Clans bei genauerem Hinsehen erhebliches Gefahrenpotenzial für Frauen (vgl. Weber 1993). Dies liegt insbesondere darin begründet, dass die Funktionsweise von Clans auf sehr starker kultureller Homogenität, auf einer starken Wertegemeinschaft der Clan-Mitglieder und einer vollständigen Identifikation der Einzelnen mit dem Clan basieren. Auch Ouchi selbst weist darauf hin, dass Clans in besonderem Ausmaß rassistisch und sexistisch sind (1981:78). Eine Mischung von Frauen und Männern in Organisationen erschwere die Entstehung von Homogenität und Vertrauen (1981:91). Durch geschlechtsbezogene Stereotypisierungen gelten Frauen als "fremde Kultur", die nicht vertrauenswürdig ist. So beschreibt z.B. auch Borsook das bei (US-amerikanischen) Männern aus dem Hightech-Bereich anzutreffende extreme Bild von Frauen als "die völlig fremde Spezies eines 'Other' oder 'Second Sex', die zu subjektiv und luftig-märchenhaft ist, um sie verstehen zu können" (2001:27f).[16]

Wie bereits oben erläutert worden ist, kann es nun leicht dazu kommen, dass Frauen durch mangelnde Repräsentanz unter den UnternehmensgründerInnen und in den dominanten Gruppen auch in der "Geschwisterbande" eher Randpositionen einnehmen – wenn überhaupt.

Personalpolitische Charakteristika von New Economy-Unternehmen
Beschäftigte in New Economy-Unternehmen werden häufig als selbstbewusst, entscheidungsfreudig und verantwortungsbewusst beschrieben (z.B. von Mattauch 2000:199), häufig wie Prototypen des "Mit-Unternehmers", des "Entrepreneurs" bzw. des "Arbeitskraftunternehmers". Das Bild von einzelnen Beschäftigten wie auch von den Belegschaften als Gesamtheiten unterscheidet sich an vielen Stellen deutlich von dem Bild der "üblichen" ArbeitnehmerInnen, das die betriebswirtschaftliche Personallehre prägt. Eine mögliche Konsequenz dieser Bild-Abweichung ist das Postulat, dass die üblichen Strategien und Instrumente aus dem Personalbereich in New Economy-Unternehmen nicht zu dieser Art von Personal "passen".

---

16 Als ein ganz anderes Bild, das wohl eher als Identifikationsschablone für Frauen selbst dienen kann, benennt Borsook außerdem "Lara Croft, die bekannte Videospielheldin, der man das Gehirn eines Elitesoldaten in einem Mädchenkörper und die Kraft eines Superman gegeben hat, wiewohl mit weiblichen Protuberanzen, die männlichen Adoleszenten aller Altersstufen am besten gefallen" (2001:27). Vgl. zur Ambivalenz der Bilder, die Informatiker von ihren Kolleginnen haben, auch Heintz u.a. (1997:158ff).

So zutreffend dies sein mag: Wir vertreten hier dennoch die Auffassung, dass "das Personal" mitsamt seinen Fähigkeiten und Bedürfnissen insbesondere durch das Unternehmen und speziell durch die Personalpolitik geformt wird. Im Falle von New Economy-Unternehmen leisten darüber hinaus auch die öffentlichen Medien einen Identität stiftenden und Bedürfnisse prägenden Beitrag – beispielsweise indem sie das Bild von *Coole[n] Leute[n] mit heißen Jobs* (so der zusammenfassende Titel eines kritischen Beitrags von Gesterkamp 2000) zeichnen.

Bevor wir in den folgenden Abschnitten ausgewählte personalpolitische Handlungsfelder etwas genauer betrachten, noch einige Bemerkungen zu grundlegenden Charakteristika von Personalpolitik in New Economy-Unternehmen: Die im vorangegangenen Abschnitt erörterten organisationalen Charakteristika von New Economy-Unternehmen korrespondieren eng mit personalpolitischen Charakteristika. Insbesondere die Bedeutung von informellen Beziehungen sowie von spontanen, flexiblen Regeln zieht sich durch sämtliche personalpolitischen Handlungsfelder hindurch. Zusammengefasst deuten sowohl theoretische Überlegungen als auch empirische Befunde darauf hin, dass die Personalpolitik in New Economy-Unternehmen typischerweise geprägt ist durch die folgenden drei Aspekte:

Erstens fehlen häufig zentrale Grundlagen für eine professionelle Personalpolitik, weil die Arbeitsaufgaben und -anforderungen neu und unbestimmt sind. So handelt es sich z.b. häufig um so genannte ideosynkratische Stellen, d.h. um Stellen, deren Profil im Wesentlichen durch Fähigkeiten und Engagement der jeweiligen StelleninhaberInnen bestimmt ist. Auch deshalb, aber auch aus einer Reihe von weiteren Gründen scheint *zweitens* Personalpolitik in New Economy-Unternehmen tatsächlich wenig professionell betrieben zu werden. Der Personalbereich scheint eher als eine lästige "Back-Office"- bzw. Verwaltungsfunktion empfunden zu werden. (vgl. Meschnig/Stuhr 2001:67ff; Pendt/Schlumbohm 2001:24; von Pelchrzim 2001:30). Aufschlussreich ist in diesem Zusammenhang auch die Befragung von 673 Beschäftigten in New Economy-Unternehmen von Claudia Brasse (2003:39): Die (geschlossene) Frage nach den Tätigkeitsbereichen der Befragten enthält als eine von 14 Antwortalternativen die Kategorie "Verwaltung (Controlling, Human Resources)".[17]

---

17 Die Unterordnung und Abqualifizierung von "Human Resources" in dieser Befragung ist auch deshalb interessant, weil es in der Befragung um eine Vielzahl genuin personalpolitischer Themen geht, deren besondere Bedeutung für die Beschäftigten gerade durch diese Befragung deutlich gemacht wird.

Drittens scheint die kollektive Interessenvertretung der Beschäftigten in New Economy-Unternehmen wenig institutionalisiert zu sein. Dagegen sind die Arbeitsbeziehungen häufig gekennzeichnet durch lockere Round-Table-Gespräche und individuelle Interessenaushandlungsprozesse. So gaben zum Beispiel in einer von pol-di.net (2001) durchgeführten Befragung von 225 am Neuen Markt notierten Unternehmen lediglich 26% der Befragten an, einen Betriebsrat zu haben. Immerhin ergab eine im darauf folgenden Jahr von Peter Ittermann und Jörg Abel (2002) bei 60 ebenfalls am Neuen Markt notierten Unternehmen durchgeführte Befragung einen Betriebsräte-Anteil von 60%. Häufig werden Notwendigkeit, Effektivität und Effizienz von Betriebsräten in New Economy-Unternehmen heftig bezweifelt. Diese Haltung illustriert das folgende Zitat des Geschäftsführers eines universitätsnahen, mittelständischen IT-Unternehmens (zitiert nach Boes/Baukrowitz 2002:235; Auslassung im Original):

> Natürlich kann man nicht immer nach dem Vier-Augen-Prinzip miteinander reden. Aber es muß aus meiner Sicht nicht institutionalisiert sein. Es kann vielleicht eine Mitarbeitervertretung geben. Das ist letztendlich auch eine Institution, sicher. Aber die die Kommunikation nur vereinfacht. (...) Daß es einfach nur einfacher läuft, aber nicht um jetzt das Interesse dieser Mitarbeitergruppe zu vertreten. Denn das Interesse sollte bei allen gleich sein. Bei der Unternehmensleitung wie bei den Mitarbeitern. Dass nämlich das Unternehmen weiter erfolgreich im Markt besteht. Und wenn die Unternehmensleitung jetzt sagt 'Wir machen das soundso', und die Mitarbeiter ziehen nicht mit, kann man es gleich lassen.[18]

Häufig treffen also Unternehmensleitungen Entscheidungen im Personalbereich ohne einen Betriebsrat einzubeziehen. Darüber hinaus fehlen in vielen Unternehmen die bereits oben erwähnten, im Betriebsverfassungsgesetz verankerten Handlungsmöglichkeiten zur Förderung der Chancengleichheit von Frauen und Männern.

Vor diesem Hintergrund gehen wir in den folgenden Abschnitten auf drei ausgewählte Handlungsfelder ein: auf die Personalgewinnung und -auswahl, auf die Entgeltpolitik und auf die Arbeitszeitpolitik.[19]

---

18 Zu betonen ist allerdings, dass eine solche Sichtweise zwar offenbar sehr weit verbreitet ist, es aber dennoch auch zahlreiche Gegenbeispiele gibt. So bemerkt z.B. einer der Gründer der Lomographischen Gesellschaft, eines österreichischen Unternehmens, das spezielle Fotokameras entwickelt und – hauptsächlich über das Internet – weltweit vertreibt: "Mir wäre es sogar manchmal lieber, wir hätten einen organisierten Betriebsrat" (zitiert nach Hofinger/Kaupa 2002:245).
19 Wir haben diese drei Handlungsfelder insbesondere deshalb ausgewählt, weil für diese die Datenlage deutlich besser ist als für andere, wie z.B. für Personalentwicklung oder Arbeitsplatzgestaltung.

Personalgewinnung und -auswahl

Die Ergebnisse mehrerer empirischer Studien deuten darauf hin, dass für die Rekrutierung und Auswahl von Personal in New Economy-Unternehmen informelle Kontakte und Netzwerke sowie die soziale Passung von BewerberInnen eine zentrale Rolle spielen. So zeigen z.B. die Ergebnisse der von Bain & Company (2000:28) durchgeführten Interviews mit VertreterInnen der Geschäftsleitungen von 75 Unternehmen und die Befragung von 20 GründerInnen von Stefanie Busch (2001:87), dass insbesondere in der Gründungsphase neue MitarbeiterInnen fast ausschließlich aus einem bestehenden Netzwerk bzw. aus dem Freundes- oder Familienkreis rekrutiert werden. Diese Form der Rekrutierung, so wird betont, habe erhebliche Vorteile, denn damit bestünde von Anfang an in der Kernmannschaft eine besondere Vertrauensbasis (o.V. 2001:38f). Auch über die Gründungsphase hinaus stellen persönliche Kontakte der MitarbeiterInnen und des Managements eine wichtige Quelle zur Personalgewinnung dar, wie z.B. die Ergebnisse der Studie von Möller (2002:79ff) zeigen: Von den 162 nach ihrem Stellenfindungsweg befragten Frauen nannten 20,4% jetzige KollegInnen, 6,2% (Frauen-)Netzwerke und 19,8% persönliche Kontakte oder Informationen über Dritte.[20]

Vor dem Hintergrund der oben bereits erwähnten starken anteilsmäßigen Dominanz von Männern unter den GründerInnen wie auch in einschlägigen informellen Netzwerken ist zu vermuten, dass die Wahrscheinlichkeit, über Wege der (erweiterten) Netzwerke rekrutiert zu werden, für qualifizierte Frauen grundsätzlich geringer ist als für Männer. Immerhin überstieg während der Boomphase der New Economy die Nachfrage nach hochqualifizierten, spezialisierten Arbeitskräften das Angebot, und zahlreiche New Economy-Unternehmen expandierten so schnell, dass für alle Qualifizierten die Chancen, dort einen hochwertigen Arbeitsplatz zu finden, sehr groß waren. Doch während Gronwald (2000b:180) im Jahr 2000 noch konstatiert: "Zwischen den Unternehmen der Neuen Wirtschaft tobt der Kampf um clevere Köpfe besonders verbissen. IT-Spezialisten[21] sind zur begehrtesten Ware auf dem Arbeitsmarkt avanciert – weltweit", traten bereits im darauf folgenden Jahr aus Sicht der ArbeitnehmerInnen krasse Verschlechterungen ein. Zu fragen ist daher, inwieweit Frauen bei der dann verschärften Auslese aus BewerberInnenpools das Nachsehen hatten bzw. haben.

---

20 Mehrfachantworten waren möglich. Zu beachten ist außerdem, dass sich die drei genannten Kategorien teilweise überschneiden. Über Stellenfindungswege von Männern liegen keine vergleichbaren Informationen vor.
21 Mit "IT-Spezialisten" sind vermutlich auch Frauen gemeint.

Dass diese Ausleseverfahren nicht den professionellen Standards entsprechen, stellen einige Autorinnen zusammenfassend fest (z.B. Hofinger/Kaupa 2002; von Pelchrzim 2001:30). Dennoch werden Auswahlentscheidungen auf Basis bestimmter Kriterien getroffen. Nach solchen Kriterien von Busch (2001) befragt, nannten von 20 New Economy-Unternehmensgründern jeweils 80% "unternehmerisches Denken" und "Fähigkeit, Verantwortung zu übernehmen". 60% nannten "Wissen und ein gewisses Maß an Erfahrung", jeweils 40% "reine Verfügbarkeit" und "Sympathie", 30% "Zuverlässigkeit und Vertrauen in die Person". Nur 5% gaben an, dass ihnen Noten und formale Bildungsabschlüsse wichtig seien.[22] Noch skeptischer im Hinblick auf die Validität bzw. sogar auf die Existenz von expliziten Entscheidungskriterien stimmen Meschnig und Stuhr (2001:68f):

> Richtige Bewerbungen mit Lebenslauf, Zeugnissen und Lichtbild müssen es nicht unbedingt sein, kreative Ideen werden belohnt oder es reicht eine kurze E-Mail. Auf welcher Grundlage die Managerin oder der Manager für "Human Resources" dann tatsächlich entscheidet, weiß niemand so genau, oft auch die verantwortliche Person selbst nicht.

Von den Verfahren der Personalauswahl scheinen freie Interviews mit Abstand am weitesten verbreitet zu sein (vgl. z.B. Bain & Company 2000:28), nur selten werden systematische Verfahren eingesetzt (vgl. von Pelchrzim 2001:29). Auch hier gilt daher: Mangelnde Transparenz und Formalisierung der Auswahlprozesse behindern das Aufdecken und Abschaffen von möglichen Diskriminierungen. Darüber hinaus erhöht die Verwendung der oben dargestellten hauptsächlichen Entscheidungskriterien die Gefahr von statistischer Diskriminierung,[23] da insbesondere unternehmerisches Denken, Verantwortungsübernahme und spezialisiertes IT-Wissen eher mit dem Stereotyp von "Männlichkeit" korrespondieren als mit dem von "Weiblichkeit". Gerade dann, wenn mangels Zeit, Professionalität und geeigneter Bewerbungsunterlagen nur sehr wenige Informationen über die KandidatInnen vorliegen, ist die Gefahr, von einem Gruppenmerkmal wie "Geschlecht" auf einzelne Personen zu schließen, besonders groß.

---

22 Interessant an diesen Ergebnissen ist ferner, dass die an anderen Stellen als typisch "weibliche" und für Arbeit in New Economy-Unternehmen als entscheidende Erfolgsvoraussetzung genannten Fähigkeiten und Eigenschaften wie z.B. Kommunikationsfähigkeit oder Flexibilität hier nicht auftauchen. Anders dagegen Meschnig/Stuhr (2001:69f), die darüber hinaus auf das Alter als – v.a. in kreativen Bereichen – zentrales Entscheidungskriterium hinweisen ("die Grenze liegt hier allerhöchstens bei 35").

23 Mit "statistischer Diskriminierung" wird in diesem Zusammenhang der Umstand bezeichnet, dass sich PersonalentscheiderInnen in denjenigen Fällen, in denen sie bestimmte Personenmerkmale und damit die Eignung von einzelnen BewerberInnen für eine Stelle nicht direkt beobachten können, damit behelfen, dass sie diese Eignung bei einer bestimmten Personengruppe vermuten.

Hinzu kommt, dass mit Entscheidungskriterien wie z.B. Vertrauen und Sympathie nicht nur diagnostische Probleme einher gehen, sondern häufig auch Benachteiligungen von Frauen. Denn Ähnlichkeiten, die Menschen untereinander wahrnehmen, begünstigen grundsätzlich den Kontakt und steigern gegenseitiges Vertrauen und Sympathie. Durch diesen so genannten Similar-to-me-Effekt wird für Frauen insbesondere der Zugang zu Unternehmen mit starken Kulturen männlicher (bzw. jungenhafter) Prägung stark erschwert – dies umso mehr, da den formalen Bildungsabschlüssen offensichtlich weniger Bedeutung beigemessen wird als der sozialen bzw. kulturellen Passung. Letzteres bestätigen auch Meschnig/Stuhr (2001:69):

> Die persönliche Sympathie, die 'Chemie', war und ist bei allen im weitesten Sinne kreativen Berufen immer schon entscheidend gewesen. Bringt ein Bewerber nicht das richtige 'feeling' rüber, hat er selbst bei entsprechender [berufs-fachlicher; R.O./S.R.] Qualifikation in den allermeisten Fällen keine Chance. (...) Das Alter, das Aussehen, das Geschlecht und die Persönlichkeit können aus dem beigelegten Foto einer Bewerbung oberflächlich herausgelesen werden. Noch ein kurzer Blick auf den Studiengang und dann wird ein- oder ausgeladen. (...) Der dem Bewerber unterstellte Lebensstil, gleichbedeutend mit soziokulturellen Vorlieben und Konsumgewohnheiten, die 'richtige' Mentalität, ist der entscheidende Faktor einer positiven Rückmeldung.

Solche Verfahren der Personalauswahl wirken offenkundig stark als Ausgrenzungsmechanismen – auch gegen Frauen.

Entgeltpolitik

Insbesondere in den ersten Jahren nach der Gründung, aber auch in späteren Jahren sind nur wenige New Economy-Unternehmen tarifgebunden (vgl. z.B. Zeuner 2001:2; Möller 2002:113). Das Entgelt wird vorwiegend individuell zwischen Geschäftsleitung und Beschäftigten ausgehandelt (vgl. z.B. Möller 2002:113). Auch Andreas Boes und Andrea Baukrowitz (2002:232) beschreiben diese typische Vorgehensweise anhand eines Unternehmensbeispiels: "Der (...) Entlohnungsmodus ist 'absolut individuell' und kommt auf Basis einer Einschätzung der Qualifikationen des Mitarbeiters durch den Inhaber zustande." Ergänzt wird dies um projektgruppenbezogene, leistungsabhängige Boni, und:

> Darüber hinaus werden (...) Gratifikationen vom Inhaber nach dessen Gutdünken vergeben. Dies betrifft die Zuwendungen am Ende eines erfolgreichen Geschäftsjahres – auch hierbei handelt es sich um eine kollektive Gratifikation – sowie eine besondere, individuell gezahlte Zuwendung an einige Mitarbeiter,[24] deren Leistung dem Inhaber besonders aufgefallen ist (Boes/Baukrowitz 2002:232).

---

24 Auch hier gilt vermutlich, dass mit "Mitarbeiter" auch weibliche Beschäftigte gemeint sind.

Dass solche Praktiken bei der Entgeltfindung – individuelle Aushandlungen des (qualifikationsabhängigen) Grundentgelts sowie Gutdünken und Belohnung der "Auffallenden" bei der Verteilung von Leistungszulagen – in besonderem Maße anfällig für Diskriminierungen sind, ist offenkundig. Insbesondere die intransparente, subjektive Bemessung der Leistungszulagen ist im Übrigen nicht EU-rechtskonform (vgl. z.B. Krell/Tondorf 2004:339ff).

Darüber hinaus lassen solche Praktiken nicht nur befürchten, dass Frauen im Entgeltbereich benachteiligt werden. Vielmehr deuten einige empirische Studien darauf hin, dass dies tatsächlich so ist. So waren beispielsweise in der Studie von Möller (2002:121) 52,9% der befragten Frauen mit ihrem Gehalt unzufrieden. Besonders hoch ist der Anteil der Unzufriedenen bei den vollzeitbeschäftigten Frauen (57,8%). 20,2% dieser Frauen begründeten ihre Unzufriedenheit damit, dass ihr Gehalt geringer ist als das ihrer männlichen Kollegen.[25] 16,5% aller in dieser Studie befragten Frauen gaben an, beim Gehalt im Vergleich mit ihren männlichen Kollegen (mit vergleichbaren Voraussetzungen) benachteiligt zu sein (Möller 2002:126).

Auch durch einen Vergleich der von Möller (2002:115ff) ermittelten Gehaltsbeträge für Frauen mit denen, die der Deutsche Multimedia Verband (dmmv) für alle Beschäftigten ermittelte (Giesler 2001), lässt sich eine Asymmetrie zu Ungunsten der Frauen identifizieren – und zwar sowohl bei einem Vergleich zwischen Frauen und Männern in ähnlichen hierarchischen Positionen als auch bei einem Vergleich zwischen eher frauendominierten und eher männerdominierten Tätigkeitsbereichen.[26] Letzteres zeigt sich auch in der Studie von Brasse (2003:20, 29): Während in den Spitzenreiter-Bereichen "Sales" (durchschnittliches Jahresgehalt:[27] 47.050 €) und "Projekt-/Produktmanagement" (durchschnittliches Jahresgehalt: 41.351 €) die Frauenanteile 31% bzw. 36% betragen, liegen sie bei den Schlusslichtern "Backoffice" (durchschnittli-

---

25 Unzufrieden mit dem Gehalt scheinen allerdings nicht nur Frauen zu sein: Immerhin ein Drittel der 714 von Accenture/Wirtz (2001:13) befragten Beschäftigten in New Economy-Unternehmen gab an, mit der Vergütung nicht zufrieden zu sein. Wie groß der Anteil der Männer ist, die mit ihrer Vergütung nicht zufrieden sind, weil sie sich gegenüber Frauen benachteiligt fühlen, ist leider nicht bekannt.
26 Die Datenquellen sind allerdings nicht ohne Weiteres miteinander vergleichbar: Die beiden Studien unterscheiden sich insbesondere im Hinblick auf die Bezugszeiträume und Tätigkeitsbereiche sowie auf die verwendeten statistischen Maße bzw. Darstellungsformen der Gehälter und Gehaltsverteilungen. Dennoch zeigt sich im Überblick, dass die Gehälter der Frauen (in der Studie von Möller 2002) grundsätzlich geringer sind als diejenigen aller Beschäftigten (in der Studie von Giesler 2001).
27 Alle folgenden Gehaltsangaben sind Brutto-Werte.

ches Jahresgehalt: 29.455 €) und "Verwaltung (Controlling, Human Resources)" (durchschnittliches Jahresgehalt: 26.595 €)[28] bei 67% bzw. 53%.[29]

Die Studie von Brasse (2003:29) ermöglicht auch einen direkten Gehaltsvergleich zwischen Frauen und Männern. Hier zeigt sich, dass sich Frauen und Männer relativ gleichmäßig auf die verschiedenen Gehaltsklassen verteilen, jedoch mit Ausnahme der höchsten Klasse (durchschnittliches Jahresgehalt: mehr als 50.000 €) – hier sind Frauen deutlich unterrepräsentiert. Da diese Studie jedoch keine multivariaten Analysen enthält, können weitere Einflussfaktoren auf die Gehälter nicht exakt identifiziert bzw. kontrolliert werden. In einer von der Zeitschrift *The Industry Standard* (Carr 2000) durchgeführten Befragung von knapp 2.600 Beschäftigten in New Economy-Unternehmen ist dies der Fall: Der Median des Jahresgehalts (inkl. Provisionen, Boni u.ä.) für Frauen betrug danach 66.000 US-$ und lag um fast ein Drittel unterhalb des Medians für Männer, der 91.000 US-$ betrug. Dieser Abstand zeigte sich auch nach der statistischen Kontrolle von Ausbildung, Position und Branche.[30]

Hinzuzufügen ist noch, dass für die Entgeltpolitik in New Economy-Unternehmen so genannte Aktienoptionsprogramme eine wichtige Rolle spielen (vgl. Mattauch, 2000:202; Busch 2001:96). Dies bedeutet, dass ein Teil des Entgelts in Form von Aktienoptionen gewährt wird und die Beschäftigten (nach erfolgreichem Börsengang des Unternehmens bzw. nach einer erneuten Aktienausgabe) nach Ablauf einer bestimmten Frist Aktien ihres Unternehmens verkaufen können. In Abhängigkeit von der Börsennotierung können Beschäftigte auf diesem Wege unter Umständen ein sehr hohes Einkommen erzielen. In den oben dargestellten Befragungsergebnissen ist dieser Entgeltbestandteil vermutlich enthalten. Eine detailliertere Untersuchung der Verteilung von materiellen Beteiligungen an New Economy-Unternehmen auf Frauen und Männer steht allerdings noch aus.

---

28 Auch dieses geringe Durchschnittsgehalt lässt sich als Indiz dafür interpretieren, dass es sich beim Bereich "Human Resources" häufig tatsächlich eher um pure Verwaltung als um professionelle Personalpolitik handelt.
29 Hinzuzufügen ist, dass der Tätigkeitsbereich mit dem dritt-höchsten durchschnittlichen Jahresgehalt, nämlich "Marketing/PR" (durchschnittliches Jahresgehalt: 39.232 €) von Frauen dominiert wird, der Frauenanteil beträgt hier 67%.
30 Immerhin nannten Frauen in dieser Studie kürzere Arbeitszeiten als Männer (9,7 Stunden am Tag gegenüber 10,3 Stunden, und nur etwa 50% der Frauen arbeiten wenigstens an einem Wochenende pro Monat gegenüber 61% der Männer). Dieser Unterschied alleine rechtfertigt jedoch keine Gehaltsunterschiede in der dargestellten Größenordnung.

Arbeitszeitpolitik

Die Arbeitszeitpolitik zählt zu den Themen, die nicht nur in der wissenschaftlichen Forschung, sondern gerade auch in den Medien in Zusammenhang mit New Economy-Unternehmen besonders häufig diskutiert werden. Zum einen geht es dabei um den extremen Umfang der Arbeitszeiten, zum anderen um die Freiwilligkeit und "Leidenschaft", mit der die Beschäftigten (vermeintlich?) nahezu rund um die Uhr für ihr Unternehmen arbeiten. Beide Aspekte haben auch Bedeutung für die Geschlechterverhältnisse.

Ein Beispiel für extreme Arbeitszeitmodelle ist das vom Unternehmen Doo-Yoo im Jahr 2000 praktizierte (vgl. Reymann 2000:22):

> Kernarbeitszeit ist bei DooYoo von 9.30 bis 20.30 Uhr, dann muss jeder da sein. Manche kommen früher und viele bleiben länger und am Wochenende machen die Mitarbeiter nach Bedarf einen oder anderthalb Tage frei.

Zu den weit verbreiteten Arbeitszeitmodellen in New Economy-Unternehmen zählt die so genannte Vertrauensarbeitszeit. Das heißt: den Beschäftigten bleibt (weitgehend) selbst überlassen, wann sie die zur Erfüllung einer vereinbarten Arbeitsaufgabe notwendigen Arbeitsschritte erledigen. In der Studie von Brasse (2003:15) gab ein knappes Drittel der befragten Beschäftigten an, nach solch einem Modell zu arbeiten. In der von Michael Eger (2001:12f) durchgeführten Befragung von 35 New Economy-Unternehmen gaben sogar 42,9% der befragten Unternehmen an, dass es bei ihnen Vertrauensarbeitszeit gäbe. In 37,0% der befragten Unternehmen existierten Gleitzeitmodelle und in 14,3% feste Arbeitszeiten.[31] Demgegenüber gaben in der Studie von Brasse (2003:15) 38% der befragten Beschäftigten an, dass sie nach einem Gleitzeitmodell arbeiten (31% mit Kernarbeitszeit und 7% ohne Kernarbeitszeit). 26% antworteten, dass sie nach einem festen Arbeitszeitmodell arbeiten und 4%, dass sie nach einem Schichtarbeitsmodell arbeiten.

Interessant ist, dass die überwiegende Mehrheit der Befragten angab, tatsächlich wesentlich mehr als die vereinbarte Zeit zu arbeiten: Während zum Beispiel nur 2% der Befragten eine Arbeitszeit von mehr als 40 Stunden pro Woche vereinbart hatten, arbeiteten tatsächlich 60% mehr als 40 Stunden, 12% sogar mehr als 50 Stunden (Brasse 2003:15). Immerhin beurteilen 71% der Befragten ihre Arbeitszeitregelungen als "sehr positiv" oder "positiv". Die Vorzüge von "Freiheit und Flexibilität der Arbeitszeit" (Brasse 2003:17) werden positiv hervorgehoben. Allerdings werden auch fehlende Möglichkeiten des Überstun-

---

31 Unklar ist, ob in diesen Unternehmen mehrere Arbeitszeitmodelle parallel existieren und welche Modelle gegebenenfalls in den übrigen Unternehmen praktiziert werden.

denausgleichs oder fehlende Überstundenregelungen beklagt. Und 23 der 673 Befragten bemängeln "jegliches Fehlen von Arbeitszeitregelungen" (ebenda). Ähnlich hohe durchschnittliche Wochenarbeitszeiten ergaben die Studien von Ingrid Möller (2002:100f) mit 46,2 Stunden, von Stefan Giesler (2001:15) mit 47,2 Stunden sowie von Stefanie Busch (2001:90) mit 51,8 Stunden. Jedoch ist Arbeitszeit nicht gleichbedeutend mit produktiver Zeit. So äußern sich zum Beispiel auch Meschnig/Stuhr (2001:122) kritisch zur ineffizienten, zeitaufwändigen Arbeitsweise:

> Es sind oft mehr das Beschäftigt-Wirken, das pausenlose Handytelefonieren, die E-Mail-Flut, der übervolle Terminkalender, die endlosen Besprechungen, die in den Start-Up-Unternehmen als 'reale Arbeit' vorgezeigt werden. Doch allzu oft ist die Arbeit schlecht organisiert, unproduktive Leerläufe kennzeichnen den Arbeitsalltag.

"Endlose Besprechungen", das oben erwähnte Fernsehen um 18:00 Uhr und das spätere gemeinsame "After-Work-Clubbing" (vgl. z.B. 2001:201ff), wo weiterhin geschäftliche Themen die Gespräche dominieren – zweifelsohne summieren sich auf diese Weise rasch ausgedehnte Arbeitszeiten auf. Einerseits wäre daher zu beklagen, dass den Beschäftigten keine "Freizeit" mehr bliebe. Dies trifft aber nicht immer zu, wie häufig festgestellt wird. Denn diejenigen Elemente, die für ein subjektives Empfinden von "Freizeit" für Viele zentral sind – Verfolgen persönlicher Interessen, Selbstverwirklichung, Zusammensein mit FreundInnen usw. (selbst Fernsehen...) – bieten gerade die Arbeitsplätze in New Economy-Unternehmen. Meschnig und Stuhr sprechen in diesem Zusammenhang von Arbeit als "einer unendlichen Abfolge von Partys in einer Art von Arbeitscommunity. Man macht am Arbeitsplatz genau das, was man auch zu Hause oder in seiner Freizeit tun würde" (2001:126).

Andererseits werden hier auch das oft diskutierte Verschmelzen von Arbeit und Freizeit, die "Entgrenzung" von Arbeit (vgl. zusammenfassend Minssen 2000) wie auch Charakteristika der "idealen Persönlichkeiten eines auf Selbstausbeutung basierenden Konzeptes von Freiheit" (Meschnig/Stuhr 2001:132) deutlich. Dazu tragen auch organisatorische Regelungen bei, die einen Schwerpunkt auf eigenverantwortliche Projektgruppenarbeit legen. So beschreiben z.B. Meschnig/Stuhr (2001:102) anschaulich, wie Projektgruppenarbeit zur Ausdehnung individueller Arbeitszeiten beitragen kann:

> Wer will schon Schwäche zeigen angesichts der Masse an Herausforderungen, dem zeitlichen Druck, dem Einsatz der anderen? Wer vor 20 Uhr nach Hause geht, gilt so bald als nicht teamfähig, wer zusätzliche Arbeit ablehnt als Verweigerer innerhalb des Teams, das aufeinander angewiesen ist. So wird erfolgreich ein Klima der Selbstausbeutung erzeugt, das an die emotionale Bindung an Team/Arbeitsfamilie appelliert. Wie in 'normalen Familien' wird die Kategorie der Schuld oder des Sich-schuldig-Fühlens zur psychischen Konstante.

Dieses Zitat illustriert auch gleichzeitig, auf welche Art und Weise in Clans sozialer Druck ausgeübt werden kann. Die Bedeutung dieser Praktiken bzw. Mechanismen für die Geschlechterverhältnisse wird insbesondere dann offenkundig, wenn der Haushaltskontext der Beschäftigten betrachtet wird: Familienpflichten und -freuden nachzukommen, gestaltet sich bei solchen Zeit- und Zugehörigkeitserfordernissen extrem schwierig, und Beschäftigte mit zu erziehenden Kindern oder pflegebedürftigen Angehörigen müssen diese Tätigkeiten nahezu zwangsläufig ihrer Partnerin oder ihrem Partner übertragen. Dabei ergeben sich in der Praxis bestimmte Verteilungsmuster, auf die zum Beispiel die Ergebnisse von Brasse (2003:28) zum Familienstand von New Economy-Beschäftigten schließen lassen: Gut 20% der Befragten haben mindestens ein Kind.[32] Frauen leben deutlich häufiger in einer Lebensgemeinschaft oder Ehe ohne Kinder als Männer (etwa 45% der Frauen gegenüber etwa 34% der Männer). Umgekehrt leben Männer deutlich häufiger in einer Lebensgemeinschaft oder Ehe *mit* Kind(ern) als Frauen (etwa 23% der Männer gegenüber etwa 10% der Frauen). Frauen sind etwas häufiger alleinstehend als Männer (insgesamt etwa 46% der Frauen gegenüber etwa 42% der Männer), wobei einige der alleinstehenden Frauen ein Kind oder mehrere Kinder haben (etwa 8% aller Frauen), jedoch keiner der Männer. Hinzu kommt, dass die überwiegende Mehrheit derjenigen, die der Ansicht sind, dass es Unterschiede in den beruflichen Entwicklungschancen zwischen Frauen und Männern wegen geringerer zeitlicher Flexibilität aufgrund von Kinderbetreuung gibt,[33] diese geringere zeitliche Flexibilität Frauen zuschreibt (97% der Frauen und 84% der Männer).

Mit aller Vorsicht bei der Interpretation deuten diese Ergebnisse insgesamt darauf hin, dass mehr Frauen für Kinder "zuständig" sind als Männer. Auch wenn dies nicht zwangsläufig und ausschließlich eine Folge der Arbeitszeitpolitik in New Economy-Unternehmen sein wird: Es "passt" zusammen, und dieser Zusammenhang kann durchaus als ausgrenzender und benachteiligender Mechanismus wirken gegenüber allen, die kürzer als ihre KollegInnen arbeiten und damit möglicherweise weniger Engagement, Leistung und Zugehörigkeit signalisieren.

---

32 Diese und die folgenden Prozentangaben wurden von uns auf Basis der Angaben bei Brasse (2003) berechnet. Sie sind daher nicht ganz exakt. Interessant wäre ferner die Berücksichtigung (u.a.) des Alters der Befragten und der Art ihrer Beschäftigungsverhältnisse – dies kann auf Basis der von Brasse veröffentlichten Ergebnisse allerdings nicht erfolgen.
33 Wie hoch der Anteil der Befragten, die dieser Ansicht sind, an allen Befragten ist, bleibt unbekannt.

Fazit

Wer glaubt(e) an durchgreifende Veränderungen der Geschlechterverhältnisse, an ein Durchbrechen der Entwicklungslinie "[v]om kollektiven Frauenausschluß zur Integration mit beschränkten Möglichkeiten" (Wetterer 1993)? Unsere Analysen liefern deutliche Hinweise darauf, dass die üblichen geschlechtsbezogenen Segregationslinien und Hierarchisierungen auch in New Economy-Unternehmen weiterhin bestehen. Vieles spricht dafür, dass die von männlichen Gründern geprägte Unternehmenskultur, der weitgehende Verzicht auf formale Strukturen und Regeln wie auch auf eine professionelle Personalpolitik die Chancen von Frauen in New Economy-Unternehmen eher beschränken.

In diesem Beitrag haben wir auf bestehende betriebliche Praktiken und deren Bedeutung für die Geschlechterverhältnisse fokussiert. Die empirische Datenbasis, auf der unsere Argumentation beruht, gibt erste Anhaltspunkte für die Ausprägung der Geschlechterverhältnisse in New Economy-Unternehmen. Um eine fundiertere Darstellung zu ermöglichen, ist aber zweifelsohne eine Verbreiterung der Datenbasis notwendig – insbesondere auf einem höheren methodischen Niveau. Des Weiteren sehen wir den dringenden Bedarf an theoretisch wie empirisch fundierten Studien zu den *Prozessen* der Herausbildung betrieblicher Praktiken in New Economy-Unternehmen und der damit verbundenen (Re-) Konstruktion der Geschlechterverhältnisse.

Literatur

Accenture/B.W. Wirtz (2001): *Management Summary: Arbeitszufriedenheit im E-Business. Analyse der Arbeitsbedingungen und der Arbeitszufriedenheit in deutschen E-Business Unternehmen*. Witten/Herdecke: Universität Witten/Herdecke.

Bain & Company (Hg.) (2000): *One economy*. München: Bain & Company.

Bauer, A. (2004): Der Internet-Boom fängt erst an. In: *Süddeutsche Zeitung* vom 10./11.01.2004. S. 23.

Beck, U. (1999): *Schöne neue Arbeitswelt. Vision: Weltbürgergesellschaft*. 2. Aufl. Frankfurt a.M./ New York: Campus.

Becker-Schmidt, R. (1998): Relationalität zwischen den Geschlechtern, Konnexionen im Geschlechterverhältnis. In: *Zeitschrift für Frauenforschung* 16 (3). S. 5-21.

Bilden, H. (1991): Geschlechtsspezifische Sozialisation. In: *Handbuch der Sozialisationsforschung*. Hg. K. Hurrelmann/D. Ulich. Weinheim/Basel: Beltz. S. 279-301.

Bischoff, J. (2001): *Mythen der New Economy. Zur politischen Ökonomie der Wissensgesellschaft*. Hamburg: VSA.

Boes, A./A. Baukrowitz (2002): *Arbeitsbeziehungen in der IT-Industrie. Erosion oder Innovation der Mitbestimmung?* (Forschung aus der Hans-Böckler-Stiftung, Bd. 37). Berlin: Edition Sigma.

Borsook, P. (2001): *Schöne neue Cyberwelt. Mythen, Helden und Irrwege des Hightech*. München: DTV.

Brasse, C. (2003): *Junge Branche, alte Muster. Vom Arbeiten und Leben in den Neuen Medien. Daten und Analysen zur Arbeitssituation der Beschäftigten in der Multimediabranche. Ergebnisse der bundesweiten Umfrage von connex.av*. Hannover: connex.av.

Bundesministerium für Wirtschaft und Technologie/Bundesministerium für Bildung und Forschung (Hg.) (1999): *Aktionsprogramm der Bundesregierung "Innovation und Arbeitsplätze in der Informationsgesellschaft des 21. Jahrhunderts"*. Bonn: Bundesministerium für Wirtschaft und Technologie/Bundesministerium für Bildung und Forschung.

Busch, S. (2001): *Wachstumsschwellen in der New Economy – Eine empirische Untersuchung der Pionierkrise in Internet-Startups*. Unveröffentlichte Diplomarbeit, Freie Universität Berlin.

Carr, L. (2000): Still a man's world? The wage gap between men and women still persists, even among Internet Economy employees. In: *The Industry Standard* vom 25.12.2000. Online Dokument URL: http://www.thestandard.com/article/0.1902.21033.00.html (gesehen am 03.04.2002).

Castells, M. (1996): *The information age: Economy, society, and culture*. (Bd. 1: The rise of the network society). Malden, Mass./Oxford: Blackwell.

Cockburn, C. (1988): *Die Herrschaftsmaschine. Geschlechterverhältnisse und technisches Know-How*. Berlin: Argument.

Deckstein, D./P. Felixberger (2000): *Arbeit neu denken. Wie wir die Chancen der New Economy nutzen können*. Frankfurt a.M./New York: Campus.

DeLong, J.B./L.H. Summers (2001): *The new economy: Background, questions, and speculations.* Berkeley/New York: Harvard University Press.

Eger, M. (2001): *Human resource management in Unternehmen der New Economy: Eine Studie zu Umfang, Bedeutung und Problemfeldern. Ergebnisse einer Unternehmensbefragung.* Wiesbaden: Fachhochschule FB Medienwirtschaft, Diplomarbeit.

Fischermann, T. (2004): *Die Rückkehr der Dotcoms? Der Technologie-Crash ist vorüber und das Internet wird wieder zur Goldgrube.* Online Dokument URL: http://www.zeit.de-01-2004 (gesehen am 08.01.2004).

Frank, T. (2001): *Das falsche Versprechen der New Economy. Wider die neoliberale Schönfärberei.* Frankfurt a.M./New York: Campus.

Gerwitz, M.L./A. Lindsey (2000): *Women in the new economy: Insights and realities.* Online Dokument URL: http://www.worldwit.org/features/women_economy_survey.pdf (gesehen am 18.01.2002).

Gesterkamp, T. (2002): Selbstverwirklichung mit Profit. Aufstieg und Fall der digitalen Helden. In: *Gewerkschaftliche Monatshefte* 53. S. 344-351.

Gesterkamp, T. (2000): Coole Leute mit heißen Jobs. Neue Selbständigkeit in einer Vorreiterbranche. In: *Blätter für deutsche und internationale Politik* 45. S. 350-357.

Gherardi, S. (1995): *Gender, symbolism and organizational cultures.* London: Sage.

Giesler, S. (2001): *dmmv-Gehaltsspiegel 2001. Die Gehaltsstruktur der Internet- und Multimedia-Branche.* München: High Text.

Gildemeister, R./A. Wetterer (1992): Wie Geschlechter gemacht werden. Die soziale Konstruktion der Zweigeschlechtlichkeit und ihre Reifizierung in der Frauenforschung. In: *Traditionen Brüche. Entwicklungen feministischer Theorie.* Hg. G.-A. Knapp/A. Wetterer. Freiburg: Kore. S. 201-254.

Gottschall, K. (1990): *Frauenarbeit und Bürorationalisierung. Zur Entstehung geschlechtsspezifischer Trennungslinien in großbetrieblichen Verwaltungen.* Frankfurt a.M./New York: Campus.

Gottschall, K./B. Pfau-Effinger (2002): *Zukunft der Arbeit und Geschlecht. Diskurse, Entwicklungspfade und Reformoptionen im internationalen Vergleich.* Opladen: Leske & Budrich.

Gronwald, S. (2000a): Unternehmer in eigener Sache – Wie man in der New Economy arbeitet. In: *Neue Wirtschaft. Das Kursbuch für die New Economy. Statusreport 2001.* Hg. W. Lotter/ Ch. Sommer. Stuttgart/München: DVA. S. 187-195.

Gronwald, S. (2000b): Die Jagd nach den besten Köpfen – Wie man Mitarbeiter kriegt. In: *Neue Wirtschaft. Das Kursbuch für die New Economy. Statusreport 2001.* Hg. W. Lotter/Ch. Sommer. Stuttgart/München: DVA. S. 179-185.

Heintz, B./E. Nadai/R. Fischer/H. Ummel (1997): *Ungleich unter Gleichen. Studien zur geschlechtsspezifischen Segregation des Arbeitsmarktes.* Frankfurt a.M./New York: Campus.

Heuer, S. (2000): Mythos Silicon Valley. In: *Neue Wirtschaft. Das Kursbuch für die New Economy. Statusreport 2001.* Hg. W. Lotter/Ch. Sommer. Stuttgart/München: DVA. S. 39-50.

Höhler, G. (2002): Geschlechterarrangements im Umbruch: Neue Bündnisse unter Wölfin und Wolf. In: *Frauen und Männer im Management. Diversity in Diskurs und Praxis.* Hg. S. Peters/N. Bensel. 2. Aufl. Wiesbaden: Gabler. S. 69-84.

Höhler, G. (2001): Ohne Frauen im Management haben Firmen keine Zukunft. In: *Personalführung* 34 (3). S. 20-26.

Hönicke, I. (2001): In der Cyber Welt haben nur wenige Frauen das Sagen. In: *Die Welt online*. Online Dokument URL: http://www.welt.de/daten/1999/07/0710bw120854.htx (gesehen am 17.03.2002).

Hofinger, Ch./I. Kaupa (2002): Garagen, Hypes und Venture Capital: Ein Gruppeninterview mit drei Geschäftsführern aus der New Economy. In: *Game Over? Neue Selbstständigkeit und New Economy nach dem Hype*. Hg. H. Eichmann/I. Kaupa/K. Steiner. Wien: Falter. S. 229-245.

Holtgrewe, U. (1997): *Frauen zwischen Zuarbeit und Eigensinn. Der EDV-Einzug in Kleinstbetriebe und die Veränderungen weiblicher Assistenzarbeit.* Berlin: Edition Sigma.

Integra (2000): *Erfolgsfaktoren von "Dotcom"-Unternehmen in Deutschland.* Bad Homburg: Integra GmbH.

Ittermann, P./J. Abel (2002): Gratwanderung zwischen Tradition und Innovation – Reifeprüfung der New Economy. In: *Industrielle Beziehungen* 9. S. 463-470.

Kipker, I./H. Potthoff (2001): Neue Formen der Mitbestimmung. In: *Personalwirtschaft* 28 (2). S. 18-21.

Klatt, R./G. Richter-Witzgall (2000): *Frauen in Zukunftsberufen – Wege zu einer wirtschaftsnahen Entwicklung der Chancengleichheit von Frauen in der Ausbildung.* Dortmund: Sozialforschungsstelle Dortmund.

Knapp, G.-A. (2004): Gleichheit, Differenz, Dekonstruktion: Vom Nutzen theoretischer Ansätze der Frauen- und Geschlechterforschung für die Praxis. In: *Chancengleichheit durch Personalpolitik. Gleichstellung von Frauen und Männern in Unternehmen und Verwaltungen. Rechtliche Regelungen – Problemanalysen – Lösungen.* Hg. G. Krell. 4. Aufl. Wiesbaden: Gabler. S. 151-159.

Knapp, G.-A. (1993): Segregation in Bewegung: einige Überlegungen zum "Gendering" von Arbeit und Arbeitsvermögen. In: *Frauenerwerbsarbeit. Forschungen zu Geschichte und Gegenwart.* Hg. G. Krell/K. Hausen. München/Mering: Hampp. S. 25-46.

Knapp, G.-A. (1992): Macht und Geschlecht. Neuere Entwicklungen in der feministischen Macht- und Herrschaftsdiskussion. In: *TraditionenBrüche. Entwicklungen feministischer Theorie.* Hg. G.-A. Knapp/A. Wetterer. Freiburg: Kore. S. 287-325.

Krell, G. (2004a): Vorteile eines neuen, weiblichen Führungsstils: Ideologiekritik und Diskursanalyse. In: *Chancengleichheit durch Personalpolitik. Gleichstellung von Frauen und Männern in Unternehmen und Verwaltungen. Rechtliche Regelungen – Problemanalysen – Lösungen.* Hg. G. Krell. 4. Aufl. Wiesbaden: Gabler. S. 377-392.

Krell, G. (Hg.) (2004b): *Chancengleichheit durch Personalpolitik. Gleichstellung von Frauen und Männern in Unternehmen und Verwaltungen. Rechtliche Regelungen – Problemanalysen – Lösungen.* 4. Aufl. Wiesbaden: Gabler.

Krell, G. (2003): Die Ordnung der 'Humanressourcen' als Ordnung der Geschlechter. In: *Menschenregierungskünste. Anwendungen poststrukturalistischer Analysen auf Management und Organisation*. Hg. R. Weiskopf. Wiesbaden: Westdeutscher Verlag. S. 65-90.

Krell, G. (1996): Orientierungsversuche einer Lehre vom Personal. In: *Grundlagen der Personalwirtschaft. Theorien und Konzepte*. Hg. W. Weber. Wiesbaden: Gabler. S. 19-37.

Krell, G./M. Osterloh (Hg.) (1993): *Personalpolitik aus der Sicht von Frauen. Frauen aus der Sicht der Personalpolitik. Was kann die Personalforschung von der Frauenforschung lernen?* 2. Aufl. München/Mering: Hampp.

Krell, G./Tondorf, K. (2004): Leistungsabhängige Entgeltdifferenzierung: Leistungslohn, Leistungszulagen, Leistungsbewertung auf dem gleichstellungspolitischen Prüfstand. In: *Chancengleichheit durch Personalpolitik. Gleichstellung von Frauen und Männern in Unternehmen und Verwaltungen. Rechtliche Lösungen – Problemanalysen – Lösungen*. Hg. G. Krell. 4. Aufl. Wiesbaden: Gabler. S. 333-350.

Kuntz, B. (2001): Das Quäntchen mehr Familie. In: *Personalwirtschaft* 28 (6). S. 90-93.

Lender, M. (2001): Personalmanagement in einem Start-up. In: *Personal* 53. S. 624-627.

Lotter, W./Ch. Sommer (Hg.) (2000). *Neue Wirtschaft. Das Kursbuch für die New Economy. Statusreport 2001*. Stuttgart/München: DVA

Lutz, B./Deutsche Forschungsgemeinschaft (2001): *Entwicklungsperspektiven von Arbeit. Ergebnisse aus dem Sonderforschungsbereich 333 der Universität München*. Berlin: Akademieverlag.

Mattauch, C. (2000): Der Mitarbeiter als Mit-Unternehmer – Wie man Mitarbeiter hält. In: *Neue Wirtschaft. Das Kursbuch für die New Economy. Statusreport 2001*. Hg. W. Lotter/Ch. Sommer. Stuttgart/München: DVA. S. 197-202.

Meschnig, A./M. Stuhr (2001): *www.revolution.de. Die Kultur der New Economy*. Hamburg: Rotbuch.

Michel Medienforschung und Beratung (1999): *Karrierewege in der Multimedia-Wirtschaft – Qualifikationsanforderungen und Arbeitsmarktentwicklung in einer Zukunftsbranche*. Essen: Michel Medienforschung und Beratung.

Mills, A.J./P. Tancred (Hg.) (1992): *Gendering organizational analysis*. Newbury Park: Sage.

Minssen, H. (Hg.) (2000): *Begrenzte Entgrenzungen. Wandlungen von Organisation und Arbeit*. Berlin: Edition Sigma.

Möller, I. (2002): *Frauen in Zukunftsberufen – Chance Multimedia. Eine Untersuchung im Auftrag des Senatsamtes für Gleichstellung*. Unter Mitarbeit von E. Kerkhoff/E. Luig/J. Rosenkranz. Hamburg: Senatsamt für die Gleichstellung der Freien und Hansestadt Hamburg.

Moldaschl, M./G. Voß (Hg.) (2002): *Subjektivierung von Arbeit*. München/Mering: Hampp.

o.V. (2001): Tragfähiges Netzwerk als Voraussetzung. In: *Personalführung* 34 (8). S. 38-39.

o.V. (2000): Mehr Führungsfrauen in Multimedia-Branche. In: *iBusiness* vom 07.06.2000. Online Dokument URL: http://www.ibusiness.de/members/aktuell/db/960288314.html (gesehen am 17.03.2002).

Ortlieb, R. (2003): *Betrieblicher Krankenstand als personalpolitische Arena. Eine Längsschnittanalyse.* Wiesbaden: DUV.

Ortlieb, R./B. Sieben (2004): River Rafting, Polonaise oder Bowling: Betriebsfeiern und ähnliche Events als Medien organisationskultureller (Re-)Produktion von Geschlechterverhältnissen. In: *Chancengleichheit durch Personalpolitik. Gleichstellung von Frauen und Männern in Unternehmen und Verwaltungen. Rechtliche Lösungen – Problemanalysen – Lösungen.* 4. Aufl. Hg. G. Krell. Wiesbaden: Gabler. S. 449-458.

Ouchi, W.G. (1981): *Theory Z: How American business can meet the Japanese challenge.* New York: Addison Wesley.

Ouchi, W.G. (1980): Markets, bureaucracies and clans. In: *Administrative Science Quarterly* 25 (3). S. 129-141.

Pelchrzim, H. von (2001): Personalarbeit in Start-Ups: Riskanter Mut zur Lücke. Eine aktuelle Online-Befragung von Start-Up-Firmen belegt zum Teil gravierende Defizite in der Personalarbeit. In: *Personalführung* 34 (8). S. 28-31.

Pendt, G./B. Schlumbohm (2001): Personalarbeit im E-Business: Aktuelle Praxis, Perspektiven. Das HR-Management der New Economy steht vor der Herausforderung, integrierter Bestandteil der Unternehmenspolitik zu werden. In: *Personalführung* 34 (8). S. 24-27.

Picot, A. (2003): *Zehn Eigenschaften der Internet-Ökonomie.* Online Dokument URL: http://www.competencesite.de/ebusiness.nsf/9A49EFF5CEE4D033C125697A005B4FFD/FILE/eigenschaften-der-internet-%C3%B6konomie.pdf (gesehen am 27.05.2003).

pol-di.net (2001): *Are we family?! Umfang und Formen der Mitarbeiter-Mitbestimmung in der New Economy.* Berlin: pol-di.net.

Pongratz, H.J./G.G. Voß (2003): *Arbeitskraftunternehmer. Erwerbsorientierungen in entgrenzten Arbeitsformen.* (Forschung aus der Hans-Böckler-Stiftung, Bd. 47). Berlin: Edition Sigma.

Rastetter, D. (1998): Männerbund Management. Ist Gleichstellung von Frauen und Männern trotz wirksamer archaischer Gegenkräfte möglich? In: *Zeitschrift für Personalforschung* 12. S. 167-186.

Regenhard, U. (1995): Zur Rangordnung der Engel in industriebetrieblichen Organisationskonzepten. In: *Geschlechterpolitik in Organisationen.* Hg. E. Brumlop/F. Maier. Gelsenkirchen: Arbeitspapiere aus dem Arbeitskreis sozialwissenschaftliche Arbeitsmarktforschung (SAMF). S. 23-28.

Reymann, C. (2000): Superglückliche Malocher. Tischkicker und Ringe unter den Augen – arbeiten bei einer Internetfirma. In: *Die Zeit* vom 13.07.2000. S. 22.

Rifkin, J. (1995): *Das Ende der Arbeit und ihre Zukunft.* Frankfurt a.M.: Fischer.

Sandner, K. (1989): Unternehmenspolitik – Politik im Unternehmen. Zum Begriff des Politischen in der Betriebswirtschaftslehre. In: *Politische Prozesse in Unternehmen.* Hg. K. Sandner. Berlin: Springer. S. 45-76.

Schein, E.H. (1984): Coming to a new awareness of organizational culture. In: *Sloan Management Review* 25 (2). S. 3-16.

Schubert, K. (1991): *Politikfeldanalyse. Eine Einführung.* Opladen: Leske & Budrich.

Sennett, R. (2000): *Der flexible Mensch. Die Kultur des neuen Kapitalismus.* Berlin: Siedler.

Trautwein-Kalms, G. (1999): Qualifizierte Frauen in neuen Arbeitsformen: Erfolge, Rollback – und neue Chancen? In: *Es rettet uns kein höheres Wesen... Feministische Perspektiven der Arbeitsgesellschaft.* Hg. B. Stolz-Willig/M. Veil. Hamburg: VSA. S. 45-58.

Voß, G.G./H.J. Pongratz (1998): Der Arbeitskraftunternehmer. Eine neue Grundform der Ware Arbeitskraft? In: *Kölner Zeitschrift für Soziologie und Sozialpsychologie* 50. S. 131-168.

Weber, C. (1993): Die Zukunft des Clans. Überlegungen zum japanischen Organisationstyp und Managementstil. In: *Personalpolitik aus der Sicht von Frauen – Frauen aus der Sicht der Personalpolitik. Was kann die Personalforschung von der Frauenforschung lernen?* Hg. G. Krell/M. Osterloh. 2. Aufl. München/Mering: Hampp. S 148-172.

Weingarten, S./M. Wellershoff (1999): *Die widerspenstigen Töchter. Für eine neue Frauenbewegung.* Köln: Kiepenheuer & Witsch.

Weiss, B. (2002): Frauen in der New Economy – Jenseits der gläsernen Decke? In: *Game Over? Neue Selbstständigkeit und New Economy nach dem Hype.* Hg. H. Eichmann/I. Kaupa/K. Steiner. Wien: Falter. S. 215-227.

Welfens, P.J.J. (2002): *Interneteconomics.net. Macroeconomics, deregulation, and innovation.* Berlin: Springer.

Welsch, J. (2003): New Economy – Hoffnung des 21. Jahrhunderts oder Blütentraum? In: *WSI-Mitteilungen* 56. S. 360-367.

Wetterer, A. (1993): *Professionalisierung und Geschlechterhierarchie. Vom kollektiven Frauenausschluß zur Integration mit beschränkten Möglichkeiten.* Kassel: Jenior & Pressler.

Zeuner, B. (2001): *Der Preis der neuen Arbeit: Löhne, Honorare, Werkverträge und Tarifverträge.* Thesen zur Ringvorlesung "Große Freiheit in der neuen Arbeitswelt? Kollektive Interessenvertretung im Zeitalter der 'neuen Ökonomie'". Thesenpaper zum Vortrag vom 04.07.2001 an der Freien Universität Berlin.

Zilian, H.G./J. Flecker (Hg.) (1997): *Pathologien und Paradoxien der Arbeitswelt.* Wien: Forum Sozialforschung.

Gender Trouble in Organisationen und die Erreichbarkeit von Führung

Ursula Pasero
Gender Research Group der Christian-Albrechts-Universität zu Kiel

Einleitung

In den Spitzenpositionen der Wirtschaft sind Frauen weltweit Ausnahmen, obwohl Qualifikation und Professionalisierung kaum noch geschlechtstypische Grenzen markieren. Frauen sind längst zu *high potentials* avanciert. Genau dieser Umstand bewirkt, dass ihre Erwartungen im Hinblick auf gleiche Chancen nachhaltig enttäuscht werden. Zugleich wird der ökonomische Kalkül eines Return on Investment in Bildung und Professionalisierung nicht ausgeschöpft. Dieses in Organisationen ausmachbare geschlechtstypische Konfliktfeld kann kurz und bündig als "Gender Trouble" beschrieben werden.

In der Geschlechterforschung wird der Gender Trouble als weiterer Beleg dafür gesehen, dass Gleichstellung im Schneckentempo vorangeht und immer wieder Rückschläge erleidet. In diesem Beitrag wird jedoch ein anderer Aspekt betont: Gender Trouble könnte vielmehr als ein Gradmesser für die Modernisierung von Gesellschaft gesehen werden. Als sozialer Konflikt markiert er ein historisch neues Phänomen: das Phänomen der Konkurrenz zwischen Frauen und Männern um *gleiche* Positionen. Mit Gary S. Becker (1995) könnte nun gefragt werden: Sind Frauen im Wettbewerb um Spitzenpositionen gleichwertige "Substitute"? Offensichtlich (noch) nicht.

Arrangements zwischen den Geschlechtern in Organisationen

Organisationen greifen nur in spezifischen Feldern ihrer Hierarchie auf gleichrangig ausgebildetes weibliches wie männliches Personal zu, nämlich dort, wo Positionen mit hoher Qualifikation und Professionalität assoziiert sind. Der gewöhnliche Arbeitsmarkt, vor allem aber große Bereiche von Organisationen, sind überwiegend geschlechtstypisch segregiert (Allmendinger/Podsiadlowski 2001), d.h. das Personal ist nach frauen- respektive männertypischen Tätigkeiten geordnet. Diese "klassische" Arbeitsteilung ist das evolutionär bislang am längsten eingeübte Modell. Damit ist eine besonders stabile Arbeitsorganisation gebaut, die das Problem der Vergleichbarkeit und Konkurrenz von Frauen und Männern gar nicht erst aufkommen lässt.

Ein ebenso verbreitetes wie stabiles Modell der Arbeitsteilung ist die asymmetrisch komplementäre Kooperation zwischen Frauen und Männern. Schon Erving Goffman (1994:150) hatte diese Form der Zusammenarbeit als einen Modus beschrieben, der den Männern die Konkurrenz erspart. Solche komplementär gebauten Tätigkeiten sind sowohl abgegrenzt als auch aufeinander bezogen, aber mit einem hierarchischen Gefälle. Die asymmetrische Kooperation zwischen Frauen und Männern reicht von der Zuarbeit und der Bereitstellung einer "fürsorglichen" Umgebung – in der die höher positionierten Männer von Zumutungen abgeschirmt werden, die auf niedrigerer Ebene bewältigt werden – bis zum Management, wo Frauen eher für Human Resources als für strategische Entscheidungen zuständig sind.

Auf mittleren und höheren Management-Ebenen wird inzwischen ein weiterer Gender Mix[1] ausprobiert, um die komplexer werdenden Aufgaben auf unsicheren Märkten besser bedienen zu können. In diesem Kontext ändern sich auch die Anforderungen an Führungsstile. Moderne Führung verbindet die männlich zugeschriebenen "klassischen" Führungskompetenzen mit Kommunikations- und Moderationsfähigkeiten, welche Frauen zugerechnet werden. Mag das Kooperations-Design auch an alte stereotype Kontrasttugenden der Geschlechter erinnern, so beginnt hier dennoch etwas Unvertrautes: das Erfordernis, dass Frauen und Männer auf gleicher Ebene miteinander kooperieren. Ein solches Modell einer symmetrisch gebauten Kooperation zwischen Frauen und Männern in Organisationen scheint bislang jedoch noch instabil zu sein, weil damit – so meine These – Vergleichbarkeit und auch Konkurrenz zwischen Frauen und Männern um gleiche Positionen möglich wird. Das ist der evolutionär am wenigsten vertraute Fall, der zudem eine Grenze erreicht, die nur ausnahmsweise überschritten wird – die Grenze zum strategischen Management selber. Dirk Baecker hat in diesem Zusammenhang auf einen Mechanismus aufmerksam gemacht, der immer dann eintritt, wenn es um den Zugang zur höchsten Ebene geht: In der Entscheidung um Führung wird die Individualität von Frauen auf die Eindeutigkeit der weiblichen Geschlechtsidentität eingeführt – ein Fall von "ambiguity failure" (Baecker 2003a).

Die Kooperation von Frauen und Männern auf Augenhöhe geht weitgehend noch mit der Aktivierung stereotyper Erwartungen einher. Die Anforderungen von *soft skills* wie Kommunikations- und Moderationsfähigkeiten werden vor-

---

1 In der Management-Beratung wird dieses, auf hoher Hierarchie-Ebene, angesiedelte Modell als Komplementärmodell prominent von Gertrud Höhler (2000) vertreten. In diesem Modell sind Männer auf Frauen zwecks mentaler Ergänzung angewiesen. Das schließt die Annahme von Substitution und Konkurrenz selbstverständlich aus.

rangig an weibliche Führungskräfte adressiert. Das sind Zuschreibungseffekte, die allerdings auch nicht intendierte Folgen haben können. So ist es durchaus denkbar, dass Frauen solche Erwartungen enttäuschen und sich nicht nur der *soft*, sondern auch der *hard skills* bedienen, die sie längst gelernt haben. Damit könnte ein tatsächliches Substitutionsverhältnis eingeübt werden, wo sich Individuen als Individuen profilieren und unterscheiden müssen. Der Unterschied der Geschlechter macht dann keinen Unterschied mehr, weil er zu einem unter vielen anderen individuellen Merkmalen geworden ist (Pasero 2003a; Priddat in diesem Band).

Karriere und Organisationen
Es macht Sinn, Organisationen im Kontext funktionaler Differenzierung von Gesellschaft zu verorten, um von da aus die Wirkungen von Gender-Arrangements und Gender Trouble zu beobachten. Denn der Streit um Gleichstellung findet nur unter spezifischen Bedingungen statt, nämlich gerade dann, wenn Qualifikation und Professionalisierung keine geschlechtstypischen Zuschreibungen mehr haben.

In systemtheoretischer Perspektive gilt, dass die Funktionssysteme selber (wie Wirtschaft, Politik oder Wissenschaft) keine Personen binden. In funktionalen Kontexten findet Handeln und Entscheiden nur über Organisationen statt, nirgendwo sonst. Und nirgendwo sonst können Individuen im Hinblick auf die Erfordernisse von Funktionssystemen einbezogen werden als in den dazugehörigen Organisationen. Diese bilden somit eine entscheidende Schnittstelle zwischen Gesellschaft und Individuen. Organisationen binden Individuen in der restriktiven Form von Personal (Luhmann 1991) mit eingeschränkten, auf den Organisationszweck ausgerichteten Erwartungen, die durch nichts anderes als durch die Regelmäßigkeit des Verhaltens "kalkulierbar" bleiben (Luhmann 2000:90).

Organisationen sind der Ort, wo Individuen über Karrieren einbezogen werden (Corsi 1993; Luhmann 2000:101ff). Die Karriere ersetzt in der modernen Organisation die Herkunft als Selektionsprinzip. Das Selektionsprinzip "Karriere" hat dabei zwei Seiten, die der Fremdselektion durch Personalentscheidungen in der Organisation und die der Selbstselektion der Individuen im Hinblick auf Karriereoptionen. Damit sind Karrieren ein relativ neuartiges Inklusionsmuster auf Grundlage von Berufsbiografien. Karrieren sind keinesfalls linear nach oben gerichtet, sondern schließen aufsteigende ebenso wie absteigende Verläufe ein – auch wenn umgangssprachlich nur der nach oben gerichtete Aufstieg assoziiert wird. Im Unterschied zum Selektionsprinzip "Herkunft" garantieren Karrieren keine auf Dauer gestellten Positionen mehr. Karrieren sind somit Kommunikationseffekte von Erfolgen und Misserfolgen (Luhmann 2000: 106). Sie bilden die Grundlage dafür, dass das Personal substituierbar wird.

Die Konditionierung für den Eintritt in Karrieren verläuft über funktionale Bildungs- und Ausbildungssysteme, die nicht mehr ständisch über Herkunft sortieren, sondern auf den Erwerb von Humankapital (Becker 1962, 1964a) und auf Leistung umstellen. Inklusionsprozesse und Karriereverläufe bringen den Stallgeruch der Herkunft auf Distanz: durch verallgemeinerte Schulbildung, durch Brechung lokaler Dialekte, durch Lernen herkunftsuntypischer Standards und Unterbrechung familial gesetzter Traditionen. Damit werden keinesfalls auch soziale Positionshierarchien nivelliert, denn der Eigensinn von Karriere fußt auf einem differenzorientierten Integrationsprinzip (Luhmann 2000:106), das Ungewissheit erzeugt, weil keine Position mehr sicher ist.

Entheroisierung von Führung?
Genau wie in den Organisationen vom Prinzip Herkunft auf das Prinzip Karriere umgestellt wird, verändern sich die Strukturen von Führung in der Wirtschaft. Die Gründerzeit von Wirtschaftsorganisationen bringt im 19. Jahrhundert die Figur des Unternehmers als modernen Helden hervor. Er ist der Träger und Garant für Innovation, Produktivität, Fortschritt und erarbeiteten Wohlstand. Diese Figur ist geprägt durch die Semantik des Erfindens und Machens – genauer: durch die männliche Form des Erfinders und des Machers. Damit geht ebenso die Praxis einer patriarchalen Führung und Fürsorge einher. Aber diese Unternehmer-Figur generiert ein soziales Problem, weil sie nicht ersetzbar ist. Die Vererbung des Unternehmens ist möglich, die "Vererbung" von Gründer-Qualitäten ist mehr als unwahrscheinlich, auch wenn zahllose Erben in diese Rolle hinein konditioniert worden sind (vgl. dazu auch Simon 2002).

Mit der Industrialisierung wachsen viele Familienunternehmen zu Großbetrieben und die Anforderungen an die Leitung solcher Wirtschaftsunternehmen nehmen an Umfang und Komplexität zu. In diesem Kontext entsteht das Konzept des *scientific management*, das von Taylor (1911) entwickelt wird. Dieses Konzept gibt den Anstoß dafür, dass das klassische patriarchale Führungsprinzip des "Gründers" auf mehrere (wenn auch wenige) qualifizierte Personen übergeht. Damit wird zugleich ein arbeitsteiliges Muster von Führung herausgebildet, das eine wechselseitige Steigerung der Handhabung von Führungsaufgaben möglich macht. Dennoch wird auf die Fiktion eines so genannten Letzt-Entscheiders nicht verzichtet, wie im Begriff des *chief executive officer* deutlich wird.[2] Ihm wird zugeschrieben, Entscheidungsfähigkeit in unentscheidbaren Situationen offen zu halten (Luhmann 1995). Der Nimbus des "Machers" wird auf diese Weise fortgesetzt, aber durch die prinzipielle Austauschbarkeit auch "kalkulierbarer" gemacht. Mit einem solchen, Risiken reduzierenden, Arrangement von Führung entsteht ein neuer Typus der Betriebsleitung: das Management (Hughes 1991). Im Laufe des 20. Jahrhunderts wird dieser Typus zu einer Profession, die schließlich nicht mehr nur in dafür vorgesehenen *business schools* unterrichtet wird, sondern sich als wissenschaftliches Fach – Betriebswirtschaftslehre – bis in die Universitäten etabliert.

Mit der wissenschaftlichen Etablierung der Betriebswirtschaftslehre erweitern sich die personellen Rekrutierungsmöglichkeiten durch die Option, auf professionell ausgebildete AbsolventInnen zuzugreifen. Mit der Bildungsexpansion der 60er Jahre des 20. Jahrhunderts verringert sich der überwiegend männliche Anteil von Abiturienten sukzessive, so dass seit Ende des 20. Jahrhunderts die Mehrzahl weiblich ist. Dieses Phänomen schlägt schließlich – wenn auch mit geringeren Anteilen – auf die Studierenden durch und zwar auf die Wahl von karriererelevanten Fächern wie Wirtschaftswissenschaften, Ingenieurwissenschaften, Mathematik und Naturwissenschaften oder Jura.[3] Mit solchen Professionalisierungen gehen zwangsläufig Egalisierungseffekte einher, weil Frauen, die über die gleiche Qualifikation wie Männer verfügen, dann auch entsprechende Positionen nachfragen. Durch solche Parameter wie das erworbene und aktualisierte Humankapital und das Leistungsprinzip werden askriptive Unterscheidungsmerkmale, wie das Geschlecht, als Auswahlkriterien für Positionen schließlich prekär.

In modernen Wirtschaftsorganisationen lassen sich die oben skizzierten Modelle des Arrangements der Geschlechter somit gleichzeitig beobachten: das *Segregationsmodell*, das Frauen und Männer in unterschiedlichen Feldern des Unternehmens getrennt operieren lässt; das *Komplementär-Modell*, das Frauen und Männer in gleichen Feldern des Unternehmens asymmetrisch positioniert; und schließlich *das Modell der gleichrangigen Kooperation*, ein asymmetriefreier Gender Mix. Dieses neue Modell setzt nicht nur eine hochqualifizierte Ausbildung voraus, sondern auch die Akzeptanz von weiblichen *high potentials* in Kooperations-Arenen des Managements.

---

2 Die dem Militär entlehnte Metapher hat insbesondere Karl E. Weick (1998:75ff) einer deutlichen Kritik unterzogen.
3 Für Deutschland vgl. Sonja Bischoff (1999:155); für die USA vgl. Gary N. Powell (1999a:330).

Auch von einer anderen Seite her verlieren die traditionellen Muster von Führung zunehmend an Plausibilität. Dirk Baecker hat bereits 1994 für die Umstellung von einem heroischen zu einem postheroischen Management plädiert:

> Postheroisches Management ist so gesehen nichts anderes als ein Management, das sein Heldentum nicht mehr in der Verfügung über Kapitalvermögen und einer Inszenierung entsprechender Risikobereitschaften und Verantwortungen sucht, sondern einen neuartigen Spürsinn für die sachlichen und sozialen Dimensionen der Organisation von Arbeit und der Verteilung von Verantwortlichkeit entwickelt, die damit einher geht. Das geht nur unheroisch, weil grandiose Gesten nicht geeignet sind, andere zur Mitarbeit anzuregen (Baecker 1994:18f).

Auf höchster Ebene, im Bereich des strategischen Managements, ist die heroische Seite bislang noch dominant. Dem *master next God*, dem Kapitän auf Großer Fahrt oder dem Chief Executive Officer, der modernen Vision von Führung, wird die Entscheidungskompetenz zugerechnet, in unsicheren Zeiten – und die Zeiten sind immer unsicher – das Ruder herum zu reißen. An dieser Stelle enden die Karriereverläufe für Frauen, weil ein charakteristischer Mechanismus einsetzt, der Männer wie Frauen jede hierarchische Stellung zueinander akzeptieren lässt, solange der Frau schlussendlich doch noch ein Mann übergeordnet ist (Baecker 2003a:131). Das postheroische Management braucht genau dann den *hero*.

Die US-amerikanische Glass Ceiling Debatte und das Managing Diversity Konzept

Seit mehr als 30 Jahren währt inzwischen die US-amerikanische Auseinandersetzung um das Arrangement der Geschlechter in Organisationen. Gründe dafür liegen auf der Hand: die kontinuierlich wachsende Erwerbsneigung und die kontinuierlich wachsende Professionalisierung von Frauen. In den 1980er Jahren schließlich entbrennt die Frage um Frauen in Führungspositionen: "Why are there so few women in top management?" (Powell 1999a:326). Diese Frage führt schließlich zu einer von allen geteilten Beschreibung, dem so genannten "Glass Ceiling Phänomen": Frauen sind durch eine gläserne Decke von den Spitzenpositionen getrennt. Die Positionen sind zwar sichtbar, aber nicht erreichbar. Zur Beseitigung dieses Phänomens wird ein Konzept vorgeschlagen, das die Glass Ceilings und die inzwischen ebenso auch diagnostizierten Glass Walls durchbrechen soll. Das Konzept heißt "Managing Diversity". Es ist inzwischen Bestandteil von Betriebswirtschaftslehre und längst in die Human-Resources-Abteilungen großer Unternehmen diffundiert.

Meine These lautet, dass die Reichweite dieses Konzeptes begrenzt ist: Diversity kann auf allen Ebenen von Organisationen zum Thema werden – mit Ausnahme der strategischen Führung von Organisationen selber. Von dort aus wird das Konzept zwar implementiert, aber nur nach unten weitergereicht. Das strategische Management selbst scheint nicht davon affiziert: Der Anteil von Männern in solchen Positionen liegt weltweit immer noch bei mehr als 95%. Das ist erklärungsbedürftig.

Mein Vorschlag besteht darin, einen Umweg über organisationssoziologische Perspektiven zu machen und von da aus zum Gender Trouble in Organisationen zurückzukehren. Dies hat den Vorteil, nicht nur Interaktionsphänomene "ungleicher Machtbalancen zwischen den Geschlechtern" (Elias 1986) ins Auge zu fassen, sondern ebenso auch zu fragen, wie Organisationen gebaut sind, was sie generieren, und ob in der Bauweise nicht Hinweise auf das Glass Ceiling Phänomen zu finden sind.

Die "schlechte" Nachricht lautet: Organisationen generieren Ungleichheit, und zwar systematisch (Nassehi 2002). Die Führung von Organisationen ist zwar austauschbar, aber ein hochriskantes Unternehmen in Unternehmen. Mit Kommunikationsversagen muss gerechnet werden (Baecker 2003c). Die "gute" Nachricht lautet: Das Kommunikationsversagen von Führung gerät zunehmend in die öffentliche Auseinandersetzung, seien es die nach oben offenen Gehälter der Spitzen-Manager, seien es eindrucksvolle Abfindungen bei "freundlichen" Übernahmen, seien es ruinöse oder sogar kriminelle Entscheidungen, und auch: die Praktiken der homosozialen Selbstrekrutierung – eben das Gender-Thema, das exemplarisch entlang der US-amerikanischen Debatte aufgezeigt werden soll.

Breaking the Glass Ceiling?
Die extreme Marginalisierung von Frauen in höheren Positionen, so beobachtet in den 1970er Jahren Rosabeth Moss Kanter in einer langjährig angelegten Feldforschung, zieht eine bemerkenswerte geschlechtstypische Gruppendynamik nach sich. Die Mehrheit reagiert auf die Minderheit, indem sie in diesem Organisationskontext eher unerwartete geschlechtsstereotype Muster aktiviert, die mit dem funktionalen Set an Aufgaben in der Organisation keinesfalls kompatibel sind. Während Frauen ihren Job machen wollen, werden sie zugleich auf ein geschlechtstypisches Rollenmuster festgelegt, das im Hinblick auf die professionelle Tätigkeit durch Dysfunktionalität irritiert. Frauen werden dann vorrangig als typische Vertreterinnen ihres Geschlechts und weniger als Individuen mit

professionsadäquaten Qualitäten wahrgenommen – und das ausgerechnet in einem auf Professionalität ausgerichteten organisatorischen Kontext. Solche geschlechtsstereotypen Generalisierungen und Unterstellungen durchkreuzen die funktionalen Erwartungen an Management-Qualitäten, zumal das weibliche Geschlechterstereotyp mit solchen Fähigkeiten gerade nicht einhergeht. Dieses Phänomen wird von Kanter als "Token-Phänomen" bezeichnet und prominent vertreten. Ihre Studien *Men and women of the corporation* (Kanter 1977a) und *Some effects of proportions on group life: Skewed sex ratios and responses to token women* (Kanter 1977b) haben der US-amerikanischen Debatte um das Arrangement der Geschlechter in Organisationen eine neue Richtung gegeben.

Obwohl die Rate der Erwerbstätigkeit von Frauen kontinuierlich ansteigt, bleibt das Token-Phänomen lange unauffällig. Es überwiegt das Bild geschlechtstypischer Berufe mit segregierten Arbeitsbereichen oder strikt hierarchisch gebauten Kooperationen, in denen Frauen die zuarbeitende und Männern die entscheidungsgenerierende Arbeit zukommt. Noch gilt ein von allen geteilter Konsens, der Frauen ein weniger professionalisiertes Humankapital unterstellt, das vor allem durch einen impliziten Vorrang von familialen vor beruflichen Verpflichtungen begrenzt wird. Dieser Umstand macht sie zu weniger geeigneten Kandidatinnen für herausgehobene Positionen, die vor allem mit nichtstandardisierten zeitlichen Verpflichtungen einhergehen. Dieser Mechanismus gilt unabhängig davon, ob im individuellen Fall eine solche Unterstellung überhaupt zutreffend ist. Es handelt sich vielmehr um generalisierte normative Erwartungen, die Personalroutinen und Personalentscheidungen von Organisationen determinieren.

Umso bemerkenswerter ist es, dass solche – lange von Frauen und Männern für selbstverständlich gehaltenen – geschlechtstypischen Positionierungen in Organisationen aufzufallen beginnen. Was könnte der Anlass gewesen sein, was hat den Fokus der Beobachtung verändert? Weshalb kommt das Thema auf?

Vermutet werden kann, dass der soziale Wandel durch relevante Verschiebungen in den Bildungssystemen und auf dem Arbeitsmarkt angestoßen wird: Frauen beginnen, die höheren Abteilungen der Bildungssysteme zu majorisieren und sie schließen mit hochqualifizierten Examina in Colleges, Hochschulen und Universitäten ab.[4] Zeitgleich steigt die Erwerbsrate von Frauen kontinuierlich an, während die Erwerbsrate von Männern zu sinken beginnt. Flankiert wird

---

4 "Between 1970 and 1995, the proportion of women earning college degrees in all disciplines in the United States increased from 43% to 55% at the bachelor's level and from 40% to 55% at the master's level. Moreover, during the same 25-year period, the proportion of women earning college degrees in business administration increased from 9% to 48% at the bachelor's level and from 4% to 37% at the master's level (U.S. Department of Education, 1997b)" (Powell 1999a:330).

dieser Wandel durch einen rapiden Rückgang der Geburtenraten und durch eine statistisch relevante Erosion des Ernährer-Hausfrauen-Modells, so dass eine vorrangige Familienorientierung von Frauen an Plausibilität verliert.

Die Befunde von Kanter ziehen zahllose weitere Studien und verfeinerte Beobachtungen von Geschlechter-Arrangements in Organisationen nach sich,[5] die alle in eine unbeantwortete Frage einmünden: Warum kommen Frauen in Führungspositionen, also im *general management*, nicht an? Was hält sie ab oder werden sie abgehalten? Die vorläufige Antwort lautet: Frauen scheitern im Hinblick auf strategische Führungspositionen an einer 'gläsernen Decke'. Der Glass Ceiling Effekt schirmt aber nicht nur hochqualifizierte Frauen, sondern auch Männer ethnischer Minderheiten von Spitzenpositionen ab. In den USA wird dies nicht nur als ein Organisations-, sondern ebenso als ein Elitenproblem gesehen, das dadurch auch sozial-politisch relevant wird. In diesem Kontext beginnt schließlich die Tatsache aufzufallen, dass die Führungsspitzen von Organisationen überwiegend männlich, weiß und der Upper Class zugehörig sind, während der Arbeitsalltag unterhalb dieser Ebene längst aus einem ethnisch bunten Mix von Männern und Frauen besteht. Auf der durch Glass Ceilings separierten Seite pflegt eine kleine homosoziale Elite den Nimbus der Letzt-Entscheider und verfügt in einer homosozialen Rekrutierungsschleife über ihre ebenso homosozialen Nachfolger (Kanter 1977a).

Die US-amerikanische Glass Ceiling Kommission

Die erstmalige öffentliche Verwendung des Begriffs Glass Ceiling geht auf die US-amerikanische Unternehmensberaterin Marilyn Loden zurück, die den Terminus im Jahr 1977 bei einer Rede auf einer Konferenz der *Women's Action Alliance* in New York prägte. 1986 wurde der Ausdruck durch einen Artikel im *Wall Street Journal* populär. Zunächst konzentrierte sich die Beobachtung von Glass Ceilings in Organisationen auf Frauen. Dann wurde der Fokus auf soziale Minderheiten ausgeweitet, so dass dieses Phänomen in der US-amerikanischen Debatte zusammenfassend als Diversity-Problem (exemplarisch Thomas/Ely 1996) beschrieben wird:

> Glass Ceiling refers to invisible, artificial barriers that prevent qualified individuals from advancing within their organization and reaching full potential. The term originally described the point beyond which women managers and executives, particularly white women, were not promoted. Today it is evident that ceilings and walls exist throughout most workplaces for minorities and women. These barriers result from in

---

5 Einen umfassenden Überblick für die USA gewährt das Handbuch von Powell (1999b).

stitutional and psychological practices, and limit the advancement and mobility opportunities of men and women of diverse racial and ethnic backgrounds (Federal Glass Ceiling Commission 2000:1).[6]

Das Glass Ceiling Phänomen als Synonym für die Diskriminierung von Frauen in Führungspositionen von Organisationen wird auf dem Hintergrund einer kontinuierlich wachsenden Erwerbsneigung und einer kontinuierlich wachsenden Professionalisierung von Frauen für avancierte Positionen auf dem Arbeitsmarkt virulent (Morrison/White/Van Velsor 1987; Powell 1999a:325ff): Der Anteil von Frauen auf dem US-amerikanischen Arbeitsmarkt steigt von 38% in 1970 auf 43% in 1980 und auf 45% in 1990. 1998 beträgt der Anteil bereits 46%. Viel bemerkenswerter ist, dass der Anteil von Frauen in Management-Positionen zur gleichen Zeit überproportional von 16% in 1970 auf 26% in 1980 und von 39% in 1990 auf 44% in 1998 wächst (Powell 1999a:327f).

Demgegenüber verharrt der Anteil von Frauen im strategischen Management bis zum Ende des 20. Jahrhunderts konstant unterhalb der 5%-Marke – unabhängig davon, wie unterschiedlich Führungspositionen[7] jeweils definiert werden. Die Spitzen von Organisationen bleiben bis auf wenige an den Händen abzählbare Ausnahmen ein Revier von Männern für Männer. Die Anteile von Frauen in Führungspositionen in "Fortune 500 corporations" erreichen 1998 gerade einmal 3,8%. Bezogen auf die fünf höchsten Positionen wie CEO, chairman, vice chairman und COO (siehe Fn. 7) betrug der Anteil sogar weniger als 1% (Powell 1999a:328f). Im Verhältnis zu Positionen von Frauen im mittleren Management erweist sich das Glass Ceiling Phänomen als ungebrochen und vergleichende Daten aus Ländern wie England, Australien, Dänemark, Schweden, Italien scheinen das Phänomen zu bestätigen (Powell 1999a:329): Weltweit sind die Spitzenpositionen von Organisationen eine (fast) reine "Männersache".

---

6 1991 wurde das Glass Ceiling Phänomen im US-Kongress durch einen Gesetzesantrag, den *Glass Ceiling Act*, zum politisch relevanten Thema erklärt und als *Title II* des *Civil Right Act* zur Grundlage für die Berufung der *Federal Class Ceiling Commission* gemacht. Die Kommission, die von 1991 bis 1995 tätig war, wurde von Präsident George Bush senior als 21-köpfiges, überparteiliches nationales Gremium eingesetzt.
7 Gemeint sind solche Positionen wie *chief executive officer, chairman*(!), *vice chairman*(!), *president, chief operating officer, senior executive vice president, executive vice president* (Powell 1999a:328).

Geschlechtergerechtigkeit oder Human Resources?

Die Federal Glass Ceiling Commission (1995) schlussfolgerte nicht nur, dass die Glass Ceilings sozial ungerecht sind – das hätte die Spitzenkräfte der Wirtschaft wohl kaum irritiert –, sondern sie diagnostizierte ein Defizit in der Sprache der anerkannten neo-klassischen Ökonomie: Das nationale Humankapital (Becker 1962, 1964a, 1964b) finde nur *suboptimale* Verwendung. Es lägen Human-Ressourcen brach, nämlich die Ressourcen von Frauen und Minoritäten, die unterhalb ihrer professionellen Fähigkeiten eingesetzt seien. Aus diesen Befunden resultierte das zentrale Motto der Kommission: *Good for business: Making full use of the nation's human capital* (Federal Glass Ceiling Commission 1995). Der Boden für diesen Fokus war bereits Ende der 1980er, Anfang der 1990er Jahre in betriebswirtschaftlich ausgerichteten Fachzeitschriften und Büchern vorbereitet worden (exemplarisch Thomas/Alderfer 1989; Cox 1991, 1993; Cox/Blake 1991).

Die Kommission zögerte nicht, die relevanten semantischen Codes der Wirtschaft aufzugreifen und einen statistisch nachweisbaren Zusammenhang zwischen Diversity-Engagement und Renditen zu behaupten. Damit verwandelte sie eine soziale Gerechtigkeits- und Verteilungsformel in eine betriebswirtschaftliche Ressourcenformel, die den Vorteil hatte, die Spitzenebene von Unternehmen selber kommunikativ zu erreichen. In diesem Zusammenhang wurde ein "klassisches" Sample aus 500 Unternehmen (Standard & Poor's 500) ausgewählt und hinsichtlich ihrer Rekrutierungspraxis von Frauen und Minoritäten sowie deren Aufstiegsmöglichkeiten befragt. Ein weiterer Gegenstand der Untersuchung waren Rechtsstreitigkeiten mit dem Personal. Die Entdeckung des Zusammenhangs zwischen der Förderung einer Vielfalt kultureller Human-Ressourcen und betriebswirtschaftlichem Erfolg versprach ein aussichtsreiches Irritationspotenzial, um die Aufmerksamkeit der Führungseliten zu gewinnen und in den Elitenwandel einzubeziehen.

Das hybride Zurechnungs-Experiment gelang: Die Kommission stellte fest, dass diejenigen Unternehmen, die in Bezug auf die vorgenannten Punkte die unteren Ränge einnahmen, deutlich geringere Renditen auswiesen als die im Ranking oben platzierten hundert Unternehmen:

> Organizations that excel at leveraging diversity (including hiring and promoting minorities and women into senior positions) can experience better financial performance in the long run than those which are not effective in managing diversity (Federal Glass Ceiling Commission 1995:14).

Unternehmen müssen, so die seinerzeit vertretene Auffassung, drei Entwicklungen Rechnung tragen. Zum einen haben sich die demographischen Merkmale der Erwerbsbevölkerung verändert, die zunehmend divers zusammengesetzt ist. Entsprechend haben sich auch die Verbrauchermärkte gewandelt und zum dritten sind diese und alle anderen Märkte längst globalisiert. Der Glass Ceiling Effekt ist unwirtschaftlich, weil er verhindert, dass Organisationen ihre wichtigste Ressource, das Humankapital ihres Personals, optimal nutzen. Des Weiteren beeinträchtigt er die Marktanpassung von Organisationen – die Orientierung an der Vielfalt der Konsumentinnen und Konsumenten, die sich auch in der Führungsspitze von Unternehmen vertreten wissen wollen. Dies gilt nicht nur mit Blick auf die ethnische Vielfalt der Verbrauchermärkte in den USA selber, sondern auch für den Exporthandel auf globalen Märkten. Glass Ceiling meint in der US-amerikanischen Debatte also Marktbehinderung, während das darauf reagierende Programm Managing Diversity (exemplarisch Thomas/Ely 1996) eine bessere Marktanpassung verspricht.

Die Glass Ceiling Commission hatte damit ein Übersetzungsproblem gelöst, indem sie die soziale Semantik askriptiver Merkmale wie die des Geschlechts oder der ethnischen Herkunft in eine institutionenökonomisch brauchbare Formel transformierte. Dabei ging es nicht nur darum, auf die unproduktive Verknappung so genannter *high knowledge workers*, auf die verborgenen Kosten in Organisationen (Domsch/Ladwig 2003) sowie auf das Brachliegen von Bildungsinvestitionen aufmerksam zu machen. Es ging vor allem darum, einen wirtschaftlichen Vorsprung durch den Zuwachs an Kompetenzen in die Waagschale zu werfen, wenn von homogenen auf heterogene Kooperationen umgestellt würde.

Die Jahrzehnte geführte Debatte um geschlechtstypische "Eigenschaften" von Frauen und Männern am Arbeitsplatz und im Management,[8] das stereotype "Think manager – think male-Phänomen" (Schein u.a. 1996) und die komplementär gebaute Verweisung so genannter *soft* und *hard skills*[9] führt schließlich zur Fragestellung, ob nicht eine neue Generation von weiblichen und männlichen Managern vielmehr alle diese Fähigkeiten aktivieren können muss, um in turbulenten Umgebungen anschlussfähig zu bleiben (Priddat in diesem Band; Cooper/Lewis 1999:41). Die sozialromantischen Kontrasttugenden der Geschlechter – Selbstzurücknahme von Frauen und Selbstbehauptung von Männern – verlieren ihre ausschließliche Verwendung als geschlechtsstereotype Codes. In den neuen Schemata von *soft* und *hard skills* werden sie zu Kommunikations- und Entscheidungsfähigkeiten umgedeutet und als institutionelle

---

[8] Exemplarisch: Carli/Eagly (1999); Butterfield/Grinnell (1999); Powell (1999a).
[9] Kritisch dazu Funken in diesem Band.

Kompetenz-Differenziale aufgewertet, die sowohl Frauen als auch Männer zu kombinieren in der Lage sein müssen. Managing Diversity wäre dann die Formel für das Problem, nicht nur individuelle Personenmerkmale vermittels Ambiguitätstoleranz auszuhalten (Baecker 2003a), sondern darüber hinaus individuelle Unterschiede in Kompetenz-Differenziale zu übersetzen und in neue kooperative Arrangements zu überführen. Dabei geht es vorrangig weder um Gleichstellung noch um Antidiskriminierung, sondern um die Realisierung von Kooperationsgewinnen, die vermittels der Re-Kombination unterschiedlicher Human-Ressourcen erwartet werden. Als sekundärer Effekt könnte dann auch wachsende Gleichstellung und Antidiskriminierung folgen, jedoch als ein kontingenter und keinesfalls als ein intendierter Effekt. Denn für Organisationen bleibt der Mechanismus der vertikalen Integration ihres Personals der Schlüssel für die Handhabung komplexer Entscheidungsprozeduren (Luhmann 2000:20f). Organisationen generieren systematisch Hierarchien, um die Kommunikation funktionstypisch zu disziplinieren. Sie sind *der* Ort der modernen Gesellschaft, wo Asymmetrien (Coleman 1986) und Ungleichheit (Nassehi 2002:467ff) durch Zuweisung von Positionen erzeugt und durch Karriere- und Exit-Optionen elastisch gehalten werden.

In dem Maße, in dem der Anteil von Frauen in mittleren und höheren Managementpositionen wächst – in den USA verdreifachte er sich zwischen 1970 und 1998 beinahe (von 16% auf 44%) – entstehen zeitgleich zahllose empirische Untersuchungen zu gendertypischen Verhaltensrepertoires in Organisationen. Auf der einen Seite werden Unterschiede fokussiert und die Wirksamkeit eines stereotypen "gender belief system" (Deaux 1979; Deaux/Major 1987) bestätigt, auf der anderen Seite werden Ähnlichkeiten betont und Differenzen nivelliert. Die damit einhergehende Frage "is leadership conceived as masculine, feminine or androgynous?", die die US-amerikanischen Management- und Leadership-Experten Butterfield und Grinell anlässlich eines Forschungsüberblicks (1999: 228) stellen, bleibt auch nach 30 Jahren empirischer Forschung offen. Entsprechend zurückhaltend lautet dann auch der Untertitel ihres Beitrags: "Do three decades of research tell us anything?" (Butterfield/Grinell 1999:232). Aus beiden Fragen könnte wiederum ein Übersetzungsproblem herausgelesen werden. Dieses kann mit dem Verweis auf Attribute wie 'männlich', 'weiblich' oder 'androgyn' eher nicht beantwortet werden, weil die Zurechnung solcher an Personen festgemachten "Eigenschaften" eine in der Kommunikation eingerichtete Konstruktion ist (Luhmann 2000:90ff), die das Phänomen Führung nicht erklärt.[10]

---

10 Einen Vorschlag zur Übersetzung der Führungsfrage in einen systemtheoretischen Fokus macht Baecker (o.J.).

Managing Diversity oder Gender Mainstreaming?

Managing Diversity gilt inzwischen als eine populär gewordene Antwort auf den Gender Trouble in vielen großen internationalen Konzernen, auch in Deutschland.[11] Zwei Fragen schließen daran an: Eine Frage lautet, warum die Konzerne eher auf das amerikanische Konzept setzen, während sich innerhalb der EU-Administration das Konzept "Gender Mainstreaming" durchgesetzt hat. Die zweite Frage lautet, ob Managing Diversity die strategische Führung von Organisationen überhaupt erreicht, zumal die empirischen Daten zum Frauenanteil in solchen Spitzenpositionen eine andere Sprache sprechen.

Im Unterschied zum Konzept des Gender Mainstreaming bezieht sich Managing Diversity nicht ausschließlich auf die Kategorie Geschlecht, sondern ist auf kulturelle Vielfalt ausgerichtet, die vor allem durch die Variablen Geschlecht und Ethnie bestimmt wird. Das Konzept kulturelle Vielfalt vermag jedoch durchaus weitere Variablen einzubeziehen wie etwa Alter und sexuelle Orientierung. Es ist damit im Hinblick auf aktuelle Fragen international zusammengesetzter Teams, Arbeitsmigration oder Anhebung von Altersgrenzen bis zum Ausscheiden aus dem Erwerbsleben anschlussfähiger.

Die institutionenökonomische Ausrichtung von Managing Diversity bedient eher den Aspekt des Nutzens von Ressourcen und neuer kooperativer Arrangements als Gerechtigkeits- und Gleichheitssemantiken. Mit diesem Aspekt zielt Managing Diversity immer auch auf potenzielle Absatzmärkte, weil hinsichtlich der AbnehmerInnen für Produkte und Dienstleistungen gilt, dass sie eher kulturell vielfältig als homogen zusammengesetzt sind.

Während sich der Ansatz des Managing Diversity an die Führungseliten von Organisationen richtet, gehen mit dem Ansatz von Gender Mainstreaming eher Erwartungen an Strukturveränderungen durch Verrechtlichung einher. Das politische Ziel fokussiert hier nicht auf Elitenwandel, sondern auf Durchsetzung von Chancengleichheit. Chancengleichheit besagt, dass die soziale Ordnung nach bestimmten Anforderungen generalisiert sein muss, damit die Möglichkeiten des Zugangs zu Positionen offen bleiben. Innerhalb der Europäischen Gemeinschaft geht es um die Implementierung eines administrativen Beobachtungsfokus auf Gender, der vorerst nur im politischen System und seinen Organisationen wirksam werden kann. Dies wird zusammen mit einer recht deutlichen Tendenz gesehen, öffentliche Mittel und ihre Verausgabung im Hinblick auf Folgen für

---

11 Beispiele für Deutschland finden sich bei Gertraude Krell (2004).

Frauen und Männer zu beobachten, um also Kosten und Nutzen auf gendertypische Wirkungen zu prüfen.[12]

Gender Mainstreaming könnte auf eine rein symbolische Beobachtung hinauslaufen, wenn keine Sanktionen oder Umsteuerungen von Entscheidungen folgen. Mit diesem "Querschnittansatz" verbinden sich lediglich "kontrollierende" Beobachtungen und gesetzgeberische Maßnahmen. Es handelt sich eher um eine gesellschaftspolitische Strategie, die auf Geschlechtergerechtigkeit zielt, und nicht um ein akteursorientiertes Programm, das sich explizit an die Organisations-Eliten wendet wie der Diversity-Ansatz.

Gender, Diversity und die Erreichbarkeit von Führung
Empirische Tatsache ist, dass Frauen immer noch eine verschwindende Größe im strategischen Management ausmachen. Managing Diversity als Antwort auf die Homosozialität und Homogenität von Führung und ihrer Rekrutierung erreicht diese Ebene offensichtlich nicht. Es wird schwer haltbar sein, diese Faktizität aus einem Ursache-Wirkungs-Schema heraus zu erklären. Vielmehr kommt ein Bündel von Wirkungen infrage, das aus unterschiedlichen Beobachtungsperspektiven destilliert werden muss.

Ein Aspekt könnte in den Themen gefunden werden, die das Management aus der sozialen Umwelt filtert und gegenüber dem Personal und gelegentlich auch gegen sich selber in Anschlag bringt. Solche Themen entfalten sich mit den Taylorschen *Principles of scientific management* von 1911, in der die Organisation als "triviale Maschine" in ein rigides Netz von Arbeitsteilungen eingespannt wird, das auch die Führung von Unternehmen affiziert (siehe oben). Sie gehen über in den Human Relations-Ansatz aus den 1930er Jahren (Roethlisberger/Dickson 1939). Hier beginnt die Demontage der Taylorschen "Trivialmaschine". Stattdessen werden die Beziehungen zwischen Management und übrigem Personal beleuchtet. Der Human Relations-Ansatz wird dann funktional übersetzt in die Frage der optimalen Nutzung von Human Resources. Dabei wird die Humankapital-Theorie der Neo-Klassik (Becker 1962, 1964a, 1964b) auf ein betriebswirtschaftliches Maß heruntergebrochen und es entstehen die Human Resources-Abteilungen in Unternehmen.

Daran kann das Konzept Managing Diversity nahtlos anschließen, weil die Übersetzungsleistung an der klassischen Humankapital-Theorie entlang geführt wird. Im Rahmen einer öffentliche Resonanz erzeugenden Diskussion um das

---

12 Vgl. z.B. den Sammelband *Gender – from costs to benefits* (Pasero 2003), insbesondere die Beiträge von Sander/Müller und Domsch/Ladwig.

Glass Ceiling-Phänomen – mit seinem einschlägigen Motto *Good for business: Making full use of the nation's human capital* – wird schließlich Managing Diversity in den exponierten *business schools* entwickelt (Thomas/Ely 1996) und dann auch in den Human Resources-Abteilungen international aufgestellter Unternehmen eingebettet. Bemerkenswert daran ist, dass das strategische Management sich selber ausnimmt. Es implementiert zwar das Konzept, "strahlt es in die Welt" und stellt sich an die Spitze der Intervention nach unten – aber am Fuß des Leuchtturms bleibt es dunkel.

Was könnte diesen Leuchtturm-Effekt auslösen, der zeitgleich mit einer raschen Ausbreitung des Managing Diversity Konzeptes einhergeht? Die Schnelligkeit der Ausbreitung lässt sich mit der Beobachtung plausibilisieren, dass Entscheidungen von Unternehmen sich an Entscheidungen anderer Unternehmen orientieren. Somit stellen sich Kohorteneffekte ein, in denen Organisationen eine ähnliche Richtung einschlagen. Damit stellen unternehmenstypische Umsetzungen oft nur minimale Abweichungen von imitierten Konzepten anderer Unternehmen dar. So gesehen wären solche Implementierungen nichts anderes als Imitationen, wobei der Einsatz eines *tools* wie Managing Diversity nur dazu dient, allen anderen Unternehmen die eigene Netzwerkposition im Umgang mit Human Resources und internationalen Märkten aufzuzeigen (Baecker 2003c).

Die Schließung der höchsten Management-Ebene selber vor diesen *diversity tools* könnte in Anlehnung an sozialpsychologische Konzepte damit erklärt werden, dass die dominante Gruppe, die das *diversity tool* implementiert, sich selber individualisiert wahrnimmt, während sie mit dem *tool* einer fein gesteuerten Stereotypisierung arbeitet mit der Folge, dass zunächst mentale Gruppen konstruiert und über stereotype Semantiken zu Ethnizität, Gender oder sexuellen Orientierung verortet werden. Gezielt wird zwar auf Mobilisierung von Human Resources, aber das Resultat könnte als ein paradoxes Antidiskriminierungsprogramm gelesen werden, das die strategische Führung selber nicht affiziert.[13]

Ein Ansatz in der sozialpsychologischen Gruppenforschung deutet ähnliche Phänomene dahingehend, dass in der Gruppendynamik ein Differenzierungsgefälle entsteht. Während sich die dominante Gruppe – hier die Führungskräfte – hochgradig individualisiert wahrnimmt, weil sie und jeder einzelne Zugehörige mit einem höheren Maß an gesellschaftlicher Anerkennung ausgestattet ist, gilt ein solches Individualitätspotenzial für die reifizierte – ethnische oder weibliche – "Minderheit" gerade nicht, auch wenn sie zahlenmäßig in der Mehrheit

---

13 Beispiele der Implementierung von Managing Diversity Konzepten vgl. Krell (2004).

sein sollte.[14] Managing Diversity könnte sich so als "blinder Fleck" des strategischen Managements erweisen, weil dieses seine homosoziale Struktur nicht wahrnimmt, sondern sich selber als ein Ensemble höchst individueller und eigensinniger Entscheider sieht. Diese Entscheider haben dann "etwas", das Individuen einer Minderheiten-Gruppe nicht aktivieren.

Um die Klärung dieses "Etwas" ist auch die an Pierre Bourdieu orientierte Auffassung angelehnt, die auf die Generierung von Distinktionsgewinnen schaut. Gemeint sind damit die so genannten letzten 10%, die einen Unterschied machen, der durch den Verweis auf gleiches Humankapital gerade *nicht* eingeholt werden kann. Vermutet werden diese "letzten 10%" in extremer zeitlicher Flexibilität und Mobilität, im Spiel um konkurrierende Anwesenheit, um Kontakte und Netzwerke. Verknüpft ist damit die offene Frage, wie solche Distinktionen gebaut werden, wenn in der modernen Gesellschaft statusrelevante Eigenschaften prinzipiell allen Individuen zugänglich sind (Hofbauer in diesem Band).

In diesem Zusammenhang ist ein Plädoyer von Armin Nassehi plausibel, der den soziale Ungleichheit generierenden "Motor" moderner Organisationen schärfer fokussiert und die Gender-Frage in einen solchen Kontext stellt (2002: 467ff). Ein Indiz für die relative "Vergeblichkeit" gleichstellungspolitischer Anliegen oder von Diversity-Ansätzen könnte darin gesehen werden, dass die moderne Gesellschaft Freiheitsgrade proklamiert, die in der Organisation zurückgenommen werden. Die Systematik dieses Gefälles geht dabei weit über die Dimension unterschiedlicher Einkommen oder Karrierechancen hinaus, weil in der Anordnungs- und Gehorsamsstruktur Ungleichheit institutionalisiert ist, die dann auch "embedded asymmetries" mit charakteristischen Persönlichkeitstypen erzeugt (Arbeitsgruppe Organisationssoziologie 2004). In diesem Kontext wird auch eine Gerechtigkeitsforschung relevant, die sich der Frage von "Gerechtigkeit in Organisationen" (Liebig 2002) annimmt. In eine ähnliche Richtung weist der Beitrag von Michael Meuser in diesem Band, der auf Kollisionen zwischen betrieblichen Gerechtigkeitsvorstellungen und Gleichstellungsintitiativen hinweist.

In der Organisationsforschung selber verortet Dirk Baecker in den letzten Jahrzehnten eine "Wiederentdeckung der Organisation als soziales System" (Baecker 2003b), die mit einer deutlichen Distanz zum trivialen Maschinenmodell der Organisation und seiner extremen Hierarchisierung verbunden ist. Damit werden auch unterkomplexe Selbstverständlichkeiten über Management und Führung distanziert:

---

14 Exemplarisch Bernd Simon (1997).

Das muß nicht heißen, daß Formen eher 'männlichen' Managements hinfällig sind. Aber es wird in jedem Fall heißen, daß sie als solche rekonstruiert werden und dann nur als eine Option unter anderen Optionen möglichen Managements überzeugen werden (Baecker 2003b:109f).

Die Wiederentdeckung der Organisation als soziales System und ihre Ungleichheit generierenden Mechanismen werden inzwischen von einer ganz anderen Seite virulent durch die Frage, was das für ein soziales System ist, das der zahlenmäßig gewaltigen "Minderheit" in Form des Personals Einkommensverzichte und Arbeitszeitverlängerungen diktiert und für die zahlenmäßig winzig kleine "Mehrheit" der Führung selber Einkommen vorhält, die jede Proportionalität aus den Angeln hebt. Mit der aktuellen Frage: "verdienen Manager das, was sie verdienen?" kommen Fremdbeschreibungen zur Geltung, die das soziale System Organisation irritieren werden. Im Kontext solcher sozialen Erosionen, die einhergehen mit großen Skandalen heruntergewirtschafteter Unternehmen wie Enron oder World Com, mit "freundlichen" und "feindlichen" Übernahmen und gewaltigen Summen für Wohlverhalten von Führung, könnte auch das Gender-Thema wieder virulent werden. Aber dies keinesfalls mit der Frage "führen Frauen anders oder besser?", sondern mit einer Forschungsperspektive auf komplexe Organisationen, wobei der Gender Trouble organisationssoziologisch eingebettet wird.[15] In der Wirtschaft der Gesellschaft selber könnten Rating-Agenturen (wie Standard & Poor's oder Fortune) eine solche Funktion übernehmen, indem sie das Verhältnis von Management und Personal miteinbeziehen. Damit würde ein weiteres Element zur Feststellung der Kreditwürdigkeit von Unternehmen herangezogen werden, das Führung und Human Resources neu bewertet.

---

15 Vgl. dazu auch Amy S. Wharton (2002).

Literatur

Allmendinger, J./A. Podsiadlowski (2001): Segregation in Organisationen und in Arbeitsgruppen. In: *Geschlechtersoziologie*. Hg. B. Heintz. Wiesbaden: Westdeutscher Verlag. S. 276-307.

Arbeitsgruppe Organisationssoziologie (2004): Bericht über die Frühjahrstagung "Organisations, Social Inequality, and Social Justice", 23./24. April 2004, Berlin. In: *Soziologie* 33 (3). S. 102-106.

Baecker, D. (o.J.): *Wer rechnet schon mit Führung?* Online Dokument URL: http://homepage.mac.com/baecker/fuehrung.pdf (gesehen am 24.05.2004).

Baecker, D. (2003a): Männer und Frauen im Netzwerk der Hierarchie. In: *Frauen, Männer, Gender Trouble – Systemtheoretische Essays*. Hg. U. Pasero/C. Weinbach. Frankfurt a.M.: Suhrkamp. S. 125-143.

Baecker, D. (2003b): Organisation und Geschlecht. In: *Organisation und Management*. Hg. D. Baecker. Frankfurt a.M.: Suhrkamp. S. 101-110.

Baecker, D. (2003c): Die Wachstumsmaschine: Jeder Sozialabbau ist das Ergebnis eines Kommunikationsversagens. In: *Frankfurter Rundschau* Nr. 164 vom 17.7. 2003. S. 9.

Baecker, D. (1994): *Postheroisches Management: Ein Vademecum*. Berlin: Merve-Verlag.

Becker, G.S. (1995): The forces determining discrimination in the market place. In: *The essence of Becker*. Hg. R. Febrero/P.S. Schwartz. Stanford: Hoover Institution Press. S. 403-415.

Becker, G.S. (1964a): *Human Capital*. New York: Columbia University Press.

Becker, G.S. (1964b): *Human Capital: A theoretical and empirical analysis, with special reference to education*. New York: National Bureau of Economic Research.

Becker, G.S. (1962): Investment in human capital: A theoretical analysis. In: *Journal of Political Economy* 70 (5). S. 9-49.

Bischoff, S. (1999): *Männer und Frauen in Führungspositionen der Wirtschaft in Deutschland*. Köln: Bachem.

Butterfield, D.A./J.P. Grinnell (1999): "Re-viewing" gender, leadership, and managerial behavior: Do three decades of research tell us anything? In: *Handbook of gender & work*. Hg. G.N. Powell: Thousand Oaks u.a.: Sage. S. 223-238.

Carli, L.L./A.H. Eagly (1999): Gender effects on social influence and emergent leadership. In: *Handbook of gender & work*. Hg. G.N. Powell. Thousand Oaks u.a.: Sage. S. 203-222.

Coleman, J.S. (1986): *Die asymmetrische Gesellschaft. Vom Aufwachsen mit unpersönlichen Systemen*. Weinheim/Basel: Beltz.

Cooper, C.L./S. Lewis (1999): Gender and the changing nature of work. In: *Handbook of gender & work*. Hg. G.N. Powell: Thousand Oaks u.a.: Sage. S. 37-46.

Corsi, G. (1993): Die dunkle Seite der Karriere. In: *Probleme der Form*. Hg. D. Baecker. Frankfurt a.M.: Suhrkamp. S. 252-265.

Cox, T., Jr. (1993): *Cultural diversity in organizations: Theory, research & practice*. San Francisco: Berrett-Koehler.

Cox, T., Jr. (1991): The multicultural organization. In: *Academy of Management Executive* 5 (2). S. 34-47.

Cox, T.H./S. Blake (1991): Managing cultural diversity: Implications for organizational competitiveness. In: *The Executive* 5 (3). S. 45-56.

Deaux, K. (1979): Self-evaluations of male and female managers. In: *Sex Roles* 5. S. 571-580.

Deaux, K./B. Major (1987): Putting gender into context: An interactive model of gender-related behaviour. In: *Psychological Review* 94. S. 369-389.

Domsch, M.E./D. Ladwig (2003): Management diversity: Das Hidden-Cost-Benefit-Phänomen. In: *Gender – from costs to benefits.* Hg. U. Pasero. Wiesbaden: Westdeutscher Verlag.

Elias, N. (1986): Wandlungen der Machtbalance zwischen den Geschlechtern. Eine prozesssoziologische Untersuchung am Beispiel des antiken Römerstaats. In: *Kölner Zeitschrift für Soziologie und Sozialpsychologie* 38. S. 425-449.

Federal Glass Ceiling Commission (2000): *About the Commission.* Ithaca, NY: Cornell University. Online Dokument URL: http://www.ilr.cornell.edu/library/downloads/keyWorkplaceDocuments/GlassCeilingAbout%20the%20Commission.pdf (gesehen am 29.06. 2004).

Federal Glass Ceiling Commission (1995): *Good for business: Making full use of the nation's human capital. The environmental scan. A fact-finding report of the Federal Glass Ceiling Commission, March 1995.* Ithaca, NY: Cornell University. Online Dokument URL: http://www.ilr.cornell.edu/library/downloads/keyWorkplaceDocuments/GlassCeilingFactFindingEnvironmental/Scan.pdf (gesehen am 29.06.04).

Goffman, E. (1994): *Interaktion und Geschlecht*: Frankfurt a.M./New York: Campus.

Höhler, G. (2000): *Wölfin unter Wölfen. Warum Männer ohne Frauen Fehler machen.* München: Econ-Verlag.

Hughes, T.P. (1991): *Die Erfindung Amerikas. Der technologische Aufstieg der USA seit 1870.* München: Beck.

Kanter, R.M. (1977a): *Men and women of the corporation.* New York: Basic Books.

Kanter, R.M. (1977b): Some effects of proportions on group life. Skewed sex ratios and responses to token women. In: *American Journal of Sociology* 82. S. 965-990.

Krell, G. (Hg.) (2004): *Chancengleichheit durch Personalpolitik. Gleichstellung von Frauen und Männern in Unternehmen und Verwaltungen. Rechtliche Regelungen – Problemanalysen – Lösungen.* 4. Aufl. Wiesbaden: Gabler.

Liebig, S. (2002): Gerechtigkeit in Organisationen. Theoretische Überlegungen und empirische Ergebnisse zu einer Theorie korporativer Gerechtigkeit. In: *Organisationssoziologie. (Sonderheft 42 der Kölner Zeitschrift für Soziologie und Sozialpsychologie).* Hg. J. Allmendinger/T. Hinz. Wiesbaden: Westdeutscher Verlag. S. 151-187.

Luhmann, N. (2000): *Organisation und Entscheidung.* Opladen/Wiesbaden: Westdeutscher Verlag.

Luhmann, N. (1995): Kausalität im Süden. In: *Soziale Systeme: Zeitschrift für soziologische Theorie* 1 (1). S. 7-28.

Luhmann, N. (1991): Die Form "Person". In: *Soziale Welt* 42. S. 166-175.

Morrison, A.M./R.P. White/E. Van Velsor (1987): *Breaking the glass ceiling: Can women reach the top of America's largest corporations?* Reading, MA: Addison-Wesley.

Nassehi, A. (2002): Die Organisationen der Gesellschaft. Skizze einer Organisationssoziologie in gesellschaftstheoretischer Absicht. In: *Organisationssoziologie. (Sonderheft 42 der Kölner Zeitschrift für Soziologie und Sozialpsychologie)*. Hg. J. Allmendinger/T. Hinz. Wiesbaden: Westdeutscher Verlag. S. 443-478.

Pasero, U. (2003a): Gender, Individualität, Diversity. In: *Frauen, Männer, Gender Trouble. Systemtheoretische Essays*. Hg. U. Pasero/C. Weinbach. Frankfurt a.M.: Suhrkamp. S. 105-124.

Pasero, U. (Hg.) (2003b): *Gender – from costs to benefits*. Wiesbaden: Westdeutscher Verlag.

Powell, G.N. (1999a): Reflections on the glass ceiling: Recent trends and future prospects. In: *Handbook of gender & work*. Thousand Oaks u.a.: Sage. S. 325-345.

Powell, G.N. (Hg.) (1999b): *Handbook of gender & work*. Thousand Oaks u.a.: Sage.

Roethlisberger, F.J./W.J. Dickson (1939): *Management and the worker*. Cambridge, MA: Harvard University Press.

Sander, G./C. Müller (2003): Gleichstellungs-Controlling in Unternehmungen und öffentlichen Verwaltungen. In: *Gender – from costs to benefits*. Hg. U. Pasero. Wiesbaden: Westdeutscher Verlag. S. 284-298.

Schein, V.E./R. Mueller/T. Lituchy/J. Liu (1996): Think manager – think male: A global phenomenon? In: *Journal of Organizational Behavior* 17. S. 33-41.

Simon, B. (1997): Self and group in modern society: Ten theses on the individual self and the collective self. In: *The social psychology of stereotyping and group life*. Hg. R. Spears/P.J. Oakes/N. Ellemers/S.A. Haslam. Oxford: Blackwell. S. 318-335.

Simon, F.B. (2002): Das Dilemma des Nachfolgers. Konflikte zwischen traditionellen und modernen Familienformen. In: *Die Familie des Familienunternehmens. Ein System zwischen Gefühl und Geschäft*. Hg. F.B. Simon. Heidelberg: Carl-Auer-Systeme. S. 187-208.

Taylor, F.W. (1911): *The principles of scientific management*. New York: Harper.

Thomas, D.A./R.J. Ely (1996): Making differences matter: A new paradigm for managing diversity. In: *Harvard Business Review* 74 (5). S. 79-90.

Thomas, D.A./C.P. Alderfer (1989): The influence of race on career dynamics: Theory and research on minority career experiences. In: *Handbook of career theory*. Hg. M.B. Arthur/D.T. Hall/B.S. Lawrence. Cambridge: Cambridge University Press. S. 133-158.

Weick, K.E. (1998): *Der Prozess des Organisierens*. Frankfurt a.M.: Suhrkamp.

Wharton, A.S. (2002): Geschlechterforschung und Organisationssoziologie. In: *Organisationssoziologie. (Sonderheft 42 der Kölner Zeitschrift für Soziologie und Sozialpsychologie)*. Hg. J. Allmendinger/T. Hinz. Wiesbaden: Westdeutscher Verlag. S. 188-202.

Vom Gender Trouble zur Gender-Kooperation

Birger P. Priddat
Lehrstuhl für Politische Ökonomie der Zeppelin Universität Friedrichshafen und Gastprofessur für Volkswirtschaft und Philosophie der Universität Witten/Herdecke

Einleitung
Die Formen der Organisation und die Formen der Arbeit, die Anforderungen und die Kompetenzen innerhalb von Organisationen ändern sich (Baecker 1999; Picot/Dietl/Franck 1999; Peinl 1999; Littmann/Jansen 2000; Priddat 2000a, 2000b; Rudolph/Theobald/Quack 2001; Krell 2002; Henschel 2001; Assig 2001; Peters/Bensel 2002). Im Rahmen dieser Veränderungen wechselt der Fokus von einem hierarchisch-komplementären, Frauen subordinierenden Leitbild (Acker 1990; Goffman 1977) zu einem, in dem Frauen und Männer sowohl um gleichrangige Positionen konkurrieren als auch in gleichrangigen Teams kooperieren müssen (Pasero 1995, 2003; Cleveland/ Stockdale/Murphy 2000; Dobner 2001; Krell 2002; Ohlendieck 2003b; Baecker 2003a).

Wir haben es mit zwei parallelen Bewegungen zu tun, deren Oszillation wir untersuchen. Die mit den Risiken einhergehenden Instabilitäten lassen erwarten, dass sich das Führungsparadigma ändert und von strikter Hierarchie auf Steuerung selbstorganisierter Teams umstellt, um Vertrauens- und Loyalitätsbereiche in hochgradig unsicherer Umgebung zu implementieren. Damit werden zugleich auch habituelle Konkurrenzmuster zugunsten kooperativer Interaktionsmuster abgeschwächt. Dies läuft einher mit der Umstellung ökonomischer Organisationstheorien vom Management "knapper Ressourcen" auf das Management der "Kooperationen von Personen" (Wieland 1998:14). Moderne Organisationen wechseln nicht vollständig von Hierarchie auf selbstorganisierte Teams. Aber die Hierarchie variiert in den temporären Projekten. Hierarchie bleibt invariant, aber das personale Inventar wechselt schneller. Deshalb ist die Analyse der *governance structure* bedeutsamer geworden: welche *governance* ist für welches Kooperationsdesign geeigneter? Grundlage der Veränderungen von Leitbildern sind weniger die Entdeckung weiblicher Führungsqualitäten – wie sie als so genannte *soft skills* in der Managementliteratur thematisiert werden (vgl. Cook/ Rothwell 2000; Dobner 2001; Henschel 2001; Bischoff 2001; Coffey 2002; Palazzo/Karitzki 2003) –, sondern vorrangig Knappheitsphänomene unter anderem auch von *soft skills*.

In einer Wissensgesellschaft ist Wissen eine begehrte Ressource und der Bedarf an hochqualifiziertem Personal entsprechend hoch – so hoch, dass neue Intelligenz-Potenziale erschlossen werden müssen, wobei sich das Potenzial an hochqualifizierten Frauen anbietet (Kay 2002; Osterloh/Folini 2002). Man begreift allmählich, dass Diskriminierung "den Zugriff auf ihr personales Inventar auf Dauer verknappt und den Return on Investment von hochqualifizierten Frauen, Minderheiten oder Homosexuellen massiv behindert" (Pasero 2003:121f; ähnlich auch Osterloh/Folini 2002; Federal Glass Ceiling Commission 1995). Allerdings bedarf es besonderer institutioneller Sicherungen für die Angebotsgewährleistung:

1. In der Transformation von Industrie- in Dienstleistungs- und Wissensgesellschaften transformiert sich das Gender-Thema mit.
2. Industriearbeit war Transformation von Materie: Der Produktionsprozess formte das Produkt. In der Massenproduktion gewöhnten wir uns an standardisierte Produkte. Die Form der Arbeit war (und ist) durch die Form der maschinal strukturierten Organisation dieser Massenherstellungsprozesse bestimmt (Priddat 2000b:79ff).
3. In der Tendenz zur Dienstleistungs- bzw. Service-Gesellschaft haben wir es nicht mehr mit vorgeformten Angeboten zu tun, sondern mit flexibler Reaktion auf die Märkte, d.h. auf das, was Unternehmen und Kundschaft wünschen. Produktlebenszyklen beschleunigen und Leistungsanforderungen ändern sich. Im Tendenzrahmen von Kundenintegration, *prosuming* und *mass customization* entstehen individualisierte Produkte/Leistungen und damit hochdifferenzierte und diversifizierte Märkte und Marktdynamiken, die die Form der Arbeit verändern (Littmann/Jansen 2000; Priddat 2000b): von der Produktion auf Kommunikation – nicht mehr die Gebrauchswerte sind zentral, sondern die Einschätzung des Nutzens einer Leistung. Der Nutzen changiert, wird multipel, unterliegt der wirtschaftlichen und gesellschaftlichen Kommunikation. Produkte und Leistungen werden mehr und mehr über Themen definiert, über erlebnisgesellschaftliche Momente und nicht-konventionelle "feine Unterschiede" (Liebl 2000).
4. Zur Fachlichkeit der Arbeit oder Fachkompetenz kommen Organisations- und Kommunikationskompetenz als gleichwertige Kompetenzen hinzu (vgl. Weick/Sutcliffe 2001). Die Unterscheidung "Arbeiter/Angestellter" verliert sich; die Mitarbeitenden werden nach ihren Mitarbeits-, Kooperations- und Flexibilisierungskompetenzen bewertet. Nicht mehr die hierarchiebetonte Anweisung, sondern eine neue Form selbstständiger Organisa-

tionsagilität verbreitet sich – bei zunehmender Irritation des angemessenen Managementstils (vgl. Baecker 1999, 2000).
5. Die Unternehmen variieren ihre Organisationsmuster (Picot/Reichwald/ Wigand 1996; Picot/Dietl/Franck 1999; Littmann/Jansen 2000): Das Spektrum erstreckt sich von langsam sich bewegenden, lernenden Organisationen bis hin zu schnellen virtuellen. Mischformen dominieren die "reinen" Ausprägungen. Hierarchien bleiben, aber sortieren sich schneller um, gehen stärker in die Moderation und Supervision von selbstständigeren Arbeitsprozessen (Intrapreneure) (Priddat 2000a, 2000b).
6. Weil die Organisationen schnell und flexibel auf Kundenansprüche und deren Änderungen reagieren, müssen sie in der Lage sein, ihre Wertschöpfungsprozesse schnell anzupassen. Dementsprechend müssen die Mitarbeiterinnen und Mitarbeiter Kooperationsmuster ändern können: Ausbau der *change performance*.
7. Unternehmen, die ihr Wissen behalten und ausbauen wollen, werden ihre Angestellten durch lange Verträge binden. Das aber wird nicht mehr die Normalform des Arbeitsverhältnisses sein. Je stärker die Organisationen in die Virtualisierung gehen – stabile kleine Kernkompetenzkerne, umgeben von Wolken von Projektkooperationen, jeweils auf Zeit –, desto kürzer werden die Verträge von Zeitarbeit über Projektleasing bis hin zu Netzwerken von Parallelverträgen. Der Wechsel der Vertragsformen mit freiwilligen Unterbrechungen (Sabbatical, Auszeiten, Lernphasen = *life long learning*) wird zunehmen; daneben der Wechsel der Tätigkeiten verbunden mit selbst investiertem Lernen. Virtuelle Unternehmen kaufen sich Wissen in Form von qualifizierten Free- und E-lancers (Laubacher 1999) vom Markt anstatt es über teure Personalfixkostenblöcke im Unternehmen zu binden (Priddat 2000a, 2000b; Littmann/Jansen 2000).

Die neuen Organisationsformen, insbesondere in den virtuellen Organisationen, kommen Frauen entgegen, weil sie eine hohe Zeitflexibilität anbieten – bis hin zu Telearbeit[1] und phasenweisen Projekten. Die Kinderfrage muss weder ausgeblendet werden noch ein Karrierehindernis darstellen. Ganz im Gegenteil: Moderne Frauen haben heute Muster zur Verfügung (*life designs*), die Karriere und Familie vereinbaren lassen – bei entsprechender Organisation des Familienprozesses (Rapoport/Bailyn/Fletcher/Pruitt 2002; Preis/Rothblum 2002) oder *non-family-relationships* (Lewis 2001; Bertelsmann Stiftung 2002; Preis/Rothblum

---

[1] Telearbeit wird aber hauptsächlich – zu 80% – von Männern genutzt (Eicker/Heitze/Domke/Koschik 2003:44).

2002). Frauen passen sich in Komplementärstrukturen ein, die allerdings erst angeboten werden müssen, was häufig nicht der Fall ist.[2] Unabhängig davon ist die Komplementarität eher ein Problem denn eine Lösung.

Wenn, wie zu zeigen ist, moderne Organisationen auf Differenz und Kompetenzunterschiede ausgelegt sind, ändert sich das Thema: Die Gender-Frage verlagert sich von einer moralischen Frage hin zu einem Ressourcenproblem.

Organisationsökonomik

> Two important problems face a theory of economic organization – to explain the conditions that determine whether the gains from specialization and cooperative production can better be obtained within an organization like the firm, or across markets, and to explain the structure of the organization (Alchian/Demsetz 1972:777).

Unternehmen, obgleich in Märkten operierend, sind selbst nicht marktlich organisiert. Die Form der Organisation antwortet auf verschiedene Koordinations- und Kooperationsanforderungen unterschiedlich. Die Organisation ökonomischer Prozesse ist mit Kosten verbunden. Märkte und Hierarchien sind alternative Mechanismen zur Koordination hinsichtlich dieser Kosten.

> Der Markt hat kein Ziel, sondern erfüllt eine Funktion. Unternehmen hingegen werden gegründet, um kollektive und individuelle Ziele zu verfolgen. Der Erfolg des Marktsystems beruht auf der Exklusion von Personen, der von Unternehmen auf deren Inklusion (Wieland 1998:21).

Aber diese Inklusion folgt Regeln der Ökonomie und nicht Regeln der Demokratie. Die Inklusion des personalen Inventars ist hoch selektiv, keinesfalls hierarchiefrei oder durch Selbstorganisation der beteiligten Individuen verfasst. Die Inklusion von Frauen in Wirtschaftsorganisationen ist kein Prozess, der sich an der statistischen Verteilung von Frauen in der Gesamt-Population einer Gesellschaft ausrichtet. Die neue Aufmerksamkeit für Gender-Fragen in Organisationen verdankt sich keinesfalls einer wachsenden Durchsetzung des Gleichheits-Paradigmas moderner Gesellschaft. Die neue Aufmerksamkeit richtet sich auf die Beobachtung von personalen Unterschieden, deren Mobilisierung ökonomische Vorteile zu versprechen scheint (Pasero 2003). Der Gender-Kontext wird eher vermittels Kosten/Nutzen-Semantiken eine legitime und Erfolg generierende Managementaufgabe denn über die Semantik der Gleichstellung.

---

2 Unternehmen beginnen, Arbeitszeitflexibilität und Kinderbetreuung als Moment der Ressourcenbindung zu entwickeln (vgl. Obermeier 2003b). Es geht zunächst darum, die Rückkehrquote bei Frauen nach der Schwangerschaft zu erhöhen.

Die neue Organisationsökonomik ist mikroanalytisch orientiert – statt der Firma ist die Transaktion die Basiseinheit. Sie verfügt über klare, realistische Verhaltensannahmen, die von beschränkter Rationalität und Opportunismus und nicht mehr von vollständiger Rationalität ausgehen. An die Stelle des Homo Oeconomicus tritt ein *organizational man*, der kognitiv schlechter (beschränkte Rationalität) und motivational komplexer (kalkulierender Opportunismus) ausgestattet ist. Weiterhin berücksichtigt die angestrebte Organisationstheorie den Faktor kooperationsspezifischer Investitionen, definiert Effizienz im Kontext komparativer und adaptiver Institutionenanalyse statt als Maximum einer Variablen, modelliert die Firma als Governance-Struktur und nicht als Produktionsfunktion, fokussiert die Bedeutung von Vertragsproblemen ex post und privaten Vereinbarungen zur Lösung dieser Probleme – lehnt also die universale Idee vollständiger Verträge und rechtlicher Erzwingbarkeit ab –, verfügt über eine interdisziplinäre Perspektive und folgt der Überzeugung, dass die Ökonomisierung von Transaktionskosten der entscheidende Gesichtspunkt bei der Untersuchung von Organisationen sei.[3]

Wir befinden uns in dem Entwicklungsprojekt der Organisationstheorie, das Dirk Baecker die "Wiederentdeckung der Organisation als soziales System" nennt (Baecker 2003b:102). Insbesondere die so genannte Managementphilosophie (Peters/Waterman 1991) "stellt den Grundgedanken der Betriebswirtschafts- und Führungslehre um von Rationalität (...) auf Motivation" (Baecker 2003b:102).[4]

Wenn Gender in den Kommunikationen der Organisation thematisiert wird, werden Motivationsfragen an die Anerkennung von Geschlechteridentität gekoppelt. Neue Zuschreibungen entstehen: die ehedem als defekte Partien interpretierten Teile unvollständiger Verträge von Frauen werden jetzt als kompetenzspezifische Vertragsunvollkommenheiten reinterpretiert. Wenn Kooperationsbereitschaft die mentalen Faktoren bezeichnet, die die Kooperationsfähigkeit aktivieren, haben wir hier die Gender-Frage einzuspielen. Welche Ideologien bzw. *shared mental models* (Denzau/North 1994) herrschen als informale Institutionen in der Organisation vor?

---

3 "Knapp zusammengefasst kann man wohl sagen, dass die wesentlichen ökonomischen Beiträge zu diesem interdisziplinären Projekt die vertragstheoretische Orientierung, die kombinierten Verhaltensannahmen des Opportunismus und der beschränkten Rationalität, die Faktorspezifität, Unsicherheit und Häufigkeit von Transaktionen als entscheidende Dimensionen, und eben die Ausrichtung auf die Transaktion als Grundeinheit der Untersuchung ist" (Wieland 1996:115).
4 Baecker führt zudem noch an: "Unternehmenskultur" und "Wissen und Lernen".

Gender und Kompetenz-Differenziale

Organisationen sind – in der *theory of the firm* – über relationale oder unvollständige Verträge strukturiert. Gender ist dann eine spezifische Vertragsunvollständigkeit: eine Vertrauens- und eine Kompetenzasymmetrie. Frauen werden – in Differenz zu Männern – mit spezifischen Inkompetenzzuschreibungen bedacht (für Deutschland explizit Osterloh/Littmann-Wernli 2002). Damit werden die prinzipiell unvollständigen Verträge implizit komplettiert: Was Männern an Entwicklungs- und Leistungsoffenheit zugestanden ist, wird bei Frauen implizit reduziert oder nicht zugestanden. Die Inkompetenzzuschreibung wird ein informeller Bestandteil – gleichsam als Komplementärerklärung – aller Verträge. Gender wird als asymmetrische Komplementarität betrachtet. Glass Ceiling ist unter dieser Bedingung kein Vertragsverstoß, sondern ein klarer Vertragsbestandteil. Denn wenn Frauen mindere Leistungskompetenz zugeschrieben wird, wird ihr Leistungspotenzial als von vornherein restringiert gesehen (vgl. Osterloh/Folini 2002; vgl. den Überblick von Palazzo/Karitzki 2003), mit der Folge, dass die relationalen oder unvollständigen Verträge an diesem Ende relativ vervollständigt werden: in reduzierter, aber verhältnismäßig abgeschlossener Form. Frauen bekommen weniger Leistungspotenzial, damit weniger Optionen zugebilligt. Sie gelten – in der Zuschreibung – als mindere Ressource.[5]

Der Grund ist nicht ihre faktische oder reelle Leistungsunfähigkeit – hier wurde sich von vielen stereotypen Zuschreibungen gegenüber Frauen längst verabschiedet –, sondern die "genetische Zuschreibung", wie man es heute nennen könnte. Früher wäre es eine "anthropologische" Zuschreibung gewesen: Frauen wird implizit eine geringere Verfügbarkeit unterstellt, weil sie potenziell auf Mutterschaft programmiert sind. Frauen, die diese Programmatik nicht übernommen haben, gelten als Frauen mit einer unvollständigen Weiblichkeit. Gleichgültig, was sie persönlich denken, werden sie auf genetische Routinen festgelegt. Und irritieren deshalb, wenn sie dieser "Routine" nicht folgen.[6]

Diese Zuschreibung – Gender Token – entspringt nicht der Logik der Unternehmen, sondern entstammt dem gesellschaftlichen System, dem die Mitarbeiter und Manager von Firmen angehören. Zuschreibungen der allgemeinen Sprach-

---

5 "66% aller weiblichen Führungskräfte in Europa nennen als wichtigsten Grund, warum Frauen nicht in Führungspositionen gelangen, Vorurteile über Rolle und Fähigkeiten von Frauen. Der gleichen Meinung sind 34% der männlichen Führungskräfte" (Eicker/Heitze/Domke/Koschik 2003:44). Osterloh und Folini (2002:129ff) sprechen von einer statistischen Diskriminierung, bei der im Durchschnitt unterstellt wird, dass Frauen eine geringere Produktivität haben.

6 Von den Frauen des Geburtsjahrganges 1935 waren 9% kinderlos, beim Geburtsjahrgang 1958 waren es bereits 23%. Langfristig wird mit einer Stabilisierung des Anteils kinderloser Frauen bei ca. 30% gerechnet (vgl. Statistisches Bundesamt 1953-2001).

gemeinschaft werden in das System Organisation der Unternehmung eingetragen und erst einmal, wie selbstverständlich, in die Polylinguistik der Unternehmung (Wieland 1999:57f) eingereiht. Die Frage aber, wie das Unternehmen diese Zuschreibungen übersetzt, ist eine Frage der Unternehmenskultur, und tatsächlich differenzierbar.

"Polylinguistik der Unternehmung" heißt nichts anderes, als dass viele Sprachspiele und Sprachkompetenzen parallel im Unternehmen gesprochen werden, die zu übersetzen ein Teil der Managementaufgaben ist.

> Anders als der Markt, der jedes Ereignis in Preisen codieren muss, um es kommunizieren zu können, müssen Unternehmen in der Lage sein, relevante Ereignisse in vielen Sprachspielen – Ökonomie, Technik, Recht, Bürokratie, Moral – gleichzeitig oder selektiv zu bewerten und zu verarbeiten (Wieland 1999:57f).

Es geht nicht um die Herausbildung von Einheitssprachen, aber um die Herausbildung von Verstehbarkeit, aber auch nicht um die Herausbildung einer ökonomischen Einheitssprache aller Mitarbeiterinnen und Mitarbeiter: gute Fachleute denken nicht zugleich in Kostenterms. Allerdings sind "Gewinne (...) die nichthintergehbare Beschränkung der Relevanz aller Sprachspiele im Unternehmen" (Wieland 1999:57f).

Organisation als "Set distinkter Sprachspiele" zu verstehen (Beschorner 2002:125), sieht die Organisation nicht als eine Effizienzkoordination, sondern als ein offenes System von Kooperationschancen, deren Potenziale aber immer wieder erst jeweils realisiert werden müssen – das genau ist die Rolle des Managements. Folglich ist, nebenher betrachtet, Diversity Management keine neue Rolle, sondern eigentlich immer schon ein wesentlicher Teil von Management.

Wir ergänzen: auch Gender gehört jetzt zum "Gewinnspiel". Mit den neuen Märkten, der damit einhergehenden erhöhten Flexibilität und mit den neuen Knappheiten (Wissensressourcen, Humankapital, Fähigkeiten und Kompetenzen, die für die neue Flexibilität gebraucht werden) werden *soft factors*, Kommunikations- und soziale Kompetenzen, Work-Life-Balances ebenso bedeutsam wie die schon vorhandenen Sprachspiele.

In diesem Sinne ist die Gender-Thematisierung nur eine der vielen laufenden Ergänzungen im polylingualen Kontext der Organisation. Gender als Teil von Diversität zu betrachten, ist bereits eine Relativierung der Geschlechterdifferenz in kompakteren Differenzierungssettings (alt/jung, Inländer/Ausländer, differente Rassen, differente Religionen etc.). Die organisatorische Polylinguistik arbeitet schon seit längerem.

Die Gender-Thematisierung wird in dem Moment relevant (bzw. relevanter als andere Sprachspiele), wenn Gender ein Knappheitsindikator wird:

- generell wegen einer nicht befriedigten Nachfrage nach *high level workers* (Kay 2002), oder aber
- spezieller wegen besonderer Kompetenzen und Fähigkeiten, die im Rahmen des Gender-Wissens nur und ausschließlich Frauen zugeschrieben werden.

Eines dieser Zuschreibungsprofile lautet: Frauen sind sozial und kommunikativ hochkompetent. Solche Kompetenzen werden erörtert, wenn sie gebraucht werden. Der "soziale-Kompetenz"-Diskurs ist jedoch lediglich eine Geste leerer Höflichkeit, solange er diejenigen, die so etwas können, letztlich als zweitrangig kennzeichnet. Wenn damit aber Anforderungen benannt werden, die in Organisationen fehlen, die moderne Organisationen geradezu "ausmachen", werden nicht die Frauen gelobt, sondern diejenigen Ressourcen als unverzichtbar erkannt, über die Frauen eher verfügen als Männer.

Doch ist das, was hier Frauen neu zugeschrieben wird, mentale/kommunikative Einübung, der noch keine Praxis folgen muss. Im Kontext einer modernen *theory of the firm* bleibt die Restriktion bestehen, d.h. eine Minderung von Kooperationschancen, die die Ressourcen der Firma einschränkt, ohne dass der Nutzen ersichtlich ist. Denn wenn Frauen, obwohl sie als Führungskräfte in Unternehmen selten vorkommen, mindere Leistungsoptionen zugeschrieben werden, können sie nicht nachweisen, dass sie leistungsgleich sind – weil sie anders beobachtet werden. Die falschen Zuschreibungen perpetuieren sich selbst – wegen mangelnden empirischen Gehaltes (vgl. Osterloh/Littmann-Wernli 2002; Osterloh/Folini 2002).

Glass Ceiling als Effekt unsicherer Produktivitätsannahmen

Glass Ceiling beschreibt eine Karriererestriktion, kein allgemeines Diskriminierungsphänomen (vgl. Landon-Lane 2003). Glass Ceiling findet auch dort statt, wo in Unternehmen relativ viele Frauen beschäftigt werden. Wir haben es mit der Paradoxie zu tun, dass mehr Frauen als früher eingestellt werden, diese aber bestimmte Schranken in der Hierarchie nicht übersteigen, oder nur in minimalen Prozentsätzen. Glass Ceiling beschreibt vertikale Schranken, die längst durch horizontale Schranken präfiguriert sind, in denen Frauen sich auf bestimmte Arbeits- oder Organisationsbereiche fokussieren, aus denen nach oben zu gelangen schwieriger ist (vgl. Ohlendieck 2003a).

Die Tatsache, dass in bestimmten Abteilungen von Unternehmen Frauen nicht nur vermehrt beschäftigt werden, sondern dominieren, hängt von vielen Faktoren ab, die hier nicht erörtert werden sollen, generiert aber Schemata und mentale Modelle, insbesondere solche der Produktivitätseinschätzung.

Christian Etzrodt weist darauf hin, dass Unternehmer generell nichts gegen Frauen einzuwenden hätten, dass sie aber in den männergeprägten Arbeitsmilieus nicht genügend Informationen über deren potenzielle Produktivitäten gewinnen (Etzrodt 2001:230f; auch Littmann-Wernli/Schubert 2002 und Osterloh/Folini 2002). Unternehmen honorieren die Leistungen von Frauen angeblich sogar stärker als die von Männern, wenn sie die Produktivität ihrer Arbeitnehmerinnen und Arbeitnehmer einschätzen können (Etzrodt 2001:231; Loprest 1992). Was Etzrodt im Kontext der Lohndiskrimierungsthematik erörtert, hat einen auf das Glass Ceiling Problem übertragbaren Teil: eine Theorie gender-ambiguer Verträge. Dazu gehört auch die bereits erörterte Erwartung der Karriere-Episodik von Frauen, in deren Humankapital deswegen zu investieren nicht lohne oder zumindest riskant sei (vgl. Weck-Hannemann 2000: 207ff). Margit Osterloh und Elena Folini zufolge lauten die einschlägigen Stereotype (vgl. 2002:125):

- Frauen weisen aufgrund ihrer familiären Verpflichtungen ein höheres Fluktuationsrisiko auf,
- sie verfügen über eine geringere Arbeitsmotivation und
- sie haben eine geringere Durchschnittsproduktivität als Männer.

Osterloh/Folini zeigen, dass der Mythos der geringeren Durchschnittsproduktivität ungültig ist, – er basiert auf der *statistical theory of discrimination* von Edmund Phelps 1972 (vgl. auch Hoppe 2002:100f). Eher umgekehrt müssen Frauen erhöhte Produktivität nachweisen, um als gleichwertig anerkannt zu werden (Osterloh/Folini 2002:131). Goos/Hansen (1999:243f) zufolge verfügen Frauen zudem über die höhere intrinsische Arbeitsmotivation. Jetzt beginnen andere Diskriminierungen, weil Frauen echte Konkurrenten werden. Wir befinden uns am Übergang von der Phase der Gender-Asymmetrie in die nächste Phase der Gender Competition (Pasero 2003; Ohlendieck 2003b).

Bei Björn Frank findet sich noch ein Argument, das nicht, wie bei ihm, auf Wissenschaftskarrieren von Frauen beschränkt bleiben muss: Frauen sind weniger risikoavers. Obwohl die empirischen Ergebnisse dagegen sprechen (Frank 2001:78; auch Littmann-Wernli/Schubert 2002), scheinen Frauen mögliche bessere Einkommenssicherungen durch Heirat oder erwartete Heirat zu antizipieren (Frank 2001:78f). Deshalb, so ließe sich folgern, gehen Frauen riskanter mit ihren Karrieremöglichkeiten um, weniger durchsetzungsorientiert (Bischoff 2001; Topf 2002), weil sie eine begleitende Exit-Option mitlaufen lassen können: Heirat + Kinder. Eine andere Formulierung, die aber der männlichen Beurteilung einer Semi-Konkurrenz von Frauen entspricht, lautet: Frauen gehen in die Karriere, aber eher episodisch.[7]

Wenn neue Stellen besetzt werden, hat der Unternehmer/Manager unvollständige Informationen über die Einzustellenden. In männerdominierten Berufen/Positionen haben die Unternehmer/Manager Stereotype, die ihnen bestimmte Produktivitätszuschreibungen erlauben:

> Im Gegensatz zu der Annahme der Theorie statistischer Diskriminierung ist es nicht nötig, ad hoc davon auszugehen, dass die Varianz der Produktivität bei den Frauen grösser ist als bei den Männern und deswegen risikoaverse Unternehmer für den gleichen Lohn Männer vorziehen. Die Neigung der Unternehmer, lieber Männer als Frauen einzustellen, liegt nicht an der Risiko-, sondern an der 'Ambiguity'-Aversion. Selbst wenn sich zwei Bewerber – eine Frau und ein Mann – nicht durch Qualifikation unterscheiden und ein Unternehmer in seinem Betrieb keine Unterschiede in der Varianz der Produktivität der männlichen und weiblichen Arbeitnehmer wahrnimmt, wird er trotzdem systematisch Frauen bei der Einstellung diskriminieren, wenn es sich um einen vorwiegend von Männern ausgeübten Beruf handelt.
>
> Da bei einer Einstellung nicht alle Informationen verarbeitet und ermittelt werden können, werden die Unternehmer (oder Personalmanager) die fehlenden oder nicht wahrgenommenen Informationen durch die Merkmale eines bestimmten Personentyps ersetzen. Wenn in einem Beruf vorwiegend Männer arbeiten, gibt es einen klaren Personentypus für männliche Arbeitnehmer. Hingegen liegt vielleicht nicht einmal ein weiblicher Personentyp vor, so dass die Informationen, die die Bewerberin liefert, mehrdeutiger sind als die Informationen der Bewerber, die vor dem Hintergrund des männlichen Personentyps an Substanz gewinnen. Hat der Unternehmer eine Präferenz für eindeutige Informationen, wird der die Frau nur zu einem geringeren Gehalt einstellen (Etzrodt 2001:230; ähnlich Osterloh/Folini 2002:129ff).

Etzrodts Theorie eignet sich als ein zusätzlicher Erklärungshinweis für das Glass Ceiling Phänomen, das eine spezifische Form der Diskriminierung darstellt. Unabhängig davon, dass wir nicht hinreichend Informationen über die etwaige Fortsetzung der Gender-Lohnunterschiede im Management haben, ist die Diskriminierung hier die Nichteinstellung. Die Analogie passt nur teilweise. Die Diskriminierung vermittels Glass Ceiling ist eine Karriere-Restriktion, keine Gehaltsrestriktion.

Etzrodts Hinweis bezeichnet die Verschiebung von Risiko- auf Ambiguitätsaversionen. Das klingt entschieden zu rigide, lässt das Spektrum möglicher Zwischenentscheide aus. Aber bei der Wahl zwischen männlichen und weiblichen Bewerbern für eine Managementposition spielen die genannten Ambiguitätsaversionen eine Rolle: Unternehmer/Manager wissen nicht, worauf sie sich bei einer Frau einlassen, da sie keine Vergleichsmuster haben. Es fehlen die menta-

---

[7] Häufig äußern Frauen, z.B. im Wissenschaftsbetrieb, dass sie gar keine Karriere wollten, aber dennoch fest angestellt arbeiten im Wissenschaftsbetrieb (Kuhlmann/Matthies/Oppen/Simon 2000).

len Modelle, wie Frauen sich in den jeweiligen spezifischen Managementdimensionen bewegen. Das ist beim gänzlichen Fehlen von Frauen erst einmal normal. Mit Etzrodts Konzeption können wir eine neue Unterscheidung einführen: die zwischen originären und konventionellen Karriere-Positionierungen. Konventionell sind Karriere-Thematisierungen, wenn die originäre Phase längst durchschritten wurde, in der Frauen erstmalig auf bestimmten Posten/Positionen eingestellt wurden. Sie sind Pionierinnen (vgl. McDowell/Singell/Ziliak 1999) und nach zufälligen, meist auch paternalistischen, mentoriellen etc. Verfahren eingeführt worden (vgl. Athey/Avery/Zemsky 2000).

Für die originäre Karrierepositionierung sind besonderer Mut, besondere Risikofreude und Durchsetzungskraft vonnöten. Die originäre Position selegiert bestimmte Frauentypen aus. Hier dominieren die *hard girls*, d.h. Frauen, die in ihrem Verhalten, Habitus etc. die Männer kopieren, in deren Domänen sie einbrechen. Sie tarnen sich als Mann. Das ist keine Abwertung, sondern ein Hinweis auf die Formierung von Führungstypen durch die Organisation.

Erst dann öffnen sich die Wahrnehmungen für die Produktivitätspotenziale von Frauen. Man traut ihnen plötzlich zu, was man ihnen bisher abstritt. Es gibt jetzt Muster, Modelle, orientierende Prototypen. Man darf nicht unterschätzen, dass die Präsenz und die Menge von Frauen in bisher unberührten Domänen die *frames* der Entscheider (wie auch der Kollegen) ändert, so dass allmählich normal wird, was früher Aufsehen bis Abwehr, Ignoranz erzeugte. Etzrodt erörtert den Übergang von der originären Karriere zur konventionellen:

> Dabei wird die Frau, die es trotz all dieser Schwierigkeiten schafft, in einem Männerberuf Karriere zu machen, es den nachfolgenden Frauen nicht leichter machen, da die Erfahrungen mit der ersten Frau nicht zu einem neuen weiblichen Persontypus zusammengefügt werden. Vielmehr wird ein individueller Persontyp für diese spezielle Frau formuliert, wodurch die Bewertung der anderen Bewerberinnen wiederum ohne Hilfe eines generellen weiblichen Persontypus vollzogen wird. Erst wenn sehr viele Frauen diesen Beruf ausüben, wird es möglich, einen solchen Persontyp zu konstruieren (Etzrodt 2001:231).

Jetzt lässt sich die oben angeführte Paradoxie aufklären, dass selbst in Unternehmen, die partiell viele Frauen beschäftigen, der Glass Ceiling Effekt wirksam ist: Die frauendominierten Abteilungen sind Abteilungen, in denen die Frauen als Arbeiterinnen oder Angestellte in *low level positions* tätig sind. Hier sind konventionelle Karrieren üblich.

Alle Managementpositionen verharren dagegen noch eher im originären Karrierezustand. Bisher sind dort selten Frauen platziert, und nur als Singularitäten. Deshalb gelten hier bei weiteren Frauenbewerbungen die eben beschriebenen Ambiguitätsaversionen. Diese haben zur Folge, dass eher Männer als Frauen genommen werden, weil man keine prototypischen mentalen Modelle hat und damit keine Produktivitätszuschreibungen. Da man meint, bei Männern solche Zuschreibungen zu wissen, weil man klare mentale Modelle besitzt, bekommen Männer bevorzugt die Managerpositionen. Der Glass Ceiling Effekt ist dann ein Phänomen der Mengen-Asymmetrie und der mentalen Modelle, die durch die Asymmetrie geprägt werden. Gelingt es, Frauen über gewisse Schwellenmengen hinaus in Organisationen "anzureichern", entwickeln sich neue mentale Modelle und klarere Produktivitätszuschreibungen für Frauen, die die Ambiguitäts-Aversion verschwinden lassen.

In diesem Kontext zeigt sich, dass Frauen nach ihren Prototypen beurteilt werden, die in originären Karrierepositionen nicht vorhanden sind. Folglich müssen Frauen – *starting their career!* – auf andere Medien und *performances* setzen: sich durchsetzen.[8] Erst später, wenn auch Frauen auf solchen Positionen erwartet werden, existieren mentale Modelle, die es Managern erlauben, ihre Entscheidungen für Frauen zu wiederholen – bis dann vermehrt vorkommende Managerinnen Entscheidungen fällen, in denen Frauen nicht prominent sind. Erst hier beginnt die Gender Competition, die nicht mehr unter dem Schatten der defizitären Egalität steht. Hinzu kommen ganz andere Beobachtungen:

1. Organisationen werden von unten nach oben durchge-gendered (McCracken 2001). Frauen sind in manchen Bereichen längst dominant, nicht aber im Management.
2. Wenn untere Bereiche der Organisation eine hohe Frauennachfrage haben, gilt das nicht sogleich auch für die darüber liegenden Hierarchieebenen (Bischoff 2001; Osterloh/Folini 2002). Jede dieser Ebenen ist erst einmal wieder ein originärer Zustand, der Glass Ceilings erzeugt.
3. Erst allmählich – evolutiv statt regulativ – kopieren sich Frauenprototypen durch alle Ebenen der Organisation, so dass Erfahrungen agglomerieren, die es Unternehmern/Managern entschiedener erlauben, ihre dadurch positiv werdenden Produktivitätszuschreibungen in Frauenanstellungen zu übersetzen.
4. Glass Ceiling löst sich durch Inkubation auf: Frauen werden dann – gleich durch welche originären Prozesse auch immer – vermehrt in Karrieren genommen, wenn sie häufiger auftreten. Das ist trivial, deshalb ein hochwirksamer Mechanismus: "triviale Entknappung von Frauen".

---

8 Vgl. Topf (2002); Topf/Gawrich (2002). Ein Teil der Erklärungen für das Glass Ceiling Phänomen beruht auf der These, dass Frauen eine geringere Durchsetzungsfähigkeit haben (vgl. Palazzo/Karitzki 2003:25ff; Assig/Beck 1996:116).

5. Erst dann kann Diversität als Gender Competition eingeführt werden; vorher ist sie antizipatorische Simulation von Zuständen, die sie erzeugen will/soll. Für Diversity bedarf es hinreichend vieler verschiedener Typen, Kompetenzen etc. Die personalpolitische Antizipation von möglicher Diversität im Unternehmen ist für ambiguitätsaverse Entscheider kein Grund, anders zu entscheiden. Die Antizipation von Frauenbildern ist kein mentales Modell, auch kein Ersatz für hinreichende Informationen über Produktivitätszuschreibungen.

Deswegen wird Diversity Management nur bedingt erfolgreich sein – eher als Sicherung und Bindungsinvestition des weiblichen Humankapitals, so wie es schon im Unternehmen vorhanden ist, statt als Mittel der Personalentwicklung, wenn damit Karriereförderung verstanden wird. Denn gerade in Deutschland, wo der Management-Stil des "Hauptsache-Kompetent-Prinzips" dominiert (Obermeier 2003a:2), ist gezeigte Kompetenz männlich definiert: Hard-Guy-Modelle (auch Wajcman 1998).

In Deutschland, wie die GLOBE-Studie (Ashkanasy/Trevor-Roberts/Earnshaw 2002; Szabo/Brodbeck/Den Hartog/Reber/Weibler/Wunderer 2002) in einer Befragung von 17.000 Managern herausfand, beschreiben sich Manager als durchsetzungsfähig und kompetent, fürchten aber das Ungewisse: Unsicherheitsvermeidung bestimmt das Handeln (Obermeier 2003a:2). Damit entsprechen sie genau der von Etzrodt eingeführten Ambiguitätsaversion, die sich an dominierende mentale Modelle hält: an männergeprägte Kompetenzmaßstäbe.

Diversity Management ist weniger auf Karriere als auf Bindung und Erhaltung des einmal investierten Humankapitals ausgelegt (ambivalent: McCracken 2001). Angeboten werden Life-Work-Kopplungen (vgl. Bensel 2002), neue *business designs*, inklusive *business time designs + support*, die – bei genauerer Beobachtung – Kosten generieren, um Doppelbelastungskosten zu mindern. Damit wird aber nicht die Doppelbelastung (Beruf/Familie etc.) aufgegeben, sondern stabilisiert und belastbar gemacht.

Solche Maßnahmen sind nur bedingt karrieregeeignet. Ihre Inanspruchnahme signalisiert: "ich bin nicht voll einsatzfähig", "ich muss mir von der Firma sogar helfen lassen, damit ich einigermaßen entlastet für sie arbeiten kann". Die Work-Life-Unterstützung definiert Frauen dann als weniger belastbar. Sie bedürfen besonderer Investitionen, um letztlich das normal leisten zu können, was Männer längst schon bieten. Gegen dieses mentale Schema, die replizierten Stereotype, helfen nur Erfahrungen mit Frauen, die ihre *double life/work career* erfolgreich durchgehen, und Verknappungen. Die Investitionsbereitschaft ändert sich rapide, wenn gute Arbeitskräfte, auch Manager, knapp werden.

Diversity Management zielt primär auf Pflege des Humankapitals. Es geht eher um Ressourcenpolitik als um deren Entwicklung. Man will Bindungen erzeugen. Die Hinweise mehren sich, dass die Manager, die Diversity Management einführen, darüber in die Rolle von *change agents* geraten, d.h. zu Promotoren von Frauen-Karrieren werden (vgl. Höyng/Puchert 1998; Krell 2002:116). Doch bleibt das im Themenbereich der Chancengleichheit, ohne den Gender-Diskurs zu erreichen. Frauen können Diversitäts-Arenen nutzen, um Karriere zu machen, werden aber feststellen, dass Glass Ceiling fortbesteht.

Selbstbeschreibungsmuster
In einer Studie von Accenture aus dem Jahre 2002 wurden bei weiblichen Führungskräften die wichtigsten Motivationsfaktoren erfragt (Accenture 2002:17):

- interessante und anregende Arbeit (77%)
- etwas Sinnvolles tun (61%)
- meine mir gesetzten Ziele umsetzen (46%)
- mich in meinem Beruf auszeichnen (38%)
- meine Ideen in die Praxis umsetzen (37%)
- Beziehungen mit Kunden und Mitarbeitern (28%).

Alle anderen Ziele lagen unter 12%, so z.B.

- anderen beweisen, dass ich meine Ziele verwirklichen kann (12%)
- finanzielle Ziele (11%)
- Macht und Einfluss erreichen (11%)
- mich von der Masse abheben (10%)
- auf der Siegerseite stehen (9%)
- öffentliche Anerkennung (5%).

Die von den weiblichen Führungskräften als gering bewerteten Ziele sind identisch mit Zielen, die Männer für hochbedeutsam halten: Macht, Geld, Anerkennung, Selbstbewusstsein, *good performance* etc. Die Selbstzuschreibungen von Frauen in der Accenture-Studie weisen sie als konkurrenz-avers aus. Sie haben schlicht andere Ziele als solche, die momentan die Karrierekonkurrenzen bestimmen.

Die Liste der wichtigsten Hindernisse für Frauenkarrieren (aus der gleichen Studie) zeigt, dass weibliche Defizite nicht vorkommen (bei einer Skalierung von 1 bis 5, wobei 1 "kommt nicht in Frage" und 5 "sehr wichtiges Hindernis" bedeutet):

- männerdominierte Arbeitskultur am Arbeitsplatz = 3,1
- Vereinbarkeit von Beruf und Familie = 2,6
- Mangel an weiblichen Vorbildern/Mentorinnen = 2,5
- Männliche Kandidaten/Kollegen von mir befördert/gewählt = 2,2
- Mangel an flexiblen Arbeitsmodellen = 2,1.

Alle anderen Hindernisse (Ausbildung/Training, Alter, sozialer Hintergrund, politische/ideologische/religiöse Ansichten, ethnischer Hintergrund, körperliche Behinderung) liegen in der Skalierung unter 2, d.h. in der Nähe der Bewertung "kommt (als Hindernis) nicht in Frage" (Accenture 2002:21).

Auf die Frage, welche "beste Strategien" es gäbe, um einen höheren Anteil von Frauen in Führungspositionen zu erreichen, wurde in der Studie geantwortet:

1. ganztägige Kindergartentagesstätten = 75%
2. kultureller Wandel, initiiert durch flexible Arbeitsverhältnisse = 70%
3. Mentoringprogramme/Frauen-Netzwerke = 63%
4. stärkere Einbeziehung von Männern in Familie und Erziehung = 60%
5. mehr staatliche Anerkennung für Arbeitgeber, die Chancengleichheit gewährleisten = 42%.

Alle weiteren Punkte (bessere Bildungschancen, Strafen für erwiesene Benachteiligung, Zielvereinbarungen über Frauenanteile ohne Quoten, Quoten, Laissez Faire-Marktausgleich) liegen um und unter 30% (Accenture 2002:23).

Nur zwei Punkte lassen auf organisatorische Umstellungen schließen (2 und 3). Doch wenn (1) ebenfalls als Organisationsangebot der Unternehmung gedeutet wird und (4) als Organisationstopos des Familienmanagements, haben wir es wesentlich mit organisatorischen und Management-Fragen zu tun.

Es geht den Frauen – die ja bereits Führungspositionen haben – um Einbettung. Organisationen sollen ihnen so zubereitet werden, dass sie sich wohlfühlen und deshalb gut arbeiten können. Sie wünschen sich frauenkonforme Milieus, in denen sie dann leistungsaffin sind. Implizit geht es um Inklusion in Organisationen unter Konkurrenzausschluss – ein eher ernüchternder Aspekt, der die Gender-Frage wieder auf eine Frauenfrage rubriziert.

Gertraude Krell hat verschiedene Studien über unterschiedliche Führungsfragen und Führungsstile zwischen Frauen und Männern einer Meta-Analyse unterzogen und ist dabei auf derart heterogene Befunde gestoßen, dass ihrer Ansicht nach gegenüber der Behauptung geschlechtstypischer Führungsstile Zurückhaltung geboten ist (2001:394ff).

Produktivitätsschranken

Osterloh/Folini (2002:132ff) machen auf einen weiteren Aspekt aufmerksam. Wenn Frauen vorgehalten wird, dass sie weniger produktiv seien, gilt das nicht für Frauen, die in der Führungskarriere sind: Diese beweisen eine Kompetenz, die z.T. höher ist als die ihrer Mitbewerber (vgl. Lechner 1998:181ff). Frauen, die besondere bis überdurchschnittliche Produktivität signalisieren, können eigentlich dem Glass Ceiling Effekt nicht unterliegen, weil das Argument der geringen Produktivität nicht stichhaltig sein kann (Osterloh/Folini 2002:137). Andere Gründe gelten, vor allem organisatorische Gründe der Exklusion von Frauen aus Wissenprozessen der Organisation. Die Autorinnen unterscheiden zwischen explizitem und implizitem Wissen. Sie entfalten daraus vier Dimensionen der Verschränkung von implizit/explizit: 1. Sozialisation, 2. Externalisierung, 3. Kombination und 4. Internalisierung. Gezeigt wird bei allen Stufen, dass das Wissen, welches Frauen beitragen können, nicht genügend oder gar nicht von der Organisation aufgenommen wird (Osterloh/Folini 2002:136; nach Nonaka/Takeuchi 1997). Wenn die interessanten Hypothesen von Osterloh und Folini gälten, erklärte sich das Glass Ceiling Phänomen über den "Mechanismus der Wissensproduktion":

> Das Wissen von Frauen findet nur in eingeschränktem Ausmaß Eingang in die Produktion von organisatorischen Regeln und Routinen, auch dort, wo es als eine effizienzerhöhende Quelle von Wettbewerbsvorteilen dienen könnte. Dieses Wissen ist damit auch nicht aufstiegsrelevant (Osterloh/Folini 2002:137).

Die Schlussfolgerung, Gleichstellungsmanagement zu betreiben, bleibt unter dem Level der Erklärung, denn es geht eher um Inklusionsmanagement in Wissensorganisationen. Frauen haben einen *institutional failure*: Ihre hohe, z.T. überdurchschnittliche Produktivität wird in den Wissensnetzwerken der Organisationen nicht wahrgenommen oder zu wenig eingespielt. Routinen und Regeln sind männerbestimmt. Diese Hypothesen beruhen darauf, dass Frauen aufmerksamer, konkreter, intensiver, affektiver seien etc. Die Liste der Attributionen mag wechseln, aber immer wieder werden Unterscheidungen aufgelegt, die die Thematik bestimmen – bei Osterloh/Folini die Wissen/Organisation-Relation.

Gender-Fragen in Organisationen

Gender-Fragen werden in Unternehmen thematisiert, wenn an der Unterscheidung von Geschlecht Probleme entstehen oder Optionen. Die Gender-Differenz paart sich in den USA mit verschiedenen Diversity-Themen: Gender, Ethnizität, Religion, Alter. In Deutschland ist eher Alter bedeutsam, noch vor dem Gender-

Thema. Stärker werden vor allem Qualifikationsdifferenzen notiert – und Leistungsdifferenzen. Weil diese Diversity-Themen, die in Deutschland nicht als solche identifiziert werden,[9] dominieren, bilden sie den Rahmen für die Interpretation von anderen Diversitäten: alt/jung; Männer/Frauen. Welche Qualifikationen dominieren? Welche Leistungen?

Die eingeschliffenen Wahrnehmungen sind Stereotype, deren Sinn darin besteht, sie zu bestätigen. Neue stereotype Merkmale kommen jedoch hinzu: z.b. die kompensatorische Frau, die – weibliche – Kompetenzen mit sich bringt, in denen sie Männern überlegen ist: *soft skills* wie z.b. Einfühlung, Kommunikation u.ä. Nun wird zwar der Mangel an diesen Fähigkeiten thematisiert, aber damit gehören sie trotzdem nicht zum Kernbereich des Managements. Die Betonung von frauentypischen Fertigkeiten ordnet Frauen in Bereiche, die zugleich mit Hardcore-Management-Defekten verknüpft sind. Frauen werden so auf Bereiche festgelegt, die dann faktisch in bestimmte Abteilungen führen, aus denen heraus die Karrierechancen gemindert sind. Denn die Zuschreibung *eindeutig weiblich* ist zugleich die Zuschreibung: *nicht männlich*, was mit verschiedenen Konnotationen einhergehen kann – auf jeden Fall aber auch mit derjenigen: Was für Männer unerreichbar ist, *kann* kein Karrieremoment sein. Würden Frauen etwas können, was Männer nicht können, wären sie für bestimmte Karrieren prädestiniert; Männer hingegen ausgeschlossen. Es geht, bei diesem neuen Stereotyp um eine Arealisierung von Frauenkarrieren: nicht als bewusste Strategie, sondern als Betonung einer Spezifität, die dann die Generalität verdirbt. Frauen können dagegen nur betonen, dass sie das auch könnten, was Männern entgeht.

Die Beobachtung von Gender in Organisationen lässt sich wie folgt skizzieren:

1. Organisationen sind Koordinationsarenen für arbeitsteilige Prozesse. Die Kunst der Führung von Organisationen ist die Kunst, Zusammenarbeit zu erzielen: Kooperation.
2. Zusammenarbeit/Kooperation wird entweder durch hierarchische Koordination erreicht: Die Organisation ist in geführte Gruppen aufgegliedert, die ihre spezifischen Aufgaben haben. Die Führung koordiniert das Wertschöpfungsgefüge wie residuale Prozesse; das ist ihr Management-Anteil. Oder aber die Organisation ist flacher, weniger hierarchisiert. Sie verlässt sich eher auf die Kooperationskompetenzen ihrer Mitglieder, die sich selbst organisieren. Hier wird Führung Management: Kooperationskoordination – Remixes und Neukoordination, Evaluation etc.

---

9 Außer bei der Ford AG in Köln: Deren Diversity-Konzept thematisiert den "Völklinger Kreis – Gay Manager", das "Gay, Lesbian Or Bisexual Employees"-GLOBE Netzwerk und das "Türkische Mitarbeiter Netzwerk" (Ford 2002).

3. Organisationen beobachten ihre Mitglieder auf Kooperationskompetenzen und Koordinationsgefügigkeit. Gewöhnlich reichen Leistungen und Kompetenzen aus, um die Teams zu koordinieren, die dann selbstständiger kooperieren. Diese Spannung von Koordination/Kooperation definiert die *viability of the firm*.

4. Gender-Fragen tauchen erst dann auf, wenn Frauen innerhalb der Organisation außerhalb ihrer institutionellen Rollen auftreten. Die institutionelle Rolle von Frauen ist ihre familienorientierte Versorgungsrolle. Vieles davon ist aus dem häuslichen Bereich übertragen worden in Verwaltungsbereiche von Unternehmensorganisationen. Lediglich die Arbeiterinnen waren die Ausnahme, später die Stenotypistinnen und Schreibdamen. Hier wurden Wartezeiten bis zur Einheirat als *cheap working power* genutzt. Expandierende Unternehmen in Nicht-Ausbildungs-Milieus greifen, bei knapper werdenden Männern, auf Frauen und Kinder zurück, bis sie Fremde importieren.

5. Wenn Frauen andere Rollen als hausfraulich-vorsorgende, dienende oder karitative einnehmen, ist die Organisation irritiert. Denn nur so konnten Frauen über Geschlechterstereotype akzeptiert werden. Sie wiederholten nur ihre Rolle, die Männer als Ehemänner zuhause vorfanden. Frauen spielten in Unternehmensorganisationen die "verschobene Hausfrau", was es erleichterte, ohne Rollenbruch aushäusig tätig zu sein. Lediglich die Familie wechselte: in die Extension des Betriebes.

6. Kooperationsprozesse werden von Frauen unterbrochen, wenn sie ihre institutionelle Rolle verlassen. Männer müssen dann mit Frauen professionell kooperieren, und zwar nicht so, wie sie es zu Hause gewohnt sind. Hier kommen etliche soziale Ungeübtheiten zu Tage.

7. Qualifikationsdifferenzen sind nicht mehr Thema: Organisationen werden aufmerksam, wenn Gender-Differenzen die Kooperationsprozesse stören, die eigentlich als Synergieaufstockungen gedacht waren. Es geht um atmosphärische Probleme – von hoher Valenz. Organisationen wollen keine Gender Competition innerhalb der Teams, sondern höhere Produktivität.

8. Frauen sind nicht einfach Konkurrentinnen, sondern Konkurrentinnen von spezifischer Art, die durch Stereotypen-Aktivierung auf Distanz gehalten werden können: Gender Trouble.

Die Öffnung der Gender-Frage

Das Gender-Thema beginnt sich zu entfalten. Das Geschlechterverhältnis wird noch häufig als Frauenproblem behandelt. Was die Gender-Thematisierung neu mischt, ist in den modernen Organisationen ein generelleres Thema. Gender ist nur die Markierung für einen Trend, der allein schon deshalb unabhängig von Gender betrachtet werden muss, d.h. geschlechtsunspezifisch, weil zuwenig Männer-Ressource vorhanden ist, um die neuen *soft factors* ausreichend zu bedienen. Das personale Inventar für *new balanced managers* ist, wenn wir nur Männer ansprechen, zu eng bemessen, so dass, zusätzlich zur demografischen Entwicklung, Frauen als Ressource des *new human capital* "entdeckt" werden.

Doch werden die Frauen nicht "als Frauen" entdeckt, sondern als *soft factor trained*, was vice versa die Männer in neue Konkurrenzen bringt, von denen sie sich bisher bewahrt glaubten: wie ihre Kompetenz in Sensibilität ausgeprägt ist. Das Gender-Thema entfaltet sich letztlich entscheidend an der Frage, welche soziale Kompetenz Männer haben und nicht bereits daran, welche Frauen haben. Der Indikator für die Normalisierung der Gender-Frage ist Gender Competition (Pasero 2003; Ohlendieck 2003b).

Wenn solche Muster in den Vordergrund gestellt werden, haben Frauen keinesfalls einen zugeschriebenen Vorteil, wie es im alten Schema lauten könnte, sondern Männer wie Frauen gehen in neue Kompetenzarenen. Was Frauen zu verlieren haben, haben Männer zu lernen, in Äquidistanz zu ihren jeweiligen Zuschreibungen und Selbstbildern.

Gender ist eine zwischenlaufende Markierung der neuen Aufmerksamkeit auf soziale Intelligenz, die Einzug hält in die Unternehmungen. Sie meint nichts weniger als die Fähigkeit von Organisationen, auf neue Relationen von außen mit neuen Relationen innen zu reagieren, d.h. z.B. heterarchisch, nicht hierarchisch moduliert (Baecker 1999; Littmann/Jansen 2000; Weick/Sutcliffe 2001; Bensel 2002; Baecker 2003c). Dazu gehört eine andere Sensibilität für Sensibilität, die sich pragmatisch übersetzt in neue Netzwerke innerhalb der Unternehmung. Um sich umzustellen, braucht man Netzwerkbeziehungen auch in jenen Bereichen, in denen hierarchische Organisationen die Mitarbeiterinnen und Mitarbeiter voneinander ausgrenzen.

Wenn Relationen nicht mehr starr definiert sind, sondern innerhalb/außerhalb der Organisation zu suchen sind, dann ist *relationship management within relations* eine Kompetenz, die Frauen zugeschrieben wird, die Männer aber in der neuen Arena auch lernen. Nun beginnen Phasen einer Gender Diversity, die als neue, geschlechtsspezifische Arbeitsteilung fungiert. Man gibt Frauen vermehrt Verträge, weil sie Kompetenzen einbringen, die Männer nicht haben –

neben der neu entdeckten Intelligenz. Diversität ist ein Zwischenthema, das die Geschlechterspezifik als Ressource aufschließt – und damit innerorganisatorisch neu legitimiert und den Einlass regelt.

Erst danach beginnt eine andere Gender Competition, nachdem die Diversity durchlaufen ist. Dann wäre eine Hyper Competition denkbar: ein Wettbewerb zweiter Ordnung. Wer ist sensibler, kommunikativer, adaptiver? Und zwar unabhängig von der Geschlechtszugehörigkeit. Erst wenn dieser Zustand eingetreten ist, beginnt die neue Konkurrenz. Die Aufrechterhaltung und Betonung von Männlichkeit, d.h. von Rationalität, Durchsetzungsfähigkeit etc. in dieser neuen Arena bedeutet, defekte Männer zu perpetuieren: Depotenzierung von Männern in der neuen Hyper Competition. Reine Männlichkeit ist in der *soft factor dynamics* moderner Organisationen riskant.

Die Gender-Zuordnungen, die heute laufen, sind nur vorläufig, und zwar im Hinblick auf Kompetenzen organisatorischer Empfindsamkeit. Man kann auch von Atmosphären-Management reden (Wieland 1996; vgl. auch Lies 2003: "corporate instinct"). Es mag naheliegen, dies als einen vorübergehenden *new romanticism* zu betrachten. Aber es geht hier nicht um Moden, sondern um Strukturänderungen durch Organisationskomplexität in komplexeren Umgebungen (Märkte + Politiken + Werte- und Rechtssysteme). Jene Empfindsamkeit ist nur dem Worte nach romantisch konnotiert: Es meint Organisationsumstellungen erheblicher Art, die in komplexen Welten allein schon deshalb erfolgen müssen, weil jedes Organisationsmitglied sensibel für Änderungen sein muss, um sie organisatorisch bewältigen zu können. Die Empfindsamkeit ist eine Sensibilität für inflexible Strukturen, die nicht nur indiziert, sondern auch mehr oder minder selbstständig geändert werden.

Das *business design* solcher Organisationen würde heute als Gender Design ausfallen müssen: Wenn die Kompetenzen der Geschlechter verschieden sind, dann wären die zu bildenden Teams nicht egalitär, sondern unterschiedlich, d.h. arbeitsteilig zu besetzen. Diversity Management bekommt eine neue Bedeutung: Nutze die Unterschiede, organisiere keine falschen oder energie- (bzw. ressourcen-)vergeudenden Wettbewerbe, sondern Arenen der Gender-Komplementarität (Höhler 2000, 2001). Das verträgt sich mit der oben aufgestellten These des Diversity Managements als Zwischenstufe. Die Betonung der Gender-Unterschiedlichkeit ist jetzt keine Betonung mehr der intra-/extra-organisatorischen Zuschreibungen, sondern eine innerorganisatorische Differenzierung: wer ist wofür kompetent. Die Unterschiedlichkeit, die Frauen weiterhin zugeschrieben wird, ist jetzt als Komplementär-Kompetenz in die Organisation eingelagert – arbeitsteilig aufgewertet. Diversity Management ist dann die Konstruktion von neuen arbeitsteiligen Organisationsstrukturen, die aufgrund ihrer je spezifischen Produktivität den Gesamtoutput zu erhöhen versprechen. Eine solche Formulierung ist keine nominalistische Volte, sondern eine Aussage über Fähigkeiten, die sich genauso gut Männer aneignen können, allerdings mit sozialisierten Nachteilen. Solange Männer sich nicht allgemein aneignen können, was Frauen können, ist Diversity Management eine Konzeption der Gender Complementarity, was legitimatorisch den Vorteil hat, Frauen einzustellen, weil die Organisation sie auf der Komplementärseite benötigt. Gender-Komplementarität wäre dann ein Pfad in dieser Phase, der die Kompetenzen, die Frauen zugeschrieben werden, mit denen, die Männern zugeschrieben werden, in den Teams optimal mixt. Der Mix wäre zugleich immer eine Gewöhnung an Kooperationen, die bisher nicht selbstverständlich erfolgen. Wahrscheinlich werden wir personalpolitische Arrangements erleben, in denen Gender Management eingeführt wird: eine Frau und ein Mann zusammen in Co-Leadership. "Weiblichkeit" wäre dann eine positive Kompetenzzumutung, die für die Teamarbeit produktiv sein kann: aber was danach? Wie werden die Karrierechancen tangiert?

Wir haben es mit einem neuen Modus der Fraueninklusion zu tun, aber es bleibt die Frage, wann die gläserne Wand erreicht wird? Wir haben noch keinen Grund, die Wand selbst zu leugnen. Die Gender Complementarity sortiert die Geschlechter nach spezifischen Kompetenzen, aber nicht mehr, wie früher, in spezifische Berufe, Bereiche etc., sondern nunmehr in alle Bereiche, aber nach "harten" und "weichen" Faktoren zugeordnet.

So kommen die Frauen generell eine Stufe weiter, bleiben aber dann hängen, wegen ihrer Spezifität, die sie nicht wirklich für die höheren Grade der Führung vorbereitet oder als geeignet erscheinen lässt, weil ihnen Training in den harten Faktoren fehlt oder dieses als zu gering eingeschätzt wird. Die Weiblichkeit, die ihnen zugestanden wird, ist immer der Hinweis auf ihre fehlende Männlichkeit. Die neue Sensibilität lässt Frauen für die Teams wichtiger werden, in vielen Bereichen nach- und auch aufrücken, aber nicht "nach oben". An der gläsernen Wand scheitern sie auch weiter, gerade weil die "weichen" Faktoren nachgefragt wurden. Sie bleiben, auch in den neuen, durch Diversity Management geprägten Debatten und Organisationen, im *relationship management* gefangen – weil es das ist, was man ihnen jetzt zubilligt, gut zu können.

Die alte Inkompetenzzuschreibung weicht einer neuen Kompetenzzuschreibung, die aber spezifisches Humankapital umschreibt, dem jene Generalität fehlt, die für reine Management-Aufgaben und von Männern selbstverständlich erwartet wird. Weil man die Kompetenz der Frauen in sozialer Intelligenz entdeckt, rücken sie eine Stufe höher, aber nicht allzu hoch, da man in den höheren Regionen eher die Reservate des klassischen Managements pflegt. Vor allem ist der Mechanismus, Frauen *soft and social competence* zuzuschreiben, eine Zuschreibung, die sie nicht automatisch vertikal disponiert – zur Führung nach oben –, sondern meist horizontale Bewegungen evoziert. Frauen kommen in die Vertriebs- und Kundenbereiche, nicht ins Management – oder später nur über die Horizontalverschiebung. Die Glass Ceiling Thematisierung verdeckt, dass Frauen allmählich etliche Bereiche der Unternehmensorganisation einnehmen: aber in eher horizontaler Diffusion, statt in vertikaler. Es liegt nahe, nachhaltige Frauenpositionierungen als Parallelogramm zu betrachten: Top-Management-Positionen über horizontal-vertikale allmähliche Verschiebungen erreichen zu lassen.

Weshalb Vorstände keine soziale Intelligenz haben sollen, während man es für die Organisation in toto erwartet, mag daran liegen, dass sich dort die älteren Generationen aufhalten, die die Macht haben, sich solche Anforderungen vom Leibe zu halten, so lange sie noch leben. Die nachfolgenden Vorstandsgenerationen aber sind mit der neuen Gender-Sensibilität und anderen Diversitäts-Anforderungen aufgewachsen, so dass dann neue Lagen entstehen, in denen Frauen vermehrt in die Vorstände einrücken können. Liz Coffey beschreibt das als marktgeborene Einsicht, dass spätestens dann, wenn die Produkte in der Mehrzahl von Frauen gekauft werden, Frauen im Vorstand präsent sein müssen, weil sonst keine Kundenbeziehungen gelingen (Coffey 2002:193f; Krell 2002:115).

Doch ist dies nur ein Teilprozess; der andere Teil wird – durch die Anforderung sozialer Intelligenz als Anforderung an die Männer – deren Selbsteinschätzungen ändern. Was scheinbar "die Frauen gut oder besser können", sind Karrieremomente, die die Männer nicht liegen lassen, sondern selber mit ausbilden. Es werden Szenarien denkbar, in denen Männer bei Frauen "in die Lehre gehen". Es werden Konstellationen möglich, in denen Männer in Frauenteams wollen bzw. weibliche Teamleaders haben wollen (*for learning on the job*) – oder in Paarbeziehungen (Co-Gender-Leadership) die Managementaufgaben erfüllen, um Gender Training zu erhalten.

Es bilden sich neue Konventionen heraus, in denen die Gender-Frage dethematisiert wird (Pasero 1995), was heißt, dass Kompetenz dann nicht mehr über das Geschlecht diskriminiert wird, sondern über andere Themen: Wissen/Nichtwissen, Kommunikation, Vertrauen etc. TransGender-Konkurrenz ist aber ein Thema, das Männer nicht von vornherein gut oder besser bewältigen.

Grenzen von Netzwerken
Männer und Frauen unterscheiden sich allerdings in ihrer Netzwerkinklusion. Natürlich haben Männer andere Netzwerkzugriffe als Frauen, weil sie ihre Bekanntschaften immer schon im Hinblick auf Karriereoptionen pflegen. Frauen weniger. Vor allem deswegen, weil sie weniger in Karriereoptionen denken. Würden sie das als Option sehen, würde sich auch ihr Netzwerkblick ändern. Frauen haben andere Netzwerke, die nicht karriere-, sondern freundschafts- oder familienorientiert sind.

Netzwerke sind häufig Karrierenetzwerke, vulgo Seilschaften. Frauen sind keine hochrangigen Netzwerkpartnerinnen, weil ihnen nicht zugeschrieben wird, Seilschaften anzuführen, in die sich Vasallen einklinken. Interessieren sie sich weniger für Karrieren, sind sie auch weniger *leading figures* in solchen Netzwerken. Was ihnen nicht zugeschrieben wird, macht sie gleichzeitig auch zu uninteressanten Vasallen – z.B. wegen ihrer Exit-Option "Mutterschaft" zu gehen.

Das gilt auch für die neuen Relationen, in denen Männer sich für Frauen interessieren: als *leaders* für die eigene Karriere. Die Exit-Option bleibt manifest, d.h. als Risiko manifest. Frauen, die Karriere machen wollen und netzwerkpositiv werden, müssen glaubhaft versichern, keine Kinder zu bekommen, weil Männer erst dann in sie zu investieren beginnen. Dies muss als Entscheidungsproblem vergegenwärtigt werden. Frauen in Organisationen sind sowohl potenzielle Netzwerkpartnerinnen im Karrierewettbewerb als auch potenzielle Subjekte einer Beziehung, die in traditionaler Form Frauen aus der Organsiation herausnimmt, um sie in ein privates Familienarrangement einzubetten. In beiden Fällen werden Frauen auf ihre Exit-Optionen geprüft: ob sie zuverlässige oder riskante Netzwerkpartnerinnen sind und ob sie zuverlässige Ehepartnerinnen wären.

Eine dritte Option, Frauen als Beziehungspartnerinnen zu sehen, die ihre Karriere weiter betreiben, ist neu und zugleich die kompetitivste Form des Geschlechterarrangements. Warum sollen Männer diese Variante entscheiden oder überhaupt in ihren Entscheidungskalkül einbeziehen, wenn andere Optionen risikoärmer sind? Partnerschaften, in denen beide Karriere machen, negieren die Exit-Option und damit das Weiblichkeits-Stereotyp. Zudem können Männer das Risiko der Exit-Option Mutterschaft mit steuern: durch Verhütung.

Aber erst über diese Form der Kooperation – Karrierepartnerschaft plus Beziehung – verschwindet die Exit-Option, mit der Frauen als prinzipiell riskant eingestuft werden, selbst bei bester Kompetenz und Leistung. Erst jetzt beginnen Männer andere Partnerschaften als möglich anzusehen, z.B. eine nicht-riskante Netzwerkpartnerschaft.

Doch sind Fraueninklusionen in (Männer-)Netzwerke nicht einfach. Männernetzwerke haben eigene Begegnungsstile. Man trifft sich entre nous. Frauen stören da. Frauen merken das auch und gehen, wenn die Männer nach den Sitzungen ihre Clubdimension eröffnen. Frauen fühlen sich unwohl bis deplatziert. Damit aber fallen sie aus den Männernetzwerken (bzw. ihren Keimzellen) heraus. Frauen bleiben fremd, weil sie nicht in Männerkollektive passen. Sie stören Männerkollektive, weil sie die Aufmerksamkeiten der Männer unterbrechen. Sie desorientieren Männer, die nicht mehr der Gruppe, sondern der Frau zugewandt sind. Das bringt Konkurrenz unter die Männer, wo sie sich in ihren Kollektiven gerade jeglicher Konkurrenz entheben wollten. Männerclubs sind in stärkerem Ausmaß – Netzwerke etwas weniger – *communities of practice* (Wenger 1998) konkurrenzfreier Männerbeziehungen: Generationencliquen oder Kampfbünde. Frauen stören diesen entscheidenden Passus.

Deshalb können Männernetzwerke nicht einfach mit Frauen aufgefüllt werden. Das gilt extra- wie intraorganisational. Aber Frauen können sich privatim in die Netzwerke begeben – nicht netzwerk-öffentlich, aber mit vielen Netzwerkpartnern – privatim, zum Essen, sonstwie. Bis man im Netzwerk ist, ohne im Netzwerk zu sein. Innerhalb des Netzwerkes flechten Frauen spezifische individuelle Beziehungen: ihre persönlichen Netzwerke, die dann durchaus in Konkurrenz zu den vordem geltenden Netzwerken geraten können.

Individualisierung

> Seit Individualitätsmuster nicht mehr über Herkunft, Schicht, Ausbildung und Profession laufen (...), sondern über *Milieu, Anspruchsniveau* und *Idiosynkrasiebereitschaft*, weichen die alten und verlässlichen Standards der Unterscheidung, Sortierung und Sanktionierung konformen und abweichenden Verhaltens eher chaotischen und in jedem Fall launischen Moden der Selbstdarstellung (Baecker 2003b:105).

Luhmann weist darauf hin, dass die "Neubeschreibung des Menschen als Individuum (...) die strukturelle Unbestimmtheit und damit zugleich die Konditionierbarkeit des individuellen Verhaltens [betont]" (1997:28). Baecker überträgt diesen Zusammenhang auf Organisationen: "Darauf muss die Organisation sich sowohl im Umgang mit den eigenen Mitarbeitern wie den Kunden umstellen, ohne dass sie wissen kann, wie unter diesen Umständen *Entscheidungsroutinen* beibehalten werden können" (2003b:105). Die Organisation der Organisation als hierarchische Struktur, die auf das Monitoring von Entscheidungsroutinen ausgeformt war, muss sich auf Ungewissheiten umstellen.

Dieses System operiert in dem Sinne *nicht-trivial*, als es alle eigenen Operationen nicht nur an 'Vorgaben' und 'Aufgaben', sondern auch an eigenen 'Zuständen' orientiert, die nicht nur betriebswirtschaftlicher, sondern auch soziologischer und psychologischer Art sind. Es wird *komplex* und es beschreibt sich als '*komplex*' mit dem Ergebnis, dass es zunehmend nicht mehr als technologisch *isoliertes*, sondern als mit seiner gesellschaftlichen, psychischen und natürlichen Umwelt *vernetztes* System betrachtet werden muss (Baecker 2003b:102; mit Verweisen auf Czarniawska-Joerges 1992; Martin 1992; Sackmann 1997; wie auch auf Ulrich/Probst 1984; Baecker 1999; Luhmann 2000).

Wenn die Entscheidungsroutinen, die basalen Muster der alten Hierarchieformen von Organisation, nicht mehr beibehalten werden können, "scheint sich nur noch die *Routine der Individualisierung* zu bewähren, die es der Interaktion zwischen Mitarbeitern und Kunden überlässt, welche Entscheidungen jeweils in den engeren Bereich des Möglichen rücken" (Baecker 2003b:105f).

"Routine der Individualisierung" ist ein anderer Name für Diversity Management, oder zumindest für relevante Aspekte davon (Pasero 2003). Die Thematisierung von Diversität ist eine andere Form des Diskurses zur Individualisierung: Es fokussiert die produktive Nutzung individueller Differenzen. Wenn die Beobachtung richtig ist, dass individuelle Verhaltensdispositionen bedeutende Wettbewerbsfaktoren sind, dann ist ebenfalls richtig, dass diese Individualität nur mobilisiert werden kann durch die gewollte Zulassung von Individualität (Wieland 1998:28).

Diversity Management ist die Zulassung von Individualisierung als Leistungspotenzial. Wie Leistungen sich entfalten, ist noch unklar, aber man weiß, dass dann, wenn die Mitarbeiterinnen und Mitarbeiter keine Individuen sein können, Demotivationen produziert (Ent-Leistungen) werden. Die Nicht-Anerkennung von Frauenkarrieren ist immer auch eine Demotivation, solche Karrieren einzugehen.

Die Einführung von Individualität als Wettbewerbsfaktor steht bei Wieland im Zentrum einer Matrix diverser Bestimmungen:

> Kooperation wird auf Kosten von Koordination, Regelsteuerung durch Anreiz- und Normensteuerung gestärkt. Der Unterschied zur Marktökonomie und dem 'scientific management' besteht nicht darin, dass diese Dinge jetzt neu entdeckt werden. Es ändert sich vielmehr deren Interpretation. Während die zuerst angeführten Kontexte personale Diversität als unzuverlässige und störende und daher zu minimierende Größe begreifen, wird sie jetzt als Quelle von Marktvorteilen (Flexibilität, Responsivität, Offenheit, Initiative etc.) kommuniziert. Zweitens: In globalen Teams nimmt generell die Bedeutung dieser Form der Diversität zu, speziell in Gestalt multikultureller Wertvorstellungen. Drittens: Punkt eins und zwei gelten sowohl für Interaktionen zwischen Personen in Teams und zwischen Unternehmen. Denn auch Unternehmen sind kollektive Personen mit Kompetenzen und Identitäten und ihre Verbindungen in Netzwerken steigern die Anforderungen an das *management of diversity* (Wieland 1998:28f).

Ohne hier in Einzelheiten gehen zu können, sei darauf hingewiesen, dass sich diese Managementaufgabe sowohl auf die Schaffung adaptiver Governancestrukturen (Organisation) als auch auf die Stärkung von personaler oder kollektiver Identität (Kultur) beziehen muss. Akteure ohne Identität oder mit inkompatiblen Identitäten sind kooperationsunfähig, Kooperationen ohne angemessene und flexible Steuerung sind ausbeutbar und zum Scheitern verurteilt (Wieland 1998:28f).

Frauen wie Männer in ihrer ungeklärten oder defizienten Gender-Position haben inkompatible Identitäten, d.h. sie sind nicht so individualisierbar, wie es das Diversity Management imaginiert und managen will.

Gender markiert Unvollständigkeit: in den Verträgen und in den Identitäten. Die Gender-Unvollständigkeit in den Verträgen bezieht sich bei Frauen darauf, dass ihnen, selbst bei Nachweis von höchster Leistung und Leistungsfähigkeit, dieselbe bestritten wird – wegen der Exit-Option: Kinder/Familie. Unabhängig davon, ob sie die Substitutionsmöglichkeit aufgreifen oder nicht, wird ihnen die Option bereits vorgehalten. Investitionen in Frauenkarrieren erscheinen deshalb als riskant, weil ihnen nicht zugebilligt wird, dass sie ihre Verträge nachhaltig einhalten werden.

Bei Männern besteht die Unvollständigkeit darin, dass sie ihre sozialen und kommunikativen Defizite als rollenkonform ausblenden dürfen, ohne sanktioniert zu werden. Männer werden mit Karrieren für Defizite belohnt, die eigentlich das Problem ihrer Führungsinkompetenz darstellen – da es ihnen an sozialer und kommunikativer Kompetenz fehlt. Folglich werden sie für etwas prämiert, was ihre Inkompetenz ausmacht – und faktisch in Organisationen Management-Probleme erheblicher Art bereitet.

Die Gender-Inkompatibilität der Identität ist ein Problem, das sich in unserem Kontext als eine doppelte Kontingenz der Geschlechter-Zuschreibung erweist. Zum einen erfüllen Frauen und Männer ihre Stereotype, werden deswegen gerade vom Diversity Management spezifisch und divers behandelt. Frauen werden, für ihre Karrieren, besonders weiblich ("mit den Waffen einer Frau" etc.; "dass sie erstklassig sind, soll der Beschauer herausfinden", business bestseller 2000:7); Männer bleiben besonders männlich "rational", "entschieden" etc.; "das Verhältnis zur eignen Omnipotenz ist unkompliziert", (vgl. business bestseller 2000:7). Zum anderen wird gerade die Befolgung dieser Stereotype als defizitär erfahren. Frauen erleben sich als entscheidungsunfreudig, risikoaversiv etc.; Männer erfahren sich als sozial und kommunikativ inkompetent. Gender-Inkompatibilität der Identität haben beide Geschlechter, kommunizieren es aber divers.

Diversity Management ist deshalb nicht schlicht eine neue Form zu managen, sondern erst einmal eine Aufmerksamkeit für Defizite bisherigen Managens. Anstelle von Stellenplänen im Organigramm gilt es als eine neue *Selbstbe-*

schreibung von Management, Spielräume für individuelles, selbstständiges Agieren zu öffnen. Diversity Management stellt demnach nicht nur auf Diversität in der Organisation ab, sondern auch auf Diversität im Management. Wenn Diversity Management Individualisierung/Individualität als Ressource betrachtet, haben wir es gar nicht mit einer Novität, sondern mit der Extension einer längst bekannten neuzeitlichen Form der Arbeit zu tun, die Arbeit nicht nur als Expression, sondern als "Arbeit an sich selbst" (klassisch: Bildung) auffasst (vgl. Priddat 2000b:84ff). Die Erörterungen und Konzeption der Teil-Autonomie und größerer Selbstständigkeit in dynamischen Organisationen sind eine Extension dieser "Arbeit an sich selbst" – wie wir die Individualisierung übersetzt haben – in den Arbeit/Organisationskontext. Dieser kann die Akteure nicht lediglich als Auftragnehmende verstehen, sondern zugleich immer als Unternehmerinnen und Unternehmer dieser Aufgabe (Intrapreneur).

Wenn man Unternehmen als Kommunikationssysteme identifiziert, so wird die kommunikative Kompetenz zum entscheidenden Maßstab des Erfolges. Führungskräfte, deren Aufgabe darin besteht, die Organisation der Selbstorganisation zu sichern, brauchen ein hohes Maß an sozialer Sensibilität. Nur so sind sie in der Lage, Kommunikationen zu initiieren und zuzulassen, die zur Entwicklung einer kollektiven Intelligenz führen, die größer ist als die von Individuen (Simon 2001:ohne Seiten).

Die als Wettbewerbsfaktor entdeckte Individualisierung ist aber nur wieder eine Ressource für Kooperationen, deren Synergien Wertschöpfungsprozesse erzeugen, die individuell nicht erreicht werden. Die Individualisierung ist Ressource für Kooperationen, nicht für Kompetitionen, wie sie für Märkte gelten. Innerhalb von Organisationen sind geförderte Individualisierungen Leistungspotenzialentfaltungen, die erst organisatorisch, d.h. in gelingenden Kooperationen, tatsächlich wirksam werden. Nicht die Individualität entfaltet die Leistung der Organisation, sondern die Organisation der Kooperationen. Diese bringt die Individualitäten solcherart ins Spiel, dass sie ihre Fähigkeiten tatsächlich einsetzen können. Die Organisation der Organisation betreibt das Management.

Personal development, learning organisation etc. sind dann lediglich Namen für Re-Organisations- und Wandlungsprozesse, in denen es vordringlich nicht um Neuarrangement oder Neuaufstellung von Organisation geht, sondern um Reformulierungen individueller Ressourcen des personalen Inventars.

Gender als Schranke von Individualisierung

Wenn dies der Fall ist, dann bezeichnet Gender eine Grenze (Pasero 2003). Gender ist erst einmal eine Schranke der Individualisierung. Hier wird deutlicher, was Diversität in der Gender-Frage einschließt, wenn nicht die Aktivierung der Geschlechterstereotype resultieren soll. Wenn Gender eine Schranke der Individualisierung bezeichnet, dann ist Diversity Management, das Individualisierung fördert, um neue Leistungspotenziale zu erschließen, darauf angewiesen, ein Gender Management zu betreiben, das die Schranken verschiebt. Gender Diversity Management ist dann eher ein Gender Gap, wenn es lediglich clustert: d.h. Frauen zu Frauen und Männer zu Männern erklärt, um sie sich innerhalb ihrer Stereotype entfalten zu lassen. Dazu gehört aber nicht allein Sensibilität, sondern Eigenschaftserwerb: dass Männer weibliche und Frauen männliche Zuschreibungsmuster aufgreifen: Gender Mix. Oder: Gender Hybrids. Organisationen, die ein personales Inventar haben, das diese Gender Mix Competences hat, können dann erst Individualisierungsvorteile nutzen.

Charles Leadbeater spricht – in einem anderen Kontext – von "hybriden Formen von Identität", die im sich ausdifferenzierenden Individualisierungsprozess kooperative Individuen hervorbringen (Leadbeater 2002:149, 134). Organisationen wurden als Kooperationsarenen beschrieben, die solche kooperativen Individuen benötigen. Gender Mixes sind, in dieser Semantik, hybride Formen der Identität, die die Individuen kooperationsfähiger machen.

Der Gender-Kooperationslevel ist ein Maß für Flexibilität und Modernität von Organisationen, die höhere Kooperationspotenziale haben als konkurrierende Organisationen. Er ist nicht der einzige Maßstab, aber ein hinreichend guter. Der Gender-Kooperationslevel indiziert spezifische Gender Mixes, d.h. ein gehobenes Individualitätsniveau.

Oder anders formuliert: erst wenn "Lernen" in Organisationen die Grenze des Geschlechts transzendiert, beginnt die betreffende Organisation, ihr Individualitätsniveau zu heben. Man beginnt zu lernen, dass die Eigenschaften von Frauen und Männern in Organisationen möglicherweise organisationsspezifische Eigenschaften sind, keine geschlechtsspezifischen. Eine solche organisationsspezifische Eigenschaft könnte eine Gender-Kooperationskomponente sein: ein bedeutsames Element für *corporate integrity*.

Literatur

Accenture (2002): *Frauen und Macht: Anspruch oder Widerspruch?* Online Dokument URL: http://www.accenture.de/index2.html?/4publika/index.jsp (gesehen am 20.07.2003).

Acker, J. (1990): Hierarchies, jobs and bodies: A theory of gendered organizations. In: *Gender & Society* 4 (2). S. 139-158.

Alchian, A.A./H. Demsetz (1972): Production, information costs, and economic organization. In: *American Economic Review* 62 (5). S. 777-795.

Ashkanasy, N.M./E. Trevor-Roberts/L. Earnshaw (2002): The Anglo cluster: Legacy of the British empire. Global Leadership and Organisational Behavior Effectiveness (GLOBE) Research Project. In: *Journal of World Business* 37. S. 28-39. Online Dokument URL: http://www.ucalgary.ca/mg/GLOBE/Public/Links/jwb_anglo_%20cluster.pdf (gesehen am 20.07.2003).

Assig, D. (Hg.) (2001): *Frauen in Führungspositionen*. München: dtv.

Assig, D./A. Beck (1996): *Frauen revolutionieren die Arbeitswelt: Das Handbuch zur Chancengerechtigkeit*. München: Vahlen.

Athey, S./C. Avery/P. Zemsky (2000): Mentoring and diversity. In: *American Economic Review* 90 (4). S. 765-786.

Baecker, D. (2003a): Männer und Frauen im Netzwerk der Hierarchie. In: *Frauen, Männer, Gender Trouble. Systemtheoretische Essays*. Hg. U. Pasero/C. Weinbach. Frankfurt a.M.: Suhrkamp. S. 125-143.

Baecker, D. (2003b): Organisation und Geschlecht. In: *Organisation und Management*. Hg. D. Baecker. Frankfurt a.M.: Suhrkamp. S. 101-110.

Baecker, D. (2003c): *Organisation und Management*. Frankfurt a.M.: Suhrkamp.

Baecker, D. (2000): *Organisation, Geschlecht und Management*. Arbeitspapier der Fakultät für Wirtschaftswissenschaft der Universität Witten/Herdecke.

Baecker, D. (1999): *Organisation als System*. Frankfurt a.M.: Suhrkamp.

Bensel, N. (2002): Auf dem Weg in die Dienstleistungsgesellschaft: Neue Chancen für Frauen und Männer in der Arbeitswelt. In: *Frauen und Männer im Management: Diversity in Diskurs und Praxis*. Hg. S. Peters/N. Bensel. Wiesbaden: Gabler. S. 49-54.

Bertelsmann Stiftung (Hg.) (2002): *Vereinbarkeit von Familie und Beruf. Benchmarking Deutschland Aktuell*. Gütersloh: Verlag Bertelsmann Stiftung.

Beschorner, T. (2002): *Ökonomie als Handlungstheorie*. Marburg: Metropolis.

Bischoff, S. (2001): Frauen in Führungspositionen: Mythos, Realität und Zukunft. In: *Personalführung* 3. S. 28-33.

business bestseller (2000): Rezension zu Gertrud Höhler: Wölfin unter Wölfen. In: *business bestseller summaries* 92. Online Dokument URL: http://www.business-bestseller.de/Rez_Index.html (gesehen am 20.07.2003).

Cleveland, J.N./M. Stockdale/K.R. Murphy (2000): *Women and men in organizations: Sex and gender issues at work*. Mahwah/London: Erlbaum.

Coffey, L. (2002): Getting better all the time. Vielfalt im Geschäftsleben. In: *Das Ende der Toleranz? Identität und Pluralismus der modernen Gesellschaft*. Hg. Alfred Herrhausen Gesellschaft für internationalen Dialog. München/Zürich: Piper. S. 193-203.

Cook, L./B. Rothwell (2000): *The X & Y of leadership. How men and women make a difference at work*. London: The Industrial Society.

Czarniawska-Joerges, B. (1992): *Exploring complex organizations: A cultural perspective*. Newbury Park: Sage.

Denzau, A.T./D.C. North (1994): Shared mental models: Ideologies and institutions. In: *Kyklos* 47 (1). S. 3-29.

Dobner, E. (2001): *Frauen in Führungspositionen*. Heidelberg: Sauer Verlag.

Eicker, A./U. Heitze/B. Domke/A. Koschik (2003): Wo ist das Problem? Gibt es die Glasdecke im Management wirklich, die Frauen den Weg nach oben versperrt? Vier Frauen sprechen über ihre Karrierechancen. In: *junge karriere* 2. S. 45-49.

Etzrodt, C. (2001): *Menschliches Verhalten. Eine Synthese aus mikroökonomischen und mikrosoziologischen Theorien*. Konstanz: UKV.

Federal Glass Ceiling Commission (1995): *Good for business: Making full use of the Nation's human capital. The enivronmental scan. A fact-finding report of the Federal Glass Ceiling Commission, March 1995*. Ithaca, NY: Cornell University. Online Dokument URL: http://www.ilr.cornell.edu/library/e_archive/gov_reports/glassceiling/documents/GlassCeilingEnvironmentalScan.pdf (gesehen am 13.06.2002).

Ford (2002): *Diversity – Vielfalt als Stärke*. Köln: Ford Werke AG.

Frank, B. (2001): Der riskante Weg zur Professorin. Ein Kommentar zu Hannelore Weck-Hannemanns 'Frauen in der Ökonomik und Frauenökonomik'. In: *Perspektiven der Wirtschaftspolitik* 2 (1). S. 75-80.

Goffman, E. (1977): The arrangement between the sexes. In: *Theory and Society* 4 (3). S.301-331.

Goos, G./K. Hansen (1999): *Frauen in Führungspositionen*. Münster: Waxmann.

Henschel, T.R. (2001): Dialogische Handlungs- und Entscheidungskompetenzen. Welche Bildung brauchen wir für das Wissenszeitalter? In: *Orientierung für die Zukunft. Bildung im Wettbewerb*. Hg. Alfred Herrhausen Gesellschaft. München/Zürich: Piper. S. 137-152.

Höhler, G. (2001): Ohne Frauen im Management haben Firmen keine Zukunft. In: *Personalmanagement* 3. S. 20-26.

Höhler, G. (2000): *Wölfin unter Wölfen: Warum Männer ohne Frauen Fehler machen*. München: Econ-Verlag.

Höyng, S./R. Puchert (1998): *Die Verhinderung der beruflichen Gleichstellung: Männliche Verhaltensweisen und männerbündische Kultur*. Bielefeld: Kleine.

Hoppe, H. (2002): *Feministische Ökonomik*. Berlin: Edition Sigma.

Kay, R. (2002): Demographischer Wandel. Ein Hebel zur Durchsetzung von Chancengleichheit von Frauen und Männern in Unternehmen? In: *Gender matters*. Hg. F. Maier/A. Fiedler. Berlin: Edition Sigma. S. 111-132.

Krell, G. (2002): Diversity management: Optionen für (mehr) Frauen in Führungspositionen? In: *Frauen und Männer im Management: Diversity in Diskurs und Praxis.* Hg. S. Peters/N. Bensel. Wiesbaden: Gabler. S. 105-120.

Krell, G. (Hg.) (2001): *Chancengleichheit durch Personalpolitik.* 3. Aufl. Wiesbaden: Gabler.

Kuhlmann, E./H. Matthies/M. Oppen/D. Simon (2000): *Der Wissenschaftsbetrieb als Arena der Geschlechterdifferenzierung – Arbeitsstrukturierung und Arbeitsinteressen in außeruniversitären Forschungsinstituten.* Berlin: WZB.

Landon-Lane, J. (2003): *Does the glass ceiling exist? A cross-national perspective on gender income mobility.* Bonn: IZA.

Laubacher, R. (1999): 21st century organizations: Dawn of the e-lance economy. In: GfA/Expo 2000: *Zukunft der Arbeit in Europa: Gestaltung betrieblicher Veränderungsprozesse.* Dortmund: GfA Press. Online Dokument. URL: http://www.gfa-online.de/Herbstkonferenzen.htm (gesehen am 27.07.2003).

Leadbeater, C. (2002): Das Zeitalter der Selbstbestimmung. In: *Was kommt nach der Informationsgesellschaft?* Hg. Bertelsmann Stiftung. Gütersloh: Verlag Bertelsmann Stiftung. S. 120-151.

Lechner, A. (1998): *Asymmetrische Informationen auf dem Arbeitsmarkt.* Pfaffenweiler: Centaurus.

Lewis, J. (2001): *The end of marriage? Individualism and intimate relations.* Cheltenham: Edward Elgar.

Liebl, F. (2000): *Der Schock des Neuen. Entstehung und Management von Issues und Trends.* München: Gerling Akademie Verlag.

Lies, J.J. (2003): *Soziales Kapital als Herausforderung für das Management dynamischer Organisationen.* Dissertation an der Fakultät für Wirtschaftswissenschaften der Universität Witten/ Herdecke. (Publikation in Vorbereitung).

Littmann, P./S. Jansen (2000): *Oszillodox. Virtualisierung – die permanente Neuerfindung der Organisation.* Stuttgart: Klett-Cotta.

Littmann-Wernli, S./R. Schubert (2002): Frauen in Führungspositionen – Ist die 'gläserne Decke' diskriminierend? In: *Femina oeconomica: Frauen in der Ökonomie.* Hg. O. Fabel. München: Hampp. S. 85-104.

Loprest, P. Jr. (1992): Gender differences in wage growth and job mobility. In: *American Economic Review – Papers & Proceedings* 82 (2). S. 526-532.

Luhmann, N. (2000): *Organisation und Entscheidung.* Opladen: Westdeutscher Verlag.

Luhmann, N. (1997): Selbstorganisation und Mikrodiversität: Zur Wissenssoziologie des neuzeitlichen Individuums. In: *Soziale Systeme* 3 (1). S. 23-32.

Martin, J. (1992): *Cultures in organizations: Three perspectives.* New York: Oxford University Press.

McCracken, D.M. (2001): Wie Firmen weibliche Spitzenkräfte an sich binden. In: *Harvard Business Manager* 23 (3). S. 18-26.

McDowell, J.M./L.D Singell/J.P. Ziliak (1999): Cracks in the glass ceiling: Gender and promotion in the economic profession. In: *American Economic Review* 89 (2). S. 392-396.

Nonaka, I./H. Takeuchi (1997): *Die Organisation des Wissens*. Frankfurt a.M.: Campus.

Obermeier, B. (2003a): Karrieresprung. Führung made in Germany. In: *FAZ.NET* 4.1.2003. Online Dokument URL: http://www.faz.net/s/homepage.htm (gesehen am 04.01.2003).

Obermeier, B. (2003b): Karrieresprung: Der lange Weg zur Frau Professor. In: *FAZ.NET* 2.2.2003. Online Dokument URL: http://www.faz.net/s/homepage.htm (gesehen am 02.02.2003).

Ohlendieck, L. (2003a): Die Anatomie des Glashauses. Ein Beitrag zum Verständnis des *glass-ceiling* Phänomens. In: *Gender – from costs to benefits*. Hg. U. Pasero. Wiesbaden: Westdeutscher Verlag. S. 183-193.

Ohlendieck, L. (2003b): Gender trouble in Organisationen und Netzwerken. In: *Frauen, Männer, Gender Trouble: Systemtheoretische Essays*. Hg. U. Pasero/C. Weinbach. Frankfurt a.M.: Suhrkamp. S. 171-185.

Osterloh, M./E. Folini (2002): Die Verschwendung weiblichen Wissens: Ein Versuch zur Erklärung des Glass Ceiling Phänomens. In: *Femina oeconomica: Frauen in der Ökonomie*. Hg. O. Fabel. München: Hampp. S. 125-141.

Osterloh, M./S. Littmann-Wernli (2002): Die "gläserne Decke" – Realität und Widersprüche. In: *Frauen und Männer im Management: Diversity in Diskurs und Praxis*. Hg. S. Peters/N. Bensel. Wiesbaden: Gabler. S. 123-139.

Palazzo, B./O. Karitzki (2003): *Das Glass Ceiling Phänomen. Synopse herkömmlicher Hypothesen vor dem Hintergrund einer Wirtschaft im Wandel*. (Wittener Diskussionspapiere Nr. 115). Witten/Herdecke: Fakultät für Wirtschaftswissenschaft der Universität Witten/Herdecke.

Pasero, U. (2003): Gender, Individualität, Diversity. In: *Frauen, Männer, Gender Trouble: Systemtheoretische Essays*. Hg. U. Pasero/C. Weinbach. Frankfurt a.M.: Suhrkamp. S. 105-124.

Pasero, U. (1995): Dethematisierung von Geschlecht. In: *Konstruktion von Geschlecht*. Hg. U. Pasero/F. Braun. Pfaffenweiler: Centaurus. S. 50-66.

Peinl, I. (1999): Frauen im betrieblichen Transformationsprozeß. In: *Transformation – Unternehmensreorganisation – Geschlechterforschung*. Hg. H.M. Nickel/S. Völker/H. Hüning. Opladen: Leske & Budrich. S. 131-154.

Peters, S./N. Bensel (Hg.) (2002): *Frauen und Männer im Management. Diversity in Diskurs und Praxis*. Wiesbaden: Gabler.

Peters, T.J./R.H. Waterman (1991): *Auf der Suche nach Spitzenleistung: Was man von den bestgeführten US-Unternehmen lernen kann*. 3. Aufl. München: mvg-Verlag.

Phelps, E.S. (1972): The statistical theory of racism and sexism. In: *American Economic Review* 62. S. 659-661.

Picot, A./H. Dietl/E. Franck (1999): *Organisation. Eine ökonomische Perspektive*. Stuttgart: Schäffer-Poeschel.

Picot, A./R. Reichwald/R.T. Wigand (1996): *Die grenzenlose Unternehmung. Information, Organisation und Management*. Wiesbaden: Gabler.

Preis, P./S. Rothblum (2002): *Mütter sind die besseren Manager*. München: Mosaik Verlag.

Priddat, B.P. (2000a): *Arbeit an der Arbeit: Verschiedene Zukünfte der Arbeit*. Marburg: Metropolis.

Priddat, B.P. (2000b): Menschen in Kooperationen – Organisationen als Identitätslandschaften. In: *Verborgene Potenziale: Was Unternehmen wirklich wert sind*. Hg. B. Hentschel. München: Hanser. S. 21-44.

Rapoport, R./L. Bailyn/J.K. Fletcher/B.H. Pruitt (2002): *Beyond work-family balance. Advancing gender equity and workplace performance*. San Francisco: Jossey-Bass.

Rudolph, H./H. Theobald/S. Quack (2001): *Internationalisierung: Ausgangspunkt einer Neuformierung der Geschlechterverhältnisse in der Unternehmensberatung?* (Discussion Paper FS I 01-102 des WZB). Online Dokument URL: http://skylla.wz-berlin.de/pdf/2001/i01-102.pdf (gesehen am 20.07.2003).

Sackmann, S.A. (Hg.) (1997): *Cultural complexity in organizations: Inherent contracts and contradictions*. Thousand Oaks: Sage.

Simon, F.B. (2001): *Kommentar zum Glass Ceiling Phänomen*. (unveröffentlichtes Manuskript).

Statistisches Bundesamt (1953-2001): *Statistische Jahrbücher 1953-2001 für die Bundesrepublik Deutschland*: Stuttgart/Mainz: Kohlhammer und Stuttgart: Metzler-Poeschel.

Szabo, E./F.C. Brodbeck/D.N. Den Hartog/G. Reber/J. Weibler/R. Wunderer (2002): The Germanic Europe cluster: Where employees have a voice. Global Leadership and Organizational Behavior Effectiveness (GLOBE) Research Project. In: *Journal of World Business* 37. S. 55-68. Online Dokument URL: http://www.ucalgary.ca/mg/GLOBE/Public/Links/jwb_germanic_europe_cluster.pdf (gesehen am 20.07.2003).

Topf, C. (2002): Frecher führen. Frauen im Management. In: *managerSeminare* 58. S. 42-48.

Topf, C./R. Gawrich (2002): *Das Führungsbuch für freche Frauen*. München: Moderne Industrie-Verlag.

Ulrich, H./G.J.B. Probst (Hg.) (1984): *Self-organization and management of social systems: Insights, promises, doubtism and questions*. Berlin: Springer.

Wajcman, J. (1998): *Managing like a man: Women and men in corporate management*. Cambridge: Polity Press.

Weck-Hannemann, H. (2000): Frauen in der Ökonomie und Frauenökonomik: Zur Erklärung geschlechtsspezifischer Unterschiede in der Wirtschaft und in den Wirtschaftswissenschaften. In: *Perspektiven der Wirtschaftspolitik* 1 (2). S. 199-220.

Weick, K.E./K.M. Sutcliffe (2001): *Managing the unexpected. Assuring high-performance in an age of complexity*. San Francisco: Jossey-Bass.

Wenger, E. (1998): *Communities of practice: Learning, meaning, and identity*. Cambridge, Mass.: Cambridge University Press.

Wieland, J. (1999): *Die Ethik der Governance*. Marburg: Metropolis.

Wieland, J. (1998): Kooperationsökonomie. Die Ökonomie der Diversität, Abhängigkeit und Atmosphäre. In: *Formelle und informelle Institutionen*. Hg. G. Wegner/J. Wieland. Marburg: Metropolis. S. 9-34.

Wieland, J. (1996): *Ökonomische Organisation, Allokation and Status*. Tübingen: Mohr.

One network fits all?
Effekte von Netzwerkcharakteristika auf Karrieren

Nicoline Scheidegger & Margit Osterloh
Institut für betriebswirtschaftliche Forschung der Universität Zürich

Einleitung

Netzwerke spielen heute im Berufsleben eine wichtige Rolle. Darauf lässt die Vielzahl von Karriereratgebern schließen, die Ratschläge zum Aufbau und zur Pflege von Netzwerkbeziehungen erteilen. Dabei wird mit Netzwerk zumeist der Personenkreis bezeichnet, zu dem ein direkter Kontakt besteht. Eine Netzwerkperspektive in Bezug auf Karrierechancen geht jedoch von einem spezifischeren Netzwerkbegriff aus. Hier werden zudem die Muster betrachtet, mit denen die Netzwerkkontakte miteinander verbunden sind, es werden die Inhalte spezifiziert, die in den Netzwerkbeziehungen ausgetauscht werden. Zusätzlich wird oft die Einbettung des persönlichen Kontaktnetzwerkes in die Gesamtstruktur der Interaktionsbeziehungen innerhalb der Firma analysiert. Eine solche Perspektive kann aufzeigen, dass unterschiedliche Gruppierungen verschiedene Netzwerke aufweisen. Darüber hinaus wird deutlich, dass dieselben Netzwerke nicht für alle Gruppierungen einer Organisation dieselben Konsequenzen haben.

In diesem Beitrag sollen wissenschaftliche Netzwerkansätze daraufhin untersucht werden, welche spezifische Art der Einbettung in Interaktionszusammenhänge für welche Personengruppen die besten Karrierechancen bergen. Zeigen möchten wir dies am Beispiel von Frauen und Männern im Management. Frauen im Management unterscheiden sich von ihren männlichen Kollegen insbesondere durch ihren Minderheitenstatus und durch negative Stereotypisierung.

Die Situation von Frauen und Männern hat in der heutigen Arbeitswelt in vielen Bereichen eine Angleichung erfahren (Wirth 2001). Frauen verfügen inzwischen über die gleichen schulischen Qualifikationen wie Männer und haben ihre berufliche Orientierung gesteigert (Lauterbach 1994). In Unternehmungen sind zahlreiche Maßnahmen zur Frauenförderung unternommen worden (Krell 2001; Osterloh/Wübker 2001). Trotz dieser Bemühungen herrscht auf dem Arbeitsmarkt nach wie vor eine erhebliche horizontale und vertikale Segregation. Frauen sind nach wie vor vorwiegend in typischen Frauenberufen und auf den unteren Hierarchieebenen zu finden (International Labour Organization 1997). Diese ungleiche Verteilung von Positionen und damit verbundenen Entscheidungsrechten geht mit erheblichen Lohnunterschieden einher.

Eine Vielzahl von Studien hat die Unterrepräsentanz von Frauen in Organisationen zu erklären versucht (als Überblick siehe Morrison/Von Glinow 1990). Dabei ist jedoch die Rolle der Interaktionsnetzwerke zu wenig berücksichtigt worden. Zwar haben Studien zu *Gender & Organization* oft vom Ausschluss von Frauen aus bestehenden Netzwerken berichtet (Harlan/Weiss 1982; Nieva/ Gutek 1981; Rizzo/Mendez 1990). Eines der hervorstechendsten Ergebnisse ist: "Social integration may be one of the last areas of white male dominance to change in an organization striving to meet the multicultural ideal" (Gilbert/Ones 1998:686). Aber dieser Ausschluss wird meist in anekdotischer Form, ohne empirisch präzise Basis geschildert. Erklärt wird der geringere Anteil von Frauen in Führungspositionen und ihre relative Machtlosigkeit in Organisationen mit der andersartigen Integration von Frauen in informelle berufliche Netzwerke. Frauen haben nicht im selben Ausmaß Zugang zu beruflichen Netzwerken wie Männer, obwohl sie ebenso viele berufliche Kontakte haben. Die Strukturen ihrer Netzwerkbeziehungen unterscheiden sich jedoch von jenen der Männer und sind nicht im selben Maße für einen beruflichen Aufstieg geeignet.

In jüngerer Zeit wird häufig von einer Aufweichung alter Differenzen gesprochen. Die Optionen für Frauen in der Berufswelt sind vielfältiger und zugleich ambivalenter geworden. Einerseits stehen Frauen immer mehr Bereiche des Berufslebens offen. Hierzu werden oft empirische Belege für ein Schwinden der Bedeutung der Geschlechterdifferenz angeführt. Andererseits zeigt der Blick in die Berufs- und Arbeitsmarktstatistiken eine Persistenz geschlechtshierarchischer Arrangements. Mit Bezug auf diese unterschiedlichen Tendenzen sprechen Iris Peinl (1999) vom "Ende der Gewissheit", Ayla Neusel und Angelika Wetterer (1999) von "vielfältigen Verschiedenheiten" und Edelgard Kutzner (1999) von einer "unordentlichen Geschlechterordnung".

Zu verzeichnen ist einerseits eine Flexibilisierung der Geschlechterverhältnisse, andererseits aber eine Tradierung alter Differenzen (Kuhlmann u.a. 2002). Aus der Perspektive der Geschlechterforschung werden Organisationen nicht bloß als "Resonanzkörper" betrachtet, sondern verfügen über eigenständige Gestaltungsspielräume bei der Produktion oder beim Abbau von Geschlechterungleichheiten (vgl. Alvesson/Due Billing 1997). Der Wandel in den Geschlechterverhältnissen bedeutet, dass die "gendered substructure"[1] von Organisationen flexibler zu werden scheint und nicht mehr eindeutig fassbar ist (Acker 1990,

---

1 Mit "gendered substructure" legt Joan Acker Praktiken und Aktivitäten des Organisierens offen wie z.B. das Festlegen von Aufgaben, Lohngefüge und Karrierewege, welche zur Persistenz männlicher Dominanz in Organisationen führen. Die abstrakten Personen, auf welche im Prozess des Organisierens Bezug genommen wird, verfügen über wenig Verpflichtungen außerhalb der Arbeitswelt, weshalb die Lebensentwürfe von Männern diesen eher entsprechen.

1992). Bei der Frage, welche Prozesse eine Persistenz und Reproduktion der Geschlechterungleichheit begünstigen, wollen wir uns auf eine Perspektive konzentrieren, die soziale Interaktionen im Fokus ihres Interesses hat. Soziale Interaktionen können als Netzwerke erfasst werden. Soziale Netzwerke sind nicht auf jeder Stufe einer Karriere von gleicher Bedeutung. Sie gelten jedoch als notwendiges Hilfsmittel beim Aufstieg ins höhere Management.

Das Interesse an Mechanismen der Karriereentwicklung in Organisationen erfreut sich wachsender Beliebtheit. Die meisten Erklärungsversuche stellen auf Merkmale der formalen Organisation ab und leiten daraus Wirkungsfaktoren für einen Aufstieg im Unternehmen ab (z.B. Kirchmeyer 2002; Markham/Harlan/ Hackett 1987; Osterloh/Wübker 1999, 2001). Einer der wichtigsten Einflüsse auf Karrieren – informale Netzwerke am Arbeitsplatz – wurde dabei kaum berücksichtigt (Baron/Pfeffer 1994). Bereits früh sind die Konsequenzen eines limitierten Zuganges von Frauen zu informalen Interaktionsnetzwerken erkannt worden (Kanter 1977). Erst neuere Forschungsarbeiten vermochten aber solche Konsequenzen auch analytisch und empirisch einwandfrei zu dokumentieren (Gilbert/Ones 1998; Miller 1986; Morrison/Von Glinow 1990; O'Leary/Ickovics 1992). Erkannt worden ist, dass Netzwerkbeziehungen eine zentrale Rolle im Prozess der Karriereentwicklung spielen. Sie kanalisieren den Ressourcenfluss, sie regulieren den Zugang zu Stellen, verschaffen Mentoring und Unterstützung. Sie steigern Einfluss und Reputation und erhöhen die Wahrscheinlichkeit wie auch das Tempo einer Beförderung (z.B. Brass 1984; Burt 1992; Granovetter 1973; Podolny/Baron 1997). Der anhaltende Trend zu flexibleren Organisationsformen verstärkt die Bedeutung von Netzwerken zusätzlich. Manager verlassen sich auf persönliche Beziehungen zur Erledigung der Arbeit (Kanter 1995).

Die häufig vermutete Verbindung zwischen sozialen Netzwerken und den Schwierigkeiten für Frauen, die "gläserne Decke"[2] zu durchdringen (Morrison/White/Van Velsor 1987) gibt der Erforschung von Gender und sozialen Netzwerken eine theoretische wie praktische Bedeutung.

Noch vor 50 Jahren galten soziale Netzwerke als ein subversiver Weg, um in Organisationen zu Einfluss zu gelangen und waren dementsprechend negativ konnotiert (Blau 1955; Crozier 1964). Sie wurden als alternativer Weg gesehen, anstatt durch Leistung durch soziale Kontakte, durch "Vitamin B", zu Einfluss zu gelangen. Diese Sichtweise wurde revidiert. Heute werden Netzwerke instrumentell betrachtet (Podolny 2003).

---

2 Zum Phänomen der Glass Ceiling siehe z.B. Osterloh/Littmann-Wernli (2000).

Die Entdeckung der Bedeutung informaler Netzwerke innerhalb von Organisationen kann bis in die späten 1930er Jahre zurückverfolgt werden (Barnard 1938; Roethlisberger/Dickson 1939). Peter Blau und Richard Scott (1962:6) stellten fest, "it is impossible to understand the nature of formal organization without investigating the networks of informal relations". Einige Forscherinnen und Forscher gehen noch weiter und postulieren, dass "work organizations are (...) basically sets of social relations for doing work" (Whitley 1977:56). Trotz dieses vielfach vorhandenen Verweises auf die emergenten Strukturen von Organisationen gibt es wenige empirische Arbeiten hierzu: "(...) there has been very little systematic theorising. Even fewer empirical studies of emergent structures exist" (Tichy 1981:227).

Soziale Netzwerke können basierend auf graphentheoretischen Kennzahlen differenziert analysiert werden. Auf diese Weise werden Informationen gewonnen, wie sich Männer und Frauen in Bezug auf Interaktionsmuster unterscheiden. Es kann untersucht werden, ob diese Differenzen groß genug sind, um die verschiedenen Aufstiegschancen erklären zu können (Ibarra 1993).

Die Netzwerkforschung unterscheidet zwischen Netzwerken bestehend aus *strong ties* und Netzwerken bestehend aus *weak ties*. Bevor wir uns dieser grundlegenden Unterscheidung zuwenden, werden zunächst einige Annahmen der Netzwerkperspektive geklärt und das Konzept der Zentralität in Netzwerken angesprochen. Danach werden Arbeiten vorgestellt, die Geschlechtsunterschiede in Netzwerken untersucht haben. Aufbauend auf der Theorie struktureller Löcher wird sodann gefragt, ob für einen Aufstieg in Organisationen strukturelle Löcher von Vorteil sind und ob diese Theorie für alle Gruppen in gleichem Maße zutrifft. Danach werden die Netzwerke in Bezug auf ihren Inhalt spezifiziert und dichte Netzwerke zur Vermittlung organisationaler Identität beschrieben, was vor allem für Frauen relevant zu sein scheint. Wir kommen dann auf die Ausgangsfrage zurück, inwiefern unterschiedliche Netzwerkstrukturen Karrieremöglichkeiten erklären.

Die Netzwerkperspektive
Die Netzwerkperspektive ist ein rasch wachsendes akademisches Forschungsfeld. Publikationen in diesem Bereich haben seit den 1970er Jahren exponentiell zugenommen. Soziale Netzwerke liefern Erklärungen im Bereich der Soziologie, Anthropologie, Psychologie und neuerdings auch der Managementtheorie.

Annahmen der Netzwerkperspektive
Die Netzwerkperspektive betrachtet Beziehungen zwischen Einheiten (Akteurinnen und Akteure, Unternehmen etc.) sowie Muster und Implikationen dieser Beziehungen. Die Analyse bezieht sich auf Relationen zwischen Individuen, nicht auf Eigenschaften von einzelnen Individuen. Die Eigenschaften des Netzwerks sind die unabhängigen Variablen, welche bestimmte Handlungsweisen als abhängige Variable erklären.

> What constitutes the social network perspective? The most distinguishing feature is that social network analysis focuses on relationships among social entities and on the patterns and implications of these relationships (Wasserman/Faust 1994:6).

> Instead of analyzing individual behaviors, attitudes, and beliefs, social network analysis focuses its attention on social entities or actors in interaction with one another and on how these interactions constitute a framework or structure that can be studied and analyzed in its own right (Galaskiewicz/Wasserman 1994:xii).

Die Relationen zwischen den Akteurinnen und Akteuren sind Kanäle für den Transfer von Ressourcen. Diese können sowohl immaterieller Art (z.B. Ideen, Informationen, Ratschläge) wie materieller Art sein (z.B. Geld).

Die Netzwerkanalyse[3] ist das methodische Instrument der Netzwerkperspektive. Sie ist eine Weiterentwicklung verschiedener Traditionen wie der Soziometrie und der Graphentheorie (Harary 1969). Die Soziometrie untersucht informelle Beziehungen zwischen Mitgliedern von Kleingruppen (Moreno 1954). Die Graphentheorie beschreibt mit Hilfe von mathematischen Axiomen Eigenschaften von Mustern, welche durch Linien und Knoten gebildet werden.

Wichtiger Vordenker der Netzwerkanalyse war Alfred Radcliffe-Brown (1940), der von Georg Simmel (^{1}1908, 1992) und Emile Durkheim (^{1}1897, 1987 und ^{1}1893, 1992) stark beeinflusst war. Zu den Vorläufern können auch die Hawthorne-Studien (Roethlisberger/Dickson 1939) (Human-Relations-Bewegung) gezählt werden. Später wurden erste Versuche unternommen, Tauschsysteme zu untersuchen. In den 1960er Jahren wurden diese Erkenntnisse unter anderem von Harrison White in Harvard zur modernen Netzwerkanalyse zusammengeführt (White 1963; Lorrain/White 1971; White/Boorman/Breiger 1976). Ein "Kind" dieser Phase ist Mark Granovetter (1973, 1995), dessen Arbeiten wir noch eingehender behandeln werden.

Die Datenerhebung erfolgt meist durch die klassische Befragung (Wasserman/Faust 1994). Die Beziehungsinhalte und deren Qualität werden über Leitfragen erschlossen. Solche können sich auf Arbeitszusammenhänge (Konsultationen bei Problemen im Arbeitsalltag), aber auch auf sozio-emotionale Zusam-

---

3 Zur Entwicklung der Netzwerkanaylse siehe Scott (2000:7f), Wasserman/Faust (1994:10ff).

menhänge (Besprechen persönlicher Probleme oder gemeinsame Essen in der Kantine) beziehen. Ein "soziales Netzwerk" lässt sich als ein Geflecht sozialer Beziehungen von Einheiten definieren. Nach James Mitchell (1969:2) ist ein soziales Netzwerk ein "specific set of linkage among a defined set of persons, with the additional property that the characteristics of these linkages as a whole are used to interpret the social behaviour of the persons involved". Solche Netzwerke können grafisch dargestellt werden. Dabei werden die Akteurinnen und Akteure als Knotenpunkte ("Knoten", *node*) gekennzeichnet. Jede Art von Beziehungen zwischen ihnen wird durch eine Linie ("Kante", *tie*) dargestellt. Entlang der Beziehungen zwischen den Knoten fließen Ressourcen (z.B. Informationen, Anerkennung etc.).

Wichtige Eigenschaften von Netzwerken zur Analyse sozialer Strukturen beziehen sich auf die Anzahl von Beziehungen, die eine agierende Person auf sich vereint, die Zentralität im Netzwerk sowie Redundanz, Beziehungsstärke und Netzwerkdichte.

Abbildung 1: Degree-Zentralität (nach Borgatti 2002:55)

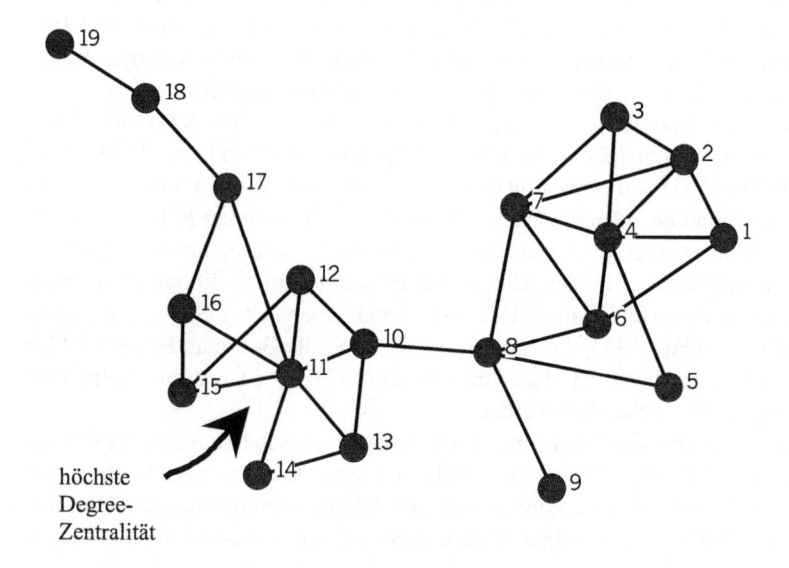

Zentralität in Netzwerken

Es können drei am häufigsten verwendete Zentralitätsmaße unterschieden werden: Degree-, Closeness- und Betweenness-Zentralität (Freeman 1977, 1979). Eine Person mit einer hohen *Degree-Zentralität* unterhält Kontakte mit einer großen Anzahl anderer Netzwerkagierender. Eine zentrale Akteurin bzw. ein zentraler Akteur besitzt eine strukturelle Position, die als Quelle einer Großzahl von Ressourcenflüssen fungiert. Periphere Agierende unterhalten wenige Beziehungen und sind am Rande des Netzwerkes positioniert. In Abbildung 1 (vorherige Seite) vereint AkteurIn 11 sieben Beziehungen auf sich und hat somit die höchste Degree-Zentralität.

Im Konzept der *Closeness-Zentralität* wird die Pfadlänge berücksichtigt und in diesem Sinne auch die indirekten Kontakte der Agierenden. Als zentral wird hier eine Person gesehen, die bloß eine kleine Anzahl Schritte benötigt, um die anderen Netzwerkbeteiligten zu erreichen, die also auf kurzen Wegen miteinander verbunden sind (McCarty 2002) (vgl. Abbildung 2: AkteurIn 10). Je näher eine Person zu allen übrigen steht, desto effektiver und unabhängiger von anderen kann sie diese erreichen.

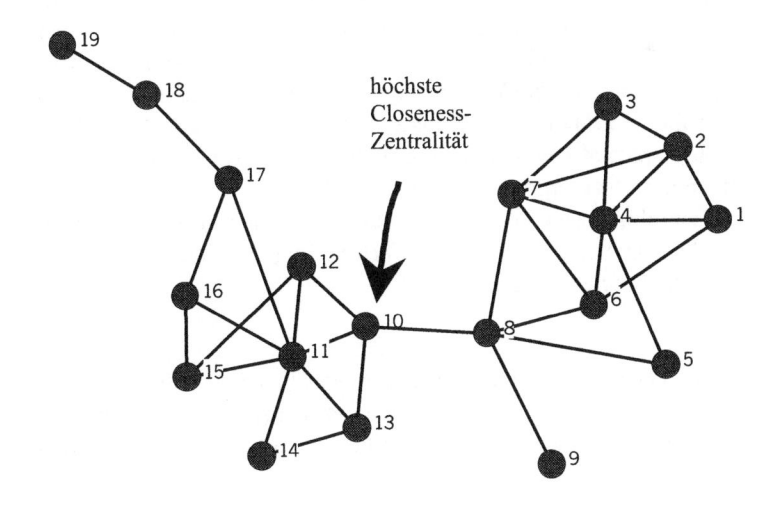

Abbildung 2: Closeness-Zentralität (nach Borgatti 2002:56)

Abbildung 3: Betweenness-Zentralität (nach Borgatti 2002:57)

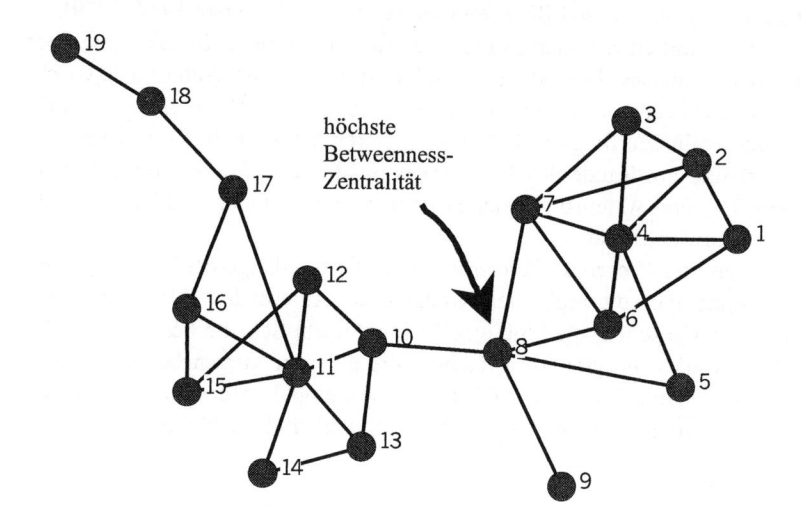

Zentrale Akteurinnen und Akteure im Sinne der *Betweenness-Zentralität* halten eine Position inne, die viele andere Personen im Netzwerk miteinander verbindet. Sie sind die Schnittstelle auf den kürzesten Pfaden anderer. Auch bei diesem Konzept werden indirekte Verbindungen mitberücksichtigt und die Kontrollmöglichkeit aller Verbindungswege fokussiert (s. Abbildung 3: AkteurIn 8). Hier steht die Störkapazität von Agierenden als beteiligte Dritte im Beziehungsgeflecht zu anderen im Vordergrund (McCarty 2002).

Diese drei Zentralitätsmaße können die wichtigste Akteurin bzw. den wichtigsten Akteur identifizieren. Die Wahl zur Verwendung eines bestimmten Zentralitätsmaßes sollte theoriegeleitet sein.

Dichte
Ein wichtiges Charakteristikum von Netzwerken bezieht sich auf die Netzwerkdichte. Frühe Erklärungsversuche befassten sich mit den Auswirkungen der Kohäsion, d.h. mit besonders eng geknüpften (dichten, multiplexen) Netzwerken

auf das Handeln (Coleman 1988). In einer solch dichten, multiplex[4] genannten Netzwerkstruktur kennen sich alle über eine Vielzahl von Beziehungen. Die Mitglieder können sich leichter erreichen und interagieren intensiv miteinander. Die Dichte ist eine Maßzahl, die die Kohäsion des Gesamtnetzes misst. Sie stellt eine Relation der vorhandenen Beziehungen im Graphen mit der Anzahl möglicher Beziehungen dar.

Abbildung 4: Netzwerke unterschiedlicher Dichte

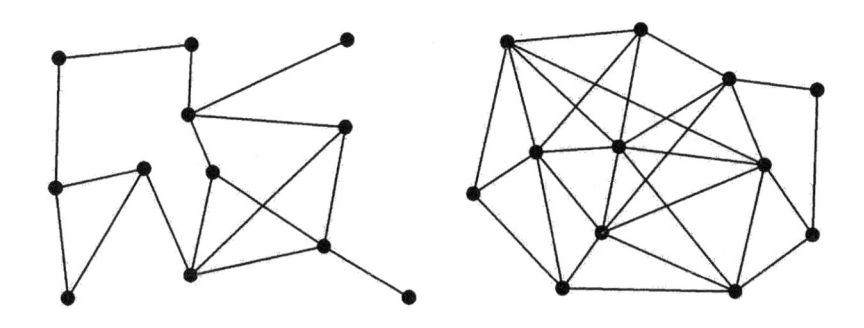

Niedrige Dichte   Hohe Dichte

Die Stärke schwacher Beziehungen
Die Stärke einer Beziehung entsteht aus der Kombination von Kontakthäufigkeit, Kontaktdauer, emotionaler Nähe und Reziprozität (Granovetter 1973: 1361).[5] Die Stärke einer Beziehung hat Auswirkungen auf die Dichte von Netzwerken. Je stärker nämlich eine Beziehung zwischen zwei Personen ist, desto stärker überschneiden sich auch ihre sozialen Netzwerke. D.h. starke Beziehungen sind oft redundante Beziehungen. Redundanz bezeichnet die Vervielfachung der Verfügbarkeit einer Information. Redundante Beziehungen führen auf direktem oder indirektem Weg zu denselben Dritten.

---

4 In multiplexen Beziehungen überschneiden sich zwei oder mehrere inhaltlich differente Beziehungen (z.B. Arbeitsbeziehung und Freundschaftsbeziehung), siehe Abschnitt "Mulitplexität vs. Aufteilung der Netzwerke".
5 Die Beziehungsstärke stellt keine präzise konzeptuelle Definition dar. Vielmehr handelt es sich um verschiedene Indikatoren, die mit dem Konzept "Beziehungsstärke" zusammenhängen.

Mark Granovetter (1973) hat das Argument von der "Stärke schwacher Beziehungen" in die Diskussion eingeführt. Er hat die Bedeutung schwacher Sozialbeziehungen für die Integration des Gesamtnetzes hervorgehoben. Danach ist ein kohäsiver Teilbereich in einem Netz mit einem paradoxen Effekt verknüpft. Aufgrund der hohen Dichte und Multiplexität interagieren Mitglieder in einer solchen "Clique" untereinander sehr intensiv, kapseln sich aber gleichzeitig von der Außenwelt dieser Gruppe ab und sind daher schlecht ins Gesamtnetz eingebunden. Dieses zerfällt in miteinander unverbundene kohäsive Inseln.

In seiner wegweisenden Untersuchung über die Stellensuche hat er die Beziehungsstärke mit der Höhe des Gehalts und dem Typ der gefundenen Arbeitsstelle in Verbindung gebracht. Stellen, die über *weak ties* gefunden wurden, waren besser bezahlt als solche, die über *strong ties* gefunden wurden (Granovetter 1995). Wenn er von der "Stärke schwacher Beziehungen" spricht, so meint Stärke hier das Austauschpotenzial an Informationen in einer Beziehung, während der Begriff "schwache Beziehung" auf den niedrigen Grad der Nähe zwischen den Agierenden abstellt. Es sind demnach die schwachen Beziehungen, die eine Person in ein größeres Netz einbinden und zu neuartigen Informationen führen. In dichten Netzwerken sind Informationen dagegen oft redundant.

Strukturelle Löcher
Für Roland Burt (1992) bieten im Unterschied zu Granovetter nicht in erster Linie die schwachen Beziehungen Vorteile, sondern die "strukturellen Löcher" (structural holes). Sie werden als Lücken im Netz bezeichnet (Abbildung 5) und entstehen durch nicht-redundante Beziehungen im Netzwerk von Agierenden, welche Brücken zu ansonsten unverbundenen Bereichen eines Gesamtnetzes herstellen. "Nonredundant contacts are connected by a structural hole. [It] is a relationship of nonredundancy between two contacts" (Burt 1992:9).

Abbildung 5: Strukturelles Loch

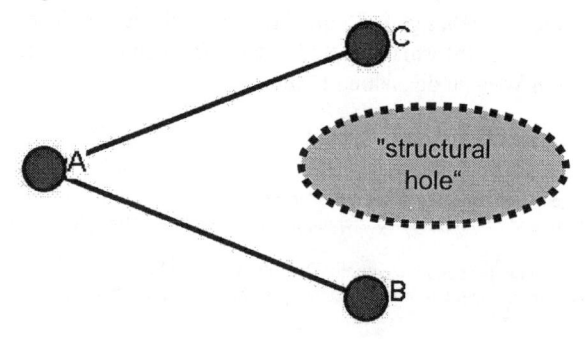

Akteurinnen und Akteure sollten unter strategischen Gesichtspunkten ihre Netzwerke so aufbauen, dass die Zahl der nicht-redundanten Kontakte möglichst hoch ist und dadurch ganz unterschiedliche Bereiche des Gesamtnetzwerks erreicht werden. Agierende mit vielen strukturellen Löchern bringen unterschiedliche soziale Welten zusammen und können so die Rolle des "lachenden Dritten" (*tertius gaudens*) einnehmen.

Empirisch kann ein solches Loch z.b. auch in der Konkurrenz von verschiedenen Abteilungen in einem Unternehmen bestehen. Zu beachten ist weiterhin, dass Personen, die in Cluster mit starken Beziehungen eingebunden sind, schlechter gegeneinander ausgespielt werden können. Deshalb haben diejenigen Kontakte für einen "lachenden Dritten" den größten Vorteil, die in strukturelle Löcher eingebettet sind, während er selbst von starken Beziehungen umgeben ist, damit ihn seine Verhandlungspartnerinnen und -partner nicht einfach ersetzen können.

Wir wollen diesen Sachverhalt anschaulich machen. Hierzu vergleichen wir in Anlehnung an Burt (1998:5ff) die Netzwerke zweier ManagerInnen, die wir James und Nora nennen. Nora übernimmt den Job von James und optimiert das bestehende Netzwerk im Sinne von Burt (s. Abbildung 6 und Abbildung 7). Sie gibt die Kontakte 1 und 3 vom einen Cluster sowie Kontakt 5 vom zweiten Cluster auf, da diese jeweils redundante Informationen liefern. Dafür hat sie nun Zeit, neue Kontakte aufzubauen. Wir sehen, dass sie mit derselben Anzahl von fünf Kontakten Zugang zu mehr diversen Informationen hat. Ihr Netzwerk besteht aus mehr strukturellen Löchern.

Nora optimiert ihr Netzwerk in zweierlei Hinsicht: Sie maximiert die Nicht-Redundanz im Netzwerk (Effizienz der Kontakte). Zusätzlich maximiert sie die Zahl der erreichten Personen (Effektivität der Kontakte). Dies geschieht mit derselben Anzahl direkter Kontakte, d.h. ihr Zeitengagement bleibt gleich. Ein so optimiertes Netzwerk verschafft einerseits Informationsvorteile, andererseits Kontrollvorteile. Die Diversität der Kontakte trägt zur Qualitätsverbesserung der Informationen bei. Jedes Cluster stellt eine einzelne Informationsquelle dar. Personen in solchen Clustern tendieren dazu, dieselben Informationen zu etwa demselben Zeitpunkt zu besitzen. Da die Cluster durch Nora als Zentrum des Netzwerkes verbunden sind, ist sie die erste, die neue Möglichkeiten sowie Bedürfnisse einer Gruppe bemerkt, welche durch die Zusammenarbeit mit einer anderen Gruppe befriedigt werden können. Sie steht im Zentrum der sozialen Organisation und hat die Möglichkeit, bei Bedarf anderweitig unverbundene Personen zusammen zu bringen.

Abbildung 6: Netzwerk von James (nach Burt 1998:9)

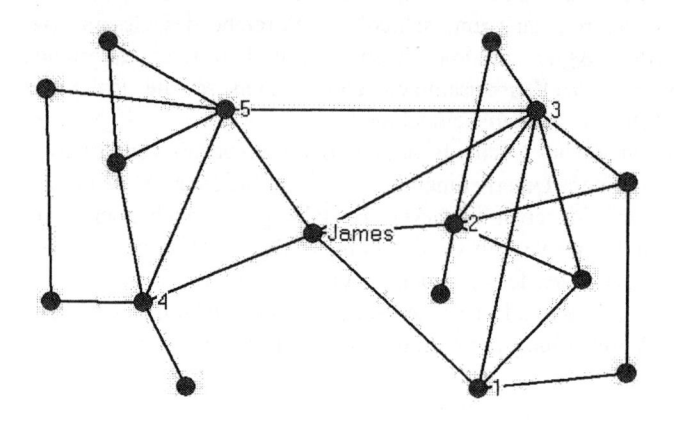

Abbildung 7: Optimiertes Netzwerk von Nora (nach Burt 1998:9)

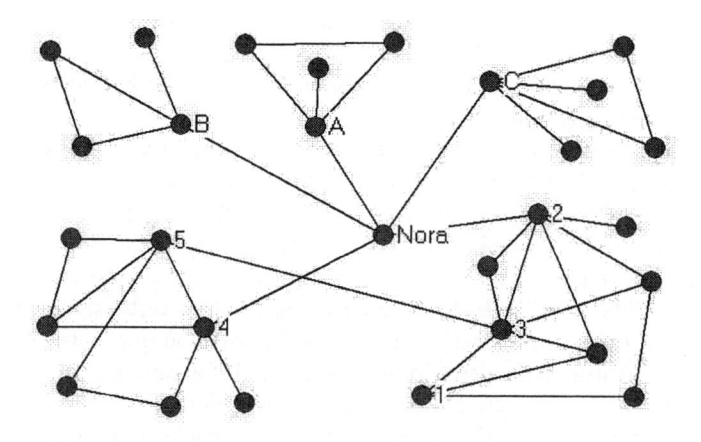

Es sind Managerinnen wie Nora, die über Funktions- und Gruppengrenzen hinweg integrieren. Dies ist besonders in Organisationen mit flachen Hierarchien entscheidend.

Unterschiede in Netzwerken

Die Theorie der strukturellen Löcher ist zwar anhand von Überlegungen zur Koordination von Firmen über den Markt entwickelt worden, in einem Kontext also, in dem keine formalen Autoritätsbeziehungen existieren. Burt hat seinen Gedankengang aber auch auf die Karrieremobilität innerhalb von Organisationen angewandt, wobei er insbesondere das obere Management betrachtet hat. Eher beiläufig ist er auf Geschlechtsunterschiede bezüglich der instrumentellen Verwertbarkeit struktureller Löcher gestoßen.

Fördern strukturelle Löcher den Aufstieg im Unternehmen?
Burt (1992) untersucht in einem amerikanischen Technologiekonzern unternehmensinterne Karrieremuster. Er zeigt, dass die Vorteile, die eine Person aus strukturellen Löchern ziehen kann, nach hierarchischen Positionen differenziert werden müssen. Die größten Vorteile aus strukturellen Löchern ziehen Manager in der oberen Hierarchiestufe und in sozialen Frontstellungen, also in Arbeitssituationen mit hoher Unsicherheit, hoher Neuheit und geringer Kalkulierbarkeit. Für diese Personengruppe konnte die Theorie struktureller Löcher bestätigt werden. Dagegen waren für Männer des mittleren Managements oder der unteren Hierarchiestufen sowie für Frauen auf *allen* Ebenen hierarchische Netzwerke wichtiger. Hierarchische Netzwerke ranken sich um ein oder zwei höherrangige Personen im Unternehmen und weisen vor allem *strong ties* auf. Als Erklärung führt Burt (1992) an, dass die Positionen dieser Gruppen nicht gefestigt sind, vielmehr benötigen sie für den Aufstieg im Unternehmen interne Legitimation. Dazu brauchen sie strategische Partnerinnen und Partner, mit deren Protektion sie rechnen können.

Für hochrangige männliche Manager beschleunigen flache unternehmensweite Netzwerke mit vielen strukturellen Löchern eine Karriere. Dagegen verschlechtern Netzwerke, welche auf die eigene Abteilung beschränkt sind, ihre Beförderungschancen. Hingegen ist für Frauen wie auch für Jungmanager die Situation umgekehrt. Eine Beförderung ist wahrscheinlicher, wenn sie zum ersten ein hierarchisches Netzwerk um einen strategischen Partner aufbauen, der nicht ihr direkter Vorgesetzter ist, und wenn sie zum zweiten ihre sozialen Beziehungen aufgabenorientiert auf die eigene Abteilung konzentrieren. Damit zeigt sich unter anderem, dass für Frauen und Männer unterschiedliche Netzwerke karriereförderlich sind. Netzwerke, die Männern bei der Karriere helfen, erweisen sich für Frauen hinderlich.

Dichte Netzwerke als Garant sozialer Identität
Burt (1992) betrachtet vorwiegend Informationsressourcen. Spätere Untersuchungen haben unterschiedliche Ressourcenflüsse differenziert. So haben Joel Podolny und James Baron (1997) die Vermittlung organisationaler Identität und normativer Rollenerwartungen in ihre Untersuchung einer großen High-Tech-Firma in Kalifornien im Jahre 1994 mit einbezogen. Zwischen einer Netzwerkstruktur zur Maximierung der Informationsvorteile und einer solchen, die soziale Identität und Zugehörigkeit vermittelt, besteht ein Trade-off.

Podolny und Baron (1997) untersuchten fünf Netzwerke von Mitarbeitenden in Führungspositionen: i) Das Netzwerk für arbeitsbezogene Ratschläge, ii) für strategische Informationsbeschaffung,[6] iii) für soziale Unterstützung, iv) für Mentoring und v) das Buy-in-Netzwerk (damit sind strategisch wichtige Personen für die Initiierung von Initiativen in der eigenen Abteilung gemeint). Die Untersuchung zeigt, dass sowohl die Größe des Informationsnetzwerkes als auch die Anzahl struktureller Löcher in diesem Netzwerk eine schnelle Beförderung begünstigen. Durch die Differenzierung der Beziehungsinhalte wurde klar, dass Burts Vorhersagen nur für einen spezifischen Beziehungsinhalt gelten und für andere Ressourcen nachteilig sein können. Für *ties*, welche soziale Identität vermitteln (wie z.b. das Buy-in-Netzwerk und Mentoring-Netzwerk), sind strukturelle Löcher von Nachteil. Das vermag auch zu erklären, weshalb Frauen ihre Karrierechancen durch hierarchische Netzwerke rund um strategische PartnerInnen und durch dichte Netzwerke in der eigenen Arbeitsgruppe erhöhten. "[That] speaks to their more defensive positions in the firm" (Burt 1992: 157). Es kann aber auch argumentiert werden, dass für Frauen im mittleren Management eine klare organisationale Identität und die Internalisierung kohärenter normativer Erwartungen in Bezug auf ihre organisationale Rolle besonders wichtig sind.

Eine Erforschung der Bedingungen, unter denen strukturelle Löcher beziehungsweise dichte Netzwerke besonders vorteilhaft sind, steht noch aus. Es kann vermutet werden, dass Kulturunterschiede etwa zwischen individualistischen vs. kollektivistischen Kulturen oder der organisationale Kontext eine Rolle spielen. So ist nach Podolny und Baron (1997:690) der Vorteil struktureller Löcher in traditionellen bürokratischen Organisationen groß im Vergleich zu flachen Organisationen mit einer starken Organisationskultur, wo eine starke organisatorische Identität wichtiger ist.

---

6 Hiermit sind Personen gemeint, welche Informationen über Strategien und anstehende Entscheidungen in der Organisation liefern.

Mit der Spezifizierung des Beziehungsinhaltes, wie sie Podolny und Baron (1997) aufzeigen, rückt die Multiplexität von Netzwerkbeziehungen ins Zentrum des Interesses. In multiplexen Beziehungen ist eine Person für eine andere die Quelle inhaltlich vielschichtiger Ressourcen (z.b. integriert eine Akteurin bzw. ein Akteur dieselbe Person zugleich ins Freundschafts- als auch ins Ratschlagenetzwerk). Zum einen stellt sich die Frage, ob Akteurinnen und Akteure unterschiedlich multiplexe Netzwerke haben. Zum anderen wird nach Ursachen für multiplexe bzw. uniplexe Netzwerke gefragt. Ein Netzwerk, bei dem die Beziehung auf nur einer Ressource basiert, wird als uniplex bezeichnet.

Multiplexität vs. Aufteilung der Netzwerke
Während Männer aus strukturellen Löchern eher Karrierevorteile zu ziehen scheinen, benötigen Frauen für einen Aufstieg kohäsive, redundante Netzwerke. In starken Beziehungen überlagern sich allerdings oft mehrere Beziehungsinhalte, was mit Multiplexität bezeichnet wird (Abbildung 8). Gerade in Bezug auf geschlechtstypische Unterschiede kommt einer inhaltlichen Spezifizierung von Netzwerkbeziehungen erhebliche Bedeutung zu. Empirisch kann gezeigt werden, dass die Netzwerke von Männern und Frauen einen unterschiedlichen Grad von Multiplexität aufweisen.

Abbildung 8: Multiplexität im Beziehungsnetzwerk

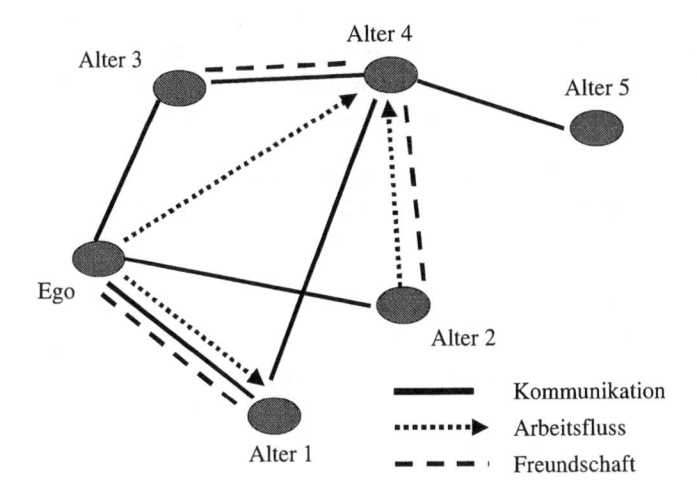

Die Studie von Daniel Brass (1985) hat hierzu Bedeutung erlangt. Er analysierte die Interaktionsnetzwerke in einem Presseunternehmen und unterschied drei Arten von Netzwerken: i) den Austausch von Arbeitsergebnissen, ii) das Kommunikationsnetzwerk[7] und iii) das Freundschaftsnetzwerk. Das von ihm untersuchte Unternehmen beschäftigte Frauen und Männer zu gleichen Teilen. Beiden gelang der Aufbau informaler Netzwerke ähnlich gut, was die Anzahl der Beziehungen anbelangt (Degree-Zentralität). Bei einem Vergleich der Netzwerke stellte er aber fest, dass Männer wie Frauen dazu tendierten, mit ihresgleichen zu interagieren, weshalb innerhalb des Unternehmens zwei segregierte Netzwerke vorzufinden waren.[8] Frauen sind in männlichen Netzwerken weniger zentral positioniert als ihre männlichen Kollegen. Ebenso gilt umgekehrt, dass Männer in weiblichen Netzwerken erheblich weniger zentrale Positionen einnehmen. Die "dominante Koalition",[9] eine Gruppe zentraler Personen innerhalb der Organisation, formierte sich ausschließlich aus Männern. Einzig in geschlechtsintegrierten Arbeitsgruppen und in Task Forces mit einer ausbalancierten Vertretung von Männern und Frauen erreichten Frauen ähnliche Closeness-Zentralitätsmaße (zur Closeness-Zentralität vgl. Abbildung 2).

Für Beförderungen innerhalb von drei Jahren nach dem Zeitpunkt der Befragung waren nach Brass (1985) drei Faktoren relevant. Erstens: die Closeness-Zentralität in der Abteilung. Die Abteilung scheint diejenige Einheit im Unternehmen zu sein, in der ein aufstiegsorientiertes Netzwerkmitglied Einfluss gewinnen muss. Zweitens: bestand eine signifikante Beziehung zwischen der Zentralität im Netzwerk der Männer und einer Beförderung. Da Frauen in männlichen Netzwerken eine weniger zentrale Position einnehmen, wurden sie auch seltener befördert. Der dritte relevante Faktor betraf die Zentralität im Kommunikationsnetzwerk, d.h. die Anzahl und die Stärke instrumenteller Beziehungen.

Eine solche Aufteilung der Netzwerke fand auch Herminia Ibarra (1992) bei der Untersuchung einer amerikanischen Werbeagentur. Sie erfasste die instrumentellen Netzwerke für i) Kommunikation, ii) Ratschläge, iii) soziale Unterstützung, iv) Einfluss und v) das expressive Netzwerk der Freundschaftsbeziehungen. Die Netzwerke von Männern wiesen einen höheren Prozentsatz von

---

[7] D.h. Personen, mit denen Mitarbeitende regelmäßig über arbeitsbezogene Probleme kommunizieren. Das kann als instrumentelles Netzwerk bezeichnet werden.
[8] Dies wird darauf zurückgeführt, dass Netzwerkbildung oft aufgrund von sozialer Ähnlichkeit (Homophilie) stattfindet. Homophilie bezeichnet den Grad, zu welchem Paare von Individuen, die miteinander interagieren, in ihren Hintergrundcharakteristika ähnlich sind. Eines der überragenden Attribute sozialer Nähe ist auch heute noch das Geschlecht (McGuire 2000).
[9] Brass (1985:332) ermittelt als dominante Koalition innerhalb der Organisation diejenigen vier aus zehn Personen, die sowohl im Kommunikations- als auch im Freundschaftsnetzwerk am häufigsten genannt werden.

same sex ties auf als solche von Frauen, d.h. Männer unterhielten Kontakte vor allem mit anderen Männern. Im Vergleich zu Männern unterhielten Frauen mehr *cross sex ties*. Am stärksten zeigten sich diese Unterschiede im instrumentellen Netzwerk des Einflussgewinns und der Ratschläge, bei denen Frauen sogar mehr *cross sex ties* haben als *same sex ties*. Männer haben in allen fünf Netzwerken mehr *same sex ties* und multiplexere Beziehungen. Frauen erreichen im Ratschlagenetzwerk die niedrigste Zentralität. Im Unterstützungs- und Kommunikationsnetzwerk haben sie bedeutend niedrigere Zentralitätsmaße als Männer.

Diese Ergebnisse konnten von Mitchell Rothstein, Roland Burke und Julia Bristor (2001) repliziert werden. Auch ihre Untersuchung belegt Unterschiede in den Charakteristika der Netzwerke von Männern und Frauen. Männer und Frauen gehören in ihrer Organisation jeweils anderen Netzwerken an. Manager haben einen höheren Prozentsatz *same sex ties* in ihren Netzwerken als Frauen und erhalten von diesen mehr Unterstützung als Managerinnen von ihren *same sex ties*.

Die Aufteilung der Netzwerke kann für Frauen versteckte Kosten und unintendierte Konsequenzen haben. Ihre sozialen Kontakte weisen einen geringeren Grad an Multiplexität auf als diejenigen ihrer männlichen Kollegen, bei denen beispielsweise eine Ratschlagbeziehung mit einer Freundschaftsbeziehung überlappt. Die Multiplexität ist jedoch ein Indikator für starke Beziehungen, die stabil und reziprok sind und deshalb den Aufstieg im Unternehmen maßgeblich fördern können.

Die Wahl von gleichgeschlechtlichen Beziehungen durch Männer kann für Frauen als Restriktion im Zugang zu Netzwerken gesehen werden. Es kann aber auch argumentiert werden, dass beide Geschlechter bloß eine rationale Wahl bezüglich hierarchisch höher gestellter instrumenteller Kontakte treffen. Eine Vorliebe für gleichgeschlechtliche Beziehungen zeigt sich aber selbst dann noch, wenn nach Humankapital und formaler Position kontrolliert wird. Frauen können hierarchische Positionen und Humankapital demnach weniger gut in Netzwerkzentralität konvertieren als Männer (Ibarra 1992).

Am Arbeitsplatz konkurriert die Präferenz für gleichgeschlechtliche Beziehung mit der Präferenz für Netzwerkkontakte mit Höherrangigen (Lin 1982). Die höheren Hierarchieebenen werden vorrangig von Männern besetzt. Frauen können auf diese Bedingungen mit einer Aufteilung ihrer Netzwerke reagieren, indem sie zwecks Zugang zu instrumentellen Ressourcen eine Anknüpfung an männliche Netzwerke suchen. Von weiblichen Netzwerken erhalten sie eher emotionale Unterstützung. Männer hingegen können sowohl instrumentelle als auch expressive Netzwerkressourcen von männlichen Kollegen erhalten.

Zusammenfassung

Netzwerkbeziehungen sind heutzutage in aller Munde. Dabei wird angenommen, dass Netzwerke an sich etwas Gutes sind. Ratgeber postulieren positive Auswirkungen von Netzwerken auf Karrieren und empfehlen den Aufbau von Netzwerkkontakten. Bei Empfehlungen solch allgemeiner Form ist jedoch Vorsicht geboten. Um den Effekt von Netzwerkeigenschaften auf die Karriereentwicklung beurteilen zu können, bedarf es einer genauen Betrachtung der Charakteristika unterschiedlicher Netzwerke. Nur auf diese Weise kann eruiert werden, welche Netzwerkeigenschaften positive und welche negative Einflüsse auf Karrieren haben. Wichtige Netzwerkeigenschaften betreffen die Stärke der Beziehung, das Vorhandensein struktureller Löcher und die Multiplexität der Netzwerkbeziehungen.

Stärke der Beziehung: Die Netzwerkperspektive macht auf die Vorteile schwacher Beziehungen aufmerksam. Schwache Beziehungen eliminieren Abschottungstendenzen und verbinden Mitglieder verschiedener Gruppen. Die Vielfalt der Informationen wird durch schwache Beziehungen erhöht. Starke Beziehungen führen zu dichten Netzwerken und vermindern die Informationsvielfalt. Dafür liefern sie organisationale Identität, Vertrauen und erhöhen die Chancen der Protektion.

Strukturelle Löcher: Strukturelle Löcher im Beziehungsgeflecht entstehen durch nicht-überlappende Netzwerke. Agierende, die über ein Netz mit vielen strukturellen Löchern verfügen, sind die Schnittstelle auf den kürzesten Pfaden anderer. Mit dem Vorhandensein struktureller Löcher gehen Kontrollvorteile einher. Die Störkapazität im Beziehungsgeflecht wird erhöht. Strukturelle Löcher sind einer der stärksten Prädiktoren schneller Karrieren. Dies gilt jedoch nicht für Personen mit einer schwachen Legitimation. Davon betroffen sind Frauen aller Hierarchiestufen und Jungmanager. Diese sind gezwungen, im Aufbau ihres Netzwerkes eine andere Strategie zu wählen. Sie benötigen ein redundantes Netzwerk bestehend aus *strong ties*.

Multiplexität: In multiplexen Beziehungen überlappen sich inhaltlich unterschiedliche Austauschbeziehungen. Durch die Multiplexität werden Beziehungen oft zu *strong ties*. Genau solche wären für Frauen vorteilhaft. Empirische Untersuchungen konnten jedoch zeigen, dass Männer und Frauen in vielen Unternehmen in separaten Netzwerken interagieren und jeweils schlecht ins Netzwerk des anderen Geschlechts integriert sind. Das ist auf homophile Tendenzen zurückzuführen, wonach Personen überwiegend mit ihnen ähnlichen Menschen interagieren. Das Geschlecht gehört zu einer wichtigen Identifikationsbasis für die Wahrnehmung von Ähnlichkeit. Solange in Organisationen nur wenige Frauen in zentralen statushöheren Positionen vertreten sind, sind Frauen auf Netzwerkkontakte mit höherrangigen Männern angewiesen, um Zugang zu den benötigten Ressourcen zu erhalten. Sie teilen deshalb ihre Netzwerke auf und differenzieren ihre Kontakte. Instrumentelle Ressourcen erhalten sie über Netzwerkkontakte zu Männern, in deren Netzwerke sie aber weniger zentral eingebunden sind. Expressive Ressourcen erhalten sie durch Netzwerkkontakte zu Frauen. Aus diesen ziehen sie geringere Unterstützungsleistungen, da sie im Vergleich zu den Männern durch einen niedrigeren Status und weniger organisationale Entscheidungsmacht gekennzeichnet sind. Eine Aufteilung der Netzwerke führt demnach zu versteckten Kosten. Netzwerke von Frauen bestehen vermehrt aus schwachen, uniplexen Beziehungen. In Verbindung mit der Erkenntnis, dass Frauen für eine Karriere *strong ties* benötigen, ist das eine Erklärung für die Unterrepräsentanz von Frauen in Führungspositionen.

Eine Netzwerkperspektive auf Karrierechancen untersucht die Charakteristiken des Netzwerkes, die für einen raschen Aufstieg notwendig sind. Diese Erkenntnisse haben sowohl praktische als auch theoretische Implikationen. Wir möchten zuerst den praktischen Nutzen diskutieren und der Frage nachgehen, ob Ratschläge abgegeben werden können, wie Netzwerke gebildet werden sollen. In einem zweiten Schritt wollen wir die Auswirkungen der vorliegenden Ergebnisse für die Theoriebildung aufzeigen.

1. Erkenntnisse aus den Wirkungsweisen von Netzwerken könnten instrumentell genutzt werden. So können Mitarbeiterinnen und Mitarbeiter versuchen, ihre Netzwerke bewusst nach Charakteristiken aufzubauen, welche für einen schnellen Aufstieg von Vorteil sind. Hierzu werden oft Netzwerke mit vielen *weak ties*, reich an strukturellen Löchern, nichtredundanten Beziehungen und einer hohen Diversität der Kontakte empfohlen. Dies gilt jedoch nicht für alle Mitarbeitenden im selben Maß. Solche Netzwerke sind insbesondere von Männern auf höheren Hierarchiestufen anzustreben. Personen mit fehlender Legitimation in Organisationen brauchen vermehrt dichte Netzwerke, bestehend aus *strong ties* zu höherrangigen Personen jenseits der direkten Weisungsbeziehung. Solche Netzwerke verschaffen Protektion, vermitteln organisationale Identität und ermöglichen die Übertragung impliziten Wissens. Von solchen Netzwerken profitieren Frauen ungeachtet ihrer hierarchischen Stellung sowie Männer der unteren Hierarchieebenen. *Strong ties* kompensieren fehlende Legitimität im Management. Diese Erkenntnis trifft sich mit denen zum Mentoring. Nachge-

wiesen werden kann, dass Frauen von einem Mentor bzw. einer Mentorin für ihre Karriere profitieren. Dabei wird darauf aufmerksam gemacht, dass die Einbettung in ein Gesamtgeflecht von Netzwerkbeziehungen berücksichtigt werden muss und Unterstützung durch unterschiedliche Personen erfolgen kann. Dagegen wird sich in der Literatur zum Mentoring traditionell auf den Aufbau einer singulären Unterstützungsbeziehung beschränkt.

Einem instrumentellen Aufbau von Netzwerkbeziehungen, die bewusst nach karrierefördernden Kriterien gestaltet werden, ist in verschiedener Hinsicht Grenzen gesetzt. *Erstens* haben wir weiter oben dargelegt, dass homophile Tendenzen in Kombination mit der Verteilung von Männern und Frauen auf die Organisationshierarchie für Frauen eine Aufteilung der Netzwerke nach sich zieht. Ihre Versuche, *strong ties* zu bilden, könnten an der Bereitschaft der Männer scheitern, sie in ihre Interaktionen zu integrieren. *Zweitens* sind der instrumentellen Veränderung und Anpassung von Netzwerkbeziehungen Grenzen gesetzt, weil ein Beziehungsnetz nicht nur unter Effizienzkriterien gestaltet werden kann. Eine bewusste Aufkündigung von Beziehungen, die nicht mehr nützlich erscheinen, kann negative Reputation verschaffen: "Judging friends on the basis of efficiency is an interpersonal flatulence from which friends will flee" (Burt 1992:24f). Reziprozität ist ein grundlegender Mechanismus sozialer Beziehungen (Mauss 1999). Eine Verletzung dieses Prinzips hat Folgen. Bei der Instrumentalisierung persönlicher Kontakte werden diese bloß Mittel zum Zweck. Eine extrinsische Motivation persönlicher Beziehungen, die nicht aus innerem Antrieb sondern bloß zur Erreichung anderer Ziele gesucht wird, geht mit einem Verdrängungseffekt einher.[10] Extrinsische Anreize, welche das Eingehen von Beziehungen spezifisch belohnt, können einem Engagement aus freien Stücken im Wege stehen.

2. Für die Theoriebildung kann die netzwerkanalytische Betrachtung von Karrieren in Organisationen in zwei Bereichen fruchtbar gemacht werden. Zum einen können informale Prozesse in Organisationen präzise erfasst, beschrieben und dargestellt werden. Dies eröffnet Möglichkeiten, über das Zusammenspiel zwischen informaler und formaler Struktur nachzudenken. Zum anderen ist eine Diskussion über Veränderungen in Karrierewegen in Gang, welche durch neue Organisationsformen begünstigt werden. Insbesondere kann diskutiert werden, ob Frauen in neuen Organisationen auf bessere Karrierechancen hoffen können. Diese Einsichten tragen zur Veranschaulichung des Konzeptes der Gendered Organization bei.

---

10 Zum Verdrängungseffekt siehe Osterloh/Frost/Frey (2002).

In den heutigen flachen Organisationen ist die Zusammenarbeit der Mitarbeiterinnen und Mitarbeiter ein kritischer Faktor. Das Teilen von Wissen ist kritisch sowohl für innovative Lösungen als auch für die Leistungsstärke der Organisation und ihrer Angehörigen. Deshalb wird oft viel Zeit und Mühe in die Reorganisation von Strukturen und Prozessen investiert. Damit wird versucht, das Teilen von Expertise und Wissen zwischen funktionalen, hierarchischen und divisionalen Bereichen zu fördern und zu verbessern. Oft sind solche Versuche enttäuschend. Dies kann unter anderem daran liegen, dass das Management wenig darüber weiß, wie die Angestellten tatsächlich interagieren. Formale Organisationsstrukturen verdecken die zugrunde liegenden sozialen Netzwerke, welche tatsächlich die organisationalen Leistungen antreiben oder verhindern. Die Netzwerkanalyse bietet ein Instrument, um solche Netzwerke aufzudecken und über mögliche notwendige Veränderungen nachzudenken.

Die informale Organisation überlappt sich partiell mit der formalen. Soziale Netzwerke haben aber nicht in allen Organisationen denselben Stellenwert. Zu welchem Grad z.B. die informale mit der formalen Organisation übereinstimmt, hängt davon ab, ob die Organisation eher mechanistisch oder organisch ist (Tichy/Tushman/Fombrun 1979). Die mechanistische Organisation mit der Verwendung von bürokratischen Prinzipien der Planung und Kontrolle legt die Kanäle der Einflussnahme und des Informationsflusses stärker formal fest. Personalentscheide sind stärker formalisiert und zentralisiert (Tomaskovic-Devey/ Skaggs 1999). Zusätzlich befassen sich bürokratische Organisationen meist mit Problemen, die einen niedrigen Grad an Aufgabenunsicherheit aufweisen (Osterloh 1983; Osterloh/Frey 2000).

Mit Unsicherheit ist der Grad der Nichvorhersehbarkeit des Eintreffens eines Ereignisses gemeint. Je höher die Unsicherheit ist, desto mehr Informationsanstrengungen und Koordinationsbemühungen müssen unternommen werden. In bürokratischen Organisationen lässt die niedere Aufgabenunsicherheit weniger Spielraum in der Wahl arbeitsbezogener Kontakte, da sie stärker formal festgelegt sind. Demgegenüber sind organische Organisationen am effektivsten bei hoher Aufgabenunsicherheit. Sie sind mit komplexen, stark variablen Aufgaben befasst, welche nicht programmiert werden können.

Zur Unterstützung der Aufgabenerfüllung ist die Bildung von Arbeitsbeziehungen, die nicht formal vorgeschrieben sind, unabdingbar (Burns/Stalker 1994). Die Wissensbestände der Agierenden sind fragmentiert. Zur Problemlösung werden zwischen den Entscheidungsträgerinnen und Entscheidungsträgern mehr Informationen ausgetauscht. Vieles kann nicht im Voraus geplant werden. Deshalb werden informale Interaktionsnetzwerke in einer mechanischen Organisation den vorgeschriebenen formalen Strukturen eher folgen, während sie in organischen Organisationen erheblich davon abweichen können.

Die Frage, ob neue Organisationsformen eine Chance für Minderheiten wie z.b. Frauen darstellen, vermehrt in Führungspositionen aufzusteigen, hat in den letzten Jahren zu kontroversen Diskussionen geführt (Acker 1998; Baron u.a. 2002; Goldmann 1993; Regenhard 1997). Die Arbeit im Management eröffnet vielfältige Verhaltensspielräume. Diese ermöglichen die Persistenz von alt eingeschliffenen Verhaltensweisen und Ausschlussprozessen, die entlang von Identifikationslinien wie jener der Geschlechterzugehörigkeit etabliert werden. Aus einer Netzwerkperspektive kann deshalb vermutet werden, dass neue Organisationsformen sowohl durch ihre schwächer ausgeprägte Formalisierung (insbesondere der Personalentscheide) als auch durch die erhöhten Wahlmöglichkeiten von Interaktionsbeziehungen eine Geschlechterungleichheit verstärken wird.

Die Organisationsforschung hat die Genderperspektive im Vergleich zu anderen Wissenschaftsdisziplinen erst verspätet in ihren theoretischen Diskurs aufgenommen (Martin/Collinson 2002). Die Pionierin Rosabeth Moss Kanter (1977) beschreibt in *Men and women of the corporation* zwar bereits früh die Schattenstruktur einer Organisation und bringt diese mit Geschlechterfragen in Verbindung. Angestellte bilden Allianzen, konkurrieren um organisationale Ressourcen und bewirtschaften ihre Reputation. Die eigentliche Geburtsstunde des Forschungsfeldes Gendered Organization aber kann nebst vielen anderen Studien wohl mit der Publikation von Joan Ackers (1990) *Hierarchies, jobs, bodies: A theory of gendered organizations* festgemacht werden.

Ein Beitrag der Netzwerkperspektive zu diesem Forschungsstrang kann in einer Offenlegung informaler Prozesse und verborgener Strukturen gesehen werden. Obwohl Organisationstheoretikerinnen und Organisationstheoretiker sich bereits seit einiger Zeit für die informale Arbeitsorganisation interessieren, bleibt die *shadow structure* (Kanter 1977:164) noch immer schwer fassbar. Die Netzwerkperspektive verdeutlicht durch die Analyse des Ressourcentausches, wie Gender in informale Strukturen der Arbeitsorganisation eingelassen ist. Sie macht die Schattenstruktur sichtbar. Die informale Seite organisationalen Lebens ist derjenige Ort, wo unausgesprochene Interaktionsregeln Geschlechterungleichheiten schaffen und für einen Wandel schlecht zugänglich machen. Informale Interaktionsregeln haben für Frauen negative Konsequenzen für den Aufstieg in Organisationen.

Insgesamt erlaubt die netzwerkanalytische Perspektive eine differenzierte Analyse der informalen Organisation. Mit ihrer Hilfe können informale Prozesse präzise erfasst und quantifiziert werden. Sie bietet zum einen ein Instrument, mit dessen Hilfe Zusammenhänge zwischen informaler und formaler Struktur diskutiert werden können. Zum anderen betont sie die Einbettung sozialer Beziehungen in einen strukturellen Kontext, welcher die Erreichbarkeit und Leichtigkeit der Etablierung unterschiedlicher Arten sozialer Beziehungen lenkt. Diese interaktionale Perspektive erhellt den Grad der Isolation oder Integration verschiedener Gruppen in Organisationen – wie z.B. von Frauen und Männern im Management.

Literatur

Acker, J. (1998): The future of gender and organizations: Connections and boundaries. In: *Gender, Work, and Organization* 5. S. 195-206.

Acker, J. (1992): Gendering organizational theory. In: *Gendering organizational analysis*. Hg. A.J. Mills/P. Tancred. Newbury Park: Sage. S. 248-260.

Acker, J. (1990): Hierarchies, jobs, bodies: A theory of gendered organizations. In: *Gender & Society* 4. S. 139-158.

Alvesson, M./Y. Due Billing (1997): *Understanding gender and organizations*. London: Sage.

Barnard, C.I. (1938): *The functions of the executive*. Cambridge, Mass: Harvard Business School Press.

Baron, J.N./M.T. Hannan/G. Hsu/O. Kocak (2002): Gender and the organization-building process in young, high-tech firms. In: *Economic sociology at the Millenium*. Hg. M.F. Guillén/R. Collins/P. England/M. Meyer. New York: Russell Sage Foundation Press. S: 245-273.

Baron, J.N./J. Pfeffer (1994): The social psychology of organizations and inequality. In: *Social Psychology Quarterly* 57. S. 190-209.

Blau, P.M. (1955): *The dynamics of bureaucracy*. Chicago: University of Chicago Press.

Blau, P.M./W. Scott (1962): *Formal organizations: A comparative approach*. San Francisco: Chandler.

Borgatti, S.P. (2002): *Basic social network concepts*. Online Dokument URL: http://216.247.125.88/networks/basic%20concepts%202002.pdf (gesehen am 03.06.04).

Brass, D.J. (1985): Men's and women's networks: A study of interaction patterns and influence in an organzation. In: *Academy of Management Journal* 28. S. 327-343.

Brass, D.J. (1984): Being in the right place: A structural analysis of individual influence in an organization. In: *Administrative Science Quarterly* 29. S. 518-539.

Burns, T.R./G.H.Stalker ([1]1961, 1994): *The management of innovation*. Oxford: Oxford University Press.

Burt, R.S. (1998): The gender of social capital. In: *Rationality and Society* 10. S. 5-46.

Burt, R.S. (1992): *Structural holes: The social structure of competition*. Cambridge, MA: Harvard University Press.

Coleman, J.S. (1988): Social capital in the creation of human capital. In: *American Journal of Sociology Supplement* 94. S. 95-120.

Crozier, M. (1964): *The bureaucratic phenomenon*. Chicago: University of Chicago Press.

Durkheim, E. ([1]1897, 1987): *Der Selbstmord*. Frankfurt a.M.: Suhrkamp.

Durkheim, E. ([1]1893, 1992): *Über die Teilung sozialer Arbeit*. Frankfurt a.M.: Suhrkamp.

Freeman, L.C. (1979): Centrality in social networks: Conceptual clarification. In: *Social Networks* 1. S. 215-239.

Freeman, L.C. (1977): A set of measures of centrality based on betweenness. In: *Sociometry* 40. S. 35-40.

Galaskiewicz, J./S. Wasserman (1994): Introduction: Advances in the social and behavioral sciences from social network analysis. In: *Advances in social network analysis: Research in the social and behavioral sciences*. Hg. S. Wasserman/J. Galaskiewicz. Thousand Oaks: Sage. S. xi-xvii.

Gilbert, J.A./D.S. Ones (1998): Role of informal integration in career advancement: Investigations in plural and multicultural organizations and implications for diversity valuation. In: *Sex Roles* 39. S. 685-704.

Goldmann, M. (1993): Organisationsentwicklung als Geschlechterpolitik. Neue Organisations- und Managementkonzepte im Dienstleistungsbereich. In: *Transformationen im Geschlechterverhältnis: Beiträge zur industriellen und gesellschaftlichen Entwicklung*, Hg. B. Aulenbacher/M. Goldmann. Frankfurt a.M./New York: Campus. S. 115-137.

Granovetter, M. (1995): *Getting a job: A study of contacts and careers*. Chicago: University of Chicago Press.

Granovetter, M. (1973): The strength of weak ties. In: *American Journal of Sociology Supplement* 78. S. 1360-1380.

Harary, F. (1969): *Graph theory*. Reading, MA: Addison-Wesley.

Harlan, A./C.L. Weiss (1982): Sex differences in factors affecting managerial career advancement. In: *Women in the workplace*. Hg. P.A. Wallace. Boston: Auburn House. S. 59-100.

Ibarra, H. (1993): Personal networks of women and minorities in management: A conceptual framework. In: *Academy of Management Review* 18. S. 56-87.

Ibarra, H. (1992): Homophily and differential returns: Sex differences in network structure and access in an advertising firm. In: *Administrative Science Quarterly* 37. S. 422-447.

International Labour Organization (1997): *Breaking through the glass ceiling: Women in management*. Geneva: International Labour Office.

Kanter, R.M. (1995): *World class: Thriving locally in the global economy*. New York: Simon & Schuster.

Kanter, R.M. (1977): *Men and women of the corporation*. New York: Basic Books.

Kirchmeyer, C. (2002): Gender differences in managerial careers: Yesterday, today, and tomorrow. In: *Journal of Business Ethics* 37. S. 5-24.

Krell, G. (Hg.) (2001): *Chancengleichheit durch Personalpolitik. Gleichstellung von Frauen und Männern in Unternehmen und Verwaltung*. Wiesbaden: Gabler.

Kuhlmann, E./E. Kutzner/U. Müller/B. Riegraf/S.M. Wilz (2002): Organisationen und Professionen als Produktionsstätten der Geschlechter(a)symmetrie. In: *Geschlechterverhältnisse im sozialen Wandel. Interdisziplinäre Analysen zu Geschlecht und Modernisierung*. Hg. E. Schäfer/B. Fritzsche/C. Nagode. Opladen: Leske & Budrich. S. 221-249.

Kutzner, E. (1999): Labor organisation and gender politics – The participation of women in processes of restructuration within a company. In: *Rationalisation, Organisation, Gender*. Hg. M. Goldmann. Dortmund: Sozialforschungsstelle Dortmund. S. 94-99.

Lauterbach, W. (1994): *Berufsverläufe von Frauen. Erwerbstätigkeit, Unterbrechung und Wiedereintritt.* Frankfurt a.M./New York: Campus.

Lin, N. (1982): Social resources and instrumental action. In: *Social structure and network analysis.* Hg. P.V. Marsden/N. Lin. Beverly Hills, CA: Sage. S. 131-145.

Lorrain, F./H.C. White (1971): Structural equivalence of individuals in social networks. In: *Journal of Mathematical Sociology* 1. S. 49-80.

Markham, W.T./S.L. Harlan/E.J. Hackett (1987): Promotion opportunity in organizations. In: *Research in Personnel and Human Resources Management.* Hg. K.M. Rowland/G.R. Ferris. Greenwich, CT: JAI Press. S. 223-287.

Martin, P.Y./D. Collinson (2002): Over the pond and across the water: Developing the field of 'gendered organizations'. In: *Gender, Work and Organization* 9. S. 244-265.

Mauss, M. (1999): *Die Gabe.* Frankfurt a.M.: Suhrkamp.

McCarty, C. (2002): Structure in personal networks. In: *Journal of Social Structure* 3 (1). (Online-Zeitschrift).

McGuire, G.M. (2000): Gender, race, ethnicity, and networks. The factors affecting the status of employees' network members. In: *Work and Occupations* 27. S. 500-523.

Miller, J. (1986): *Pathways in the workplace: The effects of gender and race on access to organizational resources.* Cambridge u.a.: Cambridge University Press.

Mitchell, J.C. (1969): The concept and use of social networks. In: *Social networks in Urban Situations.* Hg. J.C. Mitchell. Manchester: Manchester University Press. S. 1-32.

Moreno, J.L. (1954): *Die Grundlagen der Soziometrie: Wege zur Neuordnung der Gesellschaft.* Opladen: Westdeutscher Verlag.

Morrison, A.M./M.A. Von Glinow (1990): Women and minorities in management. In: *American Psychologist* 45. S. 200-208.

Morrison, A.M./R.P. White/E. Velsor (1987): *Breaking through the glass ceiling: Can women reach the top of America's largest corporations?* Reading, MA: Addison-Wesley.

Neusel, A./A. Wetterer (Hg.) (1999): *Vielfältige Verschiedenheiten. Geschlechterverhältnisse in Studium, Hochschule und Beruf.* Frankfurt a.M./New York: Campus.

Nieva, V.F./B.A. Gutek. (1981): *Women and work: A psychological perspective.* New York, NY: Praeger.

O'Leary, V.E./J.R. Ickovics (1992): Cracking the glass ceiling: Overcoming isolation and alienation. In: *Womanpower: Managing in times of demographic turbulence.* Hg. U. Sekeran/F. Leong. Beverly Hills, CA: Sage. S. 7-30.

Osterloh, M. (1983): *Handlungsspielräume und Informationsverarbeitung.* Bern: Paul Haupt.

Osterloh, M./B.S. Frey (2000): Motivation, knowledge transfer, and organizational forms. In: *Organization Science* 11. S. 538-550.

Osterloh, M./J. Frost/B.S. Frey (2002): The dynamics of motivation in new organizational forms. In: *International Journal of the Economics of Business* 9. S. 61-77.

Osterloh, M./S. Littmann-Wernli (2000): 'Die gläserne Decke': Realität und Widersprüche. In: *Frauen und Männer im Management. Diversity und Praxis.* Hg. S. Peters/N. Bensel. Wiesbaden: Gabler. S. 123-139.

Osterloh, M./S. Wübker (2001): Prospektive Gleichstellung durch Business Process Reengineering. In: *Chancengleichheit durch Personalpolitik. Gleichstellung von Frauen und Männern in Unternehmen und Verwaltung.* Hg. G. Krell. S. 263-276.

Osterloh, M./S. Wübker (1999): *Wettbewerbsfähiger durch Prozess- und Wissensmanagement: Mit Chancengleichheit auf Erfolgskurs.* Wiesbaden: Gabler.

Peinl, I. (1999): Das Ende der Eindeutigkeit. In *Transformation, Unternehmensorganisation, Geschlechterforschung.* Hg. H.M. Nickel/S. Völker/H. Hüning. Opladen: Leske & Budrich. S. 131-154.

Podolny, J.M. (2003): Building effective and efficient personal networks. In: *Faculty Seminar Series, CD-Rom.* Boston: Harvard Business School Publishing, HBSP Product Number 2071C.

Podolny, J.M./J.N. Baron (1997): Resources and relationships: Social networks and mobility in the workplace. In: *American Sociological Review* 62. S. 673-693.

Radcliffe-Brown, A. (1940): On social structure. In: *Journal of the Royal Anthropological Society of Great Britain and Ireland* 70. S. 1-12.

Regenhard, U. (1997): Dezentralisierung als Schritt zum Abbau der Geschlechterhierarchie? Anmerkungen zur Enthierarchisierung der Geschlechterdifferenz bei betrieblicher Restrukturierung. In: *WSI Mitteilungen* 1. S. 38-50.

Rizzo, A.-M./C. Mendez (1990): *The integration of women in management. A guide for human resources and management development specialists.* New York: Quorum Books.

Roethlisberger, F.J./W.J. Dickson (1939): *Management and the worker.* Cambridge, MA: Harvard University Press.

Rothstein, M./R.J. Burke/J.M. Bristor (2001): Structural characteristics and support benefits in the interpersonal networks of women and men in management. In: *The International Journal of Organizational Analysis* 9. S. 4-45.

Scott, J. ([1]1991, 2000): *Social network analysis: A handbook.* London: Sage.

Simmel, G. ([1]1908, 1992). *Soziologie. Untersuchungen über die Formen der Vergesellschaftung.* Frankfurt a.M.: Suhrkamp.

Tichy, N.M. (1981): Networks in organizations. In: *Handbook of organizational design.* Hg. P.C. Nystrom/W.H. Starbuck. Oxford: Oxford University Press. S. 225-247.

Tichy, N.M./M.L. Tushman/C. Fombrun (1979): Social network analysis for organizations. In: *Academy of Management Review* 4. S. 507-519.

Tomaskovic-Devey, D./S. Skaggs (1999): Degendered jobs? Organizational processes and gender segregated employment. In: *Research in Social Stratification and Mobility* 17. S. 139-172.

Wasserman, S./K. Faust (1994): *Social network analysis – methods and applications.* Cambridge: Cambridge University Press.

White, H.C. (1963): *An anatomy of kinship.* Englewood Cliffs, NJ: Prentice-Hall.

White, H.C./S. Boorman/R.L. Breiger (1976): Social Structure from multiple networks: Blockmodels of roles and positions. In: *American Journal of Sociology* 81. S. 730-779.

Whitley, R. (1977): Concepts of organization and power in the study of organizations. In: *Personnel Review* 6. S. 54-59.

Wirth, L. (2001): *Breaking through the glass ceiling. Women in management.* Genf: International Labour Office.

Relevanz, Kontext und Kontingenz:
Zur neuen Unübersichtlichkeit in der Gendered Organization

Sylvia M. Wilz
Fachbereich Kultur- und Sozialwissenschaften der Fernuniversität in Hagen

Einleitung

Festzustellen, die Vergangenheit sei wohl geordnet, die Gegenwart unübersichtlich und die Zukunft ungewiss, ist für die Soziologin keine bahnbrechende Erkenntnis. Schließlich weiß sie, dass die Vergangenheit von heute aus rekonstruiert wird und sich erst rückblickend ordnet, dass die aktuelle Situation immer so vielfältig ist, dass sie nicht vollständig zu überschauen ist, und dass Zukunftsprognosen eher in den Verantwortungsbereich der Trendforschung gehören. Für die Frage nach dem Zusammenhang von Organisation und Geschlecht, also die Gendered Organization, drängt sich eine solche vergleichende Bestandsaufnahme des Stands der Forschung dennoch – auch in Anbetracht der vorauseilend angedeuteten Grenzen der Analyse – geradezu auf.

Noch bis vor kurzem galt es in der Frauen- und Geschlechterforschung als ausgemachte Sache, dass Organisationen systematisch vergeschlechtlicht sind (und im Mainstream der Arbeits-, Industrie- und Organisationssoziologie als ebenso ausgemachte Sache, dass sie das nicht sind). Mittlerweile ist die Lage jedoch unübersichtlich geworden: Empirisch ist sozialer Wandel unübersehbar, und theoretisch hat sich das Angebot, den Gegenstand konzeptionell zu fassen, deutlich verbreitet – ohne dass bisher klar geworden wäre, ob dieses verbreiterte Angebot analytisch weiter führt und sozialen Wandel angemessener erklären kann.

Die Frage, ob und wie geschlechtsspezifisch oder -neutral die Inklusion von Arbeitskräften in Arbeitsmarkt und Organisationen erfolgt, ist, so ist zumindest für die aktuelle Situation zu konstatieren, nicht (mehr) eindeutig zu beantworten. Weder lässt sich durchgängig eine Ungleichstellung der Geschlechter feststellen, die Frauen die unteren und randlagigen Bereiche von Arbeitsmarkt und Erwerbsorganisationen zuwiese und sie damit – mit Blick auf Arbeitsbedingungen, Einkommen, Einfluss und Prestige – empirisch als grundsätzlich benachteiligt erkennen ließe. Noch lässt sich die Behauptung halten, Frauen seien mittlerweile so weit integriert, dass kaum mehr Unterschiede und Ungleichheiten im Vergleich zur Gruppe der Männer erkennbar seien und dass die Einbindung von männlichen und weiblichen Arbeitskräften ausschließlich auf der Basis individueller und meritokratischer Kriterien erfolge. Einerseits haben Frauen 'aufgeholt': Bildungsstand und berufliche Qualifikationen von Frauen liegen teilweise über denen der Männer, die Erwerbsquote, auch die verheirateter Frauen und von Frauen mit Kindern, steigt weiter, Frauen sind in zunehmender Anzahl auch in Führungspositionen und in anderen ehemals frauenfreien Bereichen vertreten. Andererseits bestehen weiterhin klare Ungleichheiten z.B. mit Blick auf Einkommen, auf die Unterrepräsentanz von Frauen in Führungspositionen, oder auf die Gefahr, am Arbeitsplatz sexuell belästigt zu werden. Darüber hinaus besteht eine deutliche Varianz zwischen verschiedenen Berufen, Branchen, Typen von Organisationen usw.

Diese Heterogenität und die Gleichzeitigkeit widersprüchlicher empirischer Phänomene macht es schwierig, in aller Eindeutigkeit daran festzuhalten, Organisationen seien strukturell vergeschlechtlicht, da das Geschlechterverhältnis ein alle sozialen Entitäten, Beziehungen und Prozesse, also auch Organisationen, grundsätzlich prägendes Strukturverhältnis und Geschlecht eine omnipräsente und omnirelevante Kategorie sozialer Differenzierung (auch in Organisationen) sei (vgl. exemplarisch als grundlegende Positionsbestimmung Becker-Schmidt 1987; Gildemeister/Wetterer 1992). Ebenso wenig lässt sich aber bruchlos argumentieren, die Geschlechterdifferenzierung sei irrelevant in Organisationen, da sich insgesamt ein Bedeutungsverlust der Kategorie Geschlecht abzeichne und/oder Organisationen ohnehin geschlechtsneutral seien, zumindest in ihren formalen Strukturen. Die Unübersichtlichkeit in der Gendered Organization ist also eine der empirischen Phänomene und eine ihrer Interpretation.

Dieser Befund soll hier diskutiert werden, indem zunächst vergangene Gewissheiten skizziert und dann anhand zweier empirischer Beispiele die Widersprüchlichkeit der Lage dargelegt wird. Daran anschließend werden kurz aktuelle Beiträge zur Debatte resümiert mit dem Ziel zu prüfen, welche Begriffe von Organisation die Debatte – ex- oder implizit – mit sich führt. Abschließend kann dann ein Ausblick gewagt werden, welche Konzepte von Organisation und Geschlecht tragfähig sein könnten, um weiter zu analysieren, was sich zunächst einmal empirisch begründet als Stand der Dinge wird festhalten lassen:

1. Geschlecht kann relevant gemacht werden in Organisationen, muss aber nicht.
2. Die Relevanz von Geschlecht ist kontextabhängig, und das Relevant-Machen von Geschlecht weist ein hohes Maß an Kontingenz auf, ohne beliebig zu sein.

3. Nach Geschlecht zu differenzieren, ist ein unumgängliches Moment sozialer Ordnung, auch in Organisationen, es ist häufig, aber nicht zwingend ungleichheitsgenerierend, und es ist fallweise hoch funktional für Organisationen.

Diese Aussagen theoretisch präzise zu fassen, steht noch immer aus. Eine angemessene theoretische Konzeptualisierung des Genderings von Organisationen muss nämlich zum einen empirischen Wandel diagnostizieren und angemessen integrieren. Sie muss zum anderen grundsätzlich begrifflich klären, wie die Tatsache zu bewerten ist, dass in Organisationen vergeschlechtlichte Prozesse, Personen, Symbole, Kulturen usw. aufzufinden sind und dass Organisationen geschlechtstypische Effekte zeitigen. Ist beispielsweise die Gefahr, am Arbeitsplatz sexuell belästigt zu werden, ein organisationales Phänomen? Ist ein Phänomen sozialer Ungleichheit wie das durchschnittliche Einkommensgefälle zwischen Männern und Frauen oder die Unterrepräsentanz von Frauen in entscheidenden wirtschaftlichen und politischen Gremien durch organisationale Strukturen und organisationales Handeln zu erklären? Oder sind die körperlichen Konstitutionen oder die sexuellen Orientierungen der Organisationsmitglieder von Belang für die Organisation?

Fragen wie diese weisen auf dreierlei Probleme hin. Geklärt werden muss zunächst, auf welcher Ebene das Gendering von Organisationen anzusiedeln ist: auf der Ebene formaler Organisationsstrukturen, die sich in Abhängigkeit von gesamtgesellschaftlichen Strukturen herausbilden, und/oder auf der Ebene von Interaktionen, in denen Doing Organization vom Doing Gender nicht zu trennen ist, und/oder auf der Ebene von Subjekten, die männlichen oder weiblichen Geschlechts sind. Geklärt werden muss weiter, welcher Organisationsbegriff verwendet wird. Und es muss geklärt werden, welcher Begriff von Geschlecht der Analyse zugrunde gelegt wird (Geschlechterverhältnis als Strukturverhältnis, Geschlecht als Interaktion, Geschlecht als Merkmal der Person).

Solche Orts- und Begriffsbestimmungen geben die Blickrichtung vor, wenn beurteilt werden soll, ob in Anbetracht neuer empirischer Befunde von einem Bedeutungsverlust der Kategorie Geschlecht die Rede sein kann, ob eine solche Schlussfolgerung übereilt emanzipatorische Teilerfolge mit einem durchgreifenden Strukturwandel gleichsetzt, oder ob Phänomene der Geschlechterdifferenzierung ohnehin grundsätzlich als Organisationen äußerlich anzusehen sind – der empirische Wandel sich also andernorts und unabhängig von der Organisation abspielt, falls er das tut.

Eine zentrale Linie der Diskussion, so viel wird an dieser Stelle bereits deutlich, ist damit die Frage: Ist Geschlecht eine relevante Dimension von Organisation, wenn geschlechtstypische soziale Ungleichheit zu beobachten ist, oder ist Geschlecht auch dann ein zur Organisation gehöriges, wenn nicht konstitutives, Moment, wenn zwar keine Ungleichheiten, wohl aber Geschlechterdifferenzierungen in organisatorischen Prozessen eine Rolle spielen? Mit anderen Worten: Spielt Geschlecht in Organisationen überhaupt eine Rolle – und sind sie dann gendered? Oder ist der entscheidende Punkt nicht die Geschlechterdifferenzierung, sondern eine damit verbundene Hierarchisierung?

(Omni)Relevanz – Organisationen sind gendered: Ein Ausgangspunkt
Der Ausgangspunkt der Debatte um den Zusammenhang von Organisation und Geschlecht in der Frauenforschung war, Geschlechterungleichheiten im Prozess der Integration von Frauen in Arbeitsmarkt und Organisationen sichtbar zu machen und die Position von Frauen im Gefüge von Haus- und Erwerbsarbeit aufzuzeigen.[1] Die Analyse der Gendered Organization setzte also nicht daran an, bestehende Organisationstheorien aufzugreifen und aus der Perspektive feministischer Theoriebildung zu ergänzen. Sie war vielmehr direkt verbunden mit einer gesellschaftsanalytischen Rahmung, in der Organisationen als Ort der Produktion und Reproduktion von Geschlechterdifferenzen und -ungleichheiten angesehen wurden, und/oder sie war eher sozialtheoretisch befasst mit der Analyse der Geschlechterdifferenzierung und -hierarchisierung in einem spezifischen sozialen Umfeld, der Organisation.

In dieser Perspektive sind Organisationen zum einen strukturell vergeschlechtlicht, weil ihre Funktionsweise eingelassen ist in die gesellschaftliche Trennung und geschlechtsspezifisch asymmetrische Aufteilung von Produktions- und Reproduktionsarbeit und -verantwortung (vgl. exemplarisch Acker 1991; Aulenbacher/Siegel 1993). Sie sind zum anderen durch und durch gendered, weil das kontinuierliche Doing Gender in Organisationen nicht nur nicht einfach ausgesetzt werden kann, sondern weil es in alltäglichen Arbeitsvollzügen auch durch das Handeln von und in Organisationen reproduziert wird. Sowohl dezidiert strukturtheoretische als auch konstruktivistisch angelegte Positionen waren sich insgesamt einig in einem zentralen Punkt: Geschlecht ist immer

---

[1] Gegenstand der Untersuchungen war insgesamt die Entwicklung der Frauenarbeit im 19. und 20. Jahrhundert. Der häufigste Bezugspunkt des rückblickenden Vergleichs in der deutschsprachigen Debatte ist der Stand der Integration von Frauen in Haus- und Erwerbsarbeit nach dem 2. Weltkrieg, insbesondere die Situation der 1960er Jahre in Westdeutschland. Auch diese Schwerpunkte sind mittlerweile weiter ausdifferenziert bearbeitet worden.

relevant, Organisationen sind nicht geschlechtsneutral, und aus dieser Nicht-Neutralität erwachsen Frauen Nachteile. Zentrale Befunde der Debatte waren (und sind) z.B.:[2]

1. Arbeitsmarkt und Organisationen sind horizontal segregiert. Geschlechtstypische Berufsfelder, Aufgaben und Tätigkeiten werden in Prozessen der Professionalisierung, durch Bildungsstrukturen und Ausbildungswege, Sozialisationsprozesse, Berufswahlentscheidungen, Netzwerke, je spezifische Arbeitsbedingungen (wie z.b. Stellenzuschnitte, die Teilzeitarbeit erlauben oder nicht), Zugangsmöglichkeiten und -barrieren (wie zum Beispiel spezifische Arbeitsschutzvorschriften oder Tests körperlicher Eignung) immer wieder hergestellt. Auf der Ebene der Organisation verteilen sich Männer und Frauen entsprechend auf unterschiedliche Bereiche, Abteilungen und Positionen, wie zum Beispiel Innen- und Außendienst, dispositive und ausführende/assistierende Tätigkeiten, technische oder fürsorgerische Aufgaben u.a. So entstehen sowohl auf der Ebene formaler Stellenpläne als auch auf der Ebene von Entscheidungen über Personalauswahl und -einsatz und auf der Ebene informeller Tätigkeitsverteilungen 'geschlechtsspezifische' Kompetenzen, Aufgaben und Spezialisierungen.
2. Organisationen sind vertikal segregiert. Männer und Frauen sind höchst ungleich über die organisationale Hierarchie verteilt. Insbesondere in den höheren und höchsten Ebenen von Management und Führung sind Frauen nach wie vor klar unterrepräsentiert. Es sind also Glass Ceilings und Glass Walls, die Männer- und Frauenbereiche trennen. Die horizontale Segregation führt zu vertikaler Segregation (möglicherweise auch umgekehrt, wenn von einem geschlechtstypisch unterschiedlichen Entscheidungsverhalten ausgegangen wird): Entweder sind Frauen durchschnittlich in Bereichen und Positionen tätig, die nicht in dem Maße karriererelevant sind wie typische Männerbereiche und -positionen, oder sie werden, auf der Basis von stereotypisierenden Erwartungen und Zuschreibungen, nicht in Führungsfunktionen rekrutiert.
3. Diese unterschiedliche Verteilung von Männern und Frauen ist das Ergebnis strukturell angelegter Arrangements von Arbeit, Organisation und Geschlecht. Die Trennung und geschlechtsspezifische Zuweisung von Pro-

---

2 An dieser Stelle kann keine umfassende Rekapitulation des Forschungsstandes gegeben werden. Wichtig ist mir der Hinweis auf die Befunde und Argumentationslinien, die in der deutschsprachigen Debatte eine zentrale Rolle spielen und gespielt haben. Einen Überblick geben aus unterschiedlichen Perspektiven z.B. Allmendinger/Hinz (1999), Gottschall (1995), Lorber (1999), Müller (1999), Savage/Witz (1992), Wilz (2002) und die Beiträge in Heintz (2001), Mills/Tancred (1992) und Wetterer (1995).

duktions- und Reproduktionsarbeit (von Wirtschafts- und Bevölkerungsweise, von öffentlicher und privater Sphäre, von entlohnter und nicht entlohnter Arbeit) ist für moderne (westliche, kapitalistische) Gesellschaften konstitutiv. Weil Frauen – durchschnittlich, normativ, de facto – für Haus-, Erziehungs- und Pflegearbeit zuständig sind, unterscheiden sich Verfügbarkeiten und Zeitregimes von männlichen und weiblichen Arbeitskräften. Diese geschlechtsspezifische Arbeits- und Zuständigkeitsverteilung manifestiert sich auch in organisationalen Strukturen. "Mommy tracks" oder "Dead-End-Bereiche" (Acker 1994) sind Phänomene differierender Berufs- und Karrierewege für Frauen und Männer. Stellen und Positionen sind, zumindest implizit, für Männer oder Frauen gedacht und werden – wiederum in Personalauswahlentscheidungen, aber auch über mikropolitische Aushandlungen von Tarifparteien oder Standesvertretungen oder in quasinatürlichen Prozessen – Männern und Frauen unterschiedlich zugewiesen.

4. Die unterschiedliche Verteilung von Männern und Frauen ist also ebenso das Ergebnis von sozialem Handeln in Organisationen. Sowohl das strategische Handeln mikropolitischer AkteurInnen als auch das – intendierte oder nicht-intendierte – Handeln aller Organisationsmitglieder beinhaltet Bezüge auf Geschlechterdifferenzen. Im "doing gender while doing work" (Gottschall 1998) werden Arbeitsbezüge mit Geschlechterbezügen verquickt. Tätigkeiten werden geschlechtlich aufgeladen, subkulturelle Kommunikationen, geschlechtshomogene Netzwerke und "boundary work" (Heintz u.a 1997) führen zu immer neuen Abgrenzungen von Männer- und Frauenbereichen, -tätigkeiten und -kulturen.

5. Die Ausgestaltung von Arbeits- und Organisationsstrukturen, von Arbeitsstellen und Arbeitsprozessen ist orientiert an der Vorstellung von ihrer Berufsrolle verpflichteten 'Normalarbeitskräften' und von 'Normalarbeitsverhältnissen'. Diese Normalitätsvorstellungen ruhen auf grundlegend durch Geschlecht strukturierten und differenzierten gesellschaftlichen Verhältnissen auf und setzen das 'männliche Modell' als Norm. Sie beinhalten vor allem Vorstellungen von ununterbrochener Vollzeiterwerbstätigkeit, weitgehender beruflicher Verfügbarkeit und, je nach Arbeitsbereich, Flexibilität und Mobilität in Arbeitseinsatz, Arbeitsvolumen und Arbeitszeit. Mit diesen Vorstellungen verbunden sind unterschiedliche Wertschätzungen verschiedener ('männlicher' und 'weiblicher') Arbeit. Damit einher gehen geschlechtsspezifische Ungleichheiten im Hinblick auf Arbeitsbedingungen, Einkommen, vertragliche Absicherung, Sozialversicherung, Unterschiede in Macht, Einfluss und Prestige.

Die Position der Frauen- und Geschlechterforschung war also eindeutig: Organisation und Geschlecht sind untrennbar miteinander verbunden. Diese Position gerät derzeit an zwei wichtigen Punkten ins Wanken: Zum einen ist eine Diskussion darüber in Gang gekommen, ob sie in der Analyse sozialen Wandels an Grenzen stößt. Zum anderen konfrontiert die Gendered-Organizations-Debatte, in der die Gemengelage von Arbeitsmarkt-, Arbeits- und Organisationsprozessen immer im Zusammenhang analysiert wurde, sich selbst mit der weitgehenden Unbestimmtheit ihres Organisationsbegriffs. Dieser Punkt wird weiter unten vertieft.

Zunächst aber soll die behauptete Unübersichtlichkeit in der Gendered Organization am Beispiel von zwei sehr unterschiedlichen organisatorischen Kontexten, dem Polizeivollzugsdienst und der Versicherungssachbearbeitung, illustriert werden. Der Fokus auf Personalentscheidungen, oder konkreter: auf Erzählungen über die Personalauswahl zur Beförderung von Männern und Frauen, vertieft diese Perspektive auf Kontexte und gleichartige oder unterschiedlich ausgeprägte Muster des Relevant-Machens von Geschlecht in Organisationen.

Kontext: Organisation und Gender im Polizeivollzugsdienst und in der Versicherungssachbearbeitung
Eine der Dimensionen von Organisation, anhand derer die Frage des Genderings von Organisationen besonders anschaulich und umfassend diskutiert werden kann, sind Personalentscheidungen. Entscheidungen über die Platzierung von – männlichen und weiblichen – Arbeitskräften auf Stellen, über die Passung von Person und Aufgabe und über den Auf- und Abstieg in der organisatorischen Hierarchie können, so mein Argument, müssen aber nicht, auf geschlechterstereotypisierende Annahmen und Alltagstheorien zugreifen, um die Personalauswahl als rational, funktional, legitim und konsensfähig zu begründen.

Erwartungen an Handlungsmuster und Handlungsstrategien männlicher oder weiblicher Arbeitskräfte, die in Personalentscheidungen eingehen, können geschlechterstereotypisierende Annahmen beinhalten, die kontextabhängig, situativ und flexibel relevant gemacht werden. In Personalauswahlentscheidungen werden, das ist ein häufig beschriebenes Phänomen, horizontale und vertikale Segregation 'zusammengeschlossen'. Formale Strukturen der Arbeitsplatzanordnung, -bewertung und -hierarchisierung werden in der Konstruktion von Anforderungen und der Zuschreibung von Eigenschaften, Fähigkeiten und Kompetenzen mit informellen Strukturen von Netzwerken und subjektiven Anteilen in Entscheidungen und Interaktionen verbunden. Insbesondere in der Analyse von

Entscheidungen über Beförderung und Funktionsaufstieg kann also deutlich werden, wie Geschlechterdifferenzierung, organisationale Funktionalitäten und Rationalitäten und ihre ungleichheitsstiftenden Wirkungen zusammengehen.

Polizeivollzugsdienst und Versicherungssachbearbeitung: Eine Skizze heterogener Empirie
Die Polizei war lange Zeit und ist immer noch ein Arbeitsbereich, der männlich konnotiert ist und der ganz eindeutig von Männern dominiert wird, zumindest zahlenmäßig. Die Einstellungsquoten für Frauen sind aber mittlerweile hoch (im Jahr 2000 z.b. in Nordrhein-Westfalen knapp 43%). Der Frauenanteil hat sich in den letzten zwanzig Jahren von 2% auf 13,5% erhöht.[3] Die Organisation war lange Zeit klar formal nach Geschlecht segregiert: Traditionell waren Frauen in der Polizei zuständig für die Arbeit mit Frauen und Kindern. Sie wurden, nach einer kurzen Nachkriegsphase in der uniformierten Polizei, bis Ende der 1970er Jahre ausschließlich in der Weiblichen Kriminalpolizei (WKP) mit spezifischen Aufgaben eingesetzt.

Seit der formalen Öffnung aller Bereiche der Polizei im Laufe der 1980er Jahre hat sich, weiter das Beispiel NRW, ein stabiler Prozentsatz an Beamtinnen in der Kriminalpolizei eingependelt (um die 10%). Im Bereich der Schutzpolizei beträgt der Frauenanteil heute durchschnittlich 12%. Neben der sukzessiven Integration von Frauen in beide Sparten des Polizeidienstes (mit zahlenmäßig jedoch so unterschiedlichen Anteilen der Geschlechter, dass von einem gemischten Bereich nicht die Rede sein kann) bestehen nach wie vor auch segregierte Bereiche. In den meisten Spezialeinheiten, in den dauerhaft besetzten Positionen der Bereitschaftspolizei, in Polizeisonderdiensten und in bestimmten Ressorts der Kriminalpolizei (z.B. Organisierte Kriminalität oder Kriminalwache) sind Frauen, wenn es überhaupt welche gibt, die Ausnahme. Der Bereich der Bearbeitung von Sexualstraftaten gilt hingegen als Frauendomäne.

Auf die Frage, ob über die quantitative Verteilung hinaus in der alltäglichen Arbeitspraxis der Schutz- und Kriminalpolizei geschlechtsspezifische Aufgabenteilungen und Spezialisierungen bestehen, ist keine klare Antwort möglich. Einerseits bedeutet ein zunehmender Frauenanteil in der Tat auch eine Zunahme an gemischten Bereichen (zumindest in dem Sinne, dass es eine wahrnehmbare Anzahl an weiblichen Bediensteten gibt), und im Prinzip nehmen männliche und

---

3 Ich beziehe mich beispielhaft auf Daten, die im Rahmen des DFG-Projektes "Geschlechterkonstruktionen im Organisationswandel am Beispiel Polizei" erhoben wurden. Ausführlich: Müller u.a. (2002, 2004) und Wilz (im Druck). Grundlage des im Weiteren ausgeführten Beispiels ist die Fallstudie eines Polizeipräsidiums in Nordrhein-Westfalen.

weibliche Bedienstete in allen Bereichen die gleichen Aufgaben wahr. Es gibt aber andererseits auch eine typische Verteilung von Aufgaben, die zum Teil bewusst institutionell gestützt wird, wie beispielsweise das Recht einer Frau, von einer weiblichen Beamtin durchsucht zu werden, ihr Anspruch als Opfer einer Gewalttat, mit einer weiblichen Beamtin zu sprechen oder das Angebot an ein Kind als Opfer oder Zeuge einer Straftat, nach Wunsch mit einem Mann oder einer Frau zu reden). Zum Teil beruht diese typische Aufgabenverteilung 'unbewusst' auf organisatorischen Strukturen von Bereichen mit eher geregelten und daher 'familienfreundlichen' Arbeitszeiten und Bereichen mit komplett unkalkulierbaren Arbeitszeiten und hohen Flexibilitätsanforderungen.

Ob Männer und Frauen über unterschiedliche Fähigkeiten und Kompetenzen verfügen, die sie für bestimmte Aufgabenbereiche jeweils besonders qualifizieren, wird regelmäßig nach zwei Seiten hin thematisiert. Einerseits wird argumentiert, dass jede Beamtin und jeder Beamte im Prinzip jede Aufgabe wahrnehmen kann. Wie gern und wie gut diese Aufgabe bewältigt wird, ist eine Sache individueller Fähigkeiten und Kompetenzen. Andererseits werden Männer und Frauen als unterschiedlich fähig und einsatzfähig angesehen. Ein tradiertes Argument ist zum Beispiel, dass Frauen bestimmte Aufgaben nicht übernehmen sollten (zumindest nicht ohne Begleitung eines männlichen Kollegen), weil erwartet wird, dass sie Situationen mit hohem Gefahr- oder Gewaltpotenzial und/oder besonders hohen körperlichen und seelischen Belastungen aufgrund ihrer psychischen und physischen Dispositionen schlechter bewältigen können als Männer. Damit würde die Leistungsfähigkeit der Polizei im Einsatz gemindert und der Einsatzerfolg gefährdet. Ebenso tradiert ist das Argument, ein höherer Frauenanteil könnte zu einer Verbesserung der Atmosphäre, einer Verringerung der Aggressivität und größeren Chancen der Deeskalation, der gelungenen Kommunikation und der Akzeptanz im Umgang mit Bürgerinnen und Bürgern und anderen 'polizeilichen Gegenübern' führen. Im Gespräch beziehen sich Befragte entsprechend regelmäßig sowohl auf die Gleichheit der Geschlechter in der Bearbeitung polizeilicher Aufgaben – Beamte und Beamtinnen können und tun prinzipiell das Gleiche und werden ungeachtet ihres Geschlechts eingesetzt – als auch auf die Unterschiedlichkeit der Geschlechter – männliche und weibliche Beamte haben jeweils bestimmte Fähigkeiten und Bedürfnisse und werden sinnvollerweise entsprechend unterschiedlich (und komplementär zueinander) eingesetzt. Beide Argumentationslinien stehen nebeneinander, und beide werden, ungeachtet ihrer Widersprüchlichkeit, so thematisiert, wie es zur jeweiligen Situation und zu jeweils verwendeten anderen Argumenten passt.

Dieses Abwägen der Vor- und Nachteile des Einsatzes von Frauen – mit Blick auf angenommene Fähigkeiten und Kompetenzen – ist ein zentrales Thema in der Polizei. Ein weiteres ist die Unterrepräsentanz von Frauen in Führungsfunktionen und die Frage nach gerechter und ungerechter Beförderung. Vertikal ist die Organisation Polizei deutlich segregiert: In Nordrhein-Westfalen sind im Jahr 2000 in der Schutzpolizei 5,4% Frauen im gehobenen Dienst (kriminalpolizeilicher Dienst und mittlere Führungsfunktionen) und 3,9% im höheren Dienst (Führungslaufbahn). In der Kriminalpolizei liegen im Jahr 2000 die Frauenanteile im gehobenen Dienst bei knapp 10%, im höheren Dienst bei über 10%. Im untersuchten Polizeipräsidium sind Frauen in den Stufen A10 bis A12 des gehobenen Dienstes noch gut mit 11 bis 15% vertreten, wenngleich auch deutlich unter ihrem Gesamtanteil im Vollzugsdienst dieses Präsidiums insgesamt (landesweit besonders hohe 20%). Eine deutliche Reduzierung zeigt sich im Endamt des gehobenen Dienstes: nur 3 von 85 Bediensteten sind weiblich. Die einzigen beiden Frauen, die im höheren Dienst beschäftigt sind, sind Verwaltungsbeamtinnen, keine Vollzugsbeamtinnen.

Im Vergleich zu früheren Jahren bedeutet dies zwar weiterhin eine klare quantitative Unterrepräsentanz, gleichzeitig jedoch auch eine stetige Zunahme von Frauen in den genannten Laufbahngruppen. Auch die Berufsverläufe von männlichen und weiblichen Polizeibediensteten zeigen mit Blick auf die durchschnittlichen Wartezeiten bis zur nächsten Beförderung in den unteren Dienststufen keine signifikanten Unterschiede (in den höheren Rängen ist wegen der geringen Anzahl an Frauen kein Vergleich mehr möglich). Diese Fakten werden sehr uneinheitlich bewertet: Frauen werden durch organisatorische Strukturen wie die Anforderungen für das Einschlagen der Führungslaufbahn grundsätzlich benachteiligt, weil sie das geforderte Ausmaß an zeitlicher und räumlicher Flexibilität (zentrale Ausbildungsinstitute, ein auswärtiges Jahr) und die notwendige langjährige Berufserfahrung im relevanten Lebensabschnitt schlechter aufbringen können als ihre männlichen Kollegen und sie werden überdies in Führungsfunktionen 'nicht gewollt', das ist der eine Pol der Einschätzungen. Frauen werden bevorzugt, weil sie durch Gleichstellungsmaßnahmen begünstigt werden und in informellen Kontakten ihren "Busenbonus" ausspielen können, das ist der andere Pol. Eine dritte Einschätzung schließlich behauptet die formale und informelle Gleichstellung: Frauen und Männer werden gleich behandelt und bewertet, weil es eindeutige und geschlechtsübergreifend gültige Kriterien der Einstellungsvoraussetzungen, der Beförderung und der Leistungsbeurteilung gibt.

In der Versicherungssachbearbeitung besteht eine ganz andere Ausgangssituation als in der Polizei.[4] Hier handelt es sich um einen gemischt-geschlechtlichen Bereich qualifizierter Dienstleistungsarbeit, in dem Männer und Frauen als Versicherungskaufleute seit längerem die gleichen Tätigkeiten ausüben.[5] Eine formale Gleichstellung mit Blick auf Ausbildungsanforderungen, Entlohnung und Personaleinsatz besteht durchgängig. Im Gegensatz zur Polizei gibt es weder eine breite Debatte über die Integration von Frauen und deren Eignung, noch einen expliziten 'Differenzdiskurs' über a priori unterschiedliche Fähigkeiten von Männern und Frauen, die (an)erkannt und sinnvoll eingesetzt werden sollten. Während in der Polizei die Frage danach, ob mit einem Kollegen oder einer Kollegin kooperiert wird oder ob eine Aufgabe eher etwas für einen Mann oder für eine Frau ist, ein relevantes Thema in der alltäglichen Arbeitspraxis ist, gibt es ein solches öffentliches Nachdenken über Geschlecht in der Sachbearbeitung nicht. Hier werden eindeutig und durchgängig nicht die möglicherweise typischen Spezialisierungen, sondern die Individualität in der Bearbeitung und Vorliebe für bestimmte Aufgaben betont.

In der Regel erst auf Nachfrage fallen auch im Gespräch mit Versicherungskaufleuten stereotype Aussagen über Eigenschaften der Geschlechter (z.B. dass Frauen eine angenehmere Telefonstimme hätten oder emotionaler seien als Männer). Solche Stereotypisierungen können durchaus hoch relevant werden (siehe weiter unten). Sie spielen in alltäglichen Arbeitsprozessen aber kaum eine Rolle, fallen schwächer aus als in der Polizei und sie begründen keinen eigenen Diskurs über Männer und Frauen bei der Arbeit. Entsprechend finden sich, wiederum im Gegensatz zur Polizei, auch keine Aufladungen des Berufes, der Organisation oder der Aufgaben und Tätigkeiten mit männlichen oder weiblichen

---

4 Vgl. zum Folgenden ausführlich Wilz (2002), mit zum Teil ähnlichen, zum Teil abweichenden Ergebnissen und Einschätzungen siehe Heintz u.a. (1997). Grundlage des im Weiteren ausgeführten Beispiels ist eine Fallstudie der Zweigstelle eines Krankenversicherungsunternehmens in Nordrhein-Westfalen.

5 Das ist, vor allem mit Blick auf traditionelle Trennungen wie Innendienst und Außendienst, Sachbearbeitung und Schreibdienst, früher anders gewesen. Der Außendienst galt als Männerdomäne, der Schreibdienst war Frauenarbeit (vgl. Collinson/Knights 1991; die Variabilität der Geschlechter- und Aufgabenkonstruktionen hat Leidner 1991 anschaulich am Beispiel des Außendienstes belegt). Solche Segregationen haben sich weitgehend aufgelöst. Mittlerweile verschwimmen in der Folge von Umstrukturierungsprozessen und neuen Arbeitskonzepten sogar die Grenzen zwischen Innen- und Außendienst: Innendienst-Sachbearbeiterinnen akquirieren Kunden, und Außendienstler übernehmen Sachbearbeitungstätigkeiten (am *point of sale*). Die Rede davon, dass der Außendienst prestigereicher, karriereträchtiger und weit einkömmlicher sei als der Innendienst, hat daher an Bedeutung verloren; ein Wechsel vom Außendienst auf Führungsfunktionen des Innendienstes ist ohnehin nicht die Regel gewesen.

Konnotationen:[6] Es gibt keine Vorstellungen von bestimmten Aufgaben oder Situationen, die einen Sachbearbeiter oder eine Sachbearbeiterin erforderten (wie bspw., dass die Gesprächsführung je nach GesprächspartnerIn – eine alte Frau oder ein ausländischer Mann – Männer- oder Frauensache sei oder dass der Idealtypus für die Sachbearbeitung durch männliche Attribute charakterisiert wäre).

Das heißt nicht, dass die administrative Sachbearbeitung im Gegensatz zur Polizei (die über eine ausgeprägte Normativität und emotionale Aufladung verfügt, was die Definitionen eines "guten Polizisten" und der richtigen Einstellung betrifft) keine identitätsstiftenden Aufladungen bereit hielte. Sachbearbeitung ist mehr als routinisierte Mengensachbearbeitung (die es im übrigen auch in der Polizei gibt), und die Arbeit der Versicherungsangestellten ist nicht etwa geprägt von einer distanzierten und instrumentell orientierten Haltung zu ihrer Arbeit. Vorherrschend ist vielmehr ein klarer Ethos von hoher Qualifikation und Leistung, von Normen der Kundenfreundlichkeit usw., die mit Selbst- und Fremdbeschreibungen und -zuschreibungen verbunden werden. Diese normativen Vorstellungen sind geschlechtsübergreifend gültig und beinhalten, wie gesagt, keine geschlechtsspezifischen Konnotationen. Entsprechend finden sich auch auf der Ebene der Arbeitspraxen selbst in der Tat keine systematischen horizontalen Segregationen zwischen den Geschlechtern.

Im Bereich der Aufgaben und Tätigkeiten, die die SachbearbeiterInnen in ihrer alltäglichen Arbeit tun, in der Zuweisung und Bearbeitung von Spezialgebieten, in der Kooperation von Männern und Frauen bei der Arbeit oder in der individuellen Nutzung der flexiblen Arbeitszeiten finden sich keine formalen, informellen und/oder unterschiedlich prestigeträchtigen Segregationen zwischen den Geschlechtern. Ebenso wie die Polizei ist die Versicherung jedoch klar vertikal segregiert: Unternehmensweit betrug der Anteil an Frauen auf der Sachbearbeitungsebene in den 1990er Jahren stabil um die 60% und auf der mittleren Führungsebene zwischen 15 und 20%. Auf oberster Leitungsebene gab es Ende der 1990er Jahre die erste und bis dahin einzige Frau. In der untersuchten Zweigstelle des Unternehmens waren zu diesem Zeitpunkt alle Führungspositionen von Männern besetzt.[7]

---

6 Für die Polizei sind solche Einschätzungen – der typische Polizist ist ein männlicher *street cop* – weit verbreitet (vgl. zusammenfassend Westmarland 2001).
7 Branchendaten wurden im Rahmen der oben genannten Studie nicht erhoben.

Personalentscheidungen: Eine analytische Vertiefung
Versicherungssachbearbeitung und Polizeivollzugsdienst bilden also sehr unterschiedliche Kontexte als Organisationen (von denen zu entscheiden sein wird, ob sie vergeschlechtlicht sind oder nicht und wenn ja, inwiefern). Es bestehen erhebliche Unterschiede mit Blick auf Aufgaben und Tätigkeiten, arbeits- bzw. dienstvertragliche Regulierung und mit Blick auf für das Gendering relevante Dimensionen: Die Polizei ist teilweise horizontal segregiert, hier spielt die Frage nach Geschlecht im Personaleinsatz und in der allgemeinen Diskussion durchaus eine Rolle. Es gibt männliche Konnotationen und Stereotypisierungen typisch männlicher oder weiblicher Fähigkeiten und Kompetenzen sind gang und gäbe. Die verschiedenen Einsatzbereiche bieten darüber hinaus deutlich unterschiedliche Arbeitsbedingungen und sind daher verschieden kompatibel mit männlichen bzw. weiblichen Lebenszusammenhängen. All das gilt für die Versicherung nicht.

In der Polizei werden Egalität und Differenz gleichzeitig thematisiert und in aller Widersprüchlichkeit und Spannungsgeladenheit nebeneinander und ineinander 'gespielt'. In der Versicherung herrscht demgegenüber ein klarer Gleichheits- und Individualitätsdiskurs vor – der jedoch, wie im Folgenden deutlich werden wird, situativ mit Geschlechterdifferenzierungen und -stereotypisierungen verquickt werden kann, wie beispielsweise in der Personalauswahl. In der Begründung von Personalentscheidungen für oder gegen eine Frau bzw. einen Mann stehen beide Organisationen nämlich vor dem gleichen Problem: Es muss nicht nur eine Entscheidung getroffen werden, die 'sachlich richtig' ist und mit Blick auf die Aufgabe, die Leistungsfähigkeit des Bewerbers bzw. der Bewerberin, die Konkurrenzlage legitimierbar und konsensfähig ist. Vielmehr müssen auch Vorstellungen von Gerechtigkeit – ist Frauenförderung gerecht oder ungerecht? – und andere moralische Kommunikationen beachtet werden. Außerdem muss regelmäßig Konkurrenz minimiert und Komplexität reduziert werden. An diesem Punkt steht die Geschlechterdifferenzierung nicht (mehr) als legitimes Kriterium zur Verfügung: Die Differenzierung nach Geschlecht, die in anderen Kontexten und zu anderen historischen Zeitpunkten ein angemessenes Merkmal für einen Aus- oder Einschluss (gewesen) ist, ist es im Kontext von organisationalen Personalentscheidungen nicht (mehr).

Eine ausgeprägte vertikale Segregation, wie sie in der Polizei und, entgegen aller sonst vorfindlichen Egalitäten, auch in der Versicherung vorliegt, ist daher ein von der Organisation zu bearbeitendes Problem mit Blick auf die Legitimität und Konsensfähigkeit der Entscheidung. Dieses Problem wird empirisch höchst unterschiedlich aufgelöst. Bei aller Unterschiedlichkeit lassen sich jedoch auch gleichartige Muster (der Stereotypisierung bspw.) feststellen – und eine hohe Funktionalität für die Bearbeitung anderer organisationaler Probleme.

"Dann kam aber irgendwann auch noch eine Kollegin aus dem Quark"
Ein erstes Beispiel aus der *Polizei*. Das Thema, wer warum schneller befördert wird, in Leitungsfunktionen kommt und Karriere macht, ist einer der zentralen kontroversen Punkte in der Diskussion über Männer und Frauen bei der Polizei. Der klaren quantitativen Unterrepräsentanz von Frauen in Führungspositionen soll über im Landesgleichstellungsgesetz verankerte Frauenförderpläne entgegengewirkt werden: Der Gleichstellungsplan des untersuchten Polizeipräsidiums sieht zum Beispiel vor, dass Frauen bei Beförderungen "bei Leistungsgleichheit so gestellt werden, als wären sie 12 (bzw. 24) Monate früher angestellt worden".

Innerhalb der Organisation werden diese Rahmenbedingungen höchst kontrovers und widersprüchlich diskutiert. Häufig ist zu hören, dass Frauen bevorzugt befördert werden und sowohl auf der Basis rechtlicher Regelungen als auch auf der Basis von Kontakten und unter Einsatz körperlicher Vorzüge leichter vorankommen als Männer. Ebenso häufig wird die Überzeugung geäußert, dass es auf der Basis von Kontakten und tradierten Wert- und Wahrnehmungsmustern die Männer sind, die Karriere machen, während Frauen übersehen oder aktiv am Fortkommen gehindert werden. So schildert ein Kriminalhauptkommissar, nachdem er klar formuliert hat, dass Frauen leichter und öfter befördert werden als Männer und dass das auf rechtliche Regelungen zurückzuführen sei, die Frauen bevorzugen, folgende Situation:

> Ich hab' mich mal beworben auf 'ne Stelle, hier Dienststellen-Vertreter beim KK, (...) dann hat man mich mehr oder weniger gedrängt, mich doch dazu bewerben, weil ich ja schon so lange da bin und den Laden ziemlich gut kenne, hab' ich dann natürlich auch gemacht, und dann kam aber irgendwann auch noch eine Kollegin aus dem Quark, die also früher auch mal bei uns Dienst gemacht hat auch etliche Jahre, die mittlerweile woanders ist, und die hat wohl am letzten Tag überhaupt die Bewerbung geschrieben noch, (...) weil man ihr das wohl irgendwie gesteckt hat, ich weiß nicht, warum, wer sie da protegiert hat, und die hat aber dann (...) auch wieder ganz kurzfristig die Bewerbung zurückgezogen. Die hätte alle anderen platt gemacht, mit Sicherheit. Also da hätten Sie keine Chance gehabt.

Und eine Polizeikommissarin sagt:

> Also, ich persönlich kann nur sagen, ich hab' nie Nachteile oder auch einen Vorteil gehabt als Frau, die Frauenförderung ist bei mir bisher noch nicht eingetreten. Die wird vielleicht in den nächsten Monaten mal eintreten, weil wir jetzt neu beurteilt worden sind, wir sind auch beurteilt worden ganz klar nach Leistungen. Also auch unabhängig davon, ob Frau oder Mann, ganz klar nach Leistung, und ich hoffe jetzt einmal, dass ich in den nächsten Monaten befördert werde, und da wird's wohl tatsächlich so sein, dass da die Frauenförderung zum Einklang kommt insofern, dass natürlich meine gan-

zen Schulkollegen, die gleich abgeschlossen haben wie ich, das Nachsehen haben, und ich vor ihnen befördert werde. Muss ich natürlich sagen, begrüß' ich persönlich, weil ich über vier Jahre auf 'ne Beförderung warte, und das ist in dem Beförderungsstatus von Kommissar zu Oberkommissar absolut lang, das war früher mal 3½ Jahre das Maximum der Gefühle, wir sind jetzt schon im vierten Jahr, und das ist dann echt dort, wo Sie auch langsam mal anfangen, egoistisch zu werden. (...) Aber das hat auch nichts mit Frau oder Mann zu tun, die Karrieremöglichkeiten mittlerweile sind absolut schlecht geworden.

Der zitierte Kriminalhauptkommissar führt die mögliche Beförderung einer Kollegin also auf Frauenfördermaßnahmen und Protektion zurück; die in seiner Schilderung enthaltenen Aufstiegskriterien wie langjährige Diensterfahrung, "den Laden kennen" oder Verwendungsbreite gesteht er der Kollegin zu, ist aber dennoch davon überzeugt, dass ihre Beförderung nicht gerecht gewesen wäre. Auch die befragte Polizeikommissarin bezieht sich auf beide Aspekte – Frauenförderung und Leistung –, auch sie bewertet Frauenfördermaßnahmen als ungerecht, rechtfertigt sie in ihrem persönlichen Fall aber mit der Priorität des Leistungsprinzips, das auch hier angewandt worden sei, und mit der insgesamt ungerechten Situation, lange auf einen Aufstieg warten zu müssen.

Beide Befragte formulieren also die Spannung zwischen Leistungsanforderungen, die als gerecht erachtet werden, und Fördermaßnahmen, die als ungerecht erachtet werden – und beide wenden diese Bezugspunkte der Legitimation variabel an: Der eine Befragte schildert eine mögliche leistungsmäßige Überlegenheit der Kollegin – ihre Beförderung wäre legitim gewesen, die andere Befragte schildert das Greifen des Frauenförderplans – ihre Beförderung wäre also nicht legitim. Beide entkräften diese Lesart durch den Bezug auf andere legitimatorische Strategien: Die Kollegin wurde protegiert (obwohl beide 'angesprochen' worden waren), die Befragte ist leistungsmäßig beurteilt worden (obwohl ihre Beförderung auch von einem 'geschenkten Jahr' abhängen wird). Deutlich wird hier die Existenz übergeordneter Normen, die Personalentscheidungen legitimieren, aber auch die Varianz ihrer Anwendung, und der situative Bezug auf Geschlecht, dessen Bedeutung mal hervorgehoben, mal heruntergespielt wird.

"Frauen sind viel mehr mit dem Herzen dabei"
Ein zweites Beispiel aus der Versicherung. Auch hier ist die Frage danach, wer warum die Chance hat, einen Aufstieg zu realisieren oder nicht, ein zentrales Thema. Die komplett männliche Besetzung von Führungsfunktionen in der untersuchten Zweigstelle des Versicherungsunternehmens ist in besonders hohem Maße legitimationsbedürftig, da das Unternehmen eine aktive Gleichstellungspolitik verfolgt (die sich sowohl auf die Vereinbarkeit von Beruf und Familie als auch auf die Unterrepräsentanz von Frauen in Führungspositionen bezieht und

bspw. ein Programm 'Führung in Teilzeit' beinhaltet) und Führungspersonal auf der Ebene der Gruppenleitung ausschließlich intern aus dem Bereich der Sachbearbeitung rekrutiert wird. Dort aber sind 60% der Beschäftigten Frauen, die sich im Durchschnitt weder mit Blick auf ihre Ausbildung, noch mit Blick auf Fachwissen, Arbeitsaufgaben, Spezialgebiete u.a. von ihren Kollegen unterscheiden. Es gibt keine trennenden Glass Walls zwischen den Geschlechtern und ihren Aufgaben und Tätigkeiten, die eine größere Nähe der Männer zum Aufstieg erwarten und rechtfertigen ließen und die die Glass Ceiling legitimierten. Zudem wurden im Laufe einer Reorganisationswelle Führungspositionen reduziert und Umbesetzungen vorgenommen, in denen ein Mann und beide Frauen, die zuvor stellvertretende GruppenleiterInnen waren, degradiert wurden, während ein anderer männlicher Kollege zum stellvertretenden Gruppenleiter befördert wurde.

In der argumentativen Darlegung dieser Personalentscheidungen und der Legitimation der Auswahl wird auf verschiedene etablierte Kriterien der Personalbeurteilung zugegriffen: Alter, formale Qualifikation, Arbeitsleistung, Sozialkompetenz und Verfügbarkeit – eine Führungskraft sollte ihre Arbeitszeit nicht wegen familiärer Verpflichtungen reduzieren. Diese Aspekte werden im Vergleich der Kandidatinnen und Kandidaten gegeneinander abgeglichen, und zwar durchaus variabel in ihrer Anwendung. So ist einmal das eine, einmal das andere Kriterium erwähnenswert oder besonders wichtig. Anderen organisationalen Politiken, wie z.B. der Gleichstellungsprogrammatik des Unternehmens, wird klar zuwidergehandelt, ohne dass dies an irgend einer Stelle zum Thema gemacht würde. Weder die Varianz der Kriterien und ihrer Bedeutung noch die mögliche Verletzung von Gerechtigkeitsnormen noch die Funktionen, die eine bestimmte Auswahl erfüllt bzw. die Interessen, die sie bedient, werden zum Gegenstand der Argumentation.

Zum Dreh- und Angelpunkt in den Erzählungen der maßgeblichen betrieblichen Akteure wird vielmehr allein die Optimalität der Entscheidung und, vor allem, ihre Unausweichlichkeit mit Blick auf den beförderten 'Überflieger'. Diese Argumentation wird in zweierlei Ausprägungen entwickelt, a) in Begriffen von exzellenter Performance und b) in Begriffen von Natur. In diesem interpretativen Schema – der Naturalisierung von organisatorischen Prozessen und Personen – werden Geschlechterstereotypisierungen aktualisiert, und zwar als Zuschreibung naturgegebener Eigenschaften und Kompetenzen von Männern und Frauen.

Frauen arbeiten langsamer, dafür gründlicher als Männer, Frauen nehmen sich die Dinge mehr zu Herzen, sie "sind viel mehr mit dem Herzen dabei" und fühlen sich durch anspruchsvolle oder stressintensive Situationen schneller belastet als Männer. Solche Zuschreibungen von Eigenschaften und Fähigkeiten und ihre korrespondierenden (expliziten oder impliziten) Arbeitsanforderungen spielen in der alltäglichen Arbeitspraxis der Versicherungssachbearbeitung und in der Verteilung von Tätigkeiten, wie gesagt, keine Rolle (es gibt keine Diskussion, wer was tun sollte). Normen wie die, unter allen Umständen eigene Gefühle zu kontrollieren, werden darüber hinaus als übergeordnete Norm auch auf Männer angewandt: Auch andere Formen der Unbeherrschtheit als Tränen, auch Aggressivität oder distanzlose Geschwätzigkeit – also 'neutrale' oder männlich konnotierte Ausprägungen von Emotionalität – gelten als im Arbeitshandeln, unter KollegInnen und im Kundenkontakt unerwünschtes Verhalten. Hoch relevant werden geschlechtertypisierende Zuschreibungen erst in Personalentscheidungen. So bindet der personalverantwortliche Leiter der Zweigstelle, dessen 'Geschlechterwissen' und Alltagstheorien von einem klaren 'Differenzansatz' geprägt sind, Annahmen über die Fähigkeiten und Kompetenzen seiner MitarbeiterInnen wirkungsvoll in die Begründung und Legitimation seiner Personalauswahl ein. Ihm dient die Stereotypisierung zur Reduktion von Komplexität und zur 'Geschlossenheit' des Arguments: Frauen sind emotional und daher als Führungskraft nicht zu gebrauchen.

Dass dieses Argument 'durchkommt', obwohl es auf der Ebene der Arbeitspraxis und der Arbeitsanforderungen alltäglich konterkariert wird, ist zum einen erstaunlich (und dürfte von der Macht des Entscheiders zeugen). Zum anderen belegt es die Anschlussfähigkeit der Stereotypisierungen innerhalb der Konstruktion von Anforderungen: Emotionalität wird als Charakteristikum von Beschäftigten, als Bestandteil der Arbeitsanforderungen und als Element der Konstruktion von Anforderungen an Führungskräfte thematisiert. So werden einerseits Frauen durchgängig stärker als Männer als emotional und daher als weniger belastbar angesehen. Andererseits werden, von allen Beschäftigten und den Führungskräften, Emotionen als Bestandteil alltäglicher Arbeitspraxis ausgeführt, und zwar sowohl im Verhältnis zu KollegInnen (Ärger, Stresssituationen) als auch in Gesprächen mit der Kundschaft (Ärger über ungerechtfertigte Beschwerden, emotionale Belastungen durch Gespräche mit sehr alten oder kranken Menschen).

Nahezu alle Befragten führen aus, dass sie solche Emotionen haben; sie führen aber ebenso aus, wie unangemessen es ist, Emotionen zu äußern: Für alle gilt die Anforderung, freundlich zu sein und Ärger nicht ungebremst auszuagieren, sondern sich zu beherrschen und kontrolliert zu bleiben, um die Standards zu erfüllen, die an Arbeitsleistung und Kollegialität gestellt werden.

Diese Verhaltensnormen gelten für alle Beschäftigten. Sowohl Männer als auch Frauen werden daran gemessen und positionieren sich selbst in Bezug auf ihre Emotionalität. Für Führungskräfte gilt die Norm in besonderem Maße; als Maximen ihres Verhaltens werden regelmäßig Beherrschtheit, Überlegtheit, Ausgeglichenheit, Neutralität, Härte, Festigkeit, Ruhe, Stressresistenz und Belastbarkeit formuliert. Solche normativen Vorstellungen und deren Verknüpfung mit Arbeitsanforderungen einerseits und den Eigenschaften und Kompetenzen der Beschäftigten andererseits werden mit Blick auf die Arbeitspraxis und die Ideale guter Arbeit und guter Führung von allen Organisationsmitgliedern geteilt. Mit Geschlechterdifferenzierungen verbunden werden sie jedoch erst in der Naturalisierung von Personal und Organisation des verantwortlichen Personalentscheiders.

Der Bezug auf Natur erscheint im Kontext der Versicherung auf den ersten Blick als unangemessen und eher im Kontext der Polizei zu erwarten, in dem explizit mit Geschlechterdifferenzen argumentiert wird. Er steht an sich im Gegensatz zum 'Rest der Organisation', in dem Bezüge auf Gleichheit vorherrschen und der Individualitätsdiskurs den Diskurs der Geschlechtertypisierung weit überwiegt. Aber auch hier, wo im Rahmen von gleichen Qualifikationen und Aufgabenstellungen in administrativer und interaktiver Dienstleistungsarbeit biologisch begründeten Verfassungen nur schwer Bedeutung beigemessen werden kann, spielt der Hinweis auf die Natur von Geschlechterdifferenzen also eine Rolle – das eben beschriebene Muster, Personalentscheidungen zu begründen und zu legitimieren, greift auf geschlechterstereotypisierende naturalisierende Zuschreibungen zu.

Aber (und das ist ein sehr wichtiges Aber) dies ist nicht die einzige Ebene der Naturalisierung: Auch organisatorische Hierarchien, die Charakteristika von Führungskräften ("Häuptlinge") und Nachgeordneten ("Indianer") werden in Begriffen von Natur, natürlicher Entwicklungen, naturhafter Evolution u.a. entwickelt. Es handelt sich also nicht nur um eine Naturalisierung und damit Sexualisierung von Frauen im Gegensatz zu Männern und der 'Organisation an sich', die Frauen zu Anderen, Fremden und damit potenziell Marginalisierten in Organisationen macht. Die Naturalisierung von Geschlecht ist vielmehr raffiniert eingebaut in eine naturalisierende Perspektive auf Individuen, auf Führungskräfte und auf Organisation insgesamt. Das Muster der Naturalisierung bedeutet daher gerade nicht (nur) eine direkte und umstandslose Geschlechterstereotypisierung, die zum Ausschluss von Frauen führt. Es handelt sich vielmehr um ein

Muster von Normen und Interpretationen, das die Funktion hat, in Entscheidungsprozessen Komplexität zu reduzieren, Alternativlosigkeit zu konstruieren und die Sinnhaftigkeit und Legitimität der Entscheidung zu sichern.

Die darin enthaltenen geschlechtsspezifisch differenten Zuschreibungen sind eingebettet in organisatorische Wahrnehmungs- und Deutungsschemata, die geschlechtsübergreifend gültig sind: '*Kontrollierte* Emotionalität' – das mit der Naturalisierung verbundene zweite zentrale Interpretationsschema – ist nicht nur ein männlich konnotiertes Attribut von idealen Führungskräften. Sie ist auch Maßstab von 'guter Arbeit' und Messlatte der Selbst- und Fremdpositionierung und damit ein normatives Muster, das mit geschlechtsspezifischen Attributionen gekoppelt werden *kann*, aber nicht a priori und durchgängig weiblich bzw. männlich konnotiert ist. Der Bezug auf naturgegebene Eigenschaften der Geschlechter und die Naturhaftigkeit des organisationalen Geschehens ist daher in der Versicherung möglicherweise sogar besonders 'angemessen': Es wird keine verstärkte 'boundary work' in der Arbeit betrieben, und es sind nur wenige legitime Sachgründe zu konstruieren, die die Personalauswahl als so richtig und passend erscheinen lassen, wie sie sein soll, um als bestmögliche und konsensfähige Entscheidung anerkannt zu werden – der zwingende Nexus zwischen Person und Position muss erst konstruiert werden. Ein traditioneller Differenzansatz von biologisch begründeten Eigenschaften der Geschlechter und die naturhafte Fundierung von sozialen Phänomenen durch den maßgeblichen Personalentscheider sind an diesem Punkt dann höchst wirkungsvoll, obwohl solche subjektiven Theorien innerhalb der Organisation sonst weder durchgängig vertreten werden noch Grundlage organisationaler Interpretationsschemata in einem umfassenderen Sinne sind (wie es eher in der Polizei der Fall ist).

Der Rückgriff auf Naturhaftigkeit und Emotionalität im Kontext der Versicherung zeigt daher auch für den Fall der 'geschlechtsneutralen' Sachbearbeitung das Nebeneinander von Egalität und Differenz, und er zeigt die Funktionalität des Bezugs auf Geschlecht für Organisationen: Komplexität wird reduziert, Entscheidungen werden begründbar und legitim, die Krise der Degradierung und Beförderung weitgehend gleich qualifizierter Mitarbeiter und Mitarbeiterinnen wird bearbeitbar, die Konkurrenz wird minimiert und die Maßgabe der Geschlechtergerechtigkeit nicht direkt negiert, weil Qualifikationen und Kompetenzen (dadurch, dass die Geschlechterstereotypisierung mit den Arbeitsanforderungen verquickt wird) zwar 'durch die Geschlechterbrille' wahrgenommen und zugeschrieben, aber individuell attribuiert und begründet werden.

Die Geschlechterdifferenz ist also nicht zwingend und a priori eingebaut in jede Funktionalität, sie wird auch nicht durch organisationale Funktionalität überlagert. Vielmehr wird sie fallweise, situativ und funktional relevant, um beispielsweise Entscheidungen zu begründen.

Kontext, Relevanz, Egalität und Differenz, Funktionalität: Ein empirisch begründetes Resümée
Die Fallbeispiele aus Polizei und Versicherung können also in der Tat drei zentrale Punkte für die Beurteilung des Genderings bzw. Nicht-Genderings von Organisationen belegen: Erstens, die Relevanz von Geschlecht ist unterschiedlich, sie ist kontext- und sie ist situationsabhängig. Zweitens, Geschlechteregalität und -differenz werden gleichzeitig und nebeneinander aktualisiert. Drittens, die Geschlechterdifferenzierung kann in Organisationen funktional genutzt werden.

Zunächst wird deutlich, was zu vermuten stand: Die organisationalen Kontexte sind heterogen – das Maß an horizontaler Segregation, das Maß an Stereotypisierungen, das Maß an Geschlechter-Thematisierungen variiert zwischen den Organisationen. Daraus folgt einerseits eine entsprechend unterschiedliche Relevanz von Geschlecht: Geschlechterdifferenzen werden in der Polizei stärker aktualisiert als in der Versicherung, sie werden stärker wahrgenommen, eindeutiger thematisiert und sind mit sichtbaren Folgen verbunden. Andererseits werden aber auch kontextübergreifende Phänomene deutlich: Die verwendeten Stereotypen sind ähnlich, die Verfahren des Relevant-Machens können ähnlich sein (hier z.B.: Naturalisierungen und 'kontrollierte Emotionalität') und die Funktionen der Aktualisierung von Geschlechterdifferenzen sind die gleichen.

Weiter wird einmal mehr ersichtlich, dass Geschlecht in Organisationen relevant gemacht werden kann, aber nicht muss. Geschlechtsneutrale und geschlechtsübergreifende Elemente werden "kontingent gekoppelt" (Wilz 2002) mit geschlechtsspezifisch ausgeprägten Elementen, und die Sache ist jeweils ergebnisoffen und nicht strukturell präformiert: Es hätte auch anders ausgehen können. In der Polizei hätte die erwähnte weitere Bewerberin den Posten bekommen können, wenn sie sich nicht selbst wieder zurückgezogen hätte. In der Versicherung hätte im Sinne der Gleichstellungspolitik des Unternehmens die gerade Mutter gewordene ehemalige stellvertretende Gruppenleiterin ihre Position behalten können (nach dem absehbaren Weggang des beförderten 'Überfliegers' wurde seine Position wieder mit der anderen ehemaligen Stellvertreterin besetzt).

Es besteht also ein Nebeneinander von geschlechtsspezifisch wirksamen und geschlechtsübergreifend wirksamen interpretativen und normativen Schemata in Organisationen – der Bezug auf die Egalität und/oder auf die Differenz der Geschlechter ist variabel, er muss sinnhaft, legitimierbar und konsensfähig sein. Der Bezug auf Geschlecht, so kann man zusammenfassen, wird eingebaut in organisationstypische Formen der Herstellung sozialer Ordnung, er ist relevant in Organisationen, aber nicht immer, nicht überall und nicht immer gleich, er ist also situationsabhängig, er ist kontextabhängig, und er ist variabel (vgl. Halford/Savage/Witz (1997); Heintz/Nadai (1998); Kuhlmann u.a. 2002; Wilz 2002 und im Druck).

Die Gleichzeitigkeit von Egalität und Differenz in der Thematisierung von Geschlecht ist, so ist weiter zu räsonieren, kein Problem, sondern adäquat. Es ist unvermeidlich, Widersprüche zu konstatieren. Einerseits besteht ein permanenter Zwang zur Klassifikation und Abgrenzung der Geschlechter und damit zur Differenzbildung. Andererseits wird in modernen Gesellschaften auf übergreifend gültige Maßstäbe von Gerechtigkeit, Leistung und Neutralität Bezug genommen. Für Organisationen bedeutet dies, dass ein (durchaus allerdings wieder problematisches) Spannungsverhältnis bestehen kann zwischen Anforderungen an Gleichheit und Gerechtigkeit und Anforderungen an organisatorische Funktionalitäten, die die Nutzung der Differenzierung nach Geschlecht sinnvoll erscheinen lassen. Auf Vor-Urteile und Typisierungen zurückzugreifen, ist unumgänglich und funktional für Organisationen (und soziales Handeln im Allgemeinen), denn sie sind Bestandteile von Mustern sozialer Ordnung. Um in der organisatorischen Praxis handlungsfähig zu sein, ist es notwendig, solche Muster sozialer Ordnung zu (re)produzieren und in Entscheidungen und Arbeitshandlungen Komplexität zu reduzieren. Dabei kann dann unter anderem auch auf Muster der Geschlechterdifferenzierung und -stereotypisierung zurückgegriffen werden.

Die Gleichzeitigkeit von Egalität und Differenz ist sehr wohl problematisch. Das Nebeneinander der Thematisierung von Egalität und Differenz verweist auf das Nebeneinander unterschiedlicher Wahrnehmungs- und Deutungshorizonte. Wer wen wie wahrnimmt und welche Perspektive, die auf Differenz oder die auf Gleichheit, angewandt wird, ist aber von zentraler Bedeutung, denn die Effekte bestimmter Zuschreibungen sind folgenreich. Wer beispielsweise als emotional eingeschätzt wird, erfüllt die zentralen – und auch als besonders karriererelevant erachteten – Kriterien von Ruhe, Gelassenheit, Ausgeglichenheit nicht, was erhebliche Auswirkungen auf die Arbeitspraxis und auf Aufstiegschancen hat. Wenn Stereotypisierungen wie Emotionalität oder Rationalität in Anforderungen und Zuschreibungen von Kompetenzen eingebaut werden, dann werden Geschlechterdifferenzen und, in Personalentscheidungen, Geschlechterhierarchien reproduziert. Dies kann, muss aber nicht der Fall sein. Wann, wo und wie Organisation und Geschlecht zusammenhängen, ist auf der Basis neuerer empirischer Forschung also nicht eindeutig zu beantworten.

Relevanz, Kontext und Kontingenz: Aktuelle Beiträge zur Debatte als Forschungsausblick
Die hier dargelegte empirische Vielfältigkeit und Uneindeutigkeit wird auf dem aktuellen Stand der Forschung für unterschiedliche Bereiche belegt (vgl. Achatz u.a. 2002; Allmendinger/Podsiadlowski 2001; Gildemeister u.a. 2003; Holtgrewe 2003; Kutzner 2003). Auch theoretisch vervielfältigen sich die Positionen, wie ein abschließender Blick auf die Literatur als Forschungsausblick zeigen kann. Um eine erste eingangs aufgeworfene Diskussionslinie wieder aufzunehmen: Wie ist theoretisch zu fassen, wenn in Organisationen widersprüchliche Phänomene der Gleich- und der Ungleichstellung der Geschlechter auftreten? Ist eine Organisation auch dann noch (strukturell) vergeschlechtlicht, wenn Männer und Frauen, zumindest in bestimmten Bereichen, gleichgestellt sind? Oder ist sie es nur dann, wenn ungleichheitsrelevante Geschlechterdifferenzierungen zu identifizieren sind? Das Bemühen, in der Uneindeutigkeit der empirischen Phänomene eindeutige Kriterien der Interpretation zu benennen, führt wieder an einen der Ausgangspunkte zurück.

So empfiehlt Dana Britton in einer differenzierten Erörterung des Problems ein 'klares und überprüfbares Kriterium', das Gendering von Organisationen zu bestimmen: "We should see policies or practices as gendered to the extent that they sustain and reproduce stratification and/or gender-based inequality" (Britton 1998:12). Wenn diese Definition die Lösung sein soll, dann geht die Organisationsanalyse allerdings wieder in der Analyse sozialer Ungleichheit der Geschlechter auf (und unter). Dem trägt Britton selbst in der zur Veröffentlichung überarbeiteten Fassung ihres Textes Rechnung und verschiebt die Argumentation, woran eine Gendered Organization zu erkennen sei, maßgeblich: vom Testfall sozialer Ungleichheit zur Aufforderung, die Ebenen der Analyse klarer zu beachten, stärker zwischen vergeschlechtlichten Berufen und vergeschlechtlichten Organisationen zu unterscheiden, Kontexte zu beachten und mit Blick auf die Vielfältigkeit der sozialen Realität in Betracht zu ziehen, dass Organisationen auch nicht-gendered oder "less oppressively gendered" sein könnten (Britton 2000:430f). Das Bemühen um eine größere Eindeutigkeit der Analyse nicht eindeutiger Phänomene führt also (auch in der Debatte selbst) dazu, sich der Annahme anzunähern, dass Geschlecht möglicherweise nicht omnirelevant ist und dass Geschlechterdifferenz und -hierarchie auseinander treten können. Dieses Anerkennen mündet aber noch nicht in umfassende neue theoretische Konzeptionen. Auch Britton (2000:430f) schließt mit dem Hinweis auf die Notwendigkeit weiterer Ausarbeitungen.

Das führt dazu, eine zweite der eingangs gestellten Fragen wieder aufzugreifen, und zwar die nach den Begriffen von Organisation und Geschlecht. Zur Klärung steht noch immer an, ob eine Organisation dann gendered ist, wenn Geschlecht im organisatorischen Geschehen *überhaupt* eine Rolle spielt, wenn es eine *systematische* Rolle spielt, oder wenn es eine *ungleichheitsrelevante* Rolle spielt. Der letzte Punkt darf nun als beantwortet gelten: Den Blick auf soziale Ungleichheit zwischen den Geschlechtern zu richten, ist für eine Analyse des Genderings von Organisationen gleichzeitig zu eng und zu weit gefasst. Wie aber der Zusammenhang von Organisation und Geschlecht zu definieren ist, bleibt weiterhin unklar. Wenn Organisationen dann vergeschlechtlicht sind, wenn Geschlecht überhaupt und/oder systematisch eine Rolle spielt – ist der Zusammenhang zwischen Organisation und Geschlecht dann, im Sinne des oben Ausgeführten, eher eine lose Kopplung denn ein zwingender Nexus? Oder ist damit weiterhin eine Strukturierung der Organisation a priori impliziert, weil nur so das Systematische, das Regelhafte des Gendering erklärbar wäre (nämlich als Strukturlogik des Relevant-Machens)? Wie wäre dann aber ein empirisches Auseinandertreten der verschiedenen Ebenen, auf bzw. in denen Geschlecht relevant werden kann (wie es z.B. im Fall der Versicherung vorliegt und es auch Britton für wahrscheinlich hält) begrifflich zu integrieren? Denkbar wäre, dass die formalen Strukturen der Organisation nicht gendered, sondern geschlechtsneutral wären, die informalen Strukturen hingegen vergeschlechtlicht, oder aber, dass die formalen Strukturen vergeschlechtlicht wären, die Interaktionen von Männern und Frauen als Organisationsmitgliedern aber nicht, oder aber die Organisation wäre nicht gendered, die Interaktionen der Organisationsmitglieder als Personen wären es aber wohl – und so fort. Die Frage nach dem Organisationsbegriff wird also dringlich.

Dieser Punkt ist in der Debatte häufig eher implizit geblieben. In einem immer wieder herangezogenen Passus definiert z.B. Joan Acker den Zusammenhang von Organisation und Geschlecht so:

> To say that an organization, or any other analytical unit, is gendered means that advantage and disadvantage, exploitation and control, action and emotion, meaning and identity, are patterned through and in terms of a distinction between male and female, masculine and feminine (Acker 1991:167).

Acker trifft damit drei sehr folgenreiche Aussagen. Erstens: Organisationen sind anderen sozialen Entitäten gleichgestellt. Zweitens: Es geht um soziale Ungleichheiten, und es geht um zentrale soziale Dimensionen (Macht, Kontrolle, Handeln, Emotionen, Sinn und Identität), die alle mit der Unterscheidung der Geschlechter verbunden sind, und damit drittens, ohne das Zitat überzustrapazieren: Die Geschlechterdifferenzierung ist ubiquitär, also auch in Organisationen. Diese Position ist typisch für die – vergangene – Eindeutigkeit in der Frauen- und Geschlechterforschung und sie beinhaltet einen Organisationsbegriff, der sehr weit gefasst ist: der formale und informelle Strukturen beinhaltet, der Organisation als soziale Welt meint, und der das Handeln, die Identitäten und die Gefühle der Organisationsmitglieder umfasst.

Ein solcher Organisationsbegriff korrespondiert eng mit einer konstruktivistischen Perspektive, die Geschlecht als Bestandteil und Ergebnis fortwährender interaktiver Konstruktionsprozesse definiert. Der Zusammenhang von Organisation und Geschlecht ist dann als wechselseitiger Prozess von Doing Organization und Doing Gender bestimmt (vgl. exemplarisch Leidner 1991). Organisationen sind in dieser Perspektive nicht zu trennen von den gesellschaftlichen Verhältnissen und sozialen Beziehungen, die sie umgeben – also auch nicht von der Omnipräsenz und Omnirelevanz von Geschlecht, selbst in ihrer körperlichen Dimension nicht (vgl. Acker 1991, 1994; Britton 2000; Halford/Savage/Witz 1997). Gleichzeitig sind Organisationen damit definiert als Netz sozialer Beziehungen und Handlungen, nicht als entpersonalisierte Systeme. Entsprechend wird die Handlungsdimension in der Analyse der Gendered Organization betont und die Kontextualität und Situativität der wechselseitigen Konstruktion herausgestellt. Die Strukturgebundenheit der sozialen Ausgestaltung des Geschlechterverhältnisses und die Einbindung von Organisationen in gesellschaftliche Verhältnisbestimmungen kann, so warnen andere Autorinnen, in einer solchen interaktionistisch fokussierten Perspektive aus dem Blick geraten (vgl. z.B. die Kritiken von Gottschall 1998; Knapp 2001; Teubner/Wetterer 1999). Die Perspektive auf die Konstruktionsprozesse von Organisation und Geschlecht und auf deren strukturelle Rückbindungen schließen sich jedoch nicht aus – wiederum offen bleibt die Frage, was genau das für die Konzeptualisierung von Organisationen bedeutet.

Ein bereits etablierter Ansatz, der der betrieblichen Mikropolitik, trägt der Verbindung von Struktur und Handlung durchaus Rechnung. Wenn der Blick auf Macht, Spiele und Strategien kompetenter AkteurInnen in der organisatorischen Arena gerichtet wird, beruht die Geschlechterasymmetrie auf der Ungleichverteilung von Macht zwischen den Geschlechtern. Frauen haben, so das mikropolitisch ausgerichtete Argument, auf der Basis ihrer inner- und außerorganisatorischen Stellung schlechtere Ausgangspositionen in betrieblichen Aushandlungsprozessen. Sie können ihre Interessen entsprechend weniger gut vertreten und andere Akteurinnen bzw. Akteure sowie Geschlechterstereotype, mit denen sie konfrontiert sind, weniger stark beeinflussen (vgl. exemplarisch Riegraf 1996). Damit wird einerseits eine Rückbindung der Relevanz von Geschlecht in gesamtgesellschaftlichen Strukturen festgehalten. Andererseits aber wird – über den Interessen- und Akteurbegriff – eine Öffnung über die 'Gesamtlebenslage' der Geschlechtergruppen ('Klasse Geschlecht') hinaus möglich.

Mit dem Blick auf unterschiedlich verteilte Ressourcen und Kompetenzen lassen sich verschiedene Aspekte erfassen: Erstens, dass unterschiedliche Frauen unterschiedliche Ausgangspunkte, Ressourcen und Verhandlungspotenziale haben. Zweitens, dass möglicherweise nicht mehr Geschlecht der ausschlaggebende Platzanweiser in der gesellschaftlichen und organisationalen Positionierung ist, sondern die Tatsache, ob eine Person Kinder hat oder nicht (Halford/Savage/Witz 1997; Heintz u.a. 1997). Drittens, dass Geschlecht überlagert werden kann vom Habitus oder der Stellung im Lebenslauf, über die die Organisationsmitglieder jeweils verfügen (Holtgrewe 2003). Diese Perspektive wäre, im Gegensatz zur Annahme des strukturell angelegten und a priori in Organisationen eingebauten wechselseitigen Sich-In-Schach-Haltens von Erwerbs- und Familienarbeit, möglicherweise eher in der Lage, empirische Heterogenität und sozialen Wandel angemessen zu erfassen.

Die aktuelle Diskussion geht in Teilen aber noch einen Schritt weiter. Hier geht es nicht mehr nur um die Wahrscheinlichkeit oder Unwahrscheinlichkeit eines partiellen Strukturwandels und die heterogene Verteilung von Chancen zwischen Frauen in der jeweiligen Kombination der Strukturfaktoren Klasse, Geschlecht und Ethnie. Diskutiert wird vielmehr der Bedeutungsverlust der Kategorie Geschlecht überhaupt (also auch in Organisationen): die Rede ist dann von einer De-Institutionalisierung der Kategorie Geschlecht (Heintz u.a. 1997; Heintz/Nadai 1998), von kontextuellen Varianzen und Kontingenzen (Heintz u.a. 1997; Kuhlmann u.a. 2002; zum Teil auch Gildemeister u.a. 2003), von "kontingenten Kopplungen" (Wilz 2002), von "De-Thematisierungen von Geschlecht" oder von "Gender Trouble" in Organisationen (Pasero 1995, 2003).

Eine solche – theoretisch und empirisch durchaus verschieden begründete – Dezentrierung der Kategorie Geschlecht, die davon ausgeht, dass die Bedeutung von Geschlecht variieren kann, dass sie überlagert werden kann von anderen sozialen Kategorien oder Prozessen und dass Geschlecht damit seinen Masterstatus als gesellschaftlicher Platzanweiser verliert, trifft sich in der Analyse der Gendered Organization mit dem Mainstream der Organisationssoziologie. Für einen Großteil der Organisationsforschung waren, sind und bleiben Organisationen geschlechtsneutral. Geschlecht gilt als Eigenschaft von Subjekten, die in der Funktionsweise der Organisation keine Rolle spielt. Organisatorische Strukturen und Prozesse sind a) unabhängig von Personen, da diese über ihre Mitgliedschaftsrolle inkludiert sind und eben nicht über ihre ganze Person, und damit auch nicht ihre Geschlechtlichkeit, und b) nicht direkt abhängig von gesellschaftlichen Strukturen. Geschlechtliche Identitäten der Subjekte, Elemente des Doing Gender in Interaktionen der Organisationsmitglieder und/oder geschlechtstypisch strukturierte gesellschaftliche Verhältnisse (wie grundlegende Formen der Arbeitsteilung, die Männern die Sphäre der Erwerbsarbeit und Frauen die Sphäre von familialer Arbeit und Verantwortung zuordnen) sind für Organisationen entsprechend *nicht* konstitutiv. Ungleichstellungen zwischen männlichen und weiblichen Organisationsmitgliedern sind in dieser Perspektive entweder auf Unterschiede in Qualifikation, Leistung, Berufs- und Karriereorientierung, subjektiven Präferenzen o.ä. zurückzuführen oder auf Abweichungen von den meritokratischen, rationalen und unpersönlichen Prinzipien, nach denen Organisationen funktionieren. Sie sind Zufall oder historisches Relikt, das mit zunehmender Erwerbsbeteiligung und Inklusion von Frauen in Organisationen verschwindet. Oder es wird konzediert, dass Differenzen zwischen Männern und Frauen in Organisationen bestehen, aber sie werden als der Organisation äußerlich erachtet: Geschlechterdifferenzierungen und ihre Folgen sind Organisationen fremd, extern – ein soziales Phänomen, kein organisationales.

Doch auch solche klaren Positionen verlieren an Eindeutigkeit. Aus systemtheoretischer Perspektive diskutieren beispielsweise Christine Weinbach und Rudolf Stichweh die "systemstrukturelle Entbehrlichkeit der Geschlechterdifferenz" (2001:30) und konstatieren eine abnehmende Bedeutung der Geschlechterdifferenz in modernen, funktional differenzierten Gesellschaften. Ebenso wie Ursula Pasero (1995, 2003) gehen sie davon aus, dass Männer und Frauen gleichermaßen und ungeachtet ihres Geschlechts in die gesellschaftlichen Teilsysteme inkludiert werden. Pasero diagnostiziert, dass die Geschlechterdifferenzierung grundsätzlich ein "kontingentes Ordnungsmuster" (Pasero 2003:105) ist und dass Geschlechterstereotype zunehmend "durch funktions- und organisationsspezifsche Erwartungen überlagert" (2003:108) werden. Diese seien "offener" als das typischerweise zugewiesene Set an geschlechtstypischen Eigenschaften und versprächen daher langfristig "die besseren Anpassungsleistungen" (2003:108). Organisationen sind also, so Pasero, langfristig erfolgreicher, wenn sie statt auf geschlechterstereotypisierende Erwartungen auf funktionale Erfordernisse zugreifen. Sie ersetzen daher (aus Kostengründen) in zunehmendem Maße vereinfachende Geschlechtertypisierungen durch angemessenere individualisierte und geschlechtsindifferente Zuschreibungen. Das Problematische, der "Gender Trouble" in Organisationen, liegt dann darin begründet, dass in der (historisch neuen) Situation der direkten Konkurrenz von Männern und Frauen dennoch nach wie vor der "Gender-Joker" gezogen werden kann, auch wenn er ein überkommenes moralisches und normatives Schema darstellt.

Auch Weinbach und Stichweh diskutieren, wann und wie Geschlecht als komplexitätsreduzierendes Kriterium bedeutungsvoll werden kann. Sie benennen die Ebene der Interaktion als Ausnahme von der Regel der Geschlechtsneutralität, und zwar "wegen der Angewiesenheit auf schnell verfügbare, handhabbare und durch visuelle Wahrnehmung gesteuerte Reduktionen" (2001:30). Dies trifft auch für Organisationen zu. Wenn in Organisationen "ein Bedarf dafür aufkommt, sich ihre Umwelt personalisiert vorzustellen", dann können Organisationsmitglieder gedacht werden als Personen, also als "Bündel geschlechtlich differenter Rollenverpflichtungen, die jemandem typischerweise anhaften". Diese – geschlechtstypisch differenzierten – Rollenbündel können über Systemgrenzen hinweg transferiert werden. Damit erhält Geschlecht ('hinterrücks' und der geschlechtsneutralen Funktionsweise der Organisation zuwiderlaufend) in Form von geschlechtstypischen Erwartungen Bedeutung, zum Beispiel in Personalentscheidungen oder in der Definition von Stellen (und so trifft sich die systemtheoretische Organisationsanalyse mit den Befunden der Frauen- und Geschlechterforschung).

Gegenstand weiterer Erörterungen des Vorschlags von Weinbach und Stichweh wird sein zu klären, wie systematisch der 'Bedarf an Personalisierung' von Seiten der Organisation aufkommt (und ob er dann nicht strukturell wäre). Auch stellt sich die Frage, ob die strukturelle Relevanz von Geschlecht, die als über Personen in das Organisationssystem transportiertes "Residuum" eingeschätzt wird, nicht doch auch in Organisationen zur Struktur wird – und zwar nicht als Verlängerung eines historischen Relikts, sondern weil es funktional in andere organisatorische Strukturen und Prozesse eingebaut wird. Ebenso diskussionswürdig bleibt, ob dann, wenn Personen als Instanz der Vermittlung organisationsexterner und organisationsinterner Vorstellungen, Erwartungen und Normen angenommen werden, die systemtheoretische Perspektive geöffnet werden könnte und sollte in Richtung Subjekt (das als vergeschlechtlichtes gedacht ist). Und es gilt zu bedenken, dass aktuelle empirische Befunde (wie z.B. die oben skizzierten) in der Tat deutlich machen, dass die Geschlechterdifferenzierung nicht immer relevant ist und daher prinzipiell entbehrlich sein mag. Ebenso deutlich wird aber auch, dass die Geschlechterdifferenzierung sich in praxi gerne unentbehrlich macht: Sie ist nicht zwingend in organisatorische Prozesse eingebaut, sie wird auch nicht bis zur Bedeutungslosigkeit von organisatorischen Funktionalitäten überlagert, aber sie ist situationsabhängig hoch funktional für Organisationen und, darüber hinaus, in allen sozialen Prozessen nach wie vor unhintergehbar. Dafür haben wir jedoch organisationstheoretisch noch keinen Begriff.

Was also ist zusammenfassend für die Vergangenheit, Gegenwart und Zukunft der Debatte um die Gendered Organization zu sagen? Auch angesichts empirischer Vielfalt wird es sicher weniger dringlich sein, in der Analyse des Zusammenhangs von Organisation zum wiederholten Male die variable horizontale und mehr oder weniger stabile vertikale Segregation von Organisationen zu belegen oder die Vereinbarkeitsproblematik von Beruf und Familie aufzuzeigen, die zu je spezifischen Erwartungen an Männer und Frauen führt und damit Frauen benachteiligt. Klar belegt ist auf dem aktuellen Forschungsstand, dass es in Organisationen weiterhin Prozesse der Geschlechterdifferenzierung gibt: dies aber in kontextuell variierendem Ausmaß, in variierender Form und mit unterschiedlichen (ungleichheitsrelevanten oder -irrelevanten) Folgen. Damit ist Geschlecht eine in Organisationen zugleich relevante und irrelevante Kategorie. Als Ausblick für die weitere Forschung heißt das, dass es weiterhin von Bedeutung sein wird, Begriffe von Organisation und Ebenen der Organisationsanalyse zu klären, wenn nicht den Gegenstand überhaupt (Segregation ist nicht gleichzusetzen mit Organisation, Beruflichkeit ist nicht gleichzusetzen mit Organisation usw.). In einer solchen stärker organisationssoziologisch fokussierten Analyse müssen dann aber die großen Linien im Auge behalten werden, die den Vorzug der Debatte ausgemacht haben, um nicht zu verschenken, was im übergreifenden Denken analytisch erreicht wurde: dass Arbeit, Organisation und Geschlecht zusammen gedacht werden müssen. So gefasst, ist der Gegenstand hoch komplex. Es wird daher nicht ausreichen, einen bspw. rein systemtheoretischen oder strukturtheoretischen oder interaktionistischen Blick auf Organisationen zu werfen. Alle Bezugstheorien weisen mit Blick auf die begriffliche Integration der Geschlechterdifferenzierung Leerstellen auf. Möglicherweise wird in der Tat allein ein sehr weiter Begriff von Organisation als sozialer Welt, der auch soziale und personale Beziehungen und die Subjekthaftigkeit der Organisationsmitglieder zu integrieren vermag, weiter führen.

Das grundlegende Argument, die Organisationsanalyse bedürfe der gesellschaftstheoretischen Fundierung, ist damit nicht außer Kraft gesetzt. Zum aktuellen Zeitpunkt ist es meines Erachtens dennoch sinnvoll, für Theorien mittlerer Reichweite zu plädieren und empirisch begründet zu forschen, und nicht, wie z.B. Stefan Kühl (2004) für die Perspektiven der Arbeits- und Industriesoziologie vorschlägt, eine Großtheorie – die marxistische – durch eine andere – die systemtheoretische – zu ersetzen. Meiner Meinung nach spricht mehr dafür als dagegen, eine Herangehensweise wie die von Günther Ortmann, Jörg Sydow und Arnold Windeler (1997), die die Theorie der Strukturation auf die Organisationsanalyse anwenden, mittelfristig und als heuristischen Rahmen zu nutzen.

Der Bedeutungsgewinn einer soziologischen Analyse der Gendered Organization ist ja aktuell eher darin zu suchen, dass sie die Komplexität der Fragestellungen und der Analyse erhöht, indem sie die vielfältige Empirie darlegt und die Frage nach der Geschlechterdifferenzierung (und damit auch anderer Differenzierungen, Stereotypisierungen, Normierungen) nach oben auf die Agenda setzt. In jedem Fall besteht die zu lösende Aufgabe darin herauszuarbeiten, wie das Spezifische der Organisation und das Allgemeine der Geschlechterdifferenzierung zusammenhängen. Welche Relevanz Geschlecht dann jeweils hat und wie genau das Relevant-Machen funktioniert, bleibt damit einerseits ein nur empirisch zu lösendes Problem[8] – und andererseits eines, das in neuen und/oder erweiterten organisationstheoretischen Begriffen gedacht werden muss.

---

8 So auch Knapp (2001) für die Frage nach Omnipräsenz und Omnirelevanz von Geschlecht im Allgemeinen.

Literatur

Achatz, J./S. Fuchs/N. von Stebut/C. Wimbauer (2002): Geschlechterungleichheit in Organisationen. Zur Beschäftigungslage hochqualifizierter Frauen. In: *Organisationssoziologie*. Hg. J. Allmendinger/T. Hinz. Wiesbaden: Westdeutscher Verlag. S. 284-318.

Acker, J. (1994): The gender regime of Swedish banks. In: *Scandinavian Journal of Management* 10 (2). S. 117-130.

Acker, J. (1991): Hierarchies, jobs, bodies. In: *The social construction of gender*. Hg. J. Lorber/S. Farrell. Newbury Park: Sage. S. 162-179.

Allmendinger, J./T. Hinz (1999): Geschlechtersegregation im Erwerbsbereich. In: *Deutschland im Wandel*. Hg. W. Glatzer/I. Ostner. Opladen: Leske & Budrich. S. 191-205.

Allmendinger, J./A. Podsiadlowski (2001): Segregation in Organisationen und in Arbeitsgruppen. In: *Geschlechtersoziologie*. Hg. B. Heintz. Wiesbaden: Westdeutscher Verlag. S. 276-307.

Aulenbacher, B./T. Siegel (1993): Industrielle Entwicklung, soziale Differenzierung, Reorganisation des Geschlechterverhältnisses. In: *Soziale Ungleichheit und Geschlechterverhältnisse*. Hg. P. Frerichs/M. Steinrücke. Opladen: Leske & Budrich. S. 65-100.

Becker-Schmidt, R. (1987): Die doppelte Vergesellschaftung – die doppelte Unterdrückung. In: *Die andere Hälfte der Gesellschaft*. Hg. L. Unterkircher. Wien: Verlag des Österreichischen Gewerkschaftsbundes. S. 10-25.

Britton, D. (2000): The epistemology of the gendered organization. In: *Gender & Society* 14 (3). S. 418-434.

Britton, D. (1998): *The epistemology of the gendered organization (Or, how do we know a gendered organization when we see one?)*. Paper presented at the first annual Gender, Work and Organization Conference, Manchester, England, January 9-10, 1998.

Collinson, D./D. Knights (1991): Wie wird geschlechtsspezifische Arbeitsteilung reproduziert? In: *Nichts als Unterdrückung?* Hg. L. Barrow. Münster: Westfälisches Dampfboot. S. 114-141.

Gildemeister, R./K.-O. Maiwald/C. Scheid/E. Seyfarth-Konau (2003): Geschlechterdifferenzierungen im Berufsfeld Familienrecht: Empirische Befunde und geschlechtertheoretische Reflexionen. In: *Zeitschrift für Soziologie* 32 (5). S. 396-417.

Gildemeister, R./A. Wetterer (1992): Wie Geschlechter gemacht werden. In: *Traditionen – Brüche*. Hg. G.-A. Knapp/A. Wetterer. Opladen: Leske & Budrich. S. 201-254.

Gottschall, K. (1998): Doing gender while doing work? Erkenntnispotentiale konstruktivistischer Perspektiven für eine Analyse des Zusammenhangs von Arbeitsmarkt, Beruf und Geschlecht. In: *FrauenArbeitsMarkt*. Hg. B. Geissler/F. Maier/B. Pfau-Effinger. Berlin: Edition Sigma. S. 63-94.

Gottschall, K. (1995): Geschlechterverhältnis und Arbeitsmarktsegregation. In: *Das Geschlechterverhältnis als Gegenstand der Sozialwissenschaften*. Hg. R. Becker-Schmidt/G.-A. Knapp. Frankfurt a.M.: Campus. S. 125-162.

Halford, S./M. Savage/A. Witz (1997): *Gender, careers and organisation*. Basingstoke: Macmillan.

Heintz, B. (Hg.) (2001): *Geschlechtersoziologie*. Wiesbaden: Westdeutscher Verlag.

Heintz, B./E. Nadai (1998): Geschlecht und Kontext. In: *Zeitschrift für Soziologie* 27 (2). S. 75-93.

Heintz, B./E. Nadai/R. Fischer/H. Ummel (1997): *Ungleich unter Gleichen. Studien zur geschlechtsspezifischen Segregation des Arbeitsmarktes.* Frankfurt a.M.: Campus.

Holtgrewe, U. (2003): Geschlechtergrenzen in der Dienstleistungsarbeit – aufgelöst und neu gezogen. Das Beispiel Callcenter. In: *Geschlechterverhältnisse im Dienstleistungssektor – Dynamiken, Differenzierungen und neue Horizonte.* Hg. E. Kuhlmann/S. Betzelt. Baden-Baden: Nomos. S. 147-160.

Knapp, G.-A. (2001): Grundlagenkritik und stille Post. Zur Debatte um einen Bedeutungsverlust der Kategorie Geschlecht. In: *Geschlechtersoziologie.* Hg. B. Heintz. Wiesbaden: Westdeutscher Verlag. S. 53-74.

Kühl, S. (2004): Von der Krise, dem Elend und dem Ende der Arbeits- und Industriesoziologie. In: *Soziologie* 33 (2). S. 7-16.

Kuhlmann, E./E. Kutzner/U. Müller/B. Riegraf/S.M. Wilz (2002): Organisationen und Professionen als Produktionsstätten der Geschlechter(a)symmetrie. In: *Geschlechterverhältnisse im sozialen Wandel.* Hg. E. Schäfer/B. Fritsche/C. Wagode. Opladen: Leske & Budrich. S. 221-249.

Kutzner, E. (2003): *Die Un-Ordnung der Geschlechter. Industrielle Produktion, Gruppenarbeit und Geschlechterpolitik in partizipativen Arbeitsformen.* München/Mering: Hampp.

Leidner, R. (1991): Selling hamburgers and selling insurance. In: *Gender & Society* 5 (2). S. 154-177.

Lorber, J. (1999): Getrennt und ungleich. Vergeschlechtlichte Arbeitsteilung im Erwerbsleben. In: J. Lorber. *Gender-Paradoxien.* Opladen: Leske & Budrich. S. 279-303.

Mills, A.J./P. Tancred (Hg.) (1992): *Gendering organizational analysis.* Newbury Park: Sage.

Müller, U. (1999): Geschlecht und Organisation. Traditionsreiche Debatten – aktuelle Tendenzen. In: *Transformation – Unternehmensreorganisation – Geschlechterforschung.* Hg. H.M. Nickel. Opladen: Leske & Budrich. S. 53-71.

Müller, U./W. Müller-Franke/P. Pfeil/S.M. Wilz (2004): *Alles eine Frage der Zeit? Zur Situation von Frauen und Männern in der Polizei.* Villingen-Schwenningen: Fachhochschule für Polizei.

Müller, U./W. Müller-Franke/P. Pfeil/S.M. Wilz (2002): Polizei und Gender: Genese, Stand und Perspektiven des DFG-Forschungsprojektes "Geschlechterkonstruktionen im sozialen Wandel am Beispiel der Polizei". In: *Schriftenreihe der Polizei-Führungsakademie* 2. (Band: Frauen in der Polizei). Dresden: Sächsisches Druck- und Verlags-Haus. S. 42-72.

Ortmann, G./J. Sydow/A. Windeler (1997): Organisation als reflexive Strukturation. In: *Theorien der Organisation.* Hg. G. Ortmann/J. Sydow/K. Türk. Wiesbaden: Westdeutscher Verlag. S. 315-354.

Pasero, U. (2003): Gender, Individualität, Diversity. In: *Frauen, Männer, Gender Trouble. Systemtheoretische Essays.* Hg. U. Pasero/C. Weinbach. Frankfurt a.M.: Suhrkamp. S. 105-124.

Pasero, U. (1995): Dethematisierung von Geschlecht. In: *Konstruktion von Geschlecht.* Hg. U. Pasero/F: Braun Pfaffenweiler: Centaurus. S. 50-66.

Riegraf, B. (1996): *Geschlecht und Mikropolitik.* Opladen: Leske & Budrich.

Savage, M./A. Witz (Hg.) (1992): *Gender and bureaucracy.* Oxford: Blackwell.

Teubner, U./A. Wetterer (1999): Gender-Paradoxien: Soziale Konstruktion transparent gemacht. Eine Einleitung. In: J. Lorber. *Gender-Paradoxien*. Opladen: Leske & Budrich. S. 9-29.

Weinbach, C./R. Stichweh, (2001): Die Geschlechterdifferenz in der funktional differenzierten Gesellschaft. In: *Geschlechtersoziologie*. Hg. B. Heintz. Wiesbaden: Westdeutscher Verlag. S. 30-52.

Westmarland, L. (2001): *Gender and policing. Sex, power and police culture*. Cullompton: Willan.

Wetterer, A. (Hg.) (1995): *Die soziale Konstruktion von Geschlecht in Professionalisierungsprozessen*. Frankfurt a.M.: Campus.

Wilz, S.M. (im Druck): "Nicht genügend kann davor gewarnt werden ..." – Männer und Frauen bei der Polizei: Fakten und Diskurse. In: *Geschlecht und Militär im Wandel*. Hg. J.-R. Ahrens/M. Apelt/C. Bender. Wiesbaden: Verlag für Sozialwissenschaften. (im Druck).

Wilz, S.M. (2002): *Organisation und Geschlecht: Strukturelle Bindungen und kontingente Kopplungen*. Opladen: Leske & Budrich.

Nachschlagewerke

Dirk Baecker (Hrsg.)
Schlüsselwerke der Systemtheorie
2004. ca. 300 S. Geb. ca. EUR 27,90
ISBN 3-531-14084-1

Der Band versammelt Artikel über die etwa 30 wichtigsten Grundlagenwerke der Systemtheorie. Autoren der Beiträge sind u.a. Rudolf Stichweh, Helmut Willke, Norbert Bolz, Elena Esposito, Mathias Albert, Alfred Kieser, Giancarlo Corsi und Ranulph Glanville.

Martina Löw, Bettina Mathes (Hrsg.)
Schlüsselwerke der Geschlechterforschung
2004. ca. 304 S. Br. ca. EUR 27,90
ISBN 3-531-13886-3

Der Band versammelt Zusammenfassungen und Analysen von etwa 20 zentralen Schlüsselwerken der Geschlechterforschung. Mit Beiträgen u.a. von Regine Gildemeister, Karin Flaake, Marianne Rodenstein und Ulrike Teubner.

Axel Honneth, Institut für Sozialforschung (Hrsg.)
Schlüsseltexte der Kritischen Theorie
2004. ca. 300 S. Geb. ca. EUR 27,90
ISBN 3-531-14108-2

Der Band bietet einen umfassenden, einführenden Überblick über die etwa 80 wichtigsten Texte der Kritischen Theorie. Auf diese Weise gelingt eine verständliche und fundierte Einführung in die Kritische Theorie. Beitragsautoren sind u.a. Sighard Neckel, Rolf Wiggershaus, Gerhard Plumpe, Wolfgang Bonß und Martin Seel.

Erhältlich im Buchhandel oder beim Verlag.
Änderungen vorbehalten. Stand: Juli 2004.

www.vs-verlag.de

VS VERLAG FÜR SOZIALWISSENSCHAFTEN

Abraham-Lincoln-Straße 46
65189 Wiesbaden
Tel. 0611.7878-722
Fax 0611.7878-400

Einführungen in die Soziologie

Martin Abraham, Thomas Hinz (Hrsg.)
Arbeitsmarktsoziologie
Probleme, Theorien, empirische Befunde
2004. ca. 288 S. Br. ca. EUR 24,90
ISBN 3-531-14086-8

Der Band bietet einen fundierten Einblick in die zentralen Theorien und Probleme des Arbeitsmarktes. Voraussichtlich mit Beiträgen von Rolf Becker, Hans Dietrich, Markus Gangl, Henriette Engelhardt, Frank Kalter, Wolfgang-Ludwig-Mayerhofer, Tanja Mühling, Olaf Struck, Heike Trappe u.a.

Paul B. Hill, Johannes Kopp
Familiensoziologie
Grundlagen und theoretische Perspektiven
3., überarb. Aufl. 2004. 358 S. mit 8 Abb. Br. EUR 26,90
ISBN 3-531-43734-8

Der Band gibt einen fundierten Einblick in die Familiensoziologie. Dabei werden zunächst die historischen und ethnologischen Variationen der Formen familialen Lebens thematisiert und die wichtigsten Theorietraditionen der Familiensoziologie vorgestellt. Für die zentralen Gegenstandsbereiche – etwa Partnerwahl, Heiratsverhalten, innerfamiliale Interaktion, Fertilität, Familienformen sowie Trennung und Scheidung – wird der theoretische und empirische Stand der Forschung vorgestellt und diskutiert.

Michael Jäckel
Einführung in die Konsumsoziologie
Fragestellungen – Kontroversen – Beispieltexte
2004. 292 S. Br. EUR 24,90
ISBN 3-531-14012-4

Die moderne Gesellschaft lässt sich als Konsumgesellschaft beschreiben. Mode, Geschmack, Stil sind ebenso prägend wie die mit der entstehenden Konsumgesellschaft einhergehende Konsumkritik. Dieses einführende Lehrbuch beschreibt daher die Entstehung und Entwicklung von Konsum und seine gesellschaftliche Bedeutung.

Erhältlich im Buchhandel oder beim Verlag.
Änderungen vorbehalten. Stand: Juli 2004.

www.vs-verlag.de

VS VERLAG FÜR SOZIALWISSENSCHAFTEN

Abraham-Lincoln-Straße 46
65189 Wiesbaden
Tel. 0611.7878-722
Fax 0611.7878-400